Nikolas Eisentraut (Hrsg.)

Fälle zum Verwaltungsrecht

Fälle zum Verwaltungsrecht

16 Klausurfälle mit ausführlichen Lösungen

Herausgegeben von

Nikolas Eisentraut

Bearbeitet von dem Herausgeber und Wolfgang Abromeit, Alexander Brade, Tobias Brings-Wiesen, Hendrik Burbach, Katrin Giere, Jana Himstedt, Tanja Kernchen, Thomas Kienle, Isabel Leinenbach, Stefan Michel, Hendrik Prinz, Judith Sikora, Eva Skobel, Erik Sollmann

1. Aufl. 2020

Herausgeber:
Dipl.-Jur. Nikolas Eisentraut, Berlin

Zitiervorschlag: Bearbeiter*in, in: Eisentraut, Fälle zum Verwaltungsrecht, §, Rn.

Bibliografische Information der Deutschen Nationalbibliothek: Die Deutsche Nationalbibliothek verzeichnet diese Publikation in der Deutschen Nationalbibliografie; detaillierte bibliografische Daten sind im Internet über http://dnb.d-nb.de abrufbar.

DOI: 10.24921/2020.94115939

Das vorliegende Werk wurde sorgfältig erarbeitet. Dennoch übernehmen Herausgeber, Autoren und Verlag für die Richtigkeit von Angaben, Hinweisen oder Dosierungen sowie für etwaige Druckfehler keine Haftung.

Die verwendete Schrift ist lizenziert unter der SIL Open Font License, Version 1.1.
Gedruckt in Deutschland und den Niederlanden auf säurefreiem Papier mit FSC-Zertifizierung.

Das Leuchtturmbild auf dem Buchcover stammt von Markus Jastroch (CC-BY-SA 3.0): https://commons.wikimedia.org/wiki/File:Leuchtturm_roter_sand.jpg

Herstellung der Verlagsausgabe (Druck- und digitale Fassung):
Carl Grossmann Verlag, Berlin, Bern
www.carlgrossmann.com

ISBN: 978-3-941159-38-9 (gedruckte Ausgabe, Paperback)
ISBN: 978-3-941159-39-6 (e-Book, Open Access)

Vorwort

Das vorliegende Fallrepetitorium zum Verwaltungsrecht ist das **erste offen lizenzierte Fallrepetitorium** in der deutschen Rechtswissenschaft. Es will als „Leuchtturmprojekt" die Idee freier Bildungsmaterialien (sog. Open Educational Resources) in den Bereich der rechtswissenschaftlichen Ausbildungsliteratur tragen und zum Nachahmen anregen. Es begleitet das bei De Gruyter erschienene Lehrbuch „Verwaltungsrecht in der Klausur" und bereichert dieses um 16 große Fälle.

Fallrepetitorium und Lehrbuch können **vollständig kostenlos** im Internet gelesen, heruntergeladen und geteilt werden. Lehrbuch und Fallrepetitorium sind jedoch nicht nur kostenlos, sie sind **offen lizenziert:** Jeder ist daher herzlich dazu eingeladen, die Fälle zu seinen Zwecken zu nutzen, sie zu bearbeiten, darauf aufbauende Unterlagen zu erstellen und sie weiterzuentwickeln (s. näher zur Creative Commons Lizenz CC BY-SA 4.0 das Kapitel „Die offene Lizenz: Was darf ich mit dem Fallrepetitorium alles machen?").

Natürlich bedeutet kostenlos nicht, dass mit der Herstellung des Fallrepetitoriums keine Kosten verbunden gewesen wären: Ohne die **Förderung des Fellow-Programms Freies Wissen** hätte ich weder die Kapazitäten, noch die finanziellen Mittel aufbringen können, um ein so umfassendes Projekt unter offener Lizenz zu realisieren. **Alle Autor*innen haben ihre Beiträge unter enormem Zeiteinsatz ehrenamtlich erstellt; ihnen gebührt mein größter Dank, weil sie voller Überzeugung für die gute Sache keine Mühen gescheut haben,** um unser Projekt zu einem Erfolg werden zu lassen. Von Herzen möchte ich mich bei meiner Lebensgefährtin Anne Klitscher für ihre Unterstützung von Projektbeginn an bedanken. Schließlich wäre eine Verlagsveröffentlichung des Fallrepetitoriums ohne das großzügige Entgegenkommen des Carl Grossmann Verlags nicht möglich gewesen; dafür und für die gute Zusammenarbeit ein ganz herzliches Dankeschön. Wer das Fallrepetitorium finanziell unterstützen möchte: Rund 3 Euro von jeder verkauften Printausgabe fließen in die 2. Auflage!

Ich möchte alle Leser*innen dazu einladen, das Fallrepetitorium zu einer optimalen Lernressource zu machen. Bei Verständnisfragen oder Anmerkungen könnt ihr euch einfach mit einer **E-Mail** an mich wenden (mail@ nikolaseisentraut.de). Zudem seid ihr herzlich dazu eingeladen, an dem ebenfalls auf wikibooks.org erschienenen Fallrepetitorium (https://de. wikibooks.org/wiki/Verwaltungsrecht_in_der_Klausur) mitzuarbeiten!

Last but not least: Das Fallrepetitorium legt selbstverständlich Wert auf eine **geschlechtergerechte Sprache.** Die Autor*innen gehen mit der damit einhergehenden sprachlichen Herausforderung ganz unterschiedlich um: Während sich teils gegenderte Sprache findet, wird andernorts ausschließlich die weibliche Form oder die männliche verwendet. Jeder Beitrag versteht sich selbstverständlich stets auch unter Einbeziehung aller anderen Geschlechter.

Die Fälle befinden sich auf dem Stand September 2019.

Auch im Namen der Autor*innen wünsche ich reiche Erkenntnisse bei der Lektüre! Wir hoffen, dass das Fallrepetitorium auch darüber hinaus breite Verwendung findet und freuen uns über jede Nachnutzung!

Berlin, September 2019   *Nikolas Eisentraut*

Inhaltsübersicht

Die offene Lizenz: Was darf ich mit dem Fallrepetitorium machen?

Dieses Fallrepetitorium ist unter der **Creative-Commons-Lizenz BY-SA 4.0** offen lizenziert worden. Die offene Lizenz ermöglicht es, dass die Fälle als Grundlage für viele weitere Open-Educational-Resources-Projekte dienen können. Professor*innen, Anwendungskursleiter*innen, Studierende, aber auch alle darüber hinaus Interessierten sind herzlich eingeladen, die Fälle zu ihren Zwecken zu nutzen, zu bearbeiten und weiterzuentwickeln.

Was bedeutet die Lizenz im Einzelnen?

- Die Fälle dürfen **in jedwedem Format oder Medium vervielfältigt und weiterverbreitet** werden!

  Wenn ein Professor, ein*e Anwendungskursleiter*in oder ein privater Repetitor also findet, einer oder mehrere der Fälle seien so gut, dass er sie allen Studierenden zur Verfügung stellen möchte: Nur zu! Jeder kann die Fälle frei verbreiten und allen Interessierten zur Verfügung stellen.

- Die Fälle dürfen **geremixt und verändert werden** und es darf darauf aufgebaut werden, und zwar für beliebige Zwecke, sogar kommerziell!

  Wenn ein Professor, ein*e Anwendungskursleiter*in oder ein privater Repetitor also findet, ein oder mehrere Fälle eigneten sich perfekt für eine eigene Falllösung, ein Skript oder eigene wissenschaftliche Ausführungen, kann er Auszüge daraus einfach verarbeiten und sie auch um eigene Ausführungen ergänzen.

Diese Rechte stehen jedoch nur unter **zwei Einschränkungen** offen:

- Es müssen **angemessene Urheber- und Rechteangaben** gemacht, einen Link zur Lizenz beigefügt und angeben werden, ob Änderungen vorgenommen wurden.

Professoren, Anwendungskursleiter*innen oder Repetitoren müssen also darauf hinweisen, dass ihre Falllösung auf der Lösung im Fallrepetitorium beruht und dass sie das Material verwenden, weil es unter einer offenen Lizenz veröffentlicht wurde. Außerdem müssen sie darauf hinweisen, wenn das Material verändert wurde; sie dürfen also nicht so tun, als ob ihre Ergänzungen von den Autor*innen zu verantworten wären.

- Wenn das Material geremixt, verändert oder anderweitig direkt darauf aufbaut wird, dürfen die neuen Beiträge **nur unter derselben Lizenz wie das Original** verbreitet werden, also unter der Creative-Commons-Lizenz BY-SA 4.0.

Wenn also ein privates Repetitorium unser Fallrepetitorium oder einzelne Fälle daraus als Grundlage seiner Skripte verwenden möchte, muss es auch seine Skripte unter offener Lizenz zur Verfügung stellen. Auch die Anwendungskursleiter*innen oder Professoren, die auf Grundlage unseres Fallrepetitoriums Fälle erstellen, sind dazu verpflichtet, diese sodann unter offener Lizenz zu veröffentlichen. Auch diese Werke stehen dann also frei für alle zur Verfügung.

Formulierungsvorschlag für die Nutzung von Fällen aus diesem Fallrepetitorium: „*Dieser Text steht unter der Lizenz CC BY-SA 4.0 (https://creativecommons. org/licenses/by-sa/4.0/deed.de). Er beruht auf dem Werk von AUTOR*IN, in: Eisentraut, Fälle zum Verwaltungsrecht (DOI: 10.24921/2020.94115939), § ## Rn. ##, ebenfalls veröffentlicht unter der Lizenz CC BY-SA 4.0. Für Änderungen ist allein der/die Urheber*in dieser Überarbeitung verantwortlich.*"

Nähere Informationen sowie ein Link zur vollständigen Lizenz findet man unter

https://creativecommons.org/licenses/by-sa/4.0/deed.de

Das Fellow-Programm Freies Wissen

Dieses Fallrepetitorium entstand im Rahmen der Förderung des Herausgebers durch das **Fellow-Programm Freies Wissen**. Im Sinne des Open-Science-Gedankens wird der Prozess der Erstellung des Fallrepetitoriums, von der Idee bis zur Veröffentlichung und darüber hinaus umfassend **auf wikiversity.org dokumentiert**. Die Dokumentation kann hier eingesehen werden:

https://de.wikiversity.org/wiki/Wikiversity:Fellow-Programm_Freies_Wissen/ Einreichungen/Erstellung_eines_OER-Lehrbuchs_zum_Verwaltungs-_und_ Verwaltungsprozessrecht

*„Das Fellow-Programm Freies Wissen ist ein gemeinsames Projekt von **Wikimedia Deutschland, dem Stifterverband und der VolkswagenStiftung** und richtet sich an Doktoranden (m/w), Post-Docs (m/w) und Juniorprofessoren (m/w), die ihre Forschungsprozesse offen gestalten möchten. Als Partner beteiligen sich die Technische Informationsbibliothek (TIB), das Museum für Naturkunde Berlin, das Center für Digitale Systeme (CeDiS) der Freien Universität Berlin, die Niedersächsische Staats- und Universitätsbibliothek Göttingen sowie Open Knowledge Maps mit Qualifizierungsangeboten an dem Programm.*

*Zentrales Anliegen des Programms ist die **Stärkung einer Offenen Wissenschaft**, um den Wissenstransfer in die Gesellschaft und die Qualität wissenschaftlicher Forschung und Lehre zu verbessern. Transparenz, gemeinschaftliches Arbeiten und Lernen, Reproduzierbarkeit und Vergleichbarkeit wissenschaftlichen Arbeitens sind dafür elementare Voraussetzungen. Nachwuchswissenschaftler*innen aus allen Disziplinen sollen dazu befähigt werden, Prinzipien Offener Wissenschaft in die eigene wissenschaftliche Arbeit zu integrieren und gleichzeitig als Botschafter*innen andere für dieses Thema zu sensibilisieren. Gleichzeitig soll der Austausch von Wissenschaftler*innen im Bereich Offene Wissenschaft gefördert werden, um damit die schrittweise Öffnung von Wissenschaft und Forschung weiter voranzutreiben. Ein Ziel ist es daher, ein Netzwerk von Fellows, Alumni, Mentor*innen und Akteur*innen aus dem Bereich Offene Wissenschaft auf- und auszubauen, das auch über das Fellow-Programm hinaus einen intensiven Austausch und eine wirksame Zusammenarbeit im Rahmen von gemeinsamen Veranstaltungen, Publikationen und Projekten ermöglicht. Damit soll sowohl die weitere akademische Karriere*

der Geförderten unterstützt als auch das Thema Offene Wissenschaft konti-
nuierlich in die Breite getragen werden."

Quelle: https://de.wikiversity.org/wiki/Wikiversity:Fellow-Programm_Freies_
Wissen

Zur Arbeit mit diesem Fallrepetitorium

Das Fallrepetitorium ergänzt das Lehrbuch „Verwaltungsrecht in der Klausur" um 16 große Fälle, die so oder so ähnlich auch in Prüfungsarbeiten abgefragt werden könnten.

Zu Beginn des Fallrepetitoriums wird kurz in die gutachterliche Prüfung im Verwaltungsrecht eingeführt (§ 1), bevor sodann in 16 Fällen im Verwaltungsrecht typische Klausurkonstellationen aufgezeigt werden. Die Fälle orientieren sich dafür an den wichtigsten Klage- und Antragsarten des Verwaltungsprozessrechts. Zu Beginn jedes § findet sich deshalb ergänzend ein Aufbauschema, das die Struktur der dem Kapitel zugrunde liegenden Klage-/Antragsart in Erinnerung ruft.

Es besteht natürlich die Möglichkeit, die Fälle einfach nur zu lesen. Herausfordernder ist es aber, sich zunächst einmal selbst auf Grundlage des Sachverhalts an einer Falllösung zu probieren, bevor sodann ein Abgleich mit der ausführlichen Lösung in Fallrepetitorium erfolgt.

Jede Klausurlösung beginnt mit der eingehenden Lektüre des Sachverhalts. Den Lösungen vorangestellt findet sich daher stets ein Sachverhalt, auf dessen Grundlage die Falllösung zu erstellen ist.

Daran schließt sich ein erster Strukturentwurf für die Lösung an, die Lösungsskizze. Den Falllösungen vorangestellt findet sich deshalb jeweils eine Lösungsgliederung, die die Struktur der sodann folgenden Lösung wiederspiegelt und als Blaupause für eine eigene Lösungsskizze verwendet werden kann.

An die Lösungsskizze schließt sich sodann die ausführliche Ausarbeitung des juristischen Gutachtens an. Anders als in Klausuren finden sich in den Lösungen des Fallrepetitoriums weiterführende Fußnoten, die insbesondere auf die relevanten Ausführungen im Lehrbuch verweisen und mit diesem – in der digitalen Version – verlinkt sind, damit bei Fragen zur Lösung die relevanten Lehrbuchausführungen gezielt nachgelesen werden können.

Die Fälle sind auf 4 – 5 Stunden Bearbeitungszeit angelegt.

Bearbeiter*innenverzeichnis

Abromeit, Wolfgang, Dr., Ass. iur.	Wissenschaftlicher Mitarbeiter am Lehrstuhl für Europäisches und Deutsches Verfassungsrecht, Verwaltungsrecht, Sozialrecht und Öffentliches Wirtschaftsrecht der Universität Potsdam
Brade, Alexander, Dr.	Wissenschaftlicher Mitarbeiter am Lehrstuhl für Öffentliches Recht, insbesondere Umwelt- und Planungsrecht der Universität Leipzig
Brings-Wiesen, Tobias, Mag. iur.	Wissenschaftlicher Mitarbeiter am Institut für Medienrecht und Kommunikationsrecht der Universität zu Köln, Lehrstuhl für Öffentliches Recht und Medienrecht
Burbach, Hendrik	Rechtsanwalt bei Flick Gocke Schaumburg Bonn, Doktorand am Lehrstuhl für Öffentliches Recht der Universität Bonn
Eisentraut, Nikolas, Dipl.-Jur.	Wissenschaftlicher Mitarbeiter am Lehrstuhl für Öffentliches Recht, insbesondere Verwaltungsrecht der Freien Universität Berlin
Giere, Katrin	Wissenschaftliche Mitarbeiterin am Lehrstuhl für Staats- und Verwaltungsrecht sowie Medienrecht der Universität Leipzig
Himstedt, Jana	Wissenschaftliche Mitarbeiterin am Lehrstuhl für Öffentliches Recht, insbesondere Verwaltungsrecht der Freien Universität Berlin
Kernchen, Tanja	Wissenschaftliche Mitarbeiterin am Lehrstuhl für Öffentliches Recht, Medien- und Telekommunikationsrecht an der Universität Hamburg
Kienle, Thomas, Ass. iur.	Wissenschaftlicher Mitarbeiter am Lehrstuhl für Verwaltungswissenschaft, Staatsrecht, Verwaltungsrecht und Europarecht an der Deutschen Universität für Verwaltungswissenschaften Speyer
Leinenbach, Isabel, Dr.	Rechtsreferendarin am OLG des Saarlandes

Michel, Stefan, LL.M.   Wissenschaftlicher Mitarbeiter am Lehrstuhl für Medienrecht, Kulturrecht und öffentliches Recht der Johannes Gutenberg-Universität Mainz

Prinz, Hendrik   Wissenschaftlicher Mitarbeiter am Lehrstuhl für Öffentliches Recht, insbesondere Steuerrecht und Öffentliches Wirtschaftsrecht der Universität Leipzig

Sikora, Judith   Wissenschaftliche Mitarbeiterin am Lehrstuhl für Öffentliches Recht der Philipps-Universität Marburg

Skobel, Eva   Wissenschaftliche Mitarbeiterin am Lehrstuhl für Öffentliches Recht und Informationsrecht, insbesondere Datenschutzrecht der Johannes-Gutenberg-Universität Mainz

Sollmann, Erik   Wissenschaftlicher Mitarbeiter am Lehrstuhl für Staats- und Verwaltungsrecht, Rechtsvergleichung, Europarecht der Johannes Gutenberg-Universität Mainz

Abkürzungsverzeichnis

a.A.	andere Ansicht
a.a.O.	am angegebenen Ort
Aufl.	Auflage
Az.:	Aktenzeichen
Beschl. v.	Beschluss vom
BR-Drucks.	Bundesrats-Drucksache
BT-Drucks.	Bundestags-Drucksache
bzw.	beziehungsweise
d. h.	das heißt
e.A.	eine Ansicht
Ed.	Edition
EL	Ergänzungslieferung
f./ff.	folgender/folgende
Fn.	Fußnote
ggf.	gegebenenfalls
i. d. F.	in der Fassung
i.E.	im Erscheinen
i.S.v.	im Sinne von
i.V.m.	in Verbindung mit
m.w.N.	mit weiteren Nachweisen
Rn.	Randnummer
s.	siehe
sog.	sogenannte
u. a.	unter anderem
Urt. v.	Urteil vom
vgl.	vergleiche
VwVfG	VwVfG des Bundes
z. B.	zum Beispiel

§ 1 Die Eröffnung der gutachterlichen Prüfung

A. Die Struktur verwaltungsrechtlicher Klausuren (Nikolas Eisentraut)

In verwaltungsrechtlichen Prüfungsarbeiten muss eine Fallfrage beantwortet werden.[1]

1

Diese Fallfrage wird anhand eines Sachverhalts aufgeworfen. Der Sachverhalt beschreibt ein (meist fiktives) tatsächliches Geschehen. Alles, was der „allwissende Erzähler" des Sachverhalts im Indikativ äußert, ist als zutreffend zu unterstellen und ist nicht zu hinterfragen. Von Feststellungen des allwissenden Erzählers zu unterscheiden sind alle **Aussagen rechtlicher und tatsächlicher Art, die Charaktere und Institutionen** im Sachverhalt äußern. Dies geschieht oft im Konjunktiv, aber auch in direkter Rede. Den Beteiligten werden so Aspekte des Sachverhalts oder Argumente in den Mund gelegt. In der Lösung müssen diese Aussagen ausgewertet und die Argumente verwendet und bewertet werden. Sie helfen dabei, die relevanten Probleme zu erkennen und Schwerpunkte bei der Lösung zu setzen.[2]

2

Zu dem Sachverhalt werden sodann eine oder mehrere juristische Fragen gestellt: Die sogenannte Fallfrage (in den folgenden Sachverhalten stets fett gedruckt). Die verbreitetste Fallfrage ist jene nach dem Erfolg eines Rechtsbehelfs (bzw. eines Antrags oder einer Klage) vor Gericht,[3] ausnahmsweise

3

---

1 Die Ausführungen in diesem Abschnitt beruhen auf dem Kapitel zur gutachterlichen Prüfung im Verwaltungsrecht von Baade, in: Eisentraut, Verwaltungsrecht in der Klausur, 2020, § 1 Rn. 2 ff., veröffentlicht unter der Lizenz CC BY-SA 4.0 (https://creativecommons.org/licenses/by-sa/4.0/deed.de). Für Änderungen ist allein der Autor dieser Überarbeitung verantwortlich.

2 Näher Baade, in: Eisentraut, Verwaltungsrecht in der Klausur, 2020, § 1 Rn. 27 ff.

3 Weitere Konstellationen bei Baade, in: Eisentraut, Verwaltungsrecht in der Klausur, 2020, § 1 Rn. 34 ff.

auch nach dem Erfolg eines Widerspruchs.[4] Für die Beantwortung der Frage nach dem Erfolg eines Rechtsbehelfs muss dessen Zulässigkeit und Begründetheit geprüft werden:

4 Bevor ein Verwaltungsgericht über einen Rechtsbehelf in der Sache (d. h. inhaltlich/materiell) entscheiden kann, muss es feststellen, dass die Klage oder der Rechtsschutzantrag **zulässig** ist. Die Zulässigkeit stellt eine formelle Vorprüfung dar, ob die rechtlichen Voraussetzungen für ein Tätigwerden des Gerichts gegeben sind.

In der Zulässigkeit einer Klage sind die folgenden **allgemeinen Voraussetzungen** stets anzusprechen:
I. Verwaltungsrechtsweg (§ 40 VwGO)
II. Statthafte Klage-/Antragsart (§ 88 VwGO)
III. Zuständigkeit (§§ 45, 52 VwGO)
IV. Beteiligten- und Prozessfähigkeit (§§ 61 f. VwGO).

Besondere Zulässigkeitsvoraussetzungen ergeben sich aus der jeweiligen Klage- oder Verfahrensart. So muss bei der Anfechtungs- und Verpflichtungsklage auch geprüft werden, ob ein Vorverfahren nach den §§ 68 ff. VwGO ordnungsgemäß durchgeführt und die Klagefrist eingehalten wurde, § 74 VwGO.

5 In der **Begründetheit** werden die materiellen (inhaltlichen) Fragen des Falls geprüft. Der Obersatz bestimmt sich nach der statthaften Klage- bzw. Antragsart, der insoweit eine „Scharnierfunktion" für die gesamte Klausur zukommt (dazu noch Rn. 17).

6 Zwei besondere Rechtsfragen werden üblicherweise weder der Zulässigkeit noch der Begründetheit zugeordnet. Die **Klagehäufung** und die **Beiladung** sind als Gliederungspunkt „B." zwischen „A. Zulässigkeit" und „C. Begründetheit" anzusprechen, aber nur soweit der Sachverhalt hierzu Anlass gibt.[5]

7 Für die einzelnen Klage- und Antragsarten haben sich **Prüfungsschemata** herausgebildet, die die wesentliche Struktur der Prüfung in Kürze abbilden sollen und als Lern- und Verständnishilfe fungieren.[6] Entsprechend findet sich

---

4 Zu Prüfung der Erfolgsaussichten eines Widerspruchs Braun, in: Eisentraut, Verwaltungsrecht in der Klausur, 2020, § 2 Rn. 335.
5 Näher Baade, in: Eisentraut, Verwaltungsrecht in der Klausur, 2020, § 1 Rn. 63 ff.
6 Baade, in: Eisentraut, Verwaltungsrecht in der Klausur, 2020, § 1 Rn. 72.

in diesem Fallrepetitorium zu Beginn jeden Kapitels ein kurzes, die Prüfungsstruktur der jeweiligen Klage-/Antragsart abbildendes Schema, das den Blick für die grobe Struktur der Klage-/Antragsart schulen soll. Rechtsfragen können jedoch nie „nur" mit Hilfe von Schemata verstanden werden.[7] Natürlich müssen die abstrakten Prüfungspunkte der Prüfungsschemata mit juristischem Wissen „zum Leben erweckt" werden. Zudem erfordern passgenaue Lösungen mitunter leichte Abweichungen vom klassischen Schema. Dies illustrieren die Falllösungen für die Klausurpraxis. Zudem sind die Prüfungsschemata über Fußnotenverweise eng mit dem Lehrbuch „Verwaltungsrecht in der Klausur" verknüpft. Mittels dessen Lektüre kann das in Klausuren erforderliche Wissen erworben werden.

B. Die Eröffnung des Verwaltungsrechtswegs (Nikolas Eisentraut)

Die **Prüfung der Zulässigkeit** einer verwaltungsgerichtlichen Klage / eines 8 einstweiligen Rechtsschutzantrags wird mit der Frage danach eröffnet, ob der **Verwaltungsrechtsweg** eröffnet ist.[8]

Dafür ist zuerst zu prüfen, ob eine spezielle Norm (sog. aufdrängende Spe- 9 zialzuweisung) die Streitigkeit dem Verwaltungsrechtsweg zuweist. Falls eine solche aufdrängende Spezialzuweisung fehlt, ist nach der Generalklausel des § 40 I 1 VwGO zu beurteilen, ob die Streitigkeit dem Verwaltungsrechtsweg zugewiesen ist.

Eine **aufdrängende Spezialzuweisung** ist eine spezialgesetzliche Zuweisung 10 einer Streitigkeit zum Verwaltungsrechtsweg. Es geht also um Normen, die eine Streitigkeit ausdrücklich dem Verwaltungsrechtsweg zuweisen. In der Klausur sind aufdrängende Spezialzuweisungen **stets vorrangig vor der Generalklausel** zu prüfen.[9] Folgende Spezialzuweisungen sollten bekannt sein,

---

7   Näher zur Arbeit mit Schemata Baade, in: Eisentraut, Verwaltungsrecht in der Klausur, 2020, § 1 Rn. 71 ff.

8   Näher zur in Prüfungsarbeiten nicht zu diskutierenden Aufbaufrage, ob der Verwaltungsrechtsweg als Teil der Zulässigkeit geprüft werden kann Eisentraut, in: Eisentraut, Verwaltungsrecht in der Klausur, 2020, § 1 Rn. 163.

9   Eisentraut, in: Eisentraut, Verwaltungsrecht in der Klausur, 2020, § 1 Rn. 166.

auch wenn sie in verwaltungsrechtlichen Klausuren so gut wie nie eine Rolle spielen:

- § 126 I BBG für Bundesbeamte und § 54 I BeamtStG für Landesbeamte
- § 82 SoldatenG
- § 54 BAföG
- § 6 I UIG
- Bei § 40 II 1 VwGO handelt es sich nach richtiger, aber umstrittener Auffassung um keine aufdrängende Spezialzuweisung für öffentlich-rechtliche Verträge.[10]

11 Findet sich keine aufdrängende Spezialzuweisung, ist für die Beurteilung, ob der Verwaltungsrechtsweg eröffnet ist, auf die Generalklausel des § 40 I 1 VwGO abzustellen.[11] § 40 I 1 VwGO hat **drei, unmittelbar aus dem Wortlaut der Norm zu entnehmende Tatbestandsmerkmale:** Der Verwaltungsrechtsweg ist in allen

1. öffentlich-rechtlichen Streitigkeiten
2. nichtverfassungsrechtlicher Art gegeben,
3. soweit die Streitigkeiten nicht durch Bundesgesetz einem anderen Gericht ausdrücklich zugewiesen sind.

12 Die Generalklausel erfordert also zunächst, dass es sich um eine **öffentlich-rechtliche Streitigkeit** handelt. Für die Abgrenzung des öffentlichen Rechts vom Privatrecht kommt der **Sonderrechtstheorie** (auch: modifizierte Subjektstheorie) zentrale Bedeutung zu.[12]

13 Nach der modifizierten Subjektstheorie handelt es sich dann um eine öffentlich-rechtliche Streitigkeit, wenn die streitentscheidenden Normen dem öffentlichen Recht zugehören; Dies ist der Fall, wenn die streitentscheidenden Normen ausschließlich Träger öffentlicher Gewalt berechtigen und/oder verpflichten.[13] In diesem Fall liegt sog. **„Sonderrecht der Verwaltung"** vor (daher auch Sonderrechtstheorie). Voraussetzung für die Anwendbarkeit der Sonderrechtstheorie ist es daher, dass eine streitentscheidende Norm existiert.

---

10 Näher Eisentraut, in: Eisentraut, Verwaltungsrecht in der Klausur, 2020, § 1 Rn. 166.
11 Zur Bedeutung der Generalklausel näher Hufen, Verwaltungsprozessrecht, 11. Aufl. 2019, § 11 Rn. 4.
12 Näher auch zur Subordinations- und Interessentheorie Eisentraut, in: Eisentraut, Verwaltungsrecht in der Klausur, 2020, § 1 Rn. 169 ff.
13 Gersdorf, Verwaltungsprozessrecht, 6. Aufl. 2019, Rn. 4; Hufen, Verwaltungsprozessrecht, 11. Aufl. 2019, § 11 Rn. 17.

Dies ist im Bereich der Eingriffsverwaltung regelmäßig der Fall.[14] Im Bereich der Leistungsverwaltung stößt die Sonderrechtstheorie hingegen mitunter auf besondere Herausforderungen (s. etwa Fall 9 Rn. 6).[15]

Die Streitigkeit muss weiterhin **nicht-verfassungsrechtlicher Art** sein. Dies 14 bestimmt sich mit der h.M. danach, ob ein Fall sog. **doppelter Verfassungs-unmittelbarkeit** vorliegt: Nur wenn Verfassungsorgane oder unmittelbar am Verfassungsleben beteiligte Rechtsträger über Rechte und Pflichten aus der Verfassung streiten, ist die Streitigkeit verfassungsrechtlicher Art.[16] Ansonsten ist die Streitigkeit nicht-verfassungsrechtlicher Art.

Schließlich darf keine sog. **abdrängende Sonderzuweisung** die Streitigkeit zu 15 einem anderen Gericht abdrängen. Obwohl eine öffentlich-rechtliche Streitigkeit nicht-verfassungsrechtlicher Art vorliegt, kann es also sein, dass dennoch ein anderer Gerichtszweig über die Klage/den Antrag entscheidet. In der Regel ist in Klausuren keine abdrängende Sonderzuweisung ersichtlich. Besonderer Aufmerksamkeit bedarf dieser Prüfungspunkt jedoch im Polizei- und Ordnungsrecht (s. Fall 1 Rn. 9) und im Recht der staatlichen Ersatzleistungen (s. Fall 16 Rn. 5).[17]

C. Die Bestimmung der statthaften Klage-/Antragsart (Nikolas Eisentraut)

Wenn der Verwaltungsrechtsweg eröffnet ist, ist als nächstes die Frage auf- 16 zuwerfen, welche Klageart (im einstweiligen Rechtsschutz und beim Antrag nach § 47 VwGO: welche Antragsart) statthaft ist.

Die Bestimmung der statthaften Klage-/Antragsart ist das **zentrale Scharnier** 17 für die gesamte restliche Klausur. Nach ihr richten sich sowohl die weiteren Zulässigkeitsvoraussetzungen als auch die Struktur der Begründetheitsprüfung. Entsprechend wichtig ist die saubere Prüfung, welche Klage- bzw. Antragsart einschlägig ist.

---

14 Näher zu den streitentscheidenden Normen im Bereich der Eingriffsverwaltung Eisentraut, in: Eisentraut, Verwaltungsrecht in der Klausur, 2020, § 1 Rn. 173 ff.

15 Näher zu den relevanten Anspruchsgrundlagen im Verwaltungsrecht Eisentraut, in: Eisentraut, Verwaltungsrecht in der Klausur, 2020, § 1 Rn. 182 ff.

16 Näher Eisentraut, in: Eisentraut, Verwaltungsrecht in der Klausur, 2020, § 1 Rn. 210 ff.

17 Näher Eisentraut, in: Eisentraut, Verwaltungsrecht in der Klausur, 2020, § 1 Rn. 217 ff.

18 Liegt die statthafte Klage-/Antragsart nicht offensichtlich auf der Hand, macht es in der Klausurlösung Sinn, zunächst auch im Ergebnis zwar nicht für einschlägig befundene, aber womöglich in Betracht kommende Klage-/Antragsarten anzuprüfen und dann abzulehnen, bevor auf die als statthaft erkannte Klage-/Antragsart eingegangen wird.

I. Klagearten der VwGO

19 Die VwGO kennt die folgenden Klagearten:
1. die Anfechtungsklage, § 42 I Alt. 1 VwGO (dazu die Fälle 1, 2 und 3 in § 2),
2. die Verpflichtungsklage, § 42 I Alt. 2 VwGO (dazu die Fälle 4 und 5 in § 3),
3. die Fortsetzungsfeststellungsklage, § 113 I 4 VwGO (ggf. analog) (dazu die Fälle 6, 7 und 8 in § 4),
4. die allgemeine Leistungsklage (vorausgesetzt in den §§ 43 II, 111, 113 IV VwGO) (dazu die Fälle 9 und 10 in § 5),
5. die Feststellungsklage, § 43 II VwGO (dazu die Fälle 11 und 12 in § 6).

II. Antragsarten der VwGO

20 Neben dem Normenkontrollantrag nach § 47 VwGO (dazu der Fall 13 in § 7) kennt die VwGO die folgenden vorläufigen Rechtsschutzanträge:
1. den Antrag nach § 80 Abs. 5 VwGO (dazu der Fall 14 in § 8),
2. den Antrag nach § 80, 80a VwGO[18],
3. den Antrag nach § 123 VwGO (dazu der Fall 15 in § 9),
4. der Antrag nach § 47 Abs. 6 VwGO[19].

III. Die Stellschraube in der Klausur: Das klägerische Begehren

21 Welche der Klagearten statthaft ist, richtet sich nach dem **Begehren des Klägers, § 88 VwGO**. In der Klausur wie auch in der Hausarbeit ist also genau zu untersuchen, was der Kläger vom Gericht eigentlich will.

---

18 Dazu näher Weinberg, in: Eisentraut, Verwaltungsrecht in der Klausur, 2020, § 9 Rn. 2 ff.
19 Kienle, in: Eisentraut, Verwaltungsrecht in der Klausur, 2020, § 7 Rn. 76 ff.

In **Verfahren des einstweiligen Rechtsschutzes** gilt § 88 VwGO über § 122 I 22
VwGO entsprechend. § 122 I VwGO ordnet dafür an, dass § 88 VwGO entsprechend für „Beschlüsse" gilt. Für den Antrag nach § 123 VwGO stellt dessen
Abs. 4 fest, dass das Gericht „durch Beschluß" entscheidet. Das gleiche gilt für
den Antrag nach § 80 V VwGO, dies ergibt sich aus § 80 VII 1 VwGO. In terminologischer Hinsicht muss jedoch darauf geachtet werden, dass in einstweiligen Rechtsschutzverfahren nicht vom „klägerischen" Begehren sondern
vom **Begehren des „Antragstellers"** gesprochen wird.

Es lassen sich 10 Begehren systematisieren, die typischerweise in Prüfungs- 23
arbeiten in Betracht kommen. Für jedes dieser Begehren findet sich in der
VwGO eine Klage- bzw. Antragsart. Dieser Zusammenhang ist in der folgenden
Tabelle dargestellt:

Begehren	Klage-/Antragsart
1. Der Kläger begehrt die Aufhebung eines Verwaltungsakts.	1. Begehrt der Kläger die Aufhebung eines Verwaltungsakts, so ist die Anfechtungsklage nach § 42 I Alt. 1 VwGO statthaft.
2. Der Kläger begehrt den Erlass eines abgelehnten oder unterlassenen Verwaltungsakts.	2. Begehrt der Kläger den Erlass eines abgelehnten oder unterlassenen Verwaltungsakts, so ist die Verpflichtungsklage nach § 42 I Alt. 2 VwGO statthaft.
3. Der Kläger begehrt nach Erledigung eines Verwaltungsakts die Feststellung der Rechtswidrigkeit eines Verwaltungsakts oder der Rechtswidrigkeit der Ablehnung oder Unterlassung eines Verwaltungsakts.	3. Scheidet eine gerichtliche Aufhebung eines Verwaltungsakts aus, weil sich dieser bereits erledigt hat, kann der Kläger nachträglich nur noch die Feststellung der Rechtswidrigkeit des Verwaltungsakts begehren. In diesem Fall ist die Fortsetzungsfeststellungsklage nach §§ 113 I 4 VwGO (ggf. analog) statthaft. Die Fortsetzungsfeststellungsklage nach §§ 113 I 4 VwGO analog ist weiterhin statthaft, wenn der Kläger nach Erledigung festgestellt wissen will, dass die Ablehnung oder Unterlassung eines Verwaltungsakts rechtswidrig war.
4. Der Kläger begehrt ein bestimmtes Verhalten, bei dem es sich nicht um den Erlass eines Verwaltungsakts handelt.	4. Begehrt der Kläger mit seiner Klage ein bestimmtes Verhalten, das er nicht im Wege der Verpflichtungsklage durchsetzen kann (weil es sich bei dem begehrten Verhalten nicht um den Erlass eines Verwaltungsakts handelt), ist die allgemeine Leistungsklage statthaft.

Fortsetzung

Begehren	Klage-/Antragsart
5. Der Kläger begehrt eine Feststellung über das Bestehen oder Nichtbestehen eines Rechtsverhältnisses.	5. Geht es dem Kläger darum, das Bestehen oder Nichtbestehen eines Rechtsverhältnisses feststellen zu lassen, ist die allgemeine Feststellungsklage nach § 43 VwGO statthaft.
6. Der Kläger begehrt die Feststellung über die Nichtigkeit eines Verwaltungsakts.	6. Geht es dem Kläger darum, die Nichtigkeit eines Verwaltungsakts feststellen zu lassen, ist ebenfalls die allgemeine Feststellungsklage nach § 43 VwGO in der Form der sog. Nichtigkeitsfeststellungsklage statthaft.
7. Der Kläger begehrt die Überprüfung der Gültigkeit einer Satzung, die nach Vorschriften des BauGB erlassen worden ist oder einer Rechtsverordnung auf Grund des § 246 II BauGB oder von anderen im Rang unter dem Landesgesetz stehender Rechtsvorschriften.	7. Möchte der Kläger die Gültigkeit einer Satzung oder einer Rechtsverordnung nach dem BauGB überprüfen lassen, ist die verwaltungsgerichtliche Normenkontrolle nach § 47 VwGO statthaft. Bei anderen im Rang unter dem Landesgesetz stehenden Rechtsvorschriften gilt dies aber nur, wenn dies auch im Landesrecht bestimmt ist. Ansonsten ist auf die Feststellungsklage zurückzugreifen.
8. Der Antragsteller begehrt eine einstweilige Anordnung in Bezug auf die unter 2 – 6 aufgeführten Streitgegenstände.	8. Begehrt der Antragsteller eine einstweilige Anordnung in Bezug auf die unter 1 – 6 aufgeführten Streitgegenstände (sog. vorläufiger Rechtsschutz), ist der Antrag nach § 123 VwGO statthaft, soweit er nicht nach § 123 V VwGO subsidiär ist.
9. Der Antragsteller begehrt die (einstweilige) Anordnung oder Wiederherstellung der aufschiebenden Wirkung eines Widerspruchs oder einer Anfechtungsklage.	9. Begehrt der Antragsteller die (einstweilige) Anordnung oder Wiederherstellung der aufschiebenden Wirkung eines Widerspruchs oder einer Anfechtungsklage, so ist der Antrag nach § 80 V VwGO statthaft (der Antrag nach § 123 VwGO tritt nach dessen Abs. 5 zurück). In Drittschutzkonstellationen ist darüber hinaus § 80a VwGO zu berücksichtigen.
10. Der Antragsteller begehrt eine einstweilige Anordnung in Bezug auf den unter 7. aufgeführten Streitgegenstand.	Begehrt der Antragsteller eine einstweilige Anordnung in Bezug auf den unter 7. aufgeführten Streitgegenstand, ist der Antrag nach § 47 VI VwGO statthaft.

§ 2 Übungsfälle zur Anfechtungsklage

Die Struktur der Anfechtungsklage (Nikolas Eisentraut)

Der gutachterlichen Prüfung der Anfechtungsklage liegt die folgende Struktur zugrunde:

A. Zulässigkeit
  I. Eröffnung des Verwaltungsrechtswegs (s. § 1 Rn. 8 ff.)[1]
  II. Statthafte Klageart (s. § 1 Rn. 6 ff.)[2]
  III. Klagebefugnis[3]
  IV. Vorverfahren[4]
  V. Klagefrist[5]
  VI. Beteiligte[6]
  VII. Zuständiges Gericht[7]
  VIII. Rechtsschutzbedürfnis[8]

---

[1] Ausführlich zur Eröffnung des Verwaltungsrechtswegs Eisentraut, in: Eisentraut, Veraltungsrecht in der Klausur, 2020, § 1 Rn. 162 ff.

[2] Ausführlich zur Anfechtungsklage als statthafter Klageart Milker, in: Eisentraut, Verwaltungsrecht in der Klausur, 2020, § 2 Rn. 4 ff.

[3] Ausführlich zur Klagebefugnis bei der Anfechtungsklage Burbach, in: Eisentraut, Verwaltungsrecht in der Klausur, 2020, § 2 Rn. 281 ff.

[4] Ausführlich zum Vorverfahren bei der Anfechtungsklage Braun, in: Eisentraut, Verwaltungsrecht in der Klausur, 2020, § 2 Rn. 301 ff.

[5] Ausführlich zur Klagefrist bei der Anfechtungsklage Stockebrandt, in: Eisentraut, Verwaltungsrecht in der Klausur, 2020, § 2 Rn. 353 ff.

[6] Ausführlich zur Beteiligten bei der Anfechtungsklage Creemers, in: Eisentraut, Verwaltungsrecht in der Klausur, 2020, § 2 Rn. 403 ff.

[7] Ausführlich zur Zuständigkeit des Gerichts bei der Anfechtungsklage Goldberg, in: Eisentraut, Verwaltungsrecht in der Klausur, 2020, § 2 Rn. 462 ff.

[8] Ausführlich zum Rechtsschutzbedürfnis bei der Anfechtungsklage Valentiner, in: Eisentraut, Verwaltungsrecht in der Klausur, 2020, § 2 Rn. 476 ff.

B. Begründetheit[9]
 I. Rechtswidrigkeit des Verwaltungsakts
  1. Ermächtigungsgrundlage[10]
  2. Formelle Rechtmäßigkeit
   a) Zuständigkeit[11]
   b) Verfahren[12]
   c) Form[13]
  3. Materielle Rechtmäßigkeit[14]
   a) Tatbestand der Ermächtigungsgrundlage
   b) Rechtsfolge der Ermächtigungsgrundlage
 II. Verletzung in subjektiven Rechten[15]

---

[9] Ausführlich zur Struktur der Begründetheitsprüfung der Anfechtungsklage Kowalczyk, in: Eisentraut, Verwaltungsrecht in der Klausur, 2020, § 2 Rn. 507 ff.

[10] Ausführlich zum Erfordernis einer Ermächtigungsgrundlage Hadank, in: Eisentraut, Verwaltungsrecht in der Klausur, 2020, § 2 Rn. 554 ff.; Zur Prüfung der klausurrelevanten Ermächtigungsgrundlagen des Allgemeinen Verwaltungsrechts Brings-Wiesen, a.a.O., § 2 Rn. Rn. 832 ff., des Polizei- und Ordnungsrechts Eisentraut, a.a.O., § 2 Rn. 1000 ff., des Versammlungsrechts Eickenjäger, a.a.O., § 2 Rn. 1141 ff., des Bauordnungsrechts Steengrafe, a.a.O., § 2 Rn. 1222 ff., des Kommunalrechts Piecha, a.a.O., § 2 Rn. 1252 ff. und des Verwaltungsvollstreckungsrechts Ilal, a.a.O., § 2 Rn. 1292 ff.

[11] Ausführlich zur Zuständigkeit Eickenjäger, in: Eisentraut, Verwaltungsrecht in der Klausur, 2020, § 2 Rn. 580 ff.

[12] Ausführlich zum Verfahren Senders, in: Eisentraut, Verwaltungsrecht in der Klausur, 2020, § 2 Rn. 621 ff.

[13] Ausführlich zur Form Lemke, in: Eisentraut, Verwaltungsrecht in der Klausur, 2020, § 2 Rn. 681 ff.

[14] Ausführlich zur Prüfung der materiellen Rechtmäßigkeit Benrath, in: Eisentraut, Verwaltungsrecht in der Klausur, 2020, § 2 Rn. 712 ff.

[15] Ausführlich zur Prüfung der Verletzung subjektiver Rechte Eisentraut, in: Eisentraut, Verwaltungsrecht in der Klausur, 2020, § 2 Rn. 828 ff.

FALL 1: ANFECHTUNGSKLAGE BEI EINER ORDNUNGSVERFÜGUNG NACH DER POLIZEILICHEN GENERALKLAUSEL (TANJA KERNCHEN)

Der Fall ist angelehnt an den Beschluss des VG Berlin vom 14. 4. 2011, Az.: 13 L 1 50.11.

Lernziele/Schwerpunkte: Anfechtungsklage, Fristberechnung, Polizei- und 2 Ordnungsrecht, Wechsel der Rechtsgrundlage durch Widerspruchsbehörde, Zustandsverantwortlichkeit, Auswahlermessen

Sachverhalt

Die K-GmbH (K) ist Eigentümerin eines 50.000 m² großen Grundstücks in 3 Berlin-Pankow, auf dem sich ein historisches Stadion befindet, das zuletzt zur Zeit der DDR betrieben und gepflegt wurde. Die K möchte das Grundstück so bald wie möglich verkaufen, jedoch hat sich noch kein Interessent für das Grundstück gefunden. Der letzte Interessent hat nach einem Besuch des Grundstücks von dem Kauf abgesehen, weil die sich auf dem Grundstück befindenden Gebäude baufällig sind und sich in einem einsturzgefährdeten Zustand befinden. Der Kaufpreis stünde nicht im Verhältnis zu den Investitionen.

Das örtlich zuständige Bezirksamt Pankow errichtet im Sommer 2018 in rechtmäßiger Weise auf einem östlich benachbarten bezirkseigenen Grundstück einen Radweg entlang der Grundstücksgrenze zum Grundstück der K. Hierzu entfernt das Bezirksamt die Einfriedung auf dem bezirkseigenen Grundstück zum Grundstück der K.

Der Radfahrer R freut sich sehr über den neu eingerichteten Fahrradweg, da er so schneller in die Innenstadt zur Arbeit kommt. Zuvor musste er immer einen großen Umweg fahren, auf dem der Autoverkehr morgens und abends die Straßen blockiert und er sich nicht sicher fühlt. Mit dem neuen Fahrradweg muss er sich für den Teil der Strecke wegen eines zu hohen Verkehrsaufkommens keine Sorgen mehr machen. Auch der Fotograf F freut sich über den Fahrradweg, da aufgrund der Entfernung der Einfriedung das Grundstück der K nun frei zugänglich ist. Die alten Gebäude eignen sich für seine Fotografie-Projekte, für die er vorher immer durch einen Zaun klettern musste. Als er das letzte Mal auf dem Grundstück war, sah er auch Jugendliche und auch jüngere Kinder, die den freien Zugang zum Grundstück nutzen, um in den alten Gebäuden Fotos von sich zu machen. An einem Morgen sieht R, wie F und die Jugendlichen auf das Grundstück verschwinden und macht sich Sorgen. Zwar sind auf dem Fahrradweg keine Autos, aber durch die nun offene Grundstücksgrenze könnten doch Personen auf das Grundstück der K gelangen, auf dem viele einsturzgefährdete Gebäude stehen. An den Gebäuden sind eine Vielzahl von Graffiti-Schmierereien zu erkennen sowie an einigen Stellen Müllablagerungen mit leeren Flaschen alkoholischer Getränke. R sieht sich verpflichtet, dem Bezirksamt von seinen Beobachtungen zu erzählen.

Der zuständige Sachbearbeiter stimmt R zu und erlässt gegen K am 1. 8. 2018 ohne vorherige Anhörung folgende Anordnung, die am 3. 8. 2018 bei der K eingeht:

„Aufgrund von § 58 I BauO Bln wird angeordnet, dass Sie ihr Grundstück mit allen sich auf ihm befindlichen Gebäuden und baulichen Anlagen sichern. Bevorzugt wird diesbezüglich eine Gesamteinzäunung an der Grenze zum neu errichteten Fahrradweg.

[*Es folgt eine ordnungsgemäße Begründung*]

Die Sicherung ist bis spätestens ab Bestandskraft dauerhaft und wirkungsvoll zu gewährleisten.

Für den Fall, dass Sie der Anordnung nicht innerhalb der Frist Folge leisten, wird die Ersatzvornahme in Form der Errichtung und Instandhaltung eines Zaunes durch eine beauftragte Firma angedroht.

[*Von einer ordnungsgemäßen Rechtsbehelfsbelehrung ist auszugehen.*]"

K sieht nicht, was das Problem sei. Schließlich habe das Bezirksamt die Öffnung zu verantworten, sodass K gar keine Handlungspflichten treffe. Daher legt sie gegen die Anordnung am 16. 8. 2018 Widerspruch ein, der einen Tag später beim Bezirksamt eingeht. Erst durch die Einrichtung des Fahrradweges wurden die Öffnung zum Grundstück und die damit einhergehende Gefahr für unbefugte Dritte geschaffen. Hinzu kommt, dass sie doch das Opfer der ganzen Situation sei, da Unbefugte ihr Grundstück betreten. Außerdem sei sie nicht mehr in Anspruch zu nehmen, seitdem sie das Grundstück am 5. 8. 2018 an den Kaufmann M weitervermietet habe. Er sei, wenn überhaupt, vielmehr in Anspruch zu nehmen und nicht mehr sie. Zudem wären weder sie noch der M zu der ganzen Sache einmal vorher angehört worden. Dies sei nicht mit einem rechtsstaatlichen Verfahren vereinbar. Auch versteht sie nicht, was genau nun gesichert werden solle.

Die zuständige Widerspruchsbehörde erlässt auf den Widerspruch am 17. 9. 2018 den folgenden Widerspruchsbescheid, der bei der K mittels Einschreiben durch Übergabe am 18. 9. 2018 zugeht:

„[...]

Die rechtmäßige Maßnahme beruht auf § 17 I ASOG. Dass die Anordnung vom 1. 8. 2018 zunächst auf § 58 I BauO Bln gestützt wurde, ist unerheblich, da die Voraussetzungen von § 17 I ASOG ebenfalls erfüllt sind.

[Es folgt eine ordnungsgemäße Begründung.]

Gegen den Widerspruchsbescheid kann innerhalb eines Monats nach Zustellung des Widerspruchsbescheids schriftlich Klage erhoben werden.“

Der Geschäftsführer der K (G), der das gesamte Verfahren intensiv begleitet, verreist mit seiner Familie bis zum 1. 10. 2018. Nach seiner Rückkehr fragt er die ebenfalls im Betrieb tätige Sekretärin S, ob sie wichtige Post vom Gericht bekommen haben. Die S, die grundsätzlich für ihre sorgfältige Arbeit bekannt ist, vergisst im gesamten Trubel, dass der Widerspruchsbescheid zugestellt wurde. Anfang Dezember wird G stutzig und meldet sich beim Bezirksamt, das ihn darauf hinweist, dass der Widerspruchsbescheid bereits am 18. 9. 2018 zugestellt worden sei. Eine Klage sei nun im Dezember schon verspätet und damit aussichtslos.

G ist zwar erbost über die plötzliche Vergesslichkeit der S. Jedoch ist er der Auffassung, dass ihre Vergesslichkeit nicht dazu führen könne, dass er nicht noch Klage einreichen könne. Schließlich habe S doch den Widerspruchsbescheid vergessen und nicht er als federführende Person des Verfahrens. Außerdem könne nicht einfach die Rechtsgrundlage für die behördliche Maßnahme geändert werden. Das würde gegen seinen Anspruch auf effektiven Rechtsschutz verstoßen. Daher legt er im Namen der K am 27. 12. 2018 beim zuständigen Verwaltungsgericht Berlin schriftlich Klage gegen den Ausgangs- und Widerspruchsbescheid ein.

Hat die Klage Aussicht auf Erfolg?

Bearbeiter*innenvermerk: Es ist zu unterstellen, dass das Verwaltungsgericht Berlin örtlich und sachlich zuständig ist. Es sind das VwVfG und VwZG des

Bundes anzuwenden. Verwaltungsvollstreckungsrechtliche Maßnahmen sind nicht zu prüfen. Es ist ferner davon auszugehen, dass

- die K ihr Grundstück tatsächlich an den M vermietet hat;
- auf dem Grundstück eine Vielzahl von Trampelpfaden erkennbar sind;
- in der Anordnung das Grundstück der K bestimmt genug angegeben wurde.

§ 58 I BauO Bln lautet: Die Bauaufsichtsbehörden haben bei der Errichtung, Änderung, Nutzungsänderung und Beseitigung sowie bei der Nutzung und Instandhaltung von Anlagen darüber zu wachen, dass die öffentlich-rechtlichen Vorschriften eingehalten werden, soweit nicht andere Behörden zuständig sind. (...) Sie können in Wahrnehmung dieser Aufgaben die erforderlichen Maßnahmen treffen. (...).

§ 17 I ASOG Bln lautet: Die Ordnungsbehörden und die Polizei können die notwendigen Maßnahmen treffen, um eine im einzelnen Falle bestehende Gefahr für die öffentliche Sicherheit oder Ordnung (Gefahr) abzuwehren, soweit nicht die §§ 18 bis 51 ihre Befugnisse besonders regeln.

Lösungsgliederung

Lösungsvorschlag

5 Die Klage hat Aussicht auf Erfolg, wenn sie zulässig und soweit sie begründet ist.

A. Zulässigkeit

I. Eröffnung des Verwaltungsrechtswegs

6 Zunächst müsste der Verwaltungsrechtsweg eröffnet sein. Mangels aufdrängender Sonderzuweisung ist nach § 40 I 1 VwGO der Verwaltungsrechtsweg eröffnet, wenn eine öffentlich-rechtliche Streitigkeit nicht-verfassungsrechtlicher Art vorliegt und keine abdrängende Sonderzuweisung gegeben ist.

1. Öffentlich-rechtliche Streitigkeit

7 Eine Streitigkeit ist nach der modifizierten Subjektstheorie öffentlich-rechtlich, wenn die streitentscheidende Norm öffentlich-rechtlich ist. Dies ist der Fall, wenn durch die Norm ausschließlich Hoheitsträger als solche berechtigt oder verpflichtet werden. Die streitentscheidende Norm ist entweder § 58 I BauO Bln oder § 17 I ASOG. Eine Entscheidung über die tatsächlich einschlägige Norm muss vorliegend noch nicht getroffen werden, da sowohl nach § 58 I BauO Bln als auch § 17 I ASOG ausschließlich Hoheitsträger zur Vornahme von Maßnahmen berechtigt werden.

Somit liegt eine öffentlich-rechtliche Streitigkeit vor.

2. Nicht-verfassungsrechtlicher Art

8 Die öffentlich-rechtliche Streitigkeit müsste nicht-verfassungsrechtlicher Art sein. Nach der Lehre der sog. doppelten Verfassungsunmittelbarkeit ist eine Streitigkeit verfassungsrechtlicher Art, wenn unmittelbar am Verfassungsleben Beteiligte sich um unmittelbar in der Verfassung geregelte Rechte und Pflichten streiten. D. h., dass wenn bereits eine der beiden Voraussetzungen nicht vorliegt, die Streitigkeit nicht-verfassungsrechtlicher Art ist. Die K ist kein Verfassungsorgan, sondern eine juristische Person des Privatrechts, sodass bereits aus diesem Grund eine nicht-verfassungsrechtliche Streitigkeit vorliegt.

3. Abdrängende Sonderzuweisung

9 Schließlich dürfte keine abdrängende Sonderzuweisung die Streitigkeit einem anderen Rechtsweg zuweisen. In Betracht käme vorliegend allein § 23 I 1

EGGVG, wonach die ordentlichen Gerichte auf Antrag entscheiden können, wenn der Streitgegenstand von Justizbehörden getroffene Maßnahmen betrifft.[16]

Die Vorschrift betrifft jedoch nur repressive und keine präventiven Maßnahmen. Dies ergibt sich ausdrücklich aus dem Wortlaut der Norm, die nur auf Strafverfolgung abstellt. Die Anordnung wurde jedoch aus präventiven Gründen erlassen, um möglichen Gefahren entgegenzuwirken. Somit ist die Sonderzuweisung nach § 23 I 1 EGGVG nicht einschlägig. Andere abdrängende Sonderzuweisungen sind nicht ersichtlich.

4. Zwischenergebnis
Der Verwaltungsrechtsweg ist nach § 40 I 1 VwGO eröffnet.

II. Statthafte Klageart
Die statthafte Klageart richtet sich nach dem klägerischen Begehren nach § 88 VwGO. K wendet sich gegen die Anordnung des Bezirksamts Pankow. Daher könnte die Anfechtungsklage nach § 42 I 1. Alt. VwGO statthaft sein, die auf die Aufhebung von Verwaltungsakten gerichtet ist. Dafür müsste es sich bei der Anordnung um einen Verwaltungsakt nach § 35 1 VwVfG handeln. 10

Ein Verwaltungsakt ist nach § 35 1 VwVfG jede hoheitliche Maßnahme, die eine Behörde zur Regelung eines Einzelfalls auf dem Gebiet des öffentlichen Rechts trifft und die auf unmittelbare Rechtswirkung nach außen gerichtet ist. Bei der Anordnung handelt es sich um eine rechtliche Verpflichtung durch das Bezirksamt als Hoheitsträger, die sich im konkreten Fall an die K richtet, die außerhalb der Verwaltung steht.

Es handelt sich bei der Anordnung also um einen Verwaltungsakt, der mit der Anfechtungsklage nach § 42 I 1. Alt. VwGO aufgehoben werden kann, sodass die Anfechtungsklage statthaft ist.

III. Klagebefugnis
Zudem müsste K gemäß § 42 II VwGO klagebefugt sein. Dies ist der Fall, wenn die Verletzung ihrer subjektiv-öffentlichen Rechte zumindest nicht ausgeschlossen und damit möglich ist. Da sie Adressatin des sie belastenden Ver- 11

---

16   S. hierzu vertiefend Eisentraut, in: Eisentraut, Verwaltungsrecht in der Klausur, 2020, § 1 Rn. 218 und § 2 Rn. 1018.

waltungsakts ist, ist zumindest nach der Adressatentheorie nicht ausgeschlossen, dass sie jedenfalls in ihrer Handlungsfreiheit aus Art. 2 I GG verletzt sein könnte.

K ist mithin nach § 42 II VwGO klagebefugt.

IV. Erfolgloses, ordnungsgemäßes Vorverfahren

12 Ferner müsste ein erfolgloses, ordnungsgemäßes Vorverfahren nach §§ 68 ff. VwGO stattgefunden haben. Es gilt nach § 70 I VwGO eine Monatsfrist. Diese hat K eingehalten, da der Ausgangsbescheid am 3. 8. 2018 zugegangen ist und der Widerspruch am 17. 8. 2018, somit nach zwei Wochen und damit innerhalb der Frist, beim Bezirksamt eingegangen ist.

V. Klagefrist

13 Fraglich ist jedoch, ob K die Klagefrist gemäß § 74 I VwGO gewahrt hat, wonach einen Monat nach Zustellung des Widerspruchbescheids beim Gericht Klage einzureichen ist.

1. Fristbeginn

14 Die Berechnung der Frist beginnt gemäß § 57 I VwGO mit der Zustellung, wenn nichts anderes bestimmt ist. Vorliegend ist demnach die Zustellung des Widerspruchsbescheids maßgeblich. Dies richtet sich nach den Vorschriften des VwZG, da der Widerspruchsbescheid nach § 73 III 2 VwGO von Amts wegen zuzustellen ist. Vorliegend wählte das Bezirksamt die Zustellung durch die Post mittels Einschreiben durch Übergabe nach § 4 I 1. Alt. VwZG.[17]

a) Richtiger Zustellungsempfänger

15 Fraglich ist zunächst, ob die Zustellung rechtmäßig war, da nicht der G als Geschäftsführer der K die Anordnung entgegen genommen hat, sondern die Sekretärin der K. Grundsätzlich hat die Zustellung an den Adressaten zu erfolgen. Adressatin war die K und damit der G als rechtmäßiger Vertreter nach § 35 I 1 GmbHG. Jedoch kann die Zustellung auch an einen Ersatzempfänger erfolgen, wenn der Adressat nicht anzutreffen ist. Zu der Gruppe der Ersatzempfänger gehören Familienmitglieder, wie Ehegatten, aber auch im Betrieb beschäftigte Personen, die bei der Zustellung anwesend sind.

---

17 S. dazu näher Stockebrandt, in: Eisentraut, Verwaltungsrecht in der Klausur, 2020, § 2 Rn. Rn. 373, 378.

Die Sekretärin ist eine im Betrieb beschäftigte Person, was auch nach außen hin erkennbar ist. Sie ist mithin als Ersatzempfänger zu werten, sodass eine Zustellung an sie ebenfalls möglich war, da aus der Sicht eines objektiven Beobachters davon auszugehen ist, dass die Sekretärin eines Betriebs zur Annahme von Sendungen berechtigt ist und eine unverzügliche Weitergabe der Anordnung an den Adressaten zu erwarten war.

b) Berechnung des Fristbeginns
Nach § 4 II 2 VwZG gilt das Dokument am dritten Tag nach der Aufgabe zur 16
Post als zugestellt, es sei denn, dass es nicht oder zu einem späteren Zeitpunkt
zugegangen ist. Vorliegend wurde der Widerspruchsbescheid am 17. 9. 2018
zur Post gegeben und ist bereits am 18. 9. 2018 zugegangen. Es ist unerheblich,
dass der Bescheid bereits vor Ablauf der Drei-Tages-Frist zugegangen ist, da
diese den Bürger schützen soll und durch einen früheren Zugang nicht ver-
kürzt werden darf. Die Berechnung des Fristbeginns ist nach § 57 II VwGO
i.V.m. §§ 222 I ZPO, 187 I BGB geregelt, wonach in dem Fall, dass für den
Anfang einer Frist ein Ereignis maßgebend ist, der Tag, in welchen das Ereignis
fällt, zur Berechnung der Frist nicht mitgerechnet wird.

Damit gilt der Bescheid am 20. 9. 2018 als zugestellt.

2. Fristablauf
Der Fristablauf richtet sich ebenfalls nach § 57 II VwGO i.V.m. § 222 I ZPO und 17
§ 188 BGB, wonach eine Frist, die nach Monaten bestimmt ist, im Fall des
§ 187 I BGB mit Ablauf desjenigen Tages endigt, welcher durch seine Zahl dem
Tage entspricht, in den das Ereignis fällt. Damit liefe die Frist am 20. 10. 2018
ab. Die am 27. 12. 2018 zugestellte Klage könnte damit verspätet sein.

3. Fristwahrung wegen fehlerhafter Rechtsbehelfsbelehrung
Jedoch kommt vorliegend eine fehlerhafte Rechtsbehelfsbelehrung nach § 58 18
II 1 Alt. 2 VwGO in Betracht Danach ist bei einer unrichtigen Rechtsbehelfsbelehrung die Einlegung des Rechtsbehelfs innerhalb eines Jahres möglich.
Eine richtige Rechtsbehelfsbelehrung muss vollständig sein und darf weder
irreführenden Zusätze noch falsche, nicht in § 58 I VwGO genannten Voraussetzungen enthalten.[18]

---

18   S. hierzu näher Stockebrandt, in: Eisentraut, Verwaltungsrecht in der Klausur, 2020, § 2
     Rn. 368.

In der Rechtsbehelfsbelehrung wurde nur auf eine schriftliche Einlegung der Klage nach § 81 I 1 VwGO hingewiesen. Nicht genannt wurde die Einlegung mittels Niederschrift beim Urkundsbeamten der Geschäftsstelle nach § 82 I 2 VwGO. Zwar muss die belehrende Stelle nach herrschender Rechtsprechung nicht über die Form der Einlegung belehren, da die Form kein wesentlicher Bestandteil i.S.d. § 58 I VwGO ist. Wird dennoch ein Hinweis zur Form gegeben, so muss dieser vollständig sein und darf nicht irreführen. Aufgrund des fehlenden Hinweises auf die Einlegung mittels Niederschrift ist mithin die Rechtsbehelfsbelehrung nach § 58 II 1 Alt. 2 VwGO fehlerhaft. Es gilt damit die Jahresfrist, die am 20. 9. 2019 endet. Mithin wurde die Klage fristgerecht eingereicht.

Lösungshinweis: Wer die fehlerhafte Rechtsbehelfsbelehrung nicht gesehen hat, muss die Wiedereinsetzung in den vorherigen Stand nach § 60 VwGO prüfen, was Ausführungen zum Verschulden, insbesondere zur Zurechnung des Verschuldens erforderlich macht.[19] *Anderenfalls ist auf die Problematik nicht einzugehen, was auch mit einem Satz abgehandelt werden kann: „Das Verschulden der Sekretärin S ist insoweit nicht von Bedeutung."*

VI. Beteiligte

19 Klagegegner ist gemäß § 78 I Nr. 1 VwGO als Rechtsträger der Behörde das Land Berlin, die die Anordnung gegen die K erlassen hat.

Das Land Berlin und K als Klägerin müssen ferner beteiligten- und prozessfähig sein.

Die Beteiligtenfähigkeit der K ergibt sich aus § 61 Nr. 1 Alt. 2 VwGO und ihre Prozessfähigkeit als GmbH aus § 62 Abs. 3 VwGO, wonach ihr gesetzlicher Vertreter für sie handelt. Dies ist der Geschäftsführer G gemäß § 35 I 1 GmbHG.

Das Bezirksamt ist gemäß § 61 Nr. 3 VwGO beteiligtenfähig und nach § 62 Abs. 3 VwGO prozessfähig.

VII. Zuständiges Gericht

20 Laut Sachverhalt ist das Verwaltungsgericht Berlin das zuständige Gericht.

---

19 S. hierzu näher Stockebrandt, in: Eisentraut, Verwaltungsrecht in der Klausur, 2020, § 2 Rn. 394 ff.

B. Begründetheit

Die Klage ist gemäß § 113 I 1 VwGO begründet, soweit der Verwaltungsakt 21 rechtswidrig und die K dadurch in ihren Rechten verletzt ist.

I. Rechtmäßigkeit des Verwaltungsakts

Ein Verwaltungsakt ist rechtmäßig, wenn er in Anwendung einer rechtmä- 22 ßigen Ermächtigungsgrundlage erfolgt sowie formell und materiell rechtmäßig ist.

1. Ermächtigungsgrundlage

a) Einschlägige Ermächtigungsgrundlage

Fraglich ist zum einen, welche Ermächtigungsgrundlage einschlägig ist.   23

Zunächst könnte bei der Auslegung des Ausgangsbescheids davon ausgegangen werden, dass sich die Anordnung auf die Sicherstellung der baulichen Anlagen auf dem Grundstück der K beziehen. Dies spräche dafür, dass § 58 I BauO Bln einschlägig wäre. Durch den Hinweis auf die favorisierte Sicherung durch einen Zaun bestehen jedoch Zweifel an der Bestimmtheit der Anordnung. Zudem bezieht sich die Androhung der Ersatzvornahme allein auf die Sicherung durch den Bau eines Zauns um das Grundstück und gerade nicht auf die Gebäude als bauliche Anlagen. Daher ist die Anordnung vielmehr dahingehend auszulegen, dass allein die Sicherung des Grundstücks und nicht der baulichen Anlagen angeordnet wird. § 58 BauO Bln deckt jedoch allein die Anordnung atypischer Maßnahmen an baulichen Anlagen und auch andere Vorschriften der BauO Bln sind nicht einschlägig. Mithin existiert keine spezialgesetzliche bauordnungsrechtliche Eingriffsbefugnis zur Verpflichtung des Grundstücksinhabers zur Vornahme von Sicherungsmaßnahmen an seinem Grundstück.

Daher ist die einschlägige Ermächtigungsgrundlage die ordnungsrechtliche Generalklausel § 17 I ASOG. Danach können die Ordnungsbehörden die notwendigen Maßnahmen treffen, um eine im einzelnen Falle bestehende Gefahr für die öffentliche Sicherheit und Ordnung abzuwehren.

b) Austausch der Ermächtigungsgrundlage

Der Austausch der Ermächtigungsgrundlage durch die Widerspruchsbehörde 24 müsste jedoch auch zulässig sein.

Grundsätzlich ist die Ausgangsbehörde nach § 45 I Nr. 2 VwVfG dazu befugt, bis zum Abschluss der letzten Tatsacheninstanz eines verwaltungsgerichtlichen Verfahrens eine Begründung nachzuholen. Hierunter könnte auch der Wechsel der Rechtsgrundlage fallen. Es ist jedoch zwischen dem Nachholen und dem Nachschieben einer Begründung zu unterscheiden. Das Nachholen auf der einen Seite erfordert, dass zuvor keine Begründung vorlag. Das Nachschieben auf der anderen Seite umfasst die Fälle, in denen eine Begründung vorlag, diese aber in der Sache unzutreffend war. Da die Anordnung begründet wurde, aber möglicherweise auf eine falsche Ermächtigungsgrundlage gestützt wurde, ist vielmehr von einem Nachschieben von Gründen auszugehen, das gerade nicht von § 45 I Nr. 2 VwVfG umfasst ist. Der Rechtsgedanke des zulässigen Nachschiebens ergibt sich vielmehr aus § 114 S. 2 VwGO, wonach dies selbst noch im Verwaltungsprozess möglich ist.

Dies entspricht auch der Prüfungskompetenz der Widerspruchsbehörde nach § 68 I VwGO, wonach sie zur Prüfung der Recht- und Zweckmäßigkeit befugt ist, d. h. auch die Rechtsgrundlage des angegriffenen Verwaltungsakts auszuwechseln.[20] Sie darf in dem Fall des Wechsels der Ermächtigungsgrundlage jedoch ihre Entscheidungskompetenzen nicht überschreiten. Das bedeutet, dass der Verwaltungsakt sich durch den Wechsel nicht in seinem Wesen ändern darf. Denn ihre Kompetenz umfasst nicht den Erlass eines neuen Ausgangsbescheids. Innerhalb der Ermessensverwaltung ist davon auszugehen, dass jedenfalls dann keine Wesensänderung vorliegt, wenn der Wechsel die Ermessensgrundlage oder den Ermessensrahmen nicht verändert.

Im vorliegenden Fall decken sich die Tatbestandsvoraussetzungen des § 58 I BauO Bln und des § 17 I ASOG weitestgehend. Zudem werden im Rahmen des Ermessens die gleichen Erwägungen herangezogen. Eine Wesensänderung liegt mithin nicht vor, sodass der Wechsel der Ermächtigungsgrundlage zulässig ist und die Voraussetzungen des § 17 I ASOG zu prüfen sind.[21]

2. Formelle Rechtmäßigkeit

25 Die Anordnung müsste durch die zuständige Behörde im Rahmen eines rechtmäßigen Verfahrens erlassen worden sein und den Formvorschriften entsprechen.

---

20 Vgl. Büscher, JuS 2010, 791 (794) mit Hinweis auf BVerwG, Urt. v. 18. 9. 1991, Az.: 1 B 107.91 = NVwZ-RR 1992, 68 (68).

21 S. näher zur Prüfung der polizeirechtlichen Generalklausel Eisentraut, in: Eisentraut, Verwaltungsrecht in der Klausur, 2020, § 2 Rn. 1081 ff.

a) Zuständigkeit

Nach § 4 II AZG i.V.m. § 2 IV ASOG i.V.m. Nr. 15 ZustKatOrd sind die Be- 26
zirksämter sachlich zuständig. Die örtliche Zuständigkeit ist laut Sachverhalt
gegeben.

b) Verfahren

Fraglich ist jedoch, ob die Verfahrensvorschriften eingehalten wurden. Gemäß 27
§ 28 I VwVfG sind die von belastenden Verwaltungsakten Betroffenen zu den
für die Entscheidung erheblichen Tatsachen anzuhören. Bei der vorliegenden
Anordnung handelt es sich um einen belastenden Verwaltungsakt, sodass eine
Anhörung grundsätzlich erforderlich gewesen wäre. Eine Anhörung fand jedoch nicht statt.

aa) Entbehrlichkeit der Anhörung

In Betracht kommt, dass die Anhörung gemäß § 28 II Nr. 1 VwVfG entbehrlich 28
war. Dafür müsste Gefahr in Verzug vorgelegen haben. Das ist der Fall, wenn
damit zu rechnen ist, dass der Zweck des Verwaltungsakts bei Abwarten nicht
mehr erreicht werden könnte.

Jedoch geht die Behörde selbst davon aus, dass noch eine gewisse Zeit abgewartet werden kann, da sie anordnet, dass erst ab Bestandskraft die Ersatzvornahme angedroht wird. Eine sofortige Anordnung hat sie gerade nicht
angeordnet. Gefahr in Verzug nach § 28 II Nr. 1 VwVfG liegt mithin nicht vor.

bb) Heilung der fehlenden Anhörung

Letztlich könnte die fehlende Anhörung gemäß § 45 I Nr. 3 VwVfG geheilt 29
worden sein. Dies erfordert eine Nachholung der Anhörung. Eine Nachholung
könnte in dem erfolgten Widerspruchsverfahren zu sehen sein, auch wenn
nicht ausdrücklich von einer Nachholung gesprochen wurde. Dafür spricht
insbesondere der Sinn und Zweck einer Anhörung, dass die Betroffenen die
Möglichkeit bekommen sollen, sich zum Verwaltungsverfahren zu äußern und
Überraschungseffekte zu vermeiden. Mit dem Widerspruch hat die K die
Möglichkeit bekommen, sich inhaltlich zu der Sache zu äußern.

Mithin reicht das Widerspruchsverfahren für eine Nachholung der Anhörung
aus, sodass der Verfahrensfehler insoweit geheilt wurde.[22]

---

22 S. näher zur Diskussion, wann die Durchführung des Widerspruchsverfahrens zur Heilung

c) Form

30 Formelle Fehler sind nicht ersichtlich. Die Anordnung erfolgte gemäß § 37 II VwVfG in schriftlicher Form und wurde dem entsprechend ordnungsgemäß nach § 39 I VwVfG mit einer ordnungsgemäßen Begründung versehen.

3. Materielle Rechtmäßigkeit

a) Tatbestand

aa) Öffentliche Sicherheit und Ordnung

31 Zunächst müsste ein geschütztes Rechtsgut der öffentlichen Sicherheit und Ordnung im Sinne der polizeirechtlichen Generalklausel betroffen sein. Die öffentliche Sicherheit umfasst die gesamte geschriebene Rechtsordnung, Individualrechtsgüter und die Funktionsfähigkeit des Staates und seiner Einrichtungen. Vorliegend könnten zunächst Individualrechtsgüter betroffen sein. Insbesondere könnten sich Kinder und Jugendliche, die sich unbefugt und möglicherweise auch alkoholisiert auf dem Gelände aufhalten, verletzten, sodass jedenfalls die körperliche Unversehrtheit nach Art. 2 II 1 GG betroffen sein könnte. Diesbezüglich ist jedoch fraglich, inwiefern bei Selbstgefährdungen Dritter das Schutzgut der körperlichen Unversehrtheit betroffen sein kann, da schließlich die Personen sich beim Betreten des Grundstücks über die Gefahren bewusst sind.[23] Es gilt daher grundsätzlich, dass bei ausschließlicher Selbstgefährdung die öffentliche Sicherheit nicht betroffen ist, soweit keine anderen Schutzgüter betroffen sein könnten und die Einzelnen die Gefahr für sich jeweils absehen können, d. h. einschätzen, inwiefern sie sich Verletzungen der körperlichen Unversehrtheit aussetzen.

Zwar könnte davon ausgegangen werden, dass die Jugendlichen bereits über eine ausreichende Einsichtsfähigkeit verfügen. Jedoch spricht dagegen, dass sich Jugendliche noch sehr leichtsinnig in Situationen begeben, deren Ausmaße sie nicht richtig einschätzen können. Hinzu kommt, dass auch jüngere Kinder den Zugang zu dem Grundstück nutzen, die in einem höheren Maße geschützt werden müssen. Schließlich wurden leere Flaschen alkoholischer Getränke auf dem Grundstück gefunden, was bedeuten kann, dass die Per-

---

von Anhörungsfehlern ausreicht Senders, in: Eisentraut, Verwaltungsrecht in der Klausur, 2020, § 2 Rn. 657 ff.

23 S. zu dieser Problematik auch Eisentraut, in: Eisentraut, Verwaltungsrecht in der Klausur, 2020, § 2 Rn. 1094.

sonen, die sich dort aufhalten betrunken sind und damit auch nicht mehr die Gefahren richtig einschätzen können, sodass ausnahmsweise die Selbstgefährdung Dritter dazu führt, dass das Individualrechtsgut der körperlichen Unversehrtheit der selbstgefährdenden Personen als Schutzgut betroffen ist.

Lösungshinweis: Eine andere Ansicht ist mit entsprechender Argumentation vertretbar. Jedoch muss in dem Fall auf mögliche andere Schutzgüter einge-gangen werden. So ist beispielsweise § 123 I StGB als Bestandteil der gesamten geschriebenen Rechtsordnung aufgrund der fehlenden Einzäunung nicht ein-schlägig. Im Ergebnis wäre in einem Hilfsgutachten weiter zu prüfen.

bb) Gefahr

Es müsste ferner für diese Schutzgüter eine Gefahr im Sinne einer konkreten 32
Gefahr vorliegen. Eine konkrete Gefahr ist eine Sachlage, die in der konkreten Situation bei ungehindertem Ablauf in überschaubarer Zeit mit hinreichender Wahrscheinlichkeit den Eintritt eines Schadens an einem Schutzgut be-fürchten lässt.

In dem Fall, dass die K die erforderlichen Absicherungsmaßnahmen nicht vornimmt, kann mit einer erheblichen Wahrscheinlichkeit nicht ausge-schlossen werden, dass Kinder und Jugendliche erneut das Gelände betreten und sich dabei in einem nicht unerheblichen Maße verletzten, da diese bereits nachweislich hierbei beobachtet wurden und ferner viele Trampelpfade auf dem Grundstück zu erkennen sind. Es liegt mithin eine Gefahr für das Schutzgut der körperlichen Unversehrtheit vor.

cc) Verantwortlichkeit

K müsste schließlich auch im Sinne des ASOG verantwortlich sein. Unter- 33
schieden wird zwischen der Zustands- und Verhaltensverantwortlichkeit.

Die Verhaltensverantwortlichkeit richtet sich nach § 13 I ASOG. Danach sind Maßnahmen an die Person zu richten, die eine Gefahr verursacht hat. Nach der Theorie der unmittelbaren Verursachung ist Verhaltensstörer, wer durch sein Verhalten die Gefahrschwelle unmittelbar überschreitet und damit in der Kausalkette das entscheidende Glied darstellt.[24] Vorliegend beruht die Gefahr jedoch nicht auf einem Verhalten der K.

---

24 S. dazu näher Eisentraut, in: Eisentraut, Verwaltungsrecht in der Klausur, 2020, § 2 Rn. 1123.

(1) Verantwortlichkeit als Eigentümerin

34 K könnte als Eigentümerin jedoch zustandsverantwortlich sein. Die Zustandsverantwortlichkeit ist gegeben, wenn die Gefahren von einer Sache ausgehen, d. h. die Sache selbst die Gefahrenquelle bildet. Dann können die Maßnahmen nach § 14 I ASOG einerseits an den Inhaber der tatsächlichen Gewalt gerichtet werden. Nach § 14 III 1 ASOG richtet sich die Verantwortlichkeit andererseits aber auch an den Eigentümer im Sinne des § 903 1 BGB. Die K ist laut Sachverhalt unstreitig Eigentümerin des betroffenen Grundstücks. Die Verantwortlichkeit ist zudem nicht nach § 14 III 2 ASOG ausgeschlossen, da die Vermietung an den M mit dem Willen der K erfolgte. Die Verantwortlichkeit des Inhabers der tatsächlichen Gewalt steht neben der Zustandsverantwortlichkeit des Eigentümers, sodass jedenfalls auf der Tatbestandseite die K nach § 14 III 1 ASOG verantwortlich ist.

(2) Ausschluss der Verantwortlichkeit durch Handlung des Bezirksamts

35 Jedoch könnte die Verantwortlichkeit ausgeschlossen sein, da die Gefahr erst aufgrund der Handlung des Bezirksamtes mit dem Fahrradweg entstanden ist. Von Seiten eines Nachbarn muss jedoch eine Einfriedung eines gefahrenlosen Grundstücks – hier des Grundstücks des Bezirks – nicht aufrechterhalten werden. Unerheblich ist, dass dies der K zugutekam. Sie darf sich nicht auf Maßnahmen Dritter stützen, sondern muss ihr Grundstück, von dem schließlich die Gefahren ausgehen, ausreichend absichern.

(3) Ausschluss der Verantwortlichkeit durch Verhalten Dritter

36 Zuletzt ist fraglich, ob die Verantwortlichkeit der K aufgrund Verhaltens Dritter, die ihr Grundstück betreten, ausgeschlossen ist.

Zum einem könnte angenommen werden, dass es einem Eigentümer nicht zugemutet werden kann, jegliches rechtswidrige und unbefugte Betreten seines Grundstücks abzuwehren. Schließlich entsteht die Gefahr erst unmittelbar durch das Betreten Dritter. Bei einer extensiven Auslegung müsste jeder Eigentümer Sicherungsmaßnahmen treffen und die Polizei würde überflüssig werden. Der Schutz der Allgemeinheit obliegt schließlich nicht dem Einzelnen, sondern besonderen staatlichen Organen. Dagegen spricht zum einen jedoch, dass wie bereits geprüft, die betroffenen Personen nicht über die erforderliche Einsichtsfähigkeit verfügen. Zum anderen kann von dem Eigentümer eine angemessene Absicherung seines Grundstücks, von dem die Gefahren bei Betreten ausgehen, im Sinne einer Pflicht zur Sicherung des Grundstückes zugemutet werden. Aufgrund der Öffnung des Grundstücks ist eine bestimmungswidrige Nutzung nicht ganz fernliegend, insbesondere da der Verlauf der Grenzen des öffentlichen Grundstücks zum privaten Grundstück nicht erkennbar ist. Der Eigentümer kann folglich mit einem unbefugten Betreten rechnen und durch hinreichende Sicherungsmaßnahmen dieses verhindern. Ein Mindestmaß an Sicherung gegen unbefugtes Betreten ist jedem Eigentümer und damit auch der K zuzumuten, insbesondere, wenn ihr bereits eine Vielzahl an Fällen des Betretens ihres Grundstücks bekannt ist.[25]

Mithin schließt das Verhalten Dritter die Zustandsverantwortlichkeit der K nicht aus.

Lösungshinweis: Hier kann mit guten Argumenten ein anderes Ergebnis vertreten werden, wobei in der Folge die materielle Rechtmäßigkeit der Anordnung zu verneinen und in einem Hilfsgutachten weiter zu prüfen wäre. Es muss insbesondere auf eine konsistente Lösung geachtet werden, die sich nicht den Ausführungen zur Selbstgefährdung Dritter im Rahmen der Prüfung der öffentlichen Sicherheit und Ordnung widerspricht.

b) Rechtsfolge

§ 17 I ASOG ist eine Ermessensvorschrift, sodass sowohl das Entschließungs- als auch das Auswahlermessen ordnungsgemäß ausgeübt worden sein müsste. Das Ermessen ist dafür auf Ermessensfehler zu untersuchen, § 114 S. 1 VwGO. [37]

aa) Entschließungsermessen

Das Entschließungsermessen betrifft die Entscheidung darüber, ob überhaupt und wann eine Maßnahme vorgenommen werden sollte. Die Behörde hat Erwägungen der Gefahr für die körperliche Unversehrtheit herangezogen, die ein Einschreiten aufgrund der gesteigerten verfassungsrechtlichen Bedeutung rechtfertigen können. Ein Ermessensnichtgebrauch ist nicht ersichtlich. Zudem sind weder ein Ermessensfehlgebrauch noch ein -überschreiten in Bezug auf das Entschließungsermessen nicht erkennbar. [38]

Das Entschließungsermessen wurde ordnungsgemäß ausgeübt.

---

25 VG Berlin, Beschl. v. 14. 4. 2011, Az.: 13 L 50.11 mit Hinweis auf OVG Berlin, Urt. v. 4. 3. 1953, Az.: I B 82/52 = DÖV 1954, 214 (214); vgl. hierzu ferner im Ergebnis auch Denninger, in: Lisken/Denninger, Handbuch des Polizeirechts, 6. Aufl. 2018, D. Polizeiaufgaben, Rn. 110.

bb) Auswahlermessen

39 Jedoch könnten innerhalb des Auswahlermessens Ermessensfehler vorliegen. Diesbezüglich wird weiter unterschieden zwischen Auswahlermessen in Bezug auf den Störer und in Bezug auf das Mittel. Das Auswahlermessen betrifft nicht das Ob, sondern das Wie des Einschreitens.

(1) Bezüglich des Störers

40 Fraglich ist, ob der Mieter des Grundstücks als verantwortlicher Störer anstelle der Eigentümerin K heranzuziehen ist. Die Auswahl unter mehreren in Betracht kommenden verantwortlichen Störern liegt grundsätzlich im pflichtgemäßen Ermessen der Behörde. Dann müsste der Mieter ein Störer im Sinne des ASOG sein.

Nach § 14 I ASOG sind im Rahmen der Zustandsverantwortlichkeit die Maßnahmen gegen den Inhaber der tatsächlichen Gewalt zu richten. Dies geht über den Begriff des Eigentümers hinaus, da diese Verantwortlichkeit explizit nach § 14 Abs. 3 1 ASOG geregelt ist. Mitumfasst ist daher auch, wer unmittelbaren Besitz im Sinne des BGB innehat. Die Regelung entspricht dem Sinn und Zweck des Polizei- und Ordnungsrechts, dass bei Gefahren für die öffentliche Sicherheit und Ordnung ein schnelles und effektives Einschreiten unabhängig von den rechtlichen Eigentumsverhältnissen ermöglicht werden muss. Der Mieter ist Besitzer im Sinne des BGB und kann daher auch grundsätzlich als Zustandsstörer herangezogen werden.

Eine Ausnahme davon liegt vor, wenn der Eigentümer nicht willentlich die tatsächliche Gewalt über die Sache abgegeben hat. In diesem Fall ist nach § 14 Abs. 3 S. 2 ASOG allein gegen den Inhaber der tatsächlichen Sachherrschaft vorzugehen. Dies ist jedoch vorliegend nicht der Fall.

Es ist nach dem Grundsatz der unmittelbaren Verursachung sowie der Effektivität des polizeirechtlichen Einschreitens danach abzuwägen, von wem die Gefahr ausging und von wem diese am schnellsten und effektivsten beseitigt werden kann. Zudem ist ein weiterer heranzuziehender Aspekt, welcher Störer erreichbar ist. K hat zunächst ihr Grundstück nicht ausreichend abgesichert. Hinzukommt, dass sie das Grundstück erst im Laufe des Verwaltungsverfahrens vermietet hat. Durch die Vermietung wird die Verantwortlichkeit der K nicht aufgehoben. Wenn ein Mieter mit Beginn der Miete Inhaber der tatsächlichen Gewalt wird, ist zu prüfen, ob die dem Grundstück ausgehende Gefahr erst durch seine Nutzung entstand. Zudem ist zu berücksichtigen, dass die Verantwortlichkeit dadurch eingeschränkt wird, dass sie nur zu Handlungen verpflichtet werden dürfen, zu denen sie tatsächlich in der Lage und rechtlich befugt sind. Es ist daher davon auszugehen, dass K aufgrund Ihrer Eigentümerrechte vielmehr in der Lage ist, das Grundstück ausreichend zu sichern, als der Mieter, der das Grundstück über den Mietvertrag lediglich besitzt und nicht über dieselbe tatsächliche Gewalt wie der Eigentümer verfügt.

Es spricht damit eine Vielzahl von Ermessenserwägungen dafür, dass K die richtige Adressatin der Sicherungsanordnung ist. Auswahlermessensfehler sind insoweit nicht ersichtlich.

(2) Bezüglich des Mittels
Letztlich ist fraglich, ob das Auswahlermessen bezüglich des Mittels pflicht- 41
gemäß ausgeübt wurde. Es könnte eine Ermessensüberschreitung vorliegen. Das ist der Fall, wenn die ausgewählte Maßnahme gegen den Grundsatz der Verhältnismäßigkeit verstößt, an den die Ordnungsbehörden gemäß § 11 I und 2 ASOG gebunden sind.

(a) Legitimer Zweck

Es müsste zunächst ein legitimer Zweck vorliegen. Vorliegend entscheidet sich 42
das Bezirksamt für die Anordnung, da sie die körperliche Unversehrtheit der Personen schützen möchte, die das Grundstück betreten. Bei der körperlichen Unversehrtheit gemäß Art. 2 II 1 GG handelt es sich um einen legitimen Zweck.

(b) Geeignetheit

Die Anordnung müsste ferner geeignet sein. Eine Maßnahme ist geeignet, 43
wenn sie den legitimen Zweck fördert. Durch die Verpflichtung, die Grundstücksgrenzen durch eine Einfriedung zu sichern, wird der legitime Zweck gefördert und ist mithin auch geeignet.

(c) Erforderlichkeit

Zudem müsste die Anordnung erforderlich sein. Eine Maßnahme ist erfor- 44
derlich, wenn sie das mildeste unter gleich geeigneten Mitteln ist. Fraglich ist daher, ob andere gleich geeignete mildere Mittel in Betracht kommen, um die Gefahr für die körperliche Unversehrtheit abzuwenden.

In Betracht käme als erstes eine mögliche Sanierungspflicht der Gebäude. Dies ist jedoch ein erheblicherer Eingriff in die Eigentumsrechte der K und zudem eine kostenintensivere Maßnahme. Für den Schutz der Personen ist eine Sicherung des Grundstücks ausreichend. Andere Maßnahmen sind nicht erkennbar.

Mithin ist die Anordnung auch erforderlich.

(d) Angemessenheit

45 Zuletzt müsste die Anordnung auch angemessen sein. Eine Maßnahme ist angemessen, wenn der legitime Zweck mit dem jeweiligen Eingriff in einem angemessenen Verhältnis steht.

Die Verpflichtung eine Absicherung des Grundstücks vorzunehmen ist sowohl finanziell als auch von praktischen Aufwand her ein geringer Eingriff, um die bestehende Gefahr für die körperliche Unversehrtheit von Personen abzuwenden und dem unbefugten Betreten vorzubeugen. Die Maßnahme ist letztlich auch angemessen und damit insgesamt verhältnismäßig, sodass die Behörde im Rahmen ihres pflichtgemäßen Ermessens gehandelt hat.

II. Rechtsverletzung

46 Der Verwaltungsakt ist rechtmäßig. Eine Rechtsverletzung liegt mithin nicht vor.

C. Ergebnis

47 Die Klage ist zulässig, jedoch unbegründet. Sie hat daher keine Aussicht auf Erfolg.

FALL 2: ANFECHTUNGSKLAGE BEI NEBENBESTIMMUNGEN (ISABEL LEINENBACH)

Lernziele/Schwerpunkte: Anfechtungsklage, Nebenbestimmungen, Auflage, 48
Baugenehmigung, Ermessen, Verhältnismäßigkeit

Sachverhalt

Der Parkettverleger Herbert Holzmann (H) betreibt seit einigen Jahren einen 49
im Saarland allseits bekannten, gut laufenden Handwerksbetrieb. Nachdem er
bereits eine Niederlassung im saarländischen Saardorf unterhält, möchte er
aufgrund des florierenden Geschäfts expandieren. Zu diesem Zweck erwirbt er
ein unbebautes Grundstück in einem Saarbrücker Industriegebiet, auf dem er
eine Lagerhalle sowie einen kleinen Verkaufsraum errichten will. Auf dem
angrenzenden Nachbargrundstück des Martin Murano (M) befindet sich eine
Glasmanufaktur, in der in circa 1500 Grad heißen Öfen die tollsten Glas-
kunstwerke hergestellt werden.

Die zuständige untere Bauaufsichtsbehörde der Stadt Saarbrücken erteilt H
antragsgemäß die Baugenehmigung für die Halle samt Verkaufsraum, die jedoch mit folgendem „Zusatz" versehen ist:

*„An der Grenze zum Grundstück Flur Nr. [... Grundstück des M] ist eine grad-
linige Feuerwehrzufahrt zur Rückseite des Gebäudes zu schaffen. Diese muss
gepflastert oder geteert, als solche gekennzeichnet sein und ständig freigehalten
werden."*

In der zuvor durchgeführten Anhörung führte die Bauaufsichtsbehörde aus,
dass die Nutzung des Nachbargrundstücks durch M rechtmäßig sei und die
von ihm getroffenen Brandschutzmaßnahmen für den derzeitigen Stand der
Bebauung auch ausreichend seien. Durch die Bebauung des bislang brach
liegenden Grundstücks erhöhe sich jedoch nun die Gefahr der Brandaus-
breitung auf benachbarte Gebäude. Ohne eine entsprechende Feuerwehrzufahrt könnte ein Brand in der Glasmanufaktur nicht effektiv eingedämmt und
damit ein Übergreifen des Brandes auf das Holzlager des H nicht verhindert
werden. Daher sei es erforderlich, die Errichtung und Freihaltung der Feuer-
wehzufahrt auch zwangsweise durchsetzen zu können.

H ist über diese Ausführungen der unteren Bauaufsichtsbehörde empört. Er möchte die Fläche, die er als Feuerwehrzufahrt freihalten soll, lieber als Parkplatz für Kunden und Transportfahrzeuge nutzen. Nach ordnungsgemäß durchgeführtem, aber erfolglosem Widerspruchsverfahren möchte H nun vor dem zuständigen Verwaltungsgericht gegen den „Zusatz" vorgehen.

Hat die gegen die untere Bauaufsichtsbehörde als richtige Klagegegnerin gerichtete Klage des M Erfolg?

Hinweis: Die Lösung orientiert sich an der saarländischen Landesbauordnung. Es wird jedoch in den Fußnoten auf die entsprechenden Normen der übrigen Bundesländer hingewiesen.

Der (fiktive) § 6 I LBO lautet:

„Von öffentlichen Flächen ist eine gradlinige Zu- oder Durchfahrt zur Rückseite des Gebäudes zu schaffen, die für Feuerwehrfahrzeuge ausreichend befestigt und tragfähig ist. Sie ist als solche zu kennzeichnen und ständig freizuhalten."

Lösungsgliederung

Lösungsvorschlag

51 Die Klage hat Erfolg, soweit sie zulässig und begründet ist.

A. Zulässigkeit

52 Die Klage müsste zulässig sein.

I. Verwaltungsrechtsweg

53 In Ermangelung einer aufdrängenden Sonderzuweisung richtet sich die Er-
öffnung des Verwaltungsrechtswegs nach § 40 I 1 VwGO. Hiernach ist der
Verwaltungsrechtsweg gegeben, wenn es sich um eine öffentlich-rechtliche
Streitigkeit nichtverfassungsrechtlicher Art handelt und keine abdrängende
Sonderzuweisung einschlägig ist. Im vorliegenden Fall handelt es sich um eine
Streitigkeit, für die die Normen des öffentlichen Baurechts streitentscheidend
sind (modifizierte Subjekttheorie). Danach läge eine öffentlich-rechtliche
Streitigkeit vor. Dieses Ergebnis bestätigt auch die Subordinationstheorie, da
die Behörde einseitig im Über-Unterordnungsverhältnis gehandelt hat. Die
Streitigkeit ist auch nichtverfassungsrechtlicher Art, da es an der hierfür er-
forderlichen doppelten Verfassungsunmittelbarkeit fehlt. Eine abdrängende
Sonderzuweisung ist nicht ersichtlich. Damit ist der Verwaltungsrechtsweg
eröffnet.

II. Statthafte Klageart

54 Die statthafte Klageart richtet sich nach dem Klägerbegehren unter verständiger richterlicher Würdigung, §§ 88, 86 III VwGO.

H möchte vorliegend nicht die Baugenehmigung als solche angreifen; vielmehr kommt es ihm darauf an, sich nur gegen die als „Zusatz" bezeichnete
Nebenbestimmung zu wehren. Fraglich ist, wie ein derartiges Begehren vor
dem Verwaltungsgericht erreicht werden kann. Hierfür kommen grundsätzlich zwei Möglichkeiten in Betracht: Eine Verpflichtungsklage auf Erlass der
Baugenehmigung ohne Nebenbestimmung oder eine isolierte Anfechtung der
Nebenbestimmung. Letztere hätte für H den Vorteil, dass die Voraussetzungen
für den Erlass der Baugenehmigung nicht erneut geprüft werden müssten.[26]

---

26 S. dazu näher Kaerkes, in: Eisentraut, Verwaltungsrecht in der Klausur, 2020, § 2 Rn. 250.

1. Qualifikation des „Zusatzes" als Nebenbestimmung

Eine isolierte Anfechtung des „Zusatzes" kommt von vorneherein nur dann in 55
Betracht, wenn es sich dabei um eine Nebenbestimmung zur Baugenehmigung i.S.v. § 36 VwVfG handelt.

Voraussetzung dafür ist, dass sie eine vom Haupt-Verwaltungsakt abgrenzbare Regelung beinhaltet, es sich nicht um einen bloßen Hinweis auf die Rechtslage handelt und keine modifizierende Genehmigung vorliegt.[27] Der „Zusatz" geht über den Regelungsgehalt des Hauptverwaltungsakts hinaus, da er weitergehende Pflichten als diejenigen, die mit einer Baugenehmigung verbunden sind, nämlich die Einrichtung einer Feuerwehrzufahrt, statuiert. Auch handelt es sich nicht um einen bloßen Hinweis auf die Rechtslage, da dem H eine konkrete, vollstreckungsfähige Verpflichtung auferlegt wird. Auch wird dem H durch die Behörde kein Aliud zugesprochen („modifizierende Auflage"), da dem ursprünglichen Antrag entsprochen wurde. Es wurde lediglich ein weiterer Teil mit eigenständigem Regelungsgehalt hinzugefügt. Es liegt somit eine echte Nebenbestimmung vor.

2. Einordnung in die Art der Nebenbestimmung

Fraglich ist weiterhin, welche Art der Nebenbestimmung der „Zusatz" in der 56
Baugenehmigung des H darstellt. Von den in § 36 II VwVfG genannten Nebenbestimmungen kommen einzig die Auflage und die Bedingung in Betracht. Die Auflage ist gemäß § 36 II Nr. 4 VwVfG eine Bestimmung, durch die dem Begünstigten ein Tun, Dulden oder Unterlassen vorgeschrieben wird.

Eine Bedingung ist dagegen nach § 36 II Nr. 2 VwVfG eine Bestimmung, nach der der Eintritt oder der Wegfall einer Vergünstigung oder Belastung von dem ungewissen Eintritt eines zukünftigen Ereignisses abhängt.

Für die Unterscheidung kommt es zunächst auf die Bezeichnung der Bestimmung der Behörde an. Die Bezeichnung als „Zusatz" ist jedoch für den objektiven Betrachter neutral und lässt weder auf den Willen der Behörde zum Erlass einer Auflage noch einer Bedingung schließen.[28]

Ergänzend erfolgt die Auslegung nach dem objektiven Empfängerhorizont gemäß § 133 BGB analog. Um den Willen der Behörde eindeutig zu bestimmen, kann die sogenannte Savigny-Formel herangezogen werden. Danach

---

27 S. zur Abgrenzung auch Kaerkes, in: Eisentraut, Verwaltungsrecht in der Klausur, 2020, § 2 Rn. 237 f.

28 S. zu den Abgrenzungskriterien Kaerkes, in: Eisentraut, Verwaltungsrecht in der Klausur, 2020, § 2 Rn. 222 ff.

suspendiert die Bedingung, zwingt aber nicht, wohingegen die Auflage zwingt, aber nicht suspendiert.

Dies bedeutet, dass die Auflage selbstständig vollstreckbar ist, ihre Nichterfüllung die Wirksamkeit des Grundverwaltungsakts jedoch unberührt lässt. Bei Nichtvorliegen der Bedingung hingegen wird die Baugenehmigung gar nicht wirksam. Die untere Bauaufsichtsbehörde hat sich vorliegend dahingehend geäußert, dass es ihr darauf ankommt, die Einrichtung und Freihaltung der Feuerwehrzufahrt auch zwangsweise durchsetzen zu können. Es kommt ihr nicht darauf an, dass diese zwingend vor der Errichtung des Holzlagers eingerichtet wird. Vielmehr soll diese dazu dienen, das Übergreifen von Flammen auf das schon errichtete Gebäude zu verhindern. Daher stellt sich der „Zusatz" als Auflage i.S.v. § 36 II Nr. 4 VwVfG dar. (Auch wenn man die Argumentation der Bauaufsicht nicht für zwingend hält, ist dennoch von einer Auflage auszugehen, da diese für den Bürger das weniger einschneidende Mittel darstellt.)

3. Isolierte Anfechtbarkeit der Auflage

57 Zuletzt verbleibt die Frage, wann eine Auflage isoliert angefochten werden kann. Zu dieser Problematik haben sich in Rechtsprechung und Literatur drei maßgebliche Ansichten[29] ausgeprägt:

Nach der sog. typologischen Betrachtungsweise kann eine isolierte Anfechtung einer Nebenbestimmung immer dann erfolgen, wenn es sich um eine Auflage oder einen Auflagenvorbehalt handelt.[30] Danach wäre vorliegend eine isolierte Anfechtung des „Zusatzes" möglich.

Teilweise wird auch zwischen Ermessens- und gebundenen Verwaltungsakten unterschieden. Danach ist eine Teilanfechtung nur bei gebundenen Verwaltungsakten möglich.[31] Aufgrund des Wortlauts des § 73 I 1 LBO[32] („Die Bau-

---

29 S. zur m.M., die immer eine Verpflichtungsklage annimmt, näher Kaerkes, in: Eisentraut, Verwaltungsrecht in der Klausur, 2020, § 2 Rn. 262 ff.

30 S. zu dieser Ansicht auch näher Kaerkes, in: Eisentraut, Verwaltungsrecht in der Klausur, 2020, § 2 Rn. 273 ff.

31 S. zu dieser Ansicht auch näher Kaerkes, in: Eisentraut, Verwaltungsrecht in der Klausur, 2020, § 2 Rn. 267 ff.

32 Im Folgenden wird von den Normen der LBO des Saarlandes ausgegangen. Gleiche oder ähnliche Regelungen finden sich aber auch in anderen Landesbauordnungen; für den Anspruch auf Erteilung einer Baugenehmigung s. Steengrafe, in: Eisentraut, Verwaltungsrecht in der Klausur, 2020, § 3 Rn. 129.

genehmigung *ist* zu erteilen, wenn ...") handelt es sich bei der Erteilung einer Baugenehmigung um eine gebundene Entscheidung, sodass auch nach dieser Ansicht eine isolierte Anfechtung der Auflage erfolgen kann.

Nach der neueren Rechtsprechung ist eine isolierte Anfechtung immer möglich, es sei denn, der nach der Anfechtung übrig bleibende Rest-Verwaltungsakt kann offensichtlich ohne Nebenbestimmung nicht in rechtmäßiger Weise fortbestehen. Die Teilbarkeit des Grund-Verwaltungsakts von der angefochtenen Nebenbestimmung ist jedoch eine Frage der Begründetheit der Klage, sodass eine isolierte Anfechtung auch nach dieser Ansicht zunächst als zulässig anzusehen ist.[33]

Für die letztgenannte Ansicht spricht, dass ein Verwaltungsakt gemäß § 113 I 1 VwGO auch teilweise aufgehoben werden kann. Dem Gericht ist es daher möglich, die Nebenbestimmung als Teil eines Verwaltungsakts aufzuheben und den Verwaltungsakt im Übrigen bestehen zu lassen.[34] Dieser Ansicht folgend ist von einer isolierten Anfechtbarkeit des „Zusatzes" auszugehen und die Teilbarkeit im Rahmen der Begründetheit zu prüfen. (Im vorliegenden Fall wäre es auch möglich, den Streitentscheid dahinstehen zu lassen, da nach allen drei genannten Ansichten eine isolierte Anfechtbarkeit möglich ist.)

III. Klagebefugnis
H ist gemäß § 42 II VwGO klagebefugt, da er möglicherweise in seinem Recht auf Erteilung einer unbeschränkten Baugenehmigung nach § 73 I 1 LBO verletzt ist. Da die Auflage einen von der Baugenehmigung abgrenzbaren, selbstständigen Verwaltungsakt darstellt, ist er zudem Adressat eines belastenden Verwaltungsakts, sodass sich hieraus eine Verletzung seiner allgemeinen Handlungsfreiheit nach Art. 2 I GG ergeben kann. **58**

IV. Vorverfahren
Das Vorverfahren nach §§ 68 ff. VwGO wurde ordnungsgemäß, aber erfolglos durchgeführt. **59**

---

[33] S. zu dieser Ansicht auch Kaerkes, in: Eisentraut, Verwaltungsrecht in der Klausur, 2020, § 2 Rn. 257 ff.

[34] Kaerkes, in: Eisentraut, Verwaltungsrecht in der Klausur, 2020, § 2 Rn. 259.

V. Form und Frist

60 Von der Einhaltung der Monatsfrist des § 74 I 1 VwGO und der ordnungsgemäßen Klageerhebung gemäß § 81 I VwGO ist auszugehen.

VI. Zwischenergebnis

61 Die isolierte Anfechtungsklage des H gegen den „Zusatz" ist zulässig.

B. Begründetheit

62 Die Klage des H ist begründet, soweit die Auflage zur Baugenehmigung rechtswidrig ist und dadurch den Kläger in seinen subjektiven Rechten verletzt, § 113 I 1 VwGO. Darüber hinaus ist es erforderlich, dass nach erfolgreicher Anfechtung der Nebenbestimmung ein rechtmäßiger Grund-Verwaltungsakt verbleibt.

I. Rechtmäßigkeit der Auflage

63 Die Auflage ist rechtmäßig, wenn sie aufgrund einer Ermächtigungsgrundlage formell und materiell rechtmäßig ergangen ist.

1. Ermächtigungsgrundlage

64 Da es sich bei dem Erlass einer Auflage zur Baugenehmigung um eine für den Bürger belastende Maßnahme handelt, bedarf es nach dem Vorbehalt des Gesetzes einer Ermächtigungsgrundlage für das Handeln der Verwaltung. In Ermangelung einer spezialgesetzlichen Ermächtigungsgrundlage kommt hierfür nur § 36 des VwVfG des Saarlandes (im Folgenden SVwVfG, inhaltlich gleichlautend mit dem VwVfG des Bundes) in Betracht. Die Zulässigkeit einer Nebenbestimmung zur Baugenehmigung richtet sich nach § 36 I SVwVfG, da es sich bei der Erteilung einer Baugenehmigung nach § 73 I 1 LBO, wie bereits erläutert, um eine gebundene Entscheidung handelt.

2. Formelle Rechtmäßigkeit

65 Der Bescheid wurde von der zuständigen unteren Bauaufsichtsbehörde der Stadt Saarbrücken erlassen. H wurde auch vor Erlass des Verwaltungsakts nach § 28 I SVwVfG angehört, sodass es dahinstehen kann, ob die Anhörung ggf. nach § 28 II Nr. 3 SVwVfG entbehrlich gewesen wäre.[35] Von einer ord-

---

35 S. zum Anhörungserfordernis Senders, in: Eisentraut, Verwaltungsrecht in der Klausur, 2020, § 2 Rn. 631 ff.

nungsgemäßen Begründung nach § 39 I SVwVfG ist auszugehen. Die Auflage ist damit formell rechtmäßig.

3. Materielle Rechtmäßigkeit

a) Tatbestandsmerkmale der Ermächtigungsgrundlage

In materieller Hinsicht müsste die Auflage den Anforderungen an die Ermächtigungsgrundlage entsprechen, d. h. es ist zu prüfen, ob die Tatbestandsvoraussetzungen des § 36 I SVwVfG vorliegen. Nach § 36 I 2. Alt. SVwVfG darf ein gebundener Verwaltungsakt nur dann mit einer Nebenbestimmung versehen werden, wenn diese einen an sich bestehenden Versagungsgrund ausräumt. Die Auflage müsste also sicherstellen, dass die Voraussetzungen für die Erteilung einer Baugenehmigung erfüllt werden. Diese ergeben sich aus § 73 I 1 LBO. Danach ist eine Baugenehmigung zu erteilen, wenn dem Vorhaben keine öffentlich-rechtlichen Vorschriften entgegenstehen, die im bauaufsichtlichen Genehmigungsverfahren zu prüfen sind.[36]

66

Die Errichtung einer Halle ist gemäß § 60 I LBO genehmigungsbedürftig, da sie keinen der in §§ 61 ff. LBO genannten Befreiungstatbestände erfüllt[37] und es sich um eine bauliche Anlage i.S.v. § 2 I LBO[38] handelt.

Sie müsste daher genehmigungsfähig sein. Da für ein vereinfachtes Baugenehmigungsverfahren nach § 64 LBO keine Anhaltspunkte ersichtlich sind, richtet sich der Prüfungsmaßstab nach § 65 LBO.[39] Danach sind insbesondere die Vorschriften des BauGB, der LBO sowie sonstige, dort genannte öffentlich-

---

36 S. zu den Anspruchsvoraussetzungen im Einzelnen Steengrafe, in: Eisentraut, Verwaltungsrecht in der Klausur, 2020, § 3 Rn. 128 ff.

37 Vgl. für die Genehmigungsbedürftigkeit von Bauvorhaben im Einzelnen §§ 49 ff. BWLBO; Art. 55 ff. BayBO; §§ 59 ff. BlnBO; §§ 59 ff. BbgBauO; §§ 59 ff. BremBauO; §§ 59 f. HmbBauO; §§ 62 ff. HBO; §§ 59 ff. MVBauO; §§ 59 ff. NBauO; §§ 63 ff. NRWBauO; §§ 61 f. RhPfLBO; §§ 59 ff. SächsBauO; §§ 58 ff. LSABauO; §§ 62 f. SchlHLBO; §§ 59 ff. ThürBO.

38 Vgl. für die Definition der baulichen Anlage § 2 I BWLBO; Art. 2 I BayBO; § 2 I BlnBauO; § 2 I BbgBauO; § 2 I BremBauO; § 2 I HmbBauO; § 2 II HBO; § 2 I MVBauO; § 2 I NBauO; § 2 I NRWBauO; § 2 I RhPfLBO; § 2 I SächsBauO; § 2 I LSABauO, § 2 I SchlHLBO, § 2 I ThürBO.

39 Vgl. bzgl. der vereinfachten Baugenehmigungsverfahren in den einzelnen Bundesländern § 58 I 2, § 52 BWLBO; Art. 59 BayBO; §§ 63 ff. BlnBO; §§ 63 f. BbgBauO; §§ 63 f. BremBauO; § 61 HmbBauO; §§ 65 f. HBO; §§ 63 f. MVBauO; §§ 63 f. NBauO; § 68 NRWBauO; §§ 66 f. RhPfLBO; §§ 63 f. SächsBauO; §§ 62 f. LSABauO; § 69 SchlHLBO; §§ 62 f. ThürBO.

rechtliche Vorschriften zu prüfen. Vorliegend kommt ein Verstoß gegen § 6 I LBO in Betracht, der durch die Verhängung der Auflage ausgeräumt worden sein könnte.

§ 6 I LBO sieht vor, dass eine von öffentlichen Flächen zugängliche, gradlinige Zu- oder Durchfahrt zur Rückseite des Gebäudes zu schaffen ist, die für Feuerwehrfahrzeuge ausreichend befestigt und tragfähig ist. Die Zufahrt ist als solche zu kennzeichnen und ständig freizuhalten. Würde H die Lagerhalle ohne eine derartige Feuerwehrzufahrt errichten, würde das Vorhaben gegen § 6 I LBO verstoßen und wäre damit nicht genehmigungsfähig. Die Auflage, eine Feuerwehrzufahrt zu errichten, räumt damit einen Versagungsgrund der Baugenehmigung aus und ist daher nach § 36 I Alt. 2 SVwVfG zulässig.

b) Rechtsfolge: Ermessen

67 § 36 I SVwVfG ist als Ermessensvorschrift ausgestaltet. Möglicherweise ist die Auflage aber materiell rechtswidrig, wenn der Behörde beim Erlass ein nach § 114 VwGO überprüfbarer Ermessensfehler unterlaufen ist. Hier könnte eine Ermessensüberschreitung in Form der Unverhältnismäßigkeit der Maßnahme vorliegen.[40]

Der Erlass der Auflage ist verhältnismäßig, wenn er einen legitimen Zweck verfolgt und zur Erreichung dieses Zwecks geeignet, erforderlich und angemessen ist.[41]

Als legitimer Zweck kann die Sicherung der Rettungsmaßnahmen im Falle eines Brandes und damit auch der Schutz von Leib, Leben und Eigentum angesehen werden.

Die Auflage ist auch geeignet, diesen Zweck zu fördern, da durch die Feuerwehrzufahrt eine ausreichende Rettung durch die Feuerwehr gesichert werden kann.

Sie ist auch erforderlich, da sie von mehreren zur Auswahl stehenden Mitteln das mildeste ist. Insbesondere stellt die Auflage gegenüber der Bedingung das mildere Mittel dar. Eine Inanspruchnahme des Nachbars M kommt ebenfalls nicht in Betracht, da die Bebauung und Nutzung des Nachbargrundstücks laut

---

40 S. zu den Ermessensfehlern näher Benrath, in: Eisentraut, Verwaltungsrecht in der Klausur, 2020, § 2 Rn. 744 f.

41 S. dazu näher Benrath, in: Eisentraut, Verwaltungsrecht in der Klausur, 2020, § 2 Rn. 767 ff.

Sachverhalt formell und materiell rechtmäßig ist. Das dort errichtete Gebäude genießt daher Bestandsschutz.

Sie ist angemessen, da sie unter Abwägung aller widerstreitenden Interessen auch zumutbar erscheint. Hier steht das Interesse des H, die Fläche anderweitig zu nutzen gegen die Sicherheit der Öffentlichkeit. Von einer Angemessenheit ist in der Regel auch daher auszugehen, da ohne die Einhaltung der Feuerwehrzufahrt eine Baugenehmigung gänzlich zu versagen wäre.

Da die Auflage verhältnismäßig ist und weitere Ermessensfehler nicht ersichtlich sind, ist sie insgesamt als materiell rechtmäßig anzusehen.

II. Zwischenergebnis
Die Nebenbestimmung ist rechtmäßig. 68

Lösungshinweis: Da bereits keine Rechtswidrigkeit festgestellt werden konnte, kommt es auf die Frage, ob H in seinen Rechten verletzt wurde und ob der Grund-Verwaltungsakt ohne die Nebenbestimmung rechtmäßig fortbestehen kann, nicht mehr an.

C. Ergebnis
Die Anfechtungsklage des H ist zulässig, aber unbegründet. Sie hat daher keine 69 Aussicht auf Erfolg.

Fall 3: Drittanfechtungsklage gegen eine Baugenehmigung: „Von Landwirten und Windmühlen" (Hendrik Burbach)

70 Lernziele/Schwerpunkte: Klagebefugnis bei Drittanfechtungsklagen; Klagefristproblematik bei Drittanfechtungsklagen; Öffentlicher Belang nach § 35 III 1 Nr. 3 BauGB

Sachverhalt

71 Die Renewables (R) GmbH ist auf die Errichtung und den Betrieb hochmoderner Windräder spezialisiert. Sie ist Marktführerin in dem Segment der mittelgroßen Anlagen, die sie zumeist außerhalb von dicht besiedelten Gebieten aufbaut und betreibt. Hierdurch stellt sie die Versorgung vieler Haushalte mit Strom sicher und leistet einen nicht unerheblichen Beitrag zur Umsetzung der Energiewende.

Ihr aktuellstes Projekt plant die R GmbH im Außenbereich der Stadt Bonn. Dort sollte ein Mikro-Windpark mit zwei mittelgroßen Windrädern gebaut werden. Am 20. 05. 2018 erhielt sie von der zuständigen Behörde, dem Bauamt der Stadt Bonn, eine Baugenehmigung für den geplanten Windpark mit der Auflage, die immissionsschutzrechtlichen Anforderungen zu erfüllen.

Das Grundstück der Anlage grenzt unmittelbar an die im Eigentum des Landwirts B stehenden Ackerflächen. Dieser bewirtschaftet mehrere Hektar Land. Im weiteren Umkreis des Hofes des B befinden sich noch vereinzelte Bauernhöfe. Nördlich des Grundstücks der R GmbH beginnt eine großflächige Waldfläche, die aufgrund ihres gut ausgebauten Wegenetzes als Naherholungs- und beliebtes Wandergebiet für die Bonner Bürger sowie die Menschen aus dem Umland dient.

Im Rahmen des Genehmigungsverfahrens hat die Stadt Bonn mit Vertretern der R GmbH im August 2016 einen Ortstermin auf der zuvor bereits von dieser erworbenen Grundstücksfläche durchgeführt. Der B sah die Vertreter der Stadt und der R zufällig beim Vorbeifahren mit dem Traktor. Auf seine Nachfrage berichteten diese ihm von dem Vorhaben. Bereits Ende 2017 begann das von der R beauftragte Bauunternehmen damit, die Fläche für den Baubeginn abzustecken. Im Juli 2018 begann die R mit den ersten Ausschachtungen. Als B dies sah, empörte er sich, dass die R GmbH nun endgültig Tatsachen schaffe. Am 30. 07. 2018 erhob er deshalb Klage bei dem zuständigen Verwaltungsgericht.

B befürchtete, dass durch die Errichtung der Windanlagen seine Ernte beeinträchtigt werden könnte. Zudem hegte er Bedenken gegen die Rechtmäßigkeit der Anlage, da durch die ständigen Licht- und Schattenwechsel und die Geräusche der sich drehenden Rotoren der Anlage mit einer psychischen und physischen Beeinträchtigung seiner mehr als 1.000 Schweine zu rechnen sei. Deren Stall liegt zwar rund 500 m von der Anlage entfernt, jedoch seien derartige Auswirkungen mehr als wahrscheinlich. B denkt, dass die R GmbH nicht ungeachtet anderer Interessen ihr Projekt realisieren könne, sondern auch auf ihn Rücksicht nehmen müsse.

Weiterhin ist B auch passionierter Wanderer. Dazu nutzt er vor allem das Waldgebiet um seinen Hof. Er fürchtet, dass durch die Rotation der Windräder der Erholungscharakter des Waldes geschmälert werde. Insbesondere sei durch den erzeugten Krach keine vernünftige Wanderung mehr möglich.

Ein von der R GmbH eingeholtes Sachverständigengutachten des Sachverständigen S kommt zu dem Schluss, dass durch die Windräder der Erholungscharakter des Waldes nur marginal beeinträchtigt werde. Der Sachverständige ist der Auffassung, dass dies vor dem Hintergrund des raschen Umstiegs auf erneuerbare Energien hinzunehmen sei und letztlich auch im Interesse jeden Einzelnen liege. Die R GmbH behauptet, B könne sich unabhängig von der tatsächlichen Beeinträchtigung nicht auf diesen Aspekt berufen, da dieser keinen Drittschutz gewähre.

Der Sachverständige kommt in seinem Gutachten ferner zu dem Schluss, dass durch die von den Rotoren geworfenen kurzzeitigen Schatten die zu erwartende Ernte des B um etwa ein Drittel reduzieren könnten. Auch seien die Einflüsse auf die Schweine nicht nur marginal, obwohl diese überwiegend in dem Stall gehalten werden.

Die R GmbH behauptet zudem, die Klage des B sei bereits verfristet, da die einmonatige Anfechtungsfrist der Baugenehmigung bereits im Zeitpunkt der Klageerhebung abgelaufen war.

Hat die Klage des B Aussicht auf Erfolg?

Bearbeiter*innenvermerk: Es ist zu unterstellen, dass das Vorhaben genehmigungsbedürftig und bauordnungsrechtlich nicht zu beanstanden ist. Die

Baugenehmigung ist formell rechtmäßig ergangen. Der Windpark erfüllt zudem die immissionsschutzrechtlichen Vorgaben der Baugenehmigung. Das Land NRW hat von der Ermächtigung des § 68 I 2 Nr. 1 VwGO, nicht aber von § 78 I Nr. 2 VwGO Gebrauch gemacht.

§ 74 BauO NRW:

(1) Die Baugenehmigung ist zu erteilen, wenn dem Vorhaben keine öffentlich-rechtlichen Vorschriften entgegenstehen.

(2) Die Baugenehmigung bedarf der Schriftform. Sie ist nur insoweit zu begründen, als Abweichungen oder Befreiungen von nachbarschützenden Vorschriften zugelassen werden und der Nachbar nicht nach § 72 Absatz 2 zugestimmt hat. Eine Ausfertigung der mit einem Genehmigungsvermerk versehenen Bauvorlagen ist der Antragstellerin oder dem Antragsteller mit der Baugenehmigung zuzustellen.

(...)

Lösungsgliederung

Lösungsvorschlag

73 Die Klage hat Aussicht auf Erfolg, soweit sie zulässig und begründet ist.

A. Zulässigkeit der Klage

74 Die Klage müsste vor dem Verwaltungsgericht zulässig sein.

I. Eröffnung des Verwaltungsrechtswegs

75 Zunächst müsste der Verwaltungsrechtsweg eröffnet sein. Mangels aufdrängender Sonderzuweisung richtet sich die Eröffnung des Verwaltungsrechtswegs nach der Generalsklausel des § 40 I 1 VwGO. Hierzu bedarf es einer öffentlich-rechtlichen Streitigkeit nicht-verfassungsrechtlicher Art sowie keiner abdrängenden Sonderzuweisung.

Zunächst müsste eine öffentlich-rechtliche Streitigkeit vorliegen. Eine Streitigkeit ist öffentlich-rechtlich, wenn die streitentscheidende Norm eine solche des öffentlichen Rechts ist.[42] Die streitentscheidenden Normen, vorliegend insbesondere § 75 BauO NRW, entstammen dem öffentlichen Baurecht. Diese ermächtigen und verpflichten ausschließlich die zuständige Behörde als Träger hoheitlicher Gewalt zur Erteilung bzw. Versagung der begehrten Baugenehmigung. Nach der sog. modifizierten Subjektstheorie[43] handelt es sich somit um eine öffentlich-rechtliche Norm.

Mangels doppelter Verfassungsunmittelbarkeit ist die Streitigkeit nichtverfassungsrechtlicher Art. Eine abdrängende Sonderzuweisung liegt nicht vor.

Der Verwaltungsrechtsweg ist nach § 40 I 1 VwGO eröffnet.

II. Statthafte Klageart

76 Fraglich ist sodann, welche Klage für das Klagebegehren des Klägers statthaft ist, vgl. § 88 VwGO. B begehrt vorliegend die Kassation der R erteilten Baugenehmigung, also eines Verwaltungsakts i.S.d. § 35 1 VwVfG. In Betracht kommt daher eine (Dritt-) Anfechtungsklage nach § 42 I 1. Alt VwGO.

---

42 W.-R. Schenke/Ruthig, in: Kopp/Schenke, VwGO, 24. Aufl. 2018, § 40, Rn. 6; Detterbeck, Allgemeines Verwaltungsrecht, 16. Aufl. 2019, Rn. 1324.

43 Sodan, in: Sodan/Ziekow, VwGO, 4. Aufl. 2014, § 40, Rn. 302.

III. Klagebefugnis

Weiterhin müsste B auch klagebefugt sein. Dies ist bei einer Anfechtungsklage 77
nach § 42 II VwGO der Fall, wenn er geltend machen kann, durch den Verwaltungsakt in seinen Rechten verletzt zu sein. Diesbezüglich genügt es, wenn
die Möglichkeit der Verletzung in eigenen Rechten durch den Verwaltungsakt
besteht.[44] Allerdings wurde die Baugenehmigung nicht dem B persönlich,
sondern der R GmbH erteilt. Die Adressatentheorie ist in diesem Fall unan-
wendbar. Es ist vielmehr mittels der Schutznormtheorie zu untersuchen, ob
durch die der R GmbH erteilte Genehmigung eine Verletzung gerade dem
Schutz des B dienender Rechtspositionen möglich erscheint. B könnte allerdings als Eigentümer des an den geplanten Windpark angrenzenden Grundstücks in einem auch ihn schützenden Recht betroffen sein. Das setzt wiederum voraus, dass er geltend machen kann, in einem drittschützenden Recht
verletzt zu sein. Nach der Schutznormtheorie ist ein Recht drittschützend,
wenn es nicht nur ausschließlich dem Interesse der Allgemeinheit dient,
sondern vielmehr auch dem Schutz individueller Rechte und einem abgrenzbaren Kreis von Begünstigten zusteht.[45]

Eine solche Rechtsposition könnte hier aus § 35 I, III Nr. 3 und 5 BauGB folgen.
Hierzu müsste die der R GmbH erteilte Baugenehmigung einen öffentlichen
Belang im Sinne des § 35 BauGB verletzen. Der Begriff des öffentlichen Belangs
wird in § 35 III BauGB zwar beispielhaft konkretisiert, nicht aber definiert.[46] Es
handelt sich um einen auslegungsbedürftigen unbestimmten Rechtsbegriff.
Zwar begründen öffentliche Belange regelmäßig keine subjektiven Rechte,
hier könnten dem Kläger jedoch eine hinreichend individualisierbare und
gefestigte, somit wehrfähige Rechtsposition zustehen, die ausnahmsweise eine
Klagebefugnis begründet.

1. Drittschützender öffentlicher Belang gem. § 35 III 1 Nr. 3 BauGB

Von den geplanten Windrädern könnten schädliche Umwelteinwirkungen 78
i.S.d. § 35 III 1 Nr. 3 BauGB ausgehen. Solche sind nach § 3 I BImSchG Immissionen, die nach Art, Ausmaß oder Dauer geeignet sind, Gefahren, erhebliche Nachteile oder erhebliche Belästigungen für die Allgemeinheit oder

---

44 W.-R. Schenke/R. P. Schenke, in: Kopp/Schenke, VwGO, 24. Aufl. 2018, § 42 Rn. 66.
45 S. Burbach, in: Eisentraut, Verwaltungsrecht in der Klausur, 2020, § 2 Rn. 296 f.
46 Finkelnburg/Ortloff/Kment, Öffentliches Baurecht, Band I: Bauplanungsrecht, 7. Aufl.
   2017, § 27 Rn. 40.

die Nachbarschaft hervorzurufen.[47] Die Normierung der schädlichen Umwelteinwirkungen in § 35 III 1 Nr. 3 BauGB stellt dabei eine Ausprägung des allgemeinen baurechtlichen Gebotes der Rücksichtnahme dar.[48] Mithin liegt in § 35 III 1 Nr. 3 BauGB eine wehrfähige Rechtsposition vor, deren mögliche Verletzung die Klagebefugnis des Klägers begründet. Ferner besteht auch die Möglichkeit, dass die geplanten Windräder gegen diesen Belang verstoßen. B befürchtet, dass durch die Windräder und den damit einhergehenden ständigen Licht- und Schattenwechseln sowohl seine Ernte als auch die Gesundheit der von ihm gehaltenen Schweine beeinträchtigt würden.

2. Drittschützender öffentlicher Belang gem. § 35 III 1 Nr. 5 BauGB

79 Eine weitere mögliche Rechtsverletzung könnte hier in der Verletzung des öffentlichen Belangs des § 35 III 1 Nr. 5 BauGB bestehen. Vorliegend könnte der Erholungscharakter des angrenzenden Waldgebietes beeinträchtigt werden. Grundsätzlich ist der Erholungswert der Landschaft vor heranrückender Bebauung zu schützen.[49] Fraglich ist jedoch, ob dieser Belang auch eine Rechtsposition darstellt, die die individuellen Interessen des B schützt. Dies ist nicht der Fall. Der Erholungswert der Landschaft ist lediglich mit Rücksicht auf die Erholungsbedürfnisse der Allgemeinheit zu bestimmen.[50] Mithin vermittelt diese Norm keine wehrhafte Rechtsposition für den Einzelnen.

3. Zwischenergebnis

80 Der Kläger war damit aufgrund der Möglichkeit einer Verletzung seiner Rechte aus § 35 III 1 Nr. 3 BauGB klagebefugt.

IV. Vorverfahren

81 Die Durchführung eines Vorverfahrens ist nach § 110 I JustG NRW entbehrlich.

V. Klagegegner

82 Klagegegner ist nach dem Rechtsträgerprinzip die Stadt Bonn, § 78 I Nr. 1 VwGO.

---

47 Mitschang/Reidt, in: Battis/Krautzberger/Löhr, BauGB, 13. Aufl. 2016, § 35 Rn. 78.
48 Müller, in: Maslaton, Windenergieanlagen, 2. Aufl. 2018, Kap. 1 Rn. 97.
49 Mitschang/Reidt, in: Battis/Krautzberger/Löhr, BauGB, 13. Aufl. 2016, § 35 Rn. 87.
50 Finkelnburg/Ortloff/Kment, Öffentliches Baurecht, Band I: Bauplanungsrecht, 7. Aufl., 2017, § 27 Rn. 51.

VI. Beteiligten- und Prozessfähigkeit

Der Kläger als natürliche Person ist nach § 61 Nr. 1 1. Alt. VwGO, die Beklagte 83
als juristische Person gemäß § 61 Nr. 1 2. Alt. VwGO beteiligtenfähig. Die
Prozessfähigkeit für den Kläger folgt aus § 62 I VwGO, für die Beklagte aus § 62
III VwGO.

VII. Klagefrist

Weiterhin müsste die Klage fristgerecht erhoben worden sein. Da ein Wi- 84
derspruchsverfahren nicht durchzuführen war, richtet sich die Klagefrist nach
§ 74 I 2 VwGO. Danach ist die Klage einen Monat ab Bekanntgabe des Verwaltungsakts zu erheben. Fraglich ist allerdings, ob diese Frist bereits in Gang
gesetzt worden ist. Der R GmbH ist die Baugenehmigung am 20. 05. 2018
bekannt gegeben worden. Eine Bekanntgabe der Baugenehmigung gegenüber
B durch die Behörde liegt nicht vor. Somit ist die Klagefrist mangels Bekanntgabe des Verwaltungsakts nicht in Gang gesetzt worden. Auch richtet
sich die Klagefrist in diesen Konstellationen nicht nach § 58 II VwGO. Die
Einlegung des Rechtsbehelfes wird lediglich durch das Institut der Verwirkung
begrenzt. Hierzu bedarf es grundsätzlich eines Zeit- und Umstandsmomentes.
In analoger Anwendung des § 58 II VwGO beläuft sich das Zeitmoment auf
rund ein Jahr. B hat am 30. Juli 2018, kurz nach dem Beginn der Erdarbeiten,
Klage gegen die dem B erteilte Baugenehmigung erhoben. Mithin ist die Klage
nicht verfristet.

VIII. Zwischenergebnis

Die Klage ist zulässig. 85

B. Beiladung

Hier kann eine Entscheidung nur einheitlich gegenüber der Beklagten sowie 86
der R GmbH ergehen. Die R GmbH ist folglich nach §§ 63 Nr. 3, 65 II VwGO
notwendig beizuladen.

C. Begründetheit der Klage

Die Klage müsste auch begründet sein. Dies ist nach § 113 I 1 VwGO bei der 87
Anfechtungsklage der Fall, soweit der angegriffene Verwaltungsakt rechtswidrig und der Kläger hierdurch in seinen Rechten verletzt ist. Bei einer
Drittanfechtungsklage ist dies nur der Fall, soweit die Baugenehmigung gegen
nachbarschützende Normen verstößt. Vorliegend könnte die Baugenehmigung der E rechtswidrig erteilt und die Klägerin hierdurch in ihren Rechten
aus § 35 III Nr. 1 Nr. 3 BauGB verletzt worden sein.

I. Rechtswidrigkeit der Baugenehmigung

1. Ermächtigungsgrundlage

88 Ermächtigungsgrundlage für die Baugenehmigung ist § 74 I BauO NRW.

2. Formelle Rechtmäßigkeit

89 Die Baugenehmigung ist laut Bearbeiter*innenvermerk formell rechtmäßig.

3. Materielle Rechtmäßigkeit

90 Die Baugenehmigung ist laut Bearbeitervermerk bauordnungsrechtlich rechtmäßig. Als entgegenstehende öffentlich-rechtliche Vorschriften i.S.d. § 74 I BauO NRW kommen daher nur die bauplanungsrechtlichen Vorschriften der §§ 29 ff. BauGB in Betracht.

a) Anwendbarkeit der §§ 30 ff. BauGB

91 Zunächst müssten die Vorschriften der §§ 30 ff. BauGB vorliegend anwendbar sein. Das setzt voraus, dass das Vorhaben der R GmbH eine bauliche Anlage nach § 29 I BauGB darstellt. Bauliche Anlagen sind alle Anlagen, die auf Dauer künstlich mit dem Boden verbunden sind und bodenrechtliche Relevanz aufweisen.[51] Dies ist bei der Errichtung der Windräder der Fall. Somit stellen die geplanten Windräder ein Vorhaben nach § 29 I BauGB dar. Die Vorschriften der §§ 30 ff. BauGB sind mithin anwendbar.

b) Zulässigkeit des Vorhabens nach § 30 BauGB

92 Das Vorhaben liegt nicht innerhalb eines qualifizierten Bebauungsplanes, so dass § 30 BauGB nicht anwendbar ist.

c) Zulässigkeit des Vorhabens nach § 35 BauGB

93 Das Vorhaben liegt im Außenbereich der Stadt Bonn. Seine Zulässigkeit folgt mithin aus § 35 BauGB.

aa) Privilegiertes Vorhaben nach § 35 I Nr. 5 BauGB

94 Die Windenergieanlagen sind privilegierte Vorhaben nach § 35 I Nr. 5 BauGB. Diese dienen der öffentlichen Versorgung mit Elektrizität.[52]

---

51 Finkelnburg/Ortloff/Kment, Öffentliches Baurecht, Band I: Bauplanungsrecht, 7. Aufl. 2017, § 22 Rn. 11.

52 Finkelnburg/Ortloff/Kment, Öffentliches Baurecht, Band I: Bauplanungsrecht, 7. Aufl. 2017, § 27 Rn. 30.

bb) Kein entgegenstehender öffentlicher Belang

Weiterhin dürfte dem privilegierten Vorhaben kein öffentlicher Belang entge- 95
genstehen. Ein solcher ist in § 35 III BauGB nicht definiert, der Absatz enthält
vielmehr einen nicht abschließenden Katalog öffentlicher Belange. In Betracht
kommt vorliegend § 35 III 1 Nr. 3 BauGB. Danach liegt eine Beeinträchtigung
vor, wenn das Vorhaben schädlichen Umwelteinwirkungen hervorrufen kann.
Eine baurechtliche Definition des Begriffs der schädlichen Umwelteinflüsse
besteht nicht. Hierzu kann jedoch auf die Vorschriften des BImSchG zurückgegriffen werden. Schädliche Umwelteinwirkungen sind nach § 3 I BImSchG
Immissionen, die nach Art, Ausmaß oder Dauer geeignet sind, Gefahren, erhebliche Nachteile oder erhebliche Belästigungen für die Allgemeinheit oder die
Nachbarschaft herbeizuführen. Derartige Beeinträchtigungen sind den Betrof-
fenen grundsätzlich nicht zuzumuten.[53] Somit bestimmt § 3 I BImSchG die
Grenze der Zumutbarkeit von Umwelteinwirkungen für Nachbarn und kon-
statiert somit das Maß der gebotenen Rücksichtnahme für das Baurecht.[54] Die
Beurteilung der schädlichen Umwelteinwirkungen stellt insoweit eine besondere Ausprägung des baurechtlichen Gebots der Rücksichtnahme dar. Aus dem
Gebot der Rücksichtnahme folgt für den Bauherrn die Maßgabe, dass er sein
Grundstück nur derart bebauen darf, dass er höherrangige Belange der Nachbarn nicht verletzen darf. Dabei gilt der Grundsatz, dass je schutzwürdiger die
Stellung derer ist, denen die Rücksichtnahme im gegebenen Zusammenhang
zugutekommt, umso mehr kann an Rücksichtnahme verlangt werden.[55] Hierbei
ist im Einzelfall eine Abwägung zwischen den Interessen des Rücksichtnah-
mepflichtigen und des -begünstigten vorzunehmen.

Die von den Rotoren verursachten Geräusche, die nach dem BImSchG zu
beurteilen sind, verstoßen nach dem Bearbeitervermerk nicht gegen immis-
sionsschutzrechtliche Vorschriften.

Fraglich ist allerdings, ob von den kurzfristigen Schattenwürfen der Rotoren
schädliche Umwelteinflüsse ausgehen. Hierbei kann grundsätzlich nicht auf
die Vorschriften des BImSchG zurückgegriffen werden. Es handelt sich hierbei
nicht um eine nach einem Rechtssatz zu messende Beeinträchtigung, so dass
eine wertende Gesamtbetrachtung vorzunehmen ist.[56]

---

53 BVerwG, Urt. v. 25. 2. 1977, Az.: IV C 22.75 = BVerwGE 52, 122 (127).
54 Müller, in: Maslaton, Windenergieanlagen, 2. Aufl. 2018, Kap. 1 Rn. 102.
55 BVerwG, Urt. v. 18. 11. 2004, Az.: 4 C 1/04 = NVwZ 2005, 328 (330).
56 Müller, in: Maslaton, Windenergieanlagen, 2. Aufl. 2018, Kap. 1 Rn. 102.

B befürchtet durch den Schattenwurf eine Beeinträchtigung seiner Ernte und negative Einflüsse auf die physische und psychische Verfassung seiner Schweine. Diese Annahme wird durch das Gutachten des Sachverständigen gestützt. Nach diesem ist eine Ernteeinbuße von etwa einem Drittel zu befürchten. Auch sei mit einer nicht bloß marginalen Beeinträchtigung der Schweine zu rechnen. Dies kann auch nicht dadurch verhindert werden, dass die Schweine ausschließlich im Stall gehalten werden. Zwar beträgt die Distanz zwischen dem Windpark und dem Hof des B 500 m, dennoch ist in den Stallungen mit deutlichen Auswirkungen der zu errichteten Anlage zu rechnen.

Demgegenüber steht das Interesse der R GmbH an der Errichtung des Windparks. Gerade in Zeiten der Energiewende und dem damit verbundenen Umstieg auf volatile Energieträger bedarf es eines breiten Netzes dezentraler Produktionsstätten. Auch tragen kleine Windparks zu der Gewährleistung der Versorgungssicherheit der Städte und Gemeinden bei. Zudem ist das Interesse der R GmbH zu berücksichtigen, die durch den Erwerb des Grundstücks sowie den ersten Arbeiten bereits Investitionen in den Windpark getätigt hat.

In Abwägung der widerstreitenden Interessen überwiegt das des B. Dieser würde durch die Errichtung des Windparks und den davon ausgehenden schädlichen Umwelteinwirkungen in seiner Existenzgrundlage gefährdet. Durch die zu erwartenden Ernteausfälle sowie die erheblichen Auswirkungen der Anlage auf die 1.000 Schweine des B ist davon auszugehen, dass eine wirtschaftliche Führung des Hofes nicht mehr möglich sein wird. Auch ist nicht absehbar, ob aufgrund des Schattenwurfs überhaupt noch Tierhaltung auf dem Hof möglich sein wird. Zwar ist der Außenbereich gerade für privilegierte Vorhaben wie das der Errichtung eines Windparks vorgesehen, jedoch handelt es sich bei dem Hof des B um ein ebenfalls nach § 35 I Nr. 1 BauGB von dem Baurecht privilegiertes Vorhaben. Zwar ist die Errichtung des Windparks zwar für die langfristige Gewährleistung der Versorgungssicherheit notwendig und daher privilegiert. Jedoch dient das in § 35 III 1 Nr. 3 BauGB normierte Gebot der Rücksichtnahme gerade dazu, in diesen Fällen einen schonenden Ausgleich aller betroffenen Interessen zu gewährleisten. Somit überwiegen vorliegend die Interessen des B denen der R GmbH. Die Baugenehmigung war daher rechtswidrig.

II. Rechtsverletzung

96 Weiterhin müsste B auch als Nachbar in seinen Rechten verletzt sein, § 113 I 1 VwGO. Hierbei muss er sich auf eine drittschützende Norm berufen können. Als nachbarschützendes Recht kommt, wie bereits dargelegt, § 35 III 1 Nr. 3 BauGB

als Ausfluss des Gebots der Rücksichtnahme in Betracht. Die tatsächliche Beeinträchtigung des drittschützenden Rechts müsste auch über das Zumutbare hinausgehen.[57] Vorliegend haben die von dem geplanten Windpark ausgehenden Umwelteinwirkungen erheblichen Einfluss auf die Führung des Hofbetriebes. Dem B drohen erhebliche Ernteeinbußen und darüber hinaus ist auch die Tierhaltung auf dem Hof selbst in Stallungen nicht ohne weiteres möglich.

Mithin ist B durch die rechtswidrig erteilte Baugenehmigung in nicht zumutbarer Weise beeinträchtigt. Das in § 35 III 1 Nr. 3 BauGB kodifizierte Gebot der Rücksichtnahme gewährt ihm vorliegend Drittschutz. Eine Rechtsverletzung nach § 113 I 1 VwGO liegt vor.

D. Ergebnis

Die Klage des B ist zulässig und begründet. Somit hat sie Aussicht auf Erfolg. 97

---

57 Jäde, JuS 1999, 961 (965).

§ 3 Übungsfälle zur Verpflichtungsklage

DIE STRUKTUR DER VERPFLICHTUNGSKLAGE (NIKOLAS EISENTRAUT)

Der gutachterlichen Prüfung der Verpflichtungsklage liegt die folgende Struktur zugrunde:

A. Zulässigkeit
   I. Eröffnung des Verwaltungsrechtswegs (s. § 1 Rn. 8 ff.)[1]
   II. Statthafte Klageart (s. § 1 Rn. 6 ff.)[2]
   III. Klagebefugnis[3]
   IV. Vorverfahren[4]
   V. Klagefrist[5]
   VI. Beteiligte[6]
   VII. Zuständiges Gericht[7]
   VIII. Rechtsschutzbedürfnis[8]

---

[1] Ausführlich zur Eröffnung des Verwaltungsrechtswegs Eisentraut, in: Eisentraut, Veraltungsrecht in der Klausur, 2020, § 1 Rn. 162 ff.

[2] Ausführlich zur Verpflichtungsklage als statthafter Klageart Lemke, in: Eisentraut, Verwaltungsrecht in der Klausur, 2020, § 3 Rn. 2 ff.

[3] Ausführlich zur Klagebefugnis bei der Verpflichtungsklage Burbach, in: Eisentraut, Verwaltungsrecht in der Klausur, 2020, § 3 Rn. 28 ff.

[4] Ausführlich zum Vorverfahren bei der Verpflichtungsklage Braun, in: Eisentraut, Verwaltungsrecht in der Klausur, 2020, § 3 Rn. 31 f.

[5] Ausführlich zur Klagefrist bei der Verpflichtungsklage Stockebrandt, in: Eisentraut, Verwaltungsrecht in der Klausur, 2020, § 3 Rn. 33 ff.

[6] Ausführlich zu den Beteiligten bei der Verpflichtungsklage Creemers, in: Eisentraut, Verwaltungsrecht in der Klausur, 2020, § 3 Rn. 37.

[7] Ausführlich zum zuständigen Gericht bei der Verpflichtungsklage Goldberg, in: Eisentraut, Verwaltungsrecht in der Klausur, 2020, § 3 Rn. 38 ff.

[8] Ausführlich zum Rechtsschutzbedürfnis bei der Verpflichtungsklage Valentiner, in: Eisentraut, Verwaltungsrecht in der Klausur, 2020, § 3 Rn. 42 ff.

B. Begründetheit[9]

  I. Anspruchsgrundlage[10]

  II. Anspruchsvoraussetzungen

  III. Spruchreife? Ansonsten Bescheidungsantrag

---

9   Ausführlich zur Struktur der Begründetheitsprüfung der Verpflichtungsklage Lemke, in: Eisentraut, Verwaltungsrecht in der Klausur, 2020, § 3 Rn. 47 ff.

10 Ausführlich zu den Anspruchsgrundlagen des Allgemeinen Verwaltungsrechts Brings-Wiesen, in: Eisentraut, Verwaltungsrecht in der Klausur, 2020, § 3 Rn. 96 ff., des Polizei- und Ordnungsrechts Eisentraut, a.a.O., § 3 Rn. 122 ff., des Baurechts Steengrafe, a.a.O., § 3 Rn. 127 ff. und des Kommunalrechts Piecha, a.a.O., § 3 Rn. 158 ff.

Fall 4: Verpflichtungsklage auf Erteilung einer Baugenehmigung (Erik Sollmann)

Der Fall ist angelehnt an VGH München, Urt. v. 14. 02. 2018 – 9 BV 16.1694.

Lernziele/Schwerpunkte: Verpflichtungsklage, Untätigkeitsklage – Erledigung 1 durch nachträgliche Bescheidung, Vornahme- und Bescheidungsklage, Anspruch auf Erteilung einer Baugenehmigung, Zulässigkeit eines Vorhabens im unbeplanten Innenbereich, Zulässigkeit der Art der baulichen Nutzung im faktischen Gewerbegebiet – Systematik der BauNVO, Befreiungstatbestände für Gemeinschaftsunterkünfte für Asylbegehrende (§ 246 X-XII BauGB)

Sachverhalt

Wilhelmine Bauen (B) ist Eigentümerin eines Grundstücks in der kreisfreien 2 rheinland-pfälzischen Stadt S. Das Grundstück befindet sich in einem Stadtteil, der unmittelbar an den beplanten Innenbereich angrenzt, für den aber selbst kein Bebauungsplan existiert. In dem Gebiet befindet sich eine Vielzahl von Gewerbebetrieben aller Art, Lagerhäuser, Geschäfts-, Büro- und Verwaltungsgebäude sowie eine Tankstelle. Die Betriebe grenzen unmittelbar aneinander; nur vereinzelt bestehen Baulücken von allenfalls einem Grundstück. Auf Bs Grundstück steht ein zulässigerweise errichtetes Bürogebäude, das sie bisher als Callcenter genutzt hat. Im Herbst 2018 entschließt sich B, den schlecht laufenden Callcenterbetrieb einzustellen und das Gebäude fortan als Unterkunft für Asylbegehrende zu nutzen, die nach § 53 AsylG verpflichtet sind, in einer Gemeinschaftsunterkunft zu wohnen. Sie will Sanitärräume, Gemeinschaftsräume und -küchen ergänzen, Zwischenwände einziehen und die so entstehenden Zimmer jeweils mit zwei bis drei Stockbetten ausstatten. Die Unterkunft soll Raum für 100 Asylbegehrende bieten. B beantragt für die geplante Nutzungsänderung formgerecht bei der Stadtverwaltung eine Baugenehmigung.

Der zuständige Sachbearbeiter in der Stadtverwaltung Herr Ängstlich (Ä) ist der Auffassung, dass eine Baugenehmigung allenfalls unter Abweichung von Bestimmungen in Betracht kommt, die auch dem Schutz nachbarlicher Interessen dienen. Er gibt Bs Nachbarn daher die Möglichkeit Einwendungen zu erheben. Nora Nörgli (N) betreibt auf ihrem Grundstück unmittelbar neben Bs Grundstück eine Lager- und Logistikhalle für einen Onlineversandhandel. Sie meint, die von B geplante wohnähnliche Nutzung dürfe nicht genehmigt werden. An ihrer Lagerhalle würden nicht nur tagsüber, sondern auch nachts Waren angeliefert und abgeholt, so dass die Bewohner der Unterkunft rund um die Uhr beschallt würden. Sie fürchtet, dass es zu Beschwerden und in der Folge ihr gegenüber zu Lärmschutzanordnungen kommen werde, die sie in der Nutzungsmöglichkeit ihres Grundstücks beeinträchtigen. B verweist zutreffend darauf, dass sie in ihrem Bauantrag bereits den Einbau von Schallschutzfenster vorgesehen habe, so dass der Lärm im Gebäude solange die Fenster geschlossen bleiben auf ein gesundheitlich unbedenkliches Maß reduziert wird.

Ä fühlt sich von diesen Nachbarstreitigkeiten überfordert und lässt Bs Antrag unbeschieden. B wartet noch nach über drei Monaten und einer unbeantworteten Sachstandsanfrage weiter auf die Bescheidung ihres Antrags. Nach weiteren sechs Monaten ist B des Wartens überdrüssig und wendet sich an das zuständige Verwaltungsgericht. B möchte, dass die Stadt verpflichtet wird, ihr die beantrage Baugenehmigung zu erteilen. Durch die Klageerhebung sieht sich Ä veranlasst zu handeln und lehnt die Erteilung der Baugenehmigung nun doch ab.

Wie wird das Gericht entscheiden?

Abwandlung: Die Stadtverwaltung erteilt B die beantragte Baugenehmigung. Gegen diese legt N nun aber Widerspruch ein. Die Widerspruchbehörde entscheidet über Ns Widerspruch auch nach über drei Monaten nicht, ohne dass dafür ein zureichender Grund besteht. Nachdem B wiederholt erfolglos um die Bescheidung von Ns Widerspruchs gebeten hat, möchte sie nun verwaltungsgerichtlich eine Verpflichtung zur Bescheidung von Ns Widerspruch erreichen. **Ist Bs Begehren statthaft?**

Auszug LBauO RLP:

§ 1 – Anwendungsbereich

(1) ¹Dieses Gesetz gilt für bauliche Anlagen und Bauprodukte.

§ 2 – Begriffe

(1) ¹Bauliche Anlagen sind mit dem Erdboden verbundene, aus Bauprodukten hergestellte Anlagen.

§ 58 – Bauaufsichtsbehörden

(1) ¹Bauaufsichtsbehörden sind:

1. das fachlich zuständige Ministerium als oberste Bauaufsichtsbehörde,

2. die Struktur- und Genehmigungsdirektion als obere Bauaufsichtsbehörde,

3. die Kreisverwaltung, in kreisfreien und großen kreisangehörigen Städten die Stadtverwaltung, als untere Bauaufsichtsbehörde.

§ 60 – Sachliche Zuständigkeit

Sachlich zuständig ist, soweit in diesem Gesetz oder in Vorschriften aufgrund dieses Gesetzes nichts anderes bestimmt ist, die untere Bauaufsichtsbehörde.

§ 61 – Genehmigungsbedürftige Vorhaben

Die Errichtung, die Änderung, die Nutzungsänderung und der Abbruch baulicher Anlagen sowie anderer Anlagen und Einrichtungen im Sinne des § 1 I Satz 2 bedürfen der Genehmigung (Baugenehmigung), soweit in den §§ 62, 67 und 84 nichts anderes bestimmt ist.

§ 62 – Genehmigungsfreie Vorhaben

(2) Keiner Baugenehmigung bedürfen ferner:

5. Nutzungsänderungen von

a) Gebäuden, Nutzungseinheiten und Räumen, die nicht im Außenbereich liegen, wenn für die neue Nutzung keine anderen bedeutsamen öffentlich-rechtlichen Anforderungen als für die bisherige Nutzung gelten,

§ 63 – Bauantrag

(1) ¹Der Antrag auf Erteilung der Baugenehmigung (Bauantrag) ist von der Bauherrin oder dem Bauherrn schriftlich bei der Gemeindeverwaltung einzureichen.

§ 68 – Beteiligung der Nachbarinnen und Nachbarn

(2) ¹Beabsichtigt die Bauaufsichtsbehörde von Bestimmungen, die auch dem Schutz nachbarlicher Interessen dienen, Abweichungen zuzulassen, so teilt sie dies den Nachbarinnen und Nachbarn mit, deren Zustimmung fehlt. Auf Verlangen ist diesen Einsicht in den Lageplan und in die Bauzeichnungen zu gewähren; hierauf ist in der Mitteilung hinzuweisen. ²Die Nachbarinnen und Nachbarn können innerhalb von zwei Wochen nach Zustellung der Mitteilung bei der Bauaufsichtsbehörde schriftlich oder zur Niederschrift Einwendungen erheben.

§ 70 – Baugenehmigung

(1) [1]Die Baugenehmigung ist zu erteilen, wenn dem Vorhaben keine baurechtlichen oder sonstigen öffentlich-rechtlichen Vorschriften entgegenstehen.

Lösungsgliederung

Lösungsvorschlag Grundfall

4 Das Gericht wird die Stadt zur Erteilung der beantragten Baugenehmigung verpflichten, soweit Bs Klage zulässig und begründet ist.

A. Zulässigkeit

5 Die Klage ist zulässig, soweit alle Sachurteilsvoraussetzungen vorliegen.

I. Eröffnung des Verwaltungsrechtswegs

6 Zunächst müsste der Verwaltungsrechtsweg eröffnet sein. Mangels aufdrängender Sonderzuweisung setzt dies nach der Generalklausel des § 40 I 1 VwGO eine öffentlich-rechtliche Streitigkeit nichtverfassungsrechtlicher Art voraus. Eine Streitigkeit ist öffentlich-rechtlich, wenn die streitentscheidende Norm eine solche des öffentlichen Rechst ist, also ausschließlich Hoheitsträger als solche ermächtigt oder verpflichtet.[11] Streitentscheidend ist § 70 I 1 LBauO RLP, der ausschließlich die Bauaufsichtsbehörde zur Erteilung einer Baugenehmigung ermächtigt und verpflichtet. Damit ist die Streitigkeit öffentlich-rechtlicher Art. Mit B und der Stadt S streiten keine unmittelbar am Verfassungsleben Beteiligten um die Auslegung von Verfassungsrecht, sodass die Streitigkeit auch nichtverfassungsrechtlicher Art ist.[12] Mangels abdrängender Sonderzuweisung ist der Verwaltungsrechtsweg daher gemäß § 40 I 1 VwGO eröffnet.

II. Statthafte Klageart

7 Statthafte Klageart könnte die Verpflichtungsklage sein. Die statthafte Klageart richtet sich nach dem Begehren des Klägers in dessen Lichte die Klageanträge auszulegen sind (vgl. § 88 VwGO). Die Verpflichtungsklage ist gemäß § 42 I Hs. 2 VwGO statthaft, wenn die Klägerin die Verurteilung zum Erlass eines abgelehnten oder unterlassenen Verwaltungsakts begehrt. B begehrte die Verpflichtung zum Erlass der von ihr beantragten, zunächst unterlassenen Baugenehmigung. Eine Baugenehmigung erfüllt alle Begriffsmerkmale eines Verwaltungsakts i.S.d. § 35 S. 1 VwVfG.[13] Statthaft war also eine

---

11 Zur modifizierten Subjektstheorie Eisentraut, in: Eisentraut, Verwaltungsrecht in der Klausur, 2020, § 1 Rn. 171 ff.

12 Zur doppelten Verfassungsunmittelbarkeit Eisentraut, in: Eisentraut, Verwaltungsrecht in der Klausur, 2020, § 1 Rn. 210 ff.

13 Lindner/Struzina, JuS 2016, 226.

Verpflichtungsklage in Gestalt einer Untätigkeitsklage, § 42 I Hs. 2 Alt. 2 VwGO.

Zwischenzeitlich hat die Stadtverwaltung Bs Antrag allerdings abgelehnt. Dadurch könnte sich ihre Klage erledigt haben. Eine Klage ist erledigt, wenn ein nach Klageerhebung eintretendes außerprozessuales Ereignis dem Klagebegehren die Grundlage entzieht, so dass die Klage für die Klägerin gegenstandslos wird.[14] Bei einer Untätigkeitsklage stellt sich die Frage, ob sie auf die Verpflichtung zum Erlass des begehrten Verwaltungsakts oder auf die bloße Verpflichtung zur Bescheidung des Antrags gerichtet ist. Während sich aus § 75 1 VwGO ergibt, dass sich der Kläger jedenfalls nicht auf die Verpflichtung zur Bescheidung seines Antrags beschränken muss, ist streitig, ob er dies gleichwohl tun könnte.[15] Lässt man eine Beschränkung der Klage auf die bloße Bescheidung zu, so erledigt sich die Untätigkeitsklage allerdings mit einer nachträglichen Antragsablehnung.

Bs Begehren ist eindeutig auf die Verpflichtung zum Erlass der Baugenehmigung gerichtet. Streitgegenstand ihrer Klage war daher von Anfang an nicht bloß die Bescheidung ihres Antrags, sondern bereits der Anspruch auf Erteilung der Baugenehmigung. Der von ihr geltend gemachte Anspruch auf Erteilung der Baugenehmigung bleibt gerade auch nach der Ablehnung ihres Antrags Gegenstand ihrer Klage. Die Antragsablehnung hat ihrem Begehren damit nicht die Grundlage entzogen. Bs Verpflichtungsklage hat sich daher nicht erledigt. Die zunächst als Untätigkeitsklage erhobene Verpflichtungsklage kann als solche fortgeführt werden.[16] Damit ist die Verpflichtungsklage statthaft.

III. Klagebefugnis

B müsste gemäß § 42 II VwGO klagebefugt sein. Dies setzt voraus, dass nach 8 ihrem substantiierten Vortrag zumindest die Möglichkeit einer Verletzung in ihren subjektiv-öffentlichen Rechten gegeben ist. Bei einer Verpflichtungsklage ist dies der Fall, wenn ein Anspruch auf den begehrten Verwaltungsakt nicht von vornherein unter allen denkbaren Gesichtspunkten ausgeschlossen ist.[17] Eine Norm vermittelt einen Anspruch, wenn sie nicht nur dem Interesse der Allgemeinheit zu dienen bestimmt ist, sondern zumindest auch dem

---

14 Clausing, in: Schoch/Schneider/Bier, VwGO, 36. EL Februar 2019, § 161 Rn. 9.
15 Dazu die Abwandlung.
16 Zu dieser Möglichkeit Frenz, JA 2011, 917, 918.
17 Frenz, JA 2011, 917, 919.

Schutz von Individualinteressen dient und die Anspruchstellerin zum geschützten Personenkreis zählt.[18] § 70 I 1 LBauO formuliert ausdrücklich, dass eine Baugenehmigung zu erteilen „ist", wenn keine baurechtlichen oder sonstigen öffentlich-rechtlichen Vorschriften entgegenstehen. Die Vorschrift verleiht der Bauherrin damit einen Anspruch auf Erteilung der Baugenehmigung.[19] Es erscheint nicht ausgeschlossen, dass Bs Vorhaben rechtlich zulässig ist. Mithin ist B klagebefugt.

IV. Vorverfahren

9 Nach § 68 I 1, II VwGO ist vor Erhebung einer Verpflichtungsklage eine Widerspruchsverfahren durchzuführen, wenn der Antrag auf Vornahme des Verwaltungsakts abgelehnt worden ist. Als B Klage erhoben hat, war ihr Antrag noch gar nicht beschieden. Dementsprechend konnte sie noch keinen Widerspruch einlegen. Zwischenzeitlich wurde ihr Antrag aber abgelehnt, womit nach § 68 II VwGO die Durchführung eines Widerspruchsverfahrens erforderlich geworden sein könnte. § 75 S. 1 VwGO erklärt im Fall der Unterlassung eines Verwaltungsakts die Klage abweichend von § 68 VwGO für zulässig.[20] Voraussetzung ist, dass über den Antrag auf Vornahme eines Verwaltungsakts ohne zureichenden Grund nicht in angemessener Frist sachlich entschieden worden ist. Zureichende Gründe sind nur solche, die mit der Rechtsordnung vereinbar sind. In Betracht kommen etwa besondere Schwierigkeiten der Sachverhaltsermittlung.[21] Äs Überforderungen mit dem Nachbarstreit zwischen B und N ist demgegenüber kein zureichender Grund, Bs Antrag nicht zu bescheiden. Nach § 75 S. 2 VwGO ist die Klage frühestens drei Monate nach Antragstellung zulässig. Seit Bs Antrag sind neun Monate vergangen. Damit war die von B bereits erhobene Klage nach § 75 S. 1 u. 2 VwGO abweichend von § 68 VwGO ohne vorheriges Vorverfahren zulässig als die Stadtverwaltung Bs Antrag schlussendlich doch noch abgelehnt hat. Die insoweit verspätete Antragsablehnung vermag daran nichts mehr zu ändern. Mithin bedarf es auch jetzt keines Vorverfahrens mehr.[22]

---

18 Zur Schutznormtheorie Burbach, in: Eisentraut, Verwaltungsrecht in der Klausur, § 3 Rn. 29.
19 Vgl. dazu Steengrafe, in: Eisentraut, Verwaltungsrecht in der Klausur, § 3 Rn. 155.
20 Zur Untätigkeitsklage Wittmann, JuS 2017, 842 ff.
21 Wittmann, JuS 2017, 842, 844.
22 Dolde/Porsch, in: Schoch/Schneider/Bier, VwGO, 36. EL Februar 2019, § 75 Rn. 26; Frenz, JA 2011, 917, 918; Ehlers, JURA 2004, 310, 313.

V. Klagegegnerin

Gemäß § 78 I Nr. 1 VwGO ist die Klage gegen die Körperschaft zu richten, 10
deren Behörde den beantragen Verwaltungsakt unterlassen hat.[23] Die Stadtverwaltung ist nach § 28 I, III GemO Behörde der kreisfreien Stadt S, die nach
§ 1 II 1 GemO RLP eine Gebietskörperschaft ist. Richtige Klagegegnerin ist also
die Stadt S.

VI. Beteiligten- und Prozessfähigkeit

B ist als natürliche, geschäftsfähige Person nach §§ 61 Nr. 1 Alt. 1, 62 I Nr. 1 11
VwGO beteiligungs- und prozessfähig. Die Stadt S ist als juristische Person des
öffentlichen Rechts nach § 61 Nr. 1 Alt. 2 VwGO beteiligungsfähig. Sie wird im
Prozess nach § 62 III VwGO i.V.m. § 47 I 1 GemO RLP vom Oberbürgermeister
vertreten.

VII. Klagefrist

Eine Verpflichtungsklage ist nach § 74 I, II VwGO grds. innerhalb eines Monats 12
ab Zustellung des Widerspruchsbescheides zu erheben, wenn der Antrag auf
Vornahme des Verwaltungsakts abgelehnt worden ist. Wird der Antrag allerdings erst abgelehnt nachdem wegen der Untätigkeit der Verwaltung abweichend von § 68 VwGO bereits zulässig Klage erhoben ist, so kann es auf die
Frist des § 74 VwGO nicht ankommen.[24] Ein gesondertes Fristerfordernis für
eine wegen der Untätigkeit der Verwaltung bereits vor Antragsablehnung
erhobene Verpflichtungsklage besteht nicht.[25]

VIII. Allgemeines Rechtsschutzbedürfnis

Schließlich stellt sich die Frage, ob B auch rechtsschutzbedürftig ist. Das all- 13
gemeine Rechtsschutzbedürfnis fehlt, wenn es eine einfachere, günstigere,
ebenso rechtsschutzintensive Möglichkeit gibt, das Klagebegehren zu erreichen. Eine solche Möglichkeit besteht im Falle der Verpflichtungsklage stets in

---

23 Entgegen des Wortlauts („unterlassen") gilt § 78 VwGO gleichermaßen für die Versa-
    gungsgegen- wie die Untätigkeitsklage, Ehlers, JURA 2004, 310. 314.
24 Frenz, JA 2011, 917, 918.
25 S. Stockebrandt, in: Eisentraut, Verwaltungsrecht in der Klausur, § 3 Rn. 33 f., 36; s. auch
    Schenke, Verwaltungsprozessrecht, 16. Aufl. 2019, Rn. 720. – Der weggefallene § 76 VwGO
    a.F. sah eine Jahresfrist für die Erhebung der Untätigkeitsklage vor.

der Beantragung des begehrten Verwaltungsakts bei der zuständigen Behörde[26], von der B auch Gebrauch gemacht hat.

B könnte ihr Rechtsschutzbedürfnis aber durch ein zu langes Abwarten mit der Klageerhebung verwirkt haben. Auch wenn eine wegen Untätigkeit bereits vor Antragsablehnung erhobene Verpflichtungsklage nicht fristgebunden ist, unterliegt sie jedenfalls der prozessualen Verwirkung. Eine solche setzt ein Zeit- und ein Umstandsmoment voraus. Eine Klägerin verwirkt ihr Klagerecht, wenn sie längere Zeit kein Gebrauch von ihm macht und durch ihr Verhalten bei der Klagegegnerin die berechtigte Erwartung weckt, auch in Zukunft nicht mehr zu klagen. § 76 VwGO a.F. sah für die Untätigkeitsklage eine Jahresfrist vor. Nach dem in der Abschaffung der Jahresfrist zu erkennendem gesetzgeberischen Wille ist davon auszugehen, dass eine Verwirkung jedenfalls nicht vor Ablauf eines Jahres anzunehmen sein soll.[27] B hat ihre Klage neun Monate nach Stellung des Baugenehmigungsantrages erhoben. Danach ist ihr Rechtsschutzbedürfnis nicht ausgeschlossen.

IX. Zwischenergebnis

14 Mithin liegen alle Sachurteilsvoraussetzungen vor. Bs Klage ist zulässig.

B. Beiladung der N

15 N könnte nach § 65 II VwGO notwendig beizuladen sein. Eine Beiladung ist notwendig, wenn am streitgegenständlichen Rechtsverhältnis Dritte derart beteiligt sind, dass eine Entscheidung auch ihnen gegenüber nur einheitlich ergehen kann. Dies ist der Fall, wenn die Möglichkeit besteht, dass von der Entscheidung unmittelbar und zwangsläufig Rechte eines Dritten betroffen werden.[28] Es erscheint jedenfalls nicht ausgeschlossen, dass die Erteilung der Baugenehmigung gegen nachbarschützende Vorschriften verstößt und damit N in ihren Rechten betrifft. Während bei einer Anfechtungsklage ein Verwaltungsakt auch mit unmittelbar rechtsgestaltender Wirkung für einen

---

26   S. Valentiner, in: Eisentraut, Verwaltungsrecht in der Klausur, § 3 Rn. 43; s. auch Pietzcker, in: Schoch/Schneider/Bier, VwGO, 36. EL Februar 2019, § 42 I Rn. 96.

27   S. Stockebrandt, in: Eisentraut, Verwaltungsrecht in der Klausur, § 3 Rn. 36 i.V.m. § 2 Rn. 391 f., 399 ff., 501; s. auch Schenke, Verwaltungsprozessrecht, 16. Aufl. 2019, Rn. 721; s. auch Ehlers, JURA 2004, 310, 314.

28   S. Creemers, in: Eisentraut, Verwaltungsrecht in der Klausur, § 3 Rn. 37 sowie Baade, a.a.O., § 1 Rn. 69 sowie Creemers, a.a.O., § 2 Rn. 450; W.-R. Schenke, in: Kopp/Schenke, VwGO, 25. Aufl. 2019, § 65 Rn. 14; Guckelberger, JuS 2007, 436, 439.

Drittbetroffenen aufgehoben wird, enthält ein Verpflichtungsurteil allerdings nur die Verpflichtung, einen Verwaltungsakt, der ggf. auch einen Dritten betrifft, zu erlassen. Der Dritte hat dann noch die Möglichkeit, den Verwaltungsakt nach seinem Erlass anzufechten. Jedenfalls wenn der Dritte nicht Adressat des begehrten Verwaltungsakts ist, ist die Beiladung nicht obligatorisch.[29] Mithin ist N nicht notwendig beizuladen.[30]

Die Entscheidung berührt aber jedenfalls die nachbarrechtlichen Interessen der N, so dass das Gericht sie nach seinem Ermessen gemäß § 65 I VwGO beiladen kann. Durch eine Beteiligung im Rahmen der bereits erhobenen Verpflichtungsklage, könnte einer späteren Anfechtungsklage der N vorgebeugt werden. Für ihre einfache Beiladung sprechen daher Gründe der Prozessökonomie.[31]

C. Begründetheit

Bs Verpflichtungsklage ist nach § 113 V 1 VwGO begründet, soweit die Unterlassung der Baugenehmigung rechtswidrig, sie dadurch in ihren Rechten verletzt und die Sache spruchreif[32] ist. Das ist der Fall, soweit B einen Anspruch auf die von ihr begehrte Baugenehmigung hat. Dies erfordert das Vorliegen einer Anspruchsgrundlage sowie ihrer formellen und materiellen Voraussetzungen.[33]   16

---

29   Bier, in: Schoch/Schneider/Bier, VwGO, 36. EL Februar 2019 § 65 Rn. 24, sowie Rn. 22 für den Fall, dass der Dritte Adressat des Verwaltungsakts ist: Würde bspw. N eine Verpflichtungsklage erheben, die ein bauaufsichtliches Einschreiten gegen Bs Vorhaben zum Gegenstand hat, wäre B notwendig beizuladen.

30   So auch Dürr, JuS 2007, 328, 329. – Eine andere Ansicht ist vertretbar, vgl. etwa W.-R. Schenke, in: Kopp/Schenke, VwGO, 25. Aufl. 2019, § 65 Rn. 18, 18a.

31   Dafür Dürr, JuS 2007, 328, 329; allgemein zur einfachen Beiladung Creemers, in: Eisentraut, Verwaltungsrecht in der Klausur, § 2 Rn. 447 f.; s. auch Guckelberger, JuS 2007, 436 f., 438 f.

32   Zur Spruchreife Lemke, in: Eisentraut, Verwaltungsrecht in der Klausur, 2020, § 3 Rn. 48 ff., 80 ff.; s. auch Riese, in: Schoch/Schneider/Bier, VwGO, 36. EL Februar 2019, § 113 Rn. 213 ff.

33   Zum Anspruchsaufbau der Verpflichtungsklage Lemke, in: Eisentraut, Verwaltungsrecht in der Klausur a.a.O., § 3 Rn. 58; s. auch Frenz, JA 2011, 917, 920 f; Ehlers, JURA 2004, 310, 314 f.

I. Anspruchsgrundlage

17 Anspruchsgrundlage ist § 70 I 1 LBauO RLP.[34]

II. Formelle Anspruchsvoraussetzungen

18 In formeller Hinsicht setzt der Anspruch auf Erteilung der Baugenehmigung voraus, dass bei der richtigen Behörde ein formgemäßer Antrag auf Erteilung der Baugenehmigung gestellt wird und etwaige Verfahrenserfordernisse erfüllt sind.[35]

1. Antrag bei der richtigen Behörde

19 Der Antrag auf Erteilung einer Baugenehmigung ist nach § 63 I LBauO RLP bei der Gemeindeverwaltung, respektive Stadtverwaltung einzureichen, bei der B ihren Baugenehmigungsantrag auch gestellt hat.

2. Verfahren

20 Nach § 36 BauGB ist über Vorhaben nach den §§ 31, 33 bis 35 BauGB im bauaufsichtlichen Verfahren im Einvernehmen mit der Gemeinde zu entscheiden. Die Vorschrift dient dem Schutz der in der Selbstverwaltungsgarantie (Art. 28 II 1 GG) wurzelnden Planungshoheit der Gemeinde. Die Baugenehmigungsbehörde soll nicht durch die Genehmigung von Bauvorhaben eine spätere Bauleitplanung der Gemeinde vereiteln. Daher ist die Gemeinde so rechtzeitig von der beabsichtigten Genehmigung in Kenntnis zu setzen, dass sie von ihren Plansicherungsinstrumenten (§§ 14, 15 BauGB) Gebrauch machen kann. Dies ist allerdings nur insoweit erforderlich, als die Gemeinde nicht selbst Baugenehmigungsbehörde ist, so dass Bauleitplanung und Genehmigung einzelner Vorhaben bei ihr zusammenfallen.[36] Vorliegend ist die Stadtverwaltung als untere Bauaufsichtsbehörde für die Erteilung der Baugenehmigung selbst zuständig (§§ 60, 58 I Nr. 3 LBauO RLP). Bei einer

---

34 Zur Ermittlung der Anspruchsgrundlage Lemke, in: Eisentraut, Verwaltungsrecht in der Klausur, § 3 Rn. 63 f.; Übersicht zum Anspruch auf eine Baugenehmigung bei Steengrafe, in: Eisentraut, Verwaltungsrecht in der Klausur a.a.O., 2020, § 3 Rn. 128 ff.; s. auch Frenz, JuS 2009, 902, 905.

35 Allgemein zu den formellen Anspruchsvoraussetzungen Lemke, in: Eisentraut, Verwaltungsrecht in der Klausur, § 3 Rn. 73 f., speziell zur Baugenehmigung Steengrafe, in: Eisentraut, Verwaltungsrecht in der Klausur, 2020, § 3 Rn. 134 f.

36 Dafür insbesondere BVerwG, Urt. v. 19. 8. 2004, Az.: 4 C 16.03 = BVerwGE 121, 339, 342 = NVwZ 2005, 83, 84; a.A. Dürr, JuS 2007. 328, 334.

kreisfreien Stadt fallen also Bauleitplanung und Baugenehmigungsentscheidungen zusammen. § 36 BauGB kommt daher nicht zur Anwendung.

Gemäß § 68 II LBauO RLP ist Nachbarn eine Abweichung von nachbarschützenden Vorschriften mitzuteilen und ihnen Gelegenheit zu geben, innerhalb von zwei Wochen Einwendungen vorzutragen.[37] Dies ist laut Sachverhalt geschehen.

3. Form

Laut Sachverhalt hat B ihren Antrag formgemäß, d. h. gem. § 63 I LBauO RLP schriftlich, gestellt.   21

4. Zwischenergebnis

Die formellen Anspruchsvoraussetzungen liegen damit vor.   22

III. Materielle Anspruchsvoraussetzungen

In materieller Hinsicht setzt ein Baugenehmigungsanspruch voraus, dass das geplante Vorhaben genehmigungsbedürftig und genehmigungsfähig ist.[38]   23

1. Genehmigungsbedürftigkeit

Gemäß § 61 LBauO RLP bedürfen die Errichtung, Änderung, Nutzungsänderung und der Abbruch baulicher Anlagen sowie anderer Anlagen und Einrichtungen im Sinne des § 1 I 2 LBauO der Genehmigung, soweit in den §§ 62, 67 und 84 nichts anderes bestimmt ist. Das bisher als Callcenter genutzte Gebäude auf Bs Grundstück ist eine mit dem Erdboden verbundene, aus Bauprodukten hergestellte Anlage. Es handelt sich damit um eine bauliche Anlage i.S.v. § 2 I LBauO RLP.[39] Genehmigungsbedürftig ist nicht nur die Errichtung, sondern auch die Nutzungsänderung einer baulichen Anlage. Eine Nutzungsänderung ist genehmigungsbedürftig, wenn die neue Nutzung von der ursprünglich genehmigten derart abweicht, dass sich die Genehmigungsfrage erneut stellt. Dies ist der Fall, wenn die neue Nutzung baurechtlich   24

---

37   Dazu Kerkmann, in: Jeromin, LBauO Rh-Pf, 4. Aufl. 2016, § 68 Rn. 41 ff., 58 ff.

38   Frenz, JuS 2009, 902, 903 f.; allgemein zu den materiellen Anspruchsvoraussetzungen Lemke, in: Eisentraut, Verwaltungsrecht in der Klausur, § 3 Rn. 75 ff., speziell zur Baugenehmigung Steengrafe, in: Eisentraut, Verwaltungsrecht in der Klausur, 2020, § 3 Rn. 136 ff.

39   Zur Genehmigungspflicht von Bauvorhaben Steengrafe, in: Eisentraut, Verwaltungsrecht in der Klausur, 2020, § 3 Rn. 132 f.; s. auch Dürr, JuS 2007, 328, 330.

anders zu beurteilen sein kann, als die ursprüngliche Nutzung.[40] Dementsprechend bestimmt etwa § 62 II Nr. 5 a) LBauO RLP ausdrücklich, dass Nutzungsänderungen von Gebäuden, die nicht im Außenbereich liegen, nur genehmigungsfrei sind, wenn für die neue Nutzung keine anderen bedeutsamen öffentlich-rechtlichen Anforderungen als für die bisherige Nutzung gelten.[41] Während sich das genehmigte Callcenter als gewerbliche Nutzung darstellt, ist die Nutzung als Gemeinschaftsunterkunft für Asylbegehrende als wohnungsähnlich einzuordnen. Insbesondere die BauNVO differenziert u. a. zwischen den Kategorien gewerbliche und Wohnnutzung. Sie unterliegen unterschiedlichen bauplanungsrechtlichen Anforderungen, sodass ihre baurechtliche Zulässigkeit anders zu beurteilen sein kann. Mithin liegt eine genehmigungsbedürftige Nutzungsänderung vor.

2. Genehmigungsfähigkeit

25 Des Weiteren müsste die von B geplante Nutzungsänderung auch genehmigungsfähig sein. Nach § 70 I 1 LBauO RLP ist eine Baugenehmigung zu erteilen, wenn dem Vorhaben keine baurechtlichen oder sonstigen öffentlich-rechtlichen Vorschriften entgegenstehen.

a) Vereinbarkeit mit Bauplanungsrecht

aa) Anwendbarkeit der §§ 29 ff. BauGB

26 Zunächst müsste das Vorhaben mit den bauplanungsrechtlichen Vorgaben der §§ 29 ff. BauGB vereinbar sein. Diese sind nach § 29 I BauGB anwendbar für Vorhaben, die die Errichtung, Änderung oder Nutzungsänderung von baulichen Anlagen zum Inhalt haben, und für Aufschüttungen und Abgrabungen größeren Umfangs sowie für Ausschachtungen, Ablagerungen einschließlich Lagerstätten. Der planungsrechtliche Begriff der baulichen Anlage ist nicht deckungsgleich mit dem bauordnungsrechtlichen Begriff der LBauO. Eine bauliche Anlage im Sinne des § 29 I BauGB zeichnet sich im Unterschied zur bauordnungsrechtlichen nicht nur durch ein Element des Bauens, sondern zusätzlich durch ein Element des Planens aus.[42] Erforderlich ist zum einen eine auf Dauer angelegte künstliche Verbindung mit dem Erdboden. Zum anderen müssen bei einer gedachten unbestimmt häufigen Vornahme bau-

---

40 Zur bauordnungsrechtlichen Genehmigungsbedürftigkeit von Nutzungsänderungen Jeromin, in: Jeromin, LBauO Rh-Pf, 4. Aufl. 2016, § 61 Rn. 13 ff.

41 Jeromin, in: Jeromin, LBauO Rh-Pf, 4. Aufl. 2016, § 62 Rn. 103 f.

42 Will, Öffentliches Baurecht, 2019, 328 ff.

planungsrechtliche Belange im Sinne des § 1 VI BauGB berührt werden, so dass ein Bedürfnis nach einer Bauleitplanung hervorgerufen wird (boden-rechtliche Relevanz).[43] Eine bauplanungsrechtliche Nutzungsänderung liegt demnach vor, wenn durch die Änderung der Nutzung andere oder zusätzliche Belange berührt werden.[44] Während die gewerbliche Nutzung als Callcenter vor allem Anforderungen an die Arbeitsverhältnisse und Belange der Wirt-schaft berührten (§ 1 VI Nr. 1 Var. 2, Nr. 8 a) BauGB), berührt die Nutzung als Gemeinschaftsunterkunft zumindest zusätzlich Anforderungen an Wohnver-hältnisse sowie Belange der Asylbegehrenden (§ 1 VI Nr. 1 Var. 1, Nr. 13 BauGB). Mithin liegt auch eine Nutzungsänderung im Sinne des § 29 I BauGB vor, so dass die §§ 30 ff. BauGB anzuwenden sind.

bb) Feststellung des Baugebiets

Die planungsrechtliche Zulässigkeit der Nutzungsänderung könnte sich nach 27 § 34 BauGB richten. Dies ist der Fall, wenn sich Bs Grundstück im unbe-planten Innenbereich befindet. Für Bs Grundstück gilt kein Bebauungsplan. Der Innenbereich ist vom Außenbereich nach den Tatbestandsmerkmalen des § 34 I BauGB abzugrenzen. Ein Grundstück liegt im Innenbereich, wenn es sich in einem im Zusammenhang bebauten Ortsteil befindet. Ist dies nicht der Fall, so liegt es im Außenbereich. Ein Ortsteil ist ein Bebauungskomplex, der nach der Zahl der vorhandenen Bauten ein gewisses Gewicht aufweist und Ausdruck einer organischen Siedlungsstruktur ist. Ein Bebauungszusam-menhang ist gegeben, wenn trotz etwaiger Baulücken der Eindruck der Ge-schlossenheit besteht.[45] Für die Annahme eines Bebauungszusammenhangs sind vereinzelte Baulücken von drei bis vier Grundstücken unschädlich.[46] Bs Grundstück befindet sich in einem Gebiet, in dem sich eine Vielzahl von Bauten befinden, mithin in einem Bebauungskomplex von einigem Gewicht. Allen Bauten war bisher eine gewerbliche Nutzung gemein, sodass das Gebiet eine organische Siedlungsstruktur aufweist. Die Bebauungen folgen unmit-telbar aneinander. Nur vereinzelt bestehen Baulücken von maximal einem

---

43 BVerwG, Urt. v. 3. 12. 1992, Az.: 4 C 27/91 = BVerwGE 91, 234, 236 f. = NVwZ 1993, 983, 984.

44 Zum bauplanungsrechtlichen Begriff der Nutzungsänderung Will, Öffentliches Baurecht, 2019, Rn. 337.

45 Zu den Begriffsmerkmalen des Innenbereichs in Abgrenzung zum Außenbereich Steen-grafe, in: Eisentraut, Verwaltungsrecht in der Klausur, 2020, § 3 Rn. 148; s. auch Söfker, in: Ernst/Zinkahn/Bielenberg/Krautzberger, BauGB, 133. EL Mai 2019, § 34 Rn. 13 ff.

46 Dürr, JuS 2007, 328, 331 f.

Grundstück. Mithin liegt Bs Grundstück in einem im Zusammenhang bebauten Ortsteil (Innenbereich).

cc) Zulässigkeit des Vorhabens im Innenbereich nach § 34 I, II BauGB

28 Im unbeplanten Innenbereich ist ein Vorhaben gemäß § 34 I 1 BauGB zulässig, wenn es sich nach Art und Maß der baulichen Nutzung, der Bauweise und der Grundstücksfläche, die überbaut werden soll, in die Eigenart der näheren Umgebung einfügt und die Erschließung gesichert ist. Fraglich erscheint, ob sich die von B vorgesehen Unterkunft nach der Art der baulichen Nutzung in die Eigenart der näheren Umgebung einfügt. Entspricht die Eigenart der näheren Umgebung einem der Baugebiete, die in der Baunutzungsverordnung bezeichnet sind (faktisches Baugebiet[47]), beurteilt sich die Zulässigkeit des Vorhabens nach seiner Art allein danach, ob es nach der BauNVO in dem Baugebiet allgemein zulässig wäre. Die vorhandene Bebauung – Gewerbebetriebe, Lagerhäuser und -plätze, Geschäfts-, Büro- und Verwaltungsgebäude, eine Tankstelle – entspricht der Beschreibung eines Gewerbegebiets in § 8 I, II BauNVO. Die Zulässigkeit der Art der baulichen Nutzung richtet sich daher danach, ob in einem Gewerbegebiet eine Gemeinschaftsunterkunft für Asylbegehrende zulässig ist.

(1) Regelzulässigkeit

29 § 34 II BauGB i.V.m. § 8 II BauNVO zählt Vorhaben auf, die in einem faktischen Gewerbegebiet regelmäßig zulässig sind. Unterkünfte für Asylbegehrende werden jedoch nicht genannt.

(2) Ausnahmsweise Zulässigkeit

30 §§ 34 II, 31 I BauGB i.V.m. § 8 III BauNVO zählt Vorhaben auf, die in faktischen Gewerbegebieten ausnahmsweise zulässig sein können. Bei einer Gemeinschaftsunterkunft für Asylbegehrende könnte es sich um eine Anlage für soziale Zwecke i.S.v. § 8 III Nr. 2 Var. 3 BauNVO handeln. Unter Anlagen für soziale Zwecke versteht man im Allgemeinen solche Anlagen, die in einem weiteren Sinn der sozialen Fürsorge und der öffentlichen Wohlfahrt dienen und deren Nutzungen auf Hilfe, Unterstützung, Betreuung und ähnliche fürsorgerische Maßnahmen ausgerichtet sind.[48] Gemeinschaftsunterkünfte für

---

47 S. Steengrafe, in: Eisentraut, Verwaltungsrecht in der Klausur, 2020, § 3 Rn. 149; s. auch Dürr, JuS 2007, 328, 332.

48 Langenfeld/Weisensee, ZAR 2015, 132, 133.

Asylbegehrende dienen der Fürsorge von Menschen, die Asyl beantragt haben und daher auf Hilfe angewiesen sind. Auf den ersten Blick könnte es sich daher um Anlagen für soziale Zwecke handeln. Jedenfalls für die Zeit des Asylverfahrens bildet die Gemeinschaftsunterkunft für die Asylbegehrenden allerdings auch ihren Lebensmittelpunkt. Sie könnten daher auch als Wohnungen zu klassifizieren sein. Im Umkehrschluss zu § 8 III Nr. 1 BauNVO sind Wohnungen, die nur insoweit ausnahmsweise zulässig sind als es sich um betriebsbezogene Wohnungen handelt, gerade keine Anlagen für soziale Zwecke. Wohnen ist durch einen auf Dauer angelegten freiwilligen Aufenthalt gekennzeichnet, der mit der Eigengestaltung der Haushaltsführung und des häuslichen Wirkungskreises verbunden ist.[49] Asylbegehrenden sind nach § 53 AsylG verpflichtet in einer Gemeinschaftsunterkunft zu wohnen. Ein Asylbegehrender hält sich in einer Gemeinschaftsunterkunft daher nicht freiwillig auf. Sein Aufenthalt ist auch nicht auf Dauer angelegt, sondern auf die Zeit des Asylverfahrens beschränkt. Das stark reglementierte Zusammenleben mit einer Vielzahl anderer Asylbegehrender in einer Gemeinschaftsunterkunft lässt allenfalls eine eingeschränkte Eigengestaltung der Haushaltsführung und des häuslichen Wirkungskreises zu. Gemeinschaftsunterkünfte sind daher, auch wenn sie für Asylbewerber für die Dauer des Asylverfahrens den räumlichen Lebensmittelpunkt bilden und damit einen wohnähnlichen Charakter haben, keine Wohnungen.[50] In § 246 X bis XII BauGB kommt dann auch die gesetzgeberische Wertung zum Ausdruck, dass Gemeinschaftsunterkünfte trotz ihres wohnähnlichen Charakters als Anlagen für soziale Zweck angesehen werden sollen.[51]

Die Zulässigkeit eines Vorhabens in einem bestimmten Baugebiet steht allerdings stets unter dem Vorbehalt des ungeschriebenen Tatbestandsmerkmals der Gebietsverträglichkeit.[52] Dieses setzt voraus, dass die Nutzung nicht der allgemeinen Zwecksetzung des Baugebiets zuwiderläuft. § 8 I BauNVO bestimmt insoweit, dass Gewerbegebiete vorwiegend der Unterbringung von nicht erheblich belästigenden Gewerbebetrieben dienen sollen. In einem Gewerbegebiet, das für die Unterbringung belästigender Gewerbebetriebe

---

49 VGH München Urt. v. 14. 2. 2018, Az.: 9 BV16.1694 Rn. 27.
50 VGH München Urt. v. 14. 2. 2018, Az.: 9 BV16.1694 Rn. 27.
51 Vgl. BR-Drs. 419/14, S. 6; BT-Drs. 18/2752, S. 12; s. auch Langenfeld/Weisensee, ZAR 2015, 132, 133.
52 Zum ungeschriebenen Tatbestandsmerkmal der Gebietsverträglichkeit Will, Öffentliches Baurecht, 2019, Rn. 363 ff.; BVerwG, Urt. v. 2. 2. 2012, Az.: 4 C 14.10 = BVerwGE 142, 1, 5 f. = NVwZ 2012, 825, 826 f.

bestimmt ist, ist eine nicht nur untergeordnete wohnähnliche Einrichtung generell geeignet, ein bodenrechtliches Störpotential zu entfalten. Gemeinschaftsunterkünfte für Asylbegehrende widersprechen damit dem allgemeinen Charakter eines Gewerbegebiets. Mithin ist die Einrichtung einer Gemeinschaftsunterkunft in einem faktischen Gewerbegebiet auch nicht ausnahmsweise zulässig.[53]

(3) Befreiung nach § 31 II BauGB

31 Bs Vorhaben könnte daher nur noch zulässig sein, soweit eine Befreiung von den Vorgaben des § 34 II BauGB i.V.m. § 8 BauNVO in Betracht kommt. Nach § 34 II Hs. 2 a.E., 31 II BauGB kann von den Bestimmungen der BauNVO, die für die Zulässigkeit eines Vorhabens in einem faktischen Gewerbegebiet gelten, befreit werden, wenn die Grundzüge der Planung nicht berührt werden, einer der Befreiungsgründe der Nr. 1 bis 3 vorliegt und die Abweichung auch unter Würdigung nachbarlicher Interessen mit den öffentlichen Belangen vereinbar ist. § 246 X bis XII BauGB enthalten für Gemeinschaftsunterkünfte für Asylbegehrende Sonderregelungen, die neben den allgemeinen Befreiungstatbestand des § 34 II, 31 II BauGB treten.[54]

In Betracht kommt eine Befreiung nach § 246 X BauGB, der explizit für Gewerbegebiete gilt. Fraglich erscheint allerdings, ob er auch auf eine Nutzungsänderung Anwendung findet. Dagegen könnte ein Umkehrschluss zu § 246 XII Nr. 2 BauGB sprechen, der ausdrücklich für Nutzungsänderungen gilt. Dieser will allerdings nicht die Zulassungsmöglichkeit einer Nutzungsänderung beschränken, sondern im Gegenteil über § 246 X BauGB hinausgehend eine zumindest befristete Nutzungsänderung selbst in solchen Gewerbegebiete ermöglichen, in denen Anlagen für soziale Zwecke weder allgemein zulässig sind noch ausnahmsweise zugelassen werden können. Für ein weites Verständnis spricht letztlich auch der Sinn und Zweck, möglichst zeitnah Unterbringungseinrichtungen für Geflüchtete zu schaffen.[55]

§ 246 X BauGB setzt voraus, dass Anlagen für soziale Zwecke allgemein zulässig sind oder an dem Standort der Unterkunft ausnahmsweise zugelassen werden können. Wie bereits dargelegt wurde, sind Anlagen für soziale Zwecke in einem faktischen Gewerbegebiet nach § 34 II BauGB i.V.m. § 8 III BauNVO

---

53 Langenfeld/Weisensee, ZAR 2015, 132, 134 f.

54 Zum nicht unumstrittenen Verhältnis von § 246 X-XII und § 31 II BauGB Will, Öffentliches Baurecht, 2019, Rn. 400.

55 BVerwG, Urt. v. 27. 2. 2018, Az.: 4 B 39.17 = NVwZ 2018, 836 Rn. 7 f.

zwar nicht allgemein zulässig, können grundsätzlich aber ausnahmsweise zugelassen werden. Des Weiteren müsste die Abweichung unter Würdigung nachbarlicher Interessen mit öffentlichen Belangen vereinbar sein. Zu den öffentlichen Belangen zählen insbesondere die in § 1 VI BauGB genannten Anforderungen an gesunde Wohnverhältnisse (Nr. 1), Belange der Wirtschaft (Nr. 8 a) und Belange der Asylbegehrenden (Nr. 13). Dabei sind auch die von N vorgebrachten Bedenken zu berücksichtigen. Für nachträgliche Lärmschutz-anordnungen gegenüber N besteht entgegen ihrer Befürchtung keine Rechtsgrundlage. Es ist nicht Aufgabe des Gewerbetreibenden, sondern der Genehmigungsbehörde sicherzustellen, dass Asylbegehrende in Gemein-schaftsunterkünften in einem Gewerbegebiet keinem gesundheitsschädlichen Lärm ausgesetzt werden, etwa durch die Verpflichtung der Bauherrin zu Schallschutzvorkehrungen.[56] Durch die von B vorgesehenen Schallschutz-fenster kann jedenfalls bei geschlossenen Fenstern eine gesundheitsgefähr-dende Lärmbelästigung der Bewohner ausgeschlossen werden. Diese müssen dafür die Fenster zwar grundsätzlich geschlossen halten. Auch wenn die Möglichkeit, tagsüber oder auch nachts beim Schlafen ein Fenster zu öffnen, grundsätzlich zu den Anforderungen an gesunde Wohnverhältnisse zählen mag, gilt dies allerdings nicht im gleichen Maße im Rahmen von § 246 X BauGB. Nach dessen Konzeption sind Bewohnern von Gemeinschaftsunter-künften in Gewerbegebieten nicht-gesundheitsschädliche Immissionen von Gewerbebetrieben und damit verbundenen Einschränkungen zuzumuten. Ein über den Schutz vor gesundheitsschädlichen Lärmbelästigungen hinausge-hendes Schutzgebot besteht nicht.[57] Die auf die Gemeinschaftsunterkunft einwirkenden Lärmbelästigungen stehen auch unter Würdigung von Ns In-teressen einer Befreiung daher nicht entgegen. Schließlich ist in die Interes-sensabwägung auch die § 1 VI Nr. 13 BauGB und den Sonderregelungen in § 246 BauGB zu entnehmende gesetzgeberische Wertung einzustellen, der Aufgabe der Flüchtlingsunterbringung eine herausgehobene Bedeutung bei-zumessen.[58] In der Gesamtschau fällt die Interessensabwägung daher zu-gunsten des von B vorgesehenen Vorhabens aus. Für ihr Vorhaben kann somit von § 34 II BauGB i.V.m. § 8 BauNVO befreit werden, womit es baupla-nungsrechtlich zulässig ist. Auf ein zusätzliches Einfügen im Sinne des § 34 I

---

56 VGH München Urt. v. 14. 2. 2018, Az.: 9 BV 16.1694 Rn. 28 f.
57 VGH München Urt. v. 14. 2. 2018, Az.: 9 BV 16.1694 Rn. 58.
58 Blechschmidt, in: Ernst/Zinkahn/Bielenberg/Krautzberger, BauGB, 133. EL Mai 2019, § 246 Rn, 59a.

BauGB kommt es nach dem eindeutigen Wortlaut des § 34 II BauGB („allein") nicht an.[59]

b) Vereinbarkeit mit Bauordnungsrecht und sonstigem öffentlichem Recht

32 Verstöße gegen bauordnungsrechtliche Vorschriften der LBauO oder sonstiges dem Vorhaben entgegenstehendes öffentliches Recht sind nicht ersichtlich.

3. Rechtfolge

33 § 70 I 1 LBauO RLP sieht als Rechtfolge eine gebundene Entscheidung vor („ist") und gewährt beim Vorliegen seiner Voraussetzungen daher einen Anspruch auf Erteilung der Baugenehmigung. Die Befreiung nach § 246 X BauGB steht allerdings im Ermessen der Behörde („kann"). Begehrt eine Klägerin wie B die Verpflichtung zum Erlass eines bestimmten Verwaltungsakts (*Vornahmeurteil*), so muss nach § 113 V VwGO „die Sache spruchreif" sein. Andernfalls spricht das Gericht lediglich die Verpflichtung aus, die Klägerin unter Beachtung der Rechtsauffassung des Gerichts zu bescheiden (*Bescheidungsurteil*), § 113 V 2 VwGO. Spruchreife liegt vor, wenn das Verwaltungsgericht zu einer abschließenden Entscheidung über den Erlass des begehrten Verwaltungsakts in der Lage ist. Dies ist dann nicht der Fall, wenn der Verwaltung hinsichtlich des Erlasses des begehrten Verwaltungsakts noch ein Ermessens- oder Beurteilungsspielraum zusteht.[60] Einem Vornahmeurteil könnte also das der Behörde von § 246 X BauGB eingeräumte Ermessen entgegenstehen. Dann wäre Bs Klage nur teilweise begründet. Liegen die Voraussetzungen des Befreiungstatbestandes vor und stehen weder öffentliche noch nachbarliche Belange entgegen, so ist das Ermessen allerdings auf null reduziert.[61] In Betracht kommen könnte allenfalls eine Befristung der Baugenehmigung. Die in § 246 X BauGB vorgesehene Befristung gilt ausweislich § 246 XVII BauGB aber nur für die Anwendung der Sonderreglung, nicht für die Baugenehmigung. Mithin ist Bs Anspruch auch nicht auf eine befristete Genehmigung beschränkt. Damit steht B der geltend gemachte Anspruch auf Genehmigung der Nutzungsänderung zu.

---

59 Dürr, JuS 2007, 328, 332.
60 Zur Spruchreife Lemke, in: Eisentraut, Verwaltungsrecht in der Klausur, 2020, § 3 Rn. 48 ff., 52 ff., 80 ff., 83 f.; s. auch Schenke, Verwaltungsprozessrecht, 16. Aufl. 2019, Rn. 837 ff.
61 Allgemein zu § 31 II BauGB Dürr, JuS 2007, 328, 330.

IV. Zwischenergebnis

Das Verwaltungsgericht kann abschließend über Bs Anspruch entscheiden, 34
sodass die Sache auch spruchreif ist. Bs Klage ist damit begründet.

D. Ergebnis

Bs Klage ist zulässig und begründet. Das Gericht wird die Stadt verpflichten 35
die von B beantrage Baugenehmigung für die Nutzungsänderung zu erteilen.

Lösungsvorschlag Abwandlung

Für Bs Begehren (§ 88 VwGO) kommt als statthafte Klageart wie im Aus- 36
gangsfall eine Verpflichtungsklage in Gestalt der Untätigkeitsklage in Betracht,
§ 42 I Alt. 2 Hs. 2 VwGO. Anders als im Ausgangsfall begehrt B allerdings nicht
die Verpflichtung zur Erteilung einer Baugenehmigung, sondern die bloße
Bescheidung des von N gegen ihre Baugenehmigung eingelegten Widerspruchs. Es ist fraglich, ob die Untätigkeitsklage darauf beschränkt werden
kann, die Widerspruchsbehörde zur Bescheidung eines Widerspruchs zu
verpflichten. Hat der Kläger einen Anspruch auf die von ihm in der Sache
begehrte Entscheidung, so gibt es keinen Grund für ihn, sein Begehren auf ein
Weniger – die bloße Bescheidung – zu beschränken. Bei einer gebundenen
Entscheidung fehlt es daher am Rechtsschutzbedürfnis für eine bloße Bescheidungsklage, so dass diese unzulässig ist. Bei einer Ermessensentscheidung kann hingegen ein berechtigtes Interesse an einer Zweckmäßigkeits-
prüfung durch die Widerspruchsbehörde bestehen. Diese Möglichkeit darf
dem Kläger durch die Untätigkeit der Behörde nicht genommen werden.[62]
Schließlich kann auch in der vorliegenden Konstellation für den Adressaten
eines begünstigenden Verwaltungsakts ein Bedürfnis an der Bescheidung eines Drittwiderspruchs bestehen. Dem Widerspruch kommt hier nach § 212a I
BauGB zwar keine aufschiebende Wirkung zu, so dass B von ihrer Baugenehmigung gleichwohl Gebrauch machen kann. Solange über Ns Widerspruch
nicht entschieden ist, erwächst ihre Baugenehmigung aber nicht in Bestandskraft. Für sie besteht also die Unsicherheit, ob ihre Baugenehmigung
fortbestehen oder doch noch aufgehoben wird. Dieser Schwebezustand begründet ihr Rechtsschutzbedürfnis. Daher kann auch der Adressat eines be-

---

62 S. Lemke, in: Eisentraut, Verwaltungsrecht in der Klausur, 2020, § 3 Rn. 14; s. auch
    Wittmann, JuS 2017, 842, 843.

günstigten Verwaltungsakts die Bescheidung eines Drittwiderspruchs im Wege einer Untätigkeitsklage begehren. Statthaft ist dann eine Verpflichtungsklage in Gestalt einer Untätigkeitsklage, die auf ein Bescheidungsurteil gerichtet ist.[63]

---

63   S. Lemke, in: Eisentraut, Verwaltungsrecht in der Klausur, 2020, § 3 Rn. 14; vgl. auch Wittmann, JuS 2017, 842 f.; Ehlers, JURA 2004, 310, 315. – Die Klage ist bereits dann begründet, wenn kein zureichender Grund nach § 75 VwGO besteht.

FALL 5: VERPFLICHTUNGSKLAGE AUF POLIZEILICHES EINSCHREITEN WEGEN SCHMÄHKRITIK (EVA SKOBEL)

Der Fall ist angelehnt an VG Düsseldorf, Urt. v. 24. 6. 2014, Az.: 27 K 7499/13 = 37
MMR 2015, 352.

Lernziele/Schwerpunkte: Verpflichtungsklage, Schutznormtheorie, Wieder- 38
einsetzung in den vorigen Stand, Anwendungsbereich von § 59 III RStV,
Rückgriff auf die Generalklausel bei fehlender spezialgesetzlicher Eingriffsbefugnis, Anspruch auf polizeiliches Einschreiten, Schmähkritik und unwahre
Tatsachenbehauptungen, Ermessensreduzierung auf Null

Sachverhalt

Die 16-jährige Schülerin Johanna Jarsson (J) organisiert in der rheinland- 39
pfälzischen Stadt M die jeden Freitag während der Schulzeit stattfindenden
„Fridays for Future"-Demonstrationen, in denen Schüler*innen Maßnahmen
zur Bekämpfung des Klimawandels fordern. Auf diesen Demonstrationen hält
J auch Reden. In ihrer Freizeit liest J gerne den Blog des wie sie in M wohnenden Xaver Xantl (X), der eine über Rheinland-Pfalz hinausgehende Verbreitung findet.

Zu ihrem Entsetzen muss J eines Tages feststellen, dass X auf seinem Blog auch
über die „Fridays for Future"-Demonstrationen in M berichtet und diese scharf
kritisiert. In seinem Beitrag bezeichnet X J unter Namensnennung als „dumme
Sau", „nicht lebenswert", „Dreck" und „Abschaum". Dabei bezieht er sich
ausdrücklich nicht auf deren politisches Engagement. Weiterhin behauptet er,
J sei wegen dem freitäglichen Schuleschwänzen von der Schule verwiesen
worden. Dies trifft nicht zu, was dem mit einem an Js Schule unterrichtenden
Lehrer bekannten X auch bewusst war.

Darauf schreibt J dem X, dessen Anschrift und sonstige Kontaktdaten sie dem
Blog entnommen hat, eine E-Mail. Darin fordert sie ihn auf, den Beitrag oder
zumindest die oben dargestellten Formulierungen sowie die Behauptung, sie
sei von der Schule verwiesen worden, zu löschen und deren Verbreitung auch
in Zukunft zu unterlassen.

Nachdem X sich weigert hält J jeden weiteren Versuch, ihn zu den gewünschten Löschungen zu bewegen, für aussichtslos. Sie wendet sich daher an die Aufsichts- und Dienstleistungsdirektion (ADD) als der nach § 3 I des rheinland-pfälzischen Landesgesetzes zu dem Staatsvertrag über den Rundfunk im vereinten Deutschland zuständigen Aufsichtsbehörde[64] und beantragt den Erlass einer Löschungsanordnung gegen X bezüglich der von ihr in dem Antrag aufgeführten genannten Äußerungen.

Die ADD lehnt dies mit J am 06. 02. 2019 bekanntgegebenen Verwaltungsakt ab. Sie ist der Ansicht, J müsse vor den Zivilgerichten gegen X vorgehen. Außerdem könne sie bereits mangels einschlägiger Ermächtigungsgrundlage keine Löschungsanordnung treffen. § 59 III RStV ermächtige sie gerade nicht, bei Verstößen gegen die allgemeinen Gesetze bzw. gesetzliche Bestimmungen zum Schutz der persönlichen Ehre Maßnahmen zu ergreifen. Weitere Ermächtigungsgrundlagen kämen nicht in Betracht. Desweiterem seien die von X getätigten Äußerungen von dessen Meinungsfreiheit sowie der Informationsfreiheit der Besucher*innen des Blogs geschützt. Durch das Organisieren der Demonstrationen und das öffentliche Auftreten auf diesen habe sich J in die Öffentlichkeit begeben und müsse daher auch scharfe Kritik hinnehmen.

J formuliert sofort nach Bekanntgabe des Bescheids ein Widerspruchsschreiben. Als sie dieses am folgenden Tag zur Post bringen will erleidet sie auf dem Weg zum Briefkasten unverschuldet einen Verkehrsunfall. Dessen Folgen machen es ihr für die nächsten Wochen unmöglich, sich weiter um die Angelegenheit zu kümmern. Auch Js Eltern sind unverschuldet am Einlegen eines Widerspruchs gehindert. Erst am 07. 03. 2019 geht es J gut genug, dass sie, vertreten durch ihre Eltern, Widerspruch einlegen kann. Die ADD weist den Widerspruch als unzulässig zurück.

Zwei Tage nach Erhalt des Widerspruchsbescheids erhebt J, vertreten durch ihre Eltern, Klage beim zuständigen Verwaltungsgericht. Sie trägt vor, dass die ADD, selbst wenn sie sich nicht auf § 59 III RStV stützen könne, zumindest nach der ordnungsbehördlichen Generalklausel des § 9 I POG Rheinland-Pfalz gegen X vorgehen könne. Dessen Beleidigungen und Verleumdungen seien auch nicht von der Meinungsfreiheit geschützt.

---

64 Seit dem 28. 12. 2018 ist die Landeszentrale für Medien und Kommunikation die zuständige Aufsichtsbehörde. Für die Bearbeitung des Falls soll jedoch von der Zuständigkeit der ADD für die Durchsetzung der Bestimmungen für Telemedien des RStV mit Ausnahme des Jugendmedienschutzes ausgegangen werden.

Die ADD hält die Klage bereits für unzulässig. J habe das Widerspruchsverfahren nicht fristgerecht durchgeführt und Wiedereinsetzung in den vorigen Stand sei mangels Antrag der J nicht möglich. Weiterhin sei es, unterstellt sie könne gegen den Beitrag des X vorgehen, allein ihre Sache, ob und in welcher Form sie dies auch tatsächlich tue. J habe keinen Anspruch auf Erlass einer Löschungsanordnung.

Hat die Klage der J Aussicht auf Erfolg?

Bearbeitungshinweis: Es ist davon auszugehen, dass es sich bei dem Blog des X um ein Telemedium im Sinne von §§ 54 ff. RStV handelt. Normen des Jugendmedienschutzstaatsvertrags sind außer Acht zu lassen.

Auszug Rundfunkstaatsvertrag (RStV)

§ 54 Allgemeine Bestimmungen

(1) ¹Telemedien sind im Rahmen der Gesetze zulassungs- und anmeldefrei. ²Für die Angebote gilt die verfassungsmäßige Ordnung. ³Die Vorschriften der allgemeinen Gesetze und die gesetzlichen Bestimmungen zum Schutz der persönlichen Ehre sind einzuhalten.

§ 59 Aufsicht

(2) Die Einhaltung der Bestimmungen für Telemedien einschließlich der allgemeinen Gesetze und der gesetzlichen Bestimmungen zum Schutz der persönlichen Ehre mit Ausnahme des Datenschutzes wird durch nach Landesrecht bestimmte Aufsichtsbehörden überwacht.

(3) ¹ Stellt die jeweils zuständige Aufsichtsbehörde einen Verstoß gegen die Bestimmungen mit Ausnahme der § 54, § 55 Abs. 2 und 3, § 56, § 57 Abs. 2 oder der Datenschutzbestimmungen des Telemediengesetzes fest, trifft sie die zur Beseitigung des Verstoßes erforderlichen Maßnahmen gegenüber dem Anbieter. ²Sie kann insbesondere Angebote untersagen und deren Sperrung anordnen. ³Die Untersagung darf nicht erfolgen, wenn die Maßnahme außer Verhältnis zur Bedeutung des Angebots für den Anbieter und die Allgemeinheit steht. ⁴Eine Untersagung darf nur erfolgen, wenn ihr Zweck nicht in anderer Weise erreicht werden kann. ⁵Die Untersagung ist, soweit ihr Zweck dadurch erreicht werden kann, auf bestimmte Arten und Teile von Angeboten oder zeitlich zu beschränken. [...].⁷Die Befugnisse der Aufsichtsbehörden zur Durchsetzung der Vorschriften der allgemeinen Gesetze und der gesetzlichen Bestimmungen zum Schutz der persönlichen Ehre bleiben unberührt.

(4) ¹Erweisen sich Maßnahmen gegenüber dem Verantwortlichen nach § 7 des Telemediengesetzes als nicht durchführbar oder nicht Erfolg versprechend, können Maßnahmen zur Sperrung von Angeboten nach Absatz 3 auch gegen den Diensteanbieter von fremden Inhalten nach den §§ 8 bis 10 des Telemediengesetzes gerichtet werden, sofern eine Sperrung technisch möglich und zumutbar ist.

(5) Wird durch ein Angebot in Rechte Dritter eingegriffen und ist für den Dritten hiergegen der Rechtsweg eröffnet, sollen Anordnungen der Aufsichtsbehörde im Sinne von Absatz 3 nur erfolgen, wenn dies aus Gründen des Gemeinwohls geboten ist.

(6) ¹Für den Vollzug dieses Abschnitts ist die Aufsichtsbehörde des Landes zuständig, in dem der betroffene Anbieter seinen [...] Wohnsitz [...] hat. [...]

Auszug Telemediengesetz (TMG)

§ 7 Allgemeine Grundsätze

(1) Diensteanbieter sind für eigene Informationen, die sie zur Nutzung bereithalten, nach den allgemeinen Gesetzen verantwortlich.

Auszug Polizei- und Ordnungsbehördengesetz (POG) Rheinland-Pfalz

§ 1 Aufgaben der allgemeinen Ordnungsbehörden und der Polizei

(1) ¹Die allgemeinen Ordnungsbehörden und die Polizei haben die Aufgabe, Gefahren für die öffentliche Sicherheit oder Ordnung abzuwehren. [...]

(2) Die allgemeinen Ordnungsbehörden und die Polizei haben ferner die Aufgaben zu erfüllen, die ihnen durch andere Rechtsvorschriften übertragen sind.

(3) Der Schutz privater Rechte obliegt den allgemeinen Ordnungsbehörden und der Polizei nach diesem Gesetz nur dann, wenn gerichtlicher Schutz nicht rechtzeitig zu erlangen ist und wenn ohne ordnungsbehördliche oder polizeiliche Hilfe die Verwirklichung des Rechts vereitelt oder wesentlich erschwert werden würde.

§ 2 Grundsatz der Verhältnismäßigkeit

(1) Von mehreren möglichen und geeigneten Maßnahmen haben die allgemeinen Ordnungsbehörden und die Polizei diejenige zu treffen, die den Einzelnen und die Allgemeinheit voraussichtlich am wenigsten beeinträchtigt.

(2) Eine Maßnahme darf nicht zu einem Nachteil führen, der zu dem erstrebten Erfolg erkennbar außer Verhältnis steht.

§ 4 Verantwortlichkeit für das Verhalten von Personen

(1) Verursacht eine Person eine Gefahr, so sind die Maßnahmen gegen sie zu richten.

§ 9 Allgemeine Befugnisse

(1) ¹Die allgemeinen Ordnungsbehörden und die Polizei können die notwendigen Maßnahmen treffen, um eine im einzelnen Fall bestehende Gefahr für die öffentliche Sicherheit oder Ordnung abzuwehren, soweit nicht die §§ 9a bis 42 ihre Befugnisse besonders regeln. [...]

(2) ¹Zur Erfüllung der Aufgaben, die den allgemeinen Ordnungsbehörden oder der Polizei durch andere Rechtsvorschriften übertragen sind (§ 1 Abs. 2), haben diese die dort vorgesehenen Befugnisse. ²Soweit solche Rechtsvorschriften Befugnisse nicht regeln, haben diese die Befugnisse, die ihnen nach diesem Gesetz zustehen.

§ 89 Allgemeine Ordnungsbehörden

(3) Landesordnungsbehörde ist die Aufsichts- und Dienstleistungsdirektion.

Lösungsgliederung

Lösungsvorschlag

Die Klage der J hat Aussicht auf Erfolg, soweit sie zulässig und begründet ist. 41

A. Zulässigkeit
Die Klage ist zulässig, wenn die Sachurteilsvoraussetzungen vorliegen. 42

I. Verwaltungsrechtsweg
Der Verwaltungsrechtsweg müsste eröffnet sein. Mangels aufdrängender 43
Sonderzuweisungen richtet sich dies nach § 40 I 1 VwGO. Nach dieser Vorschrift ist der Verwaltungsrechtsweg für öffentlich-rechtliche Streitigkeiten
nicht-verfassungsrechtlicher Art eröffnet. Eine öffentlich-rechtliche Streitigkeit liegt vor, wenn die streitentscheidenden Normen dem öffentlichen Recht
angehören. Nach der modifizierten Subjektstheorie sind Normen des öffentlichen Rechts solche, die lediglich einen Träger öffentlicher Gewalt als solchen
verpflichten.[65] Streitentscheidend sind hier § 59 III RStV bzw. § 9 I POG, die
mit der nach Landesrecht zuständigen Behörde bzw. den allgemeinen Ordnungsbehörden und der Polizei ausschließlich Träger öffentlicher Gewalt
verpflichten. Es liegt daher eine öffentlich-rechtliche Streitigkeit vor. Diese ist
mangels doppelter Verfassungsunmittelbarkeit auch nicht-verfassungsrechtlicher Art. Abdrängende Sonderzuweisungen sind nicht ersichtlich. Der Verwaltungsrechtsweg ist eröffnet.

II. Statthafte Klageart
Die statthafte Klageart richtet sich nach dem Begehren der J (§ 88 VwGO). J 44
begehrt den Erlass einer Löschungsanordnung der ADD gegen X. Bei dieser
handelt es sich um eine behördliche Maßnahme auf dem Gebiet des öffentlichen Rechts zur Regelung eines Einzelfalls mit Rechtswirkung nach außen.
Die Löschungsanordnung ist somit ein Verwaltungsakt im Sinne des § 35 S. 1
VwVfG. Den Erlass einer solchen Anordnung kann J mit einer Verpflichtungsklage nach § 42 I Alt. 2 VwGO im Unterfall der Versagungsgegenklage
erreichen, die hier statthaft ist.

III. Klagebefugnis
J müsste nach § 42 II VwGO klagebefugt sein. Dafür muss sie geltend machen 45
können, durch die Ablehnung des begehrten Verwaltungsakts in ihren

---

65 S. Eisentraut, in: Eisentraut, Verwaltungsrecht in der Klausur, 2020, § 1 Rn. 171.

Rechten verletzt zu sein. Dies wäre allerdings nur möglich, wenn § 9 I POG und/oder § 59 III RStV ein Recht auf Erlass der begehrten Löschungsanordnung vermitteln können. Bei beiden Normen handelt es sich um Grundlagen für ordnungsbehördliches Einschreiten, die primär die Eingriffsverwaltung betreffen und keine Ansprüche begründen. Allerdings können auch solche Normen einen Anspruch auf behördliches Einschreiten vermitteln. Ob dies der Fall ist, ist nach der Schutznormtheorie zu beurteilen. Ausschlaggebend ist, ob die betreffende Norm zumindest auch Individualrechtsgüter des Anspruchstellers schützt. Normen, die lediglich im Interesse der Allgemeinheit bestehen und nicht das Ziel verfolgen, einem von diesem abgrenzbaren Personenkreis Rechte zu verleihen, können keine Ansprüche vermitteln. Ob eine Norm auch Individualrechtsgüter schützt und der Anspruchsteller zum geschützten Personenkreis gehört ist durch Auslegung zu ermitteln.[66] § 9 I POG schützt die öffentliche Sicherheit und Ordnung. Zur öffentlichen Sicherheit gehören u. a. auch die Rechtsgüter des Einzelnen. Damit dient § 9 I POG nicht nur dem Schutz öffentlicher Interessen, sondern auch dem der Rechtsgüter einzelner Personen. Mithin handelt es sich um eine Schutznorm, die einen Anspruch auf ordnungsbehördliches Einschreiten begründen kann. Ergibt sich die Gefahr für die öffentliche Sicherheit aus einer Gefährdung oder Verletzung von Individualrechtsgütern, hat der Betroffene einen Anspruch darauf, dass die Behörde ermessensfehlerfrei über ein Einschreiten entscheidet.[67]

§ 59 III RStV dient dazu, die Einhaltung der Bestimmungen für Telemedien, einschließlich der allgemeinen Gesetze und der gesetzlichen Bestimmungen zum Schutz der persönlichen Ehre mit Ausnahme des Datenschutzes, sicherzustellen. Mit der Erwähnung von gesetzlichen Bestimmungen zum Schutz der persönlichen Ehre wird hier ebenfalls ein Individualrechtsgut geschützt. Damit kann auch § 59 III RStV einen Anspruch auf behördliches Einschreiten vermitteln.

Als diejenige, deren Rechtsgüter von einem Verstoß gegen die öffentliche Sicherheit bzw. Gesetze zum Schutz der persönlichen Ehre betroffen sind, gehört J auch zum geschützten Personenkreis. Somit besteht unabhängig davon, welche Norm letztlich einschlägig ist, die Möglichkeit eines Anspruchs der J. Allerdings ist zu beachten, dass § 9 I POG der handelnden Behörde Ermessen

---

66 S. R. P. Schenke, in: Kopp/Schenke, VwGO, 25. Aufl. 2019, § 42 Rn. 83 f.; W.-R. Schenke, Verwaltungsprozessrecht, 16. Aufl. 2019, Rn. 498 ff.

67 S. Eisentraut, in: Eisentraut, Verwaltungsrecht in der Klausur, 2020, § 3 Rn. 122 ff. sowie W.-R. Schenke, Polizei und Ordnungsrecht, 10. Aufl. 2018, Rn. 104.

einräumt. Damit kann die Vorschrift grundsätzlich auch nur einen Anspruch auf ermessensfehlerfreie Entscheidung vermitteln. Bei § 59 III 1, 2 RStV steht die Auswahl der zu treffenden Maßnahmen ebenfalls im Ermessen der Behörde.[68] Lediglich wenn eine Ermessensreduzierung auf Null vorliegt, kann eine konkrete Maßnahme verlangt werden. Da eine solche Ermessensreduzierung auf Null jedoch im Bereich des Möglichen liegt, ist auch insofern J den Erlass einer konkreten Löschungsanordnung begehrt die Möglichkeit eines Anspruchs gegeben. J ist daher klagebefugt nach § 42 II VwGO.

IV. Vorverfahren

Nach § 68 I, II VwGO ist vor Erhebung der Verpflichtungsklage ein Vorver- 46
fahren durchzuführen, wenn ein Antrag auf Vornahme des begehrten Verwaltungsakts abgelehnt wurde. Dieses Vorverfahren müsste J ordnungsgemäß durchgeführt haben, insbesondere darf ihr Widerspruch nicht verfristet gewesen sein. Nach § 70 I VwGO ist der Widerspruch binnen eines Monats nach Bekanntgabe des Verwaltungsakts bei der Behörde, die den Verwaltungsakt erlassen hat, einzulegen. Der ablehnende Bescheid wurde J am 06. 02. 2019 bekanntgegeben, sodass die Frist entweder nach §§ 31 I VwVfG, 188 II BGB oder §§ 57 II VwGO, 222 I ZPO, 188 II BGB am 06. 03. 2019 endete. J hat jedoch erst am 07. 03. 2019 Widerspruch erhoben und damit die Frist des § 70 I VwGO nicht eingehalten.

Allerdings könnte ihr nach § 60 I VwGO Wiedereinsetzung in den vorigen Stand zu gewähren sein. Nach dieser Norm ist Wiedereinsetzung in den vorigen Stand zu gewähren, wenn jemand ohne Verschulden verhindert war, eine gesetzliche Frist einzuhalten. Gemäß § 70 II VwGO gilt § 60 VwGO auch im Widerspruchsverfahren. J war durch einen Unfall unverschuldet an der Einhaltung der Widerspruchsfrist gehindert. Auch ihre gesetzlichen Vertreter trifft kein Verschulden, das sich J zurechnen lassen müsste. Allerdings ist nach § 60 II 1 VwGO die Wiedereinsetzung in den vorigen Stand zu beantragen. Einen entsprechenden Antrag hat J nicht gestellt. Nach § 60 II 4 VwGO ist es jedoch ausreichend, wenn die versäumte Handlung innerhalb der Antragsfrist von zwei Wochen nach Wegfall des Hindernisses nachgeholt wird. Durch Nachholung der versäumten Rechtshandlung gibt der Betreffende konkludent zum Ausdruck, dass er das Verfahren fortsetzen und etwaige prozessuale Nachteile aus der Fristversäumung, insbesondere die Unzulässigkeit der vor-

---

68 Schulz, in: Binder/Vesting, Beck'scher Kommentar zum Rundfunkrecht, 4. Aufl. 2018, § 59 RStV Rn. 47.

genommenen Rechtshandlung, soweit möglich beseitigt wissen will. Ein explizíter Antrag auf Wiedereinsetzung ist daneben nicht mehr erforderlich. Das Gericht hat trotz des Wortes „kann" in § 60 II 4 VwGO hier auch keinen Ermessensspielraum, sondern muss die Wiedereinsetzung gewähren.[69] J hat sobald es ihr dafür gut genug ging, also unmittelbar nach Wegfall des Hindernisses, Widerspruch eingelegt und damit die versäumte Rechtshandlung nachgeholt. Ein Wiedereinsetzungsantrag war somit nicht erforderlich. Fraglich ist jedoch, ob das Verwaltungsgericht Wiedereinsetzung in den vorigen Stand gewähren kann, wenn die Voraussetzungen des § 60 VwGO vorliegen, oder ob dazu nur die Widerspruchsbehörde in der Lage ist. Nach § 60 IV VwGO entscheidet das Gericht, das über die versäumte Rechtshandlung zu befinden hat, über den Antrag auf Wiedereinsetzung. Im Verwaltungsprozess hat das Verwaltungsgericht im Rahmen der Prüfung der Zulässigkeit der Klage auch über die Rechtzeitigkeit des Widerspruchs zu entscheiden. Diese gehört zu den Zulässigkeitsvoraussetzungen. Das Verwaltungsgericht ist nicht daran gehindert, aus Gründen der Prozessökonomie und des effektiven Rechtsschutzes die Klage bei Vorliegen der Voraussetzungen des § 60 VwGO als zulässig anzusehen, auch wenn es an einer positiven behördlichen Wiedereinsetzungsentscheidung fehlt (*a.A. vertretbar*). Ansonsten müsste die Widerspruchsbehörde erst zur Gewährung der Wiedereinsetzung in den vorigen Stand verpflichtet werden.[70] J ist somit Wiedereinsetzung in den vorigen Stand zu gewähren und der Widerspruch war daher nicht verfristet.

J hat das Vorverfahren ordnungsgemäß durchgeführt.

V. Klagegegner

47 Richtiger Klagegegner ist nach § 78 I Nr. 1 VwGO das Land Rheinland-Pfalz als Rechtsträger der ADD

---

69 Bier/Steinbeiß-Winkelmann, in: Schoch/Schneider/Bier, VwGO, 36. EL Februar 2019, § 60 Rn. 66; W.-R. Schenke, in: Kopp/Schenke VwGO, 25. Aufl. 2019, § 60 Rn. 24.

70 BVerwG, Urt. v. 8. 3. 1983, Az.: 1 C 34/80 = NJW 1983, 1923 (1923 f.); Urt. v. 9. 12. 1988, Az.: 8 C 38/86 = NVwZ 1989, 648 (650); Beschl. v. 14. 9. 1998, Az.: 8 B 154 – 98 = NVwZ-RR 1999, 538 (539); Dolde/Porsch, in: Schoch/Schneider/Bier, VwGO, 36. EL Februar 2019, § 70 Rn. 33; W.-R. Schenke, in: Kopp/Schenke, VwGO, 25. Aufl. 2019, § 70 Rn. 13; a.A.: VGH Mannheim, Urt. v. 3. 10. 1972, Az.: V 134/72 = NJW 1973, 273.

Lösungshinweis: Der Prüfungspunkt kann auch in der Begründetheit als sog. Passivlegitimation geprüft werden.[71]

VI. Beteiligungs- und Prozessfähigkeit

J ist als natürliche Person nach § 61 Nr. 1 Alt. 1 VwGO beteiligungsfähig. Als 48 Minderjährige ist sie in der Geschäftsfähigkeit beschränkt und nicht nach § 62 I Nr. 1 VwGO prozessfähig.[72] Sie hat sich jedoch durch ihre Eltern als gesetzliche Vertreter nach § 1629 I BGB vertreten lassen. Das Land Rheinland-Pfalz ist als juristische Person nach § 61 Nr. 1 Alt. 2 VwGO beteiligungsfähig. Die Prozessfähigkeit des Landes richtet sich nach § 62 III VwGO.

VII. Form und Frist

Die Klagefrist nach § 74 I, II VwGO hat J eingehalten. Von der Einhaltung der 49 Form des § 81 I 1 VwGO ist auszugehen.

VIII. Zwischenergebnis

Die Sachentscheidungsvoraussetzungen liegen vor und die Klage ist zulässig. 50

B. Notwendige Beiladung des X

X könnte nach § 65 II VwGO notwendig beizuladen sein. Eine Beiladung ist 51 notwendig, wenn am streitgegenständlichen Rechtsverhältnis Dritte derart beteiligt sind, dass eine Entscheidung auch ihnen gegenüber nur einheitlich ergehen kann. Dies ist der Fall, wenn die Möglichkeit besteht, dass von der Entscheidung unmittelbar und zwangsläufig Rechte eines Dritten betroffen werden. Ein Fall einer solchen notwendigen Beiladung ist die Konstellation, dass der Kläger den Erlass eines an einen bestimmten Dritten gerichteten, diesen belasteten Verwaltungsakt begehrt.[73] Hier klagt J auf Erlass eines an X gerichteten, diesen belasteten Verwaltungsakt, der zwangsläufig dessen Rechte betrifft. Somit ist X nach § 65 II VwGO notwendig beizuladen.

---

71 S. zum Streitstand Creemers, in: Eisentraut, Verwaltungsrecht in der Klausur, 2020, § 2 Rn. 416 ff.

72 J könnte nach § 62 I Nr. 2 VwGO prozessfähig sein, wenn aus ihrer Grundrechtsmündigkeit eine entsprechende Prozessfähigkeit abgeleitet wird, dafür: Creemers, in: Eisentraut, Verwaltungsrecht in der Klausur, 2020, § 2 Rn. 437 sowie Bier/Steinbeiß-Winkelmann, in: Schoch/Schneider/Bier, VwGO, 36. EL Februar 2019, § 62 Rn. 10. Hierauf kommt es jedoch nicht an, da J wirksam von ihren Eltern vertreten wurde.

73 VGH Mannheim, Beschl. v. 21. 7. 2014, Az.: 10 S 1663/11; Kintz, in: Posser/Wolff, VwGO; 50. Ed., Stand: 1. 7. 2019, § 65 Rn. 16; Bier, in: Schoch/Schneider/Bier, VwGO, 36. EL Februar 2019, § 65 Rn. 22.

C. Begründetheit

52 Die Klage ist begründet, soweit die Ablehnung der Löschungsanordnung rechtswidrig war und J in ihren Rechten verletzt hat und die Sache spruchreif ist (§ 113 V 1 VwGO). Dies ist der Fall, wenn J einen Anspruch auf Erlass der Löschungsanordnung gegen X hat. Dieser Anspruch setzt wiederum voraus, dass eine solche Anordnung rechtmäßig wäre und das Ermessen auf Null reduziert ist.

Aufbauhinweis: Es wäre ebenso vertretbar, einen Anspruchsaufbau zu wählen. Dann würde zunächst die Anspruchsgrundlage bestimmt und danach die Anspruchsvoraussetzungen (also die Tatbestandsmerkmale der Anspruchsgrundlage) geprüft. Zum Schluss wird dargestellt, ob der Verwaltung noch ein Gestaltungsspielraum verbleibt oder die Sache (bei gebundenen Entscheidungen oder einer Ermessensreduzierung auf Null) spruchreif ist.[74]

I. Rechtmäßigkeit einer Löschungsanordnung

53 Die begehrte Löschungsanordnung müsste rechtmäßig sein. Dies ist der Fall, wenn eine taugliche Ermächtigungsgrundlage vorliegt und die Anordnung formell und materiell rechtmäßig wäre.

1. Ermächtigungsgrundlage

54 Als Ermächtigungsgrundlage kommt zunächst § 59 III 1 und 2 RStV in Betracht. § 59 III 1 RStV ermächtigt die zuständige Behörde, bei Verstößen gegen die in § 59 II RStV genannten Bestimmungen die erforderlichen Maßnahmen gegenüber dem Anbieter des Telemediums zu treffen. Nach § 59 III 2 RStV kann die zuständige Behörde Angebote untersagen und deren Sperrung anordnen. Bei dem Blog des X handelt es sich laut Bearbeitungshinweis um ein Telemedium nach §§ 54 ff. RStV. Allerdings ist zu beachten, dass § 59 III RStV ausdrücklich nicht für Verstöße gegen § 54 RStV gilt. § 54 I 3 RStV regelt die Pflicht von Telemedien zur Einhaltung der allgemeinen Gesetze und der gesetzlichen Bestimmungen zum Schutz der persönlichen Ehre. Wird gegen diese Pflicht verstoßen, ist § 59 III RStV nicht anwendbar. X hat möglicherweise gegen Gesetze zum Schutz der persönlichen Ehre verstoßen, indem er in seinem Blog J beleidigende (§ 185 StGB) und verleumdende (§ 187 StGB) Äußerungen getätigt hat. Weitere Verstöße gegen Vorschriften des RStV sind nicht ersichtlich. Damit ist § 59 III 1 und 2 RStV hier nicht einschlägig. (*a.A.*

---

74 S. dazu Lemke, in: Eisentraut, Verwaltungsrecht in der Klausur, 2020, § 3 Rn. 58 ff.

vertretbar).[75] *(Lösungshinweis: Kenntnis des in der Fußnote dargestellten Problems kann nicht erwartet werden, ausreichend ist eine saubere Arbeit mit §§ 54 und 59 RStV.)*

Allerdings bleiben nach § 59 III 7 RStV die Befugnisse der Aufsichtsbehörde zur Durchsetzung der Vorschriften der allgemeinen Gesetze und der gesetzlichen Bestimmungen zum Schutz der persönlichen Ehre unberührt. § 59 III RStV ist nur insoweit spezieller, als es um die Überwachung der Einhaltung der von § 59 III RStV erfassten für Telemedien geltenden Bestimmungen der §§ 55 ff. RStV geht.[76] Bei den allgemeinen Gesetzen und den Gesetzen zum Schutz der persönlichen Ehre entfaltet § 59 RStV keine Sperrwirkung und wenn Sonderrecht keine Sperrwirkung hat, kommt der ordnungsbehördlichen Generalklausel Auffangwirkung zu.[77] D. h., dass auf die ordnungsbehördliche Generalklausel nach dem jeweils einschlägigen Polizei- bzw. Ordnungsbehördengesetz zurückgegriffen werden kann, wenn Telemedien gegen Gesetze

---

75 Es wird angenommen, dass es sich beim Ausschluss des gesamten § 54 RStV in § 59 III RStV um ein in der Anwendung zu berichtigendes Redaktionsversehen des Gesetzgebers handelt und Eingriffsbefugnisse der Aufsichtsbehörde nur bei Verstößen gegen § 54 II und III RStV ausgeschlossen sein sollten (so VG Gelsenkirchen, Urt. v. 20. 11. 2007, Az.: 14 K 171/07 = ZUM-RD 2008, 377 (380 ff.); Volkmann, in: Spindler/Schuster Recht der elektronischen Medien, 4. Aufl. 2019, § 59 RStV Rn. 31; Schulz, in: Binder/Vesting Beck'scher Kommentar zum Rundfunkrecht, 4. Aufl. 2018, § 59 RStV Rn. 42). Hierfür spricht, dass die Rechtslage nach § 22 II des altem MDStV, nach der nur Verstöße gegen die § 54 II und III RStV entsprechenden Normen und gerade nicht Verstöße gegen allgemeine Gesetze und gesetzliche Bestimmungen zum Schutz der persönlichen Ehre von der Aufsichtsbefugnis ausgenommen waren, mit Einführung des § 59 RStV nicht geändert werden sollte. Allerdings hat der Gesetzgeber reagiert, indem er § 59 III 7 RStV erlassen hat, wonach Befugnisse der Aufsichtsbehörde zur Durchsetzung der Vorschriften der allgemeinen Gesetze und der gesetzlichen Bestimmungen zum Schutz der persönlichen Ehre von § 59 III RStV unberührt bleiben. Daraus lässt sich schließen, dass die Durchsetzung dieser Vorschriften gerade nicht nach § 59 RStV, sondern nach dem allgemeinen Ordnungsrecht, erfolgen soll (VG Düsseldorf, Urt. v. 24. 6. 2014, Az.: 27 K 7499/13 = MMR 2015, 352 (353); Kniesel/Braun/Keller, Besonderes Polizei und Ordnungsrecht, 2018, 3. Teil 2. Kapitel Rn. 1737). Laut der Begründung zum 10. Rundfunkänderungsstaatsvertrag sollen sich die Befugnisse der Aufsichtsbehörden zur Durchsetzung der allgemeinen Gesetze nach den dort genannten Regelungen richten und keine eigene rundfunkvertragliche Ermächtigungsgrundlage geschaffen werden (s. http://www.urheberrecht.org/law/normen/rstv/RStV-10/materialien/).

76 Schenke, Polizei- und Ordnungsrecht, 8. Aufl. 2013, Rn. 387.

77 http://www.urheberrecht.org/law/normen/rstv/RStV-10/materialien/;
Kniesel/Braun/Keller, Besonderes Polizei und Ordnungsrecht, 2018, 3. Teil 2. Kapitel Rn. 1730, 1737.

zum Schutz der persönlichen Ehre und sonstige allgemeine Gesetze versto-ßen.[78] Mithin ist § 9 I POG die hier einschlägige Ermächtigungsgrundlage. Diese ist auch für die ADD als Landesordnungsbehörde nach § 89 III POG anwendbar. Gemäß § 9 II POG können sich allgemeine Ordnungsbehörden auch zur Erfüllung von Aufgaben, die ihnen nach anderen Vorschriften als dem POG übertragen sind, auf § 9 I POG berufen, wenn die erwähnten Vor-schriften ihre Befugnisse nicht spezieller regeln. Hier hat die ADD als die nach Landesrecht zuständige Behörde zwar gemäß § 59 II RStV die Aufgabe, die Einhaltung der allgemeinen Gesetze und gesetzlichen Bestimmungen zum Schutz der persönlichen Ehre durch Telemedien durchzusetzen, die Er-mächtigungsgrundlage wurde jedoch dem allgemeinen Polizei- und Ord-nungsrecht überlassen. Somit liegt ein Fall des § 9 II POG vor und dieser er-öffnet den Rückgriff auf § 9 I POG.

2. Formelle Rechtmäßigkeit

55 Die sachliche Zuständigkeit der ADD zur Durchsetzung der Bestimmungen für Telemedien des RStV mit Ausnahme des Jugendmedienschutzes resultiert aus § 3 I des Landesgesetzes zu dem Staatsvertrag über den Rundfunk im ver-einten Deutschland. Die örtliche Zuständigkeit folgt aus § 59 VI RStV.

Allerdings könnte sich hier etwas Anderes aus § 1 III POG ergeben. Danach obliegt den allgemeinen Ordnungsbehörden und der Polizei der Schutz pri-vater Rechte nur dann, wenn gerichtlicher Schutz nicht rechtzeitig zu erlangen ist und wenn ohne ordnungsbehördliche oder polizeiliche Hilfe die Verwirk-lichung des Rechts vereitelt oder wesentlich erschwert werden würde.[79] An-sonsten sind die Ordnungsbehörden nicht zuständig. Hintergrund ist, dass Private eine Verletzung ihrer Rechte vorrangig auf dem Rechtsweg durch In-anspruchnahme des Störers abstellen sollen, anstatt dafür ordnungsbehörd-liche Ressourcen in Anspruch zu nehmen. Den Ordnungsbehörden obliegt primär der Schutz öffentlicher Interessen.[80] Ein entsprechender Gedanke findet sich in § 59 V RStV. Nach dieser Vorschrift sollen, wenn ein Angebot in Rechte Dritter eingreift und für den Dritten der Rechtsweg eröffnet ist, An-ordnungen der Aufsichtsbehörde i.S.v. § 59 III RStV nur erfolgen, wenn dies

---

78 VG Düsseldorf, Urt. v. 24. 6. 2014, Az.: 27 K 7499/13 = MMR 2015, 352 (353); Kniesel/Braun/ Keller, Besonderes Polizei und Ordnungsrecht, 2018, 3. Teil 2. Kapitel Rn. 1730, 1737.

79 Zur Privatrechtsklausel im Polizei- und Ordnungsrecht s. auch Eisentraut, in: Eisentraut, Verwaltungsrecht in der Klausur, 2020, § 2 Rn. 1068.

80 Schoch, Jura 2013, 468 (469 f.).

aus Gründen des Gemeinwohls geboten ist. Hier wäre J ein gerichtliches Vorgehen gegen X möglich gewesen und dieses hätte Aussicht auf Erfolg gehabt. Allerdings gilt die Vorrangigkeit gerichtlichen Rechtsschutzes nicht, wenn, wie hier, neben der Verletzung privater Rechte zugleich ein Verstoß gegen Strafgesetze vorliegt. In einem solchen Fall sind auch öffentliche Interessen berührt, die ein Einschreiten der Ordnungsbehörden auch bei der Möglichkeit, gerichtlichen Rechtsschutz einzuholen, rechtfertigen. Es ist ausreichend, dass der objektive Tatbestand des Strafgesetzes verwirklicht wird. Ob es sich wie bei §§ 185 und 187 StGB um Antragsdelikte handelt spielt keine Rolle.[81] Auch bei § 59 V RStV ist ein Einschreiten aus Gründen des Gemeinwohls geboten, wenn das Angebot des Telemediums gegen Strafgesetze verstößt.[82] Damit steht § 1 III POG der Zuständigkeit der ADD nicht entgegen.

Lösungshinweis: Die Frage, ob einem Einschreiten der Ordnungsbehörde die Möglichkeit zivilgerichtlichen Rechtsschutzes entgegensteht, kann auch erst in der materiellen Rechtmäßigkeit geprüft werden, nämlich bei der Frage, ob beim Tätigwerden zum Schutz privater Rechte eine Gefahr für die öffentliche Sicherheit besteht.[83]

3. Materielle Rechtmäßigkeit

Fraglich ist, ob eine Löschungsanordnung materiell rechtmäßig wäre. Hierfür müssten die Voraussetzungen des § 9 I POG vorliegen und eine Löschungsanordnung ermessensfehlerfrei möglich sein. 56

a) Öffentliche Sicherheit und Ordnung

Dafür müsste zunächst eines der von der Norm aufgeführten Schutzgüter in Form der öffentlichen Sicherheit oder Ordnung betroffen sein. Die öffentliche Sicherheit umfasst dabei die geschriebene Rechtsordnung, Bestand und 57

---

81   Kniesel/Braun/Keller, Besonderes Polizei und Ordnungsrecht, 2018, 3. Teil 2. Kapitel Rn. 1745; Ruthig, in: Hufen/Jutzi/Proelß Landesrecht Rheinland-Pfalz, 8. Aufl. 2018, § 4 Polizei- und Ordnungsrecht Rn. 32; Pieroth/Schlink/Kniesel/Kingreen/Poscher, Polizei- und Ordnungsrecht, 10. Aufl. 2018, § 3 Rn. 41 ff.; zweifelnd: Muckel, Fälle zum Besonderen Verwaltungsrecht, 7. Aufl. 2019, S. 140 f.

82   Schulz, in: Binder/Vesting, Beck'scher Kommentar zum Rundfunkrecht, 4. Aufl. 2018, § 59 RStV Rn. 75; a.A. Fiedler, in: Beck'scher Onlinekommentar zum Informations- und Medienrecht, 25. Ed. 2019, § 59 RStV Rn. 40.

83   Diesen Weg wählt z. B. Wernsmann, JuS 2002, 582 (583); ein entsprechendes Vorgehen schlägt auch Thiel, Polizei- und Ordnungsrecht, 3. Aufl. 2016, § 4 Rn. 28 vor.

Funktionsfähigkeit des Staates und seiner Einrichtungen und die Rechtsgüter des Einzelnen.[84] Hier könnte die Rechtsordnung betroffen sein, wenn die Äußerungen des X gegen §§ 185 bzw. 187 StGB und damit gleichzeitig dessen Pflicht zur Einhaltung der gesetzlichen Bestimmungen zum Schutz der persönlichen Ehre aus § 54 I 3 RStV verstoßen würde. § 185 StGB stellt Beleidigungen, also die Kundgabe von Miss- oder Nichtachtung gegenüber dem Betroffenen oder Dritten, unter Strafe. Mit der Bezeichnung als „dumme Sau", „Dreck", „Abschaum" und „nicht lebenswert" hat X öffentlich seine Missachtung der J kundgetan. Allerdings ist zu beachten, dass bei der Anwendung des § 185 StGB die Meinungsfreiheit zu berücksichtigen ist. Bei den dargestellten Äußerungen handelt es sich um Werturteile und damit Meinungen, die grundsätzlich von der Meinungsfreiheit geschützt werden. Ob die Meinungsfreiheit bei Beleidigungsdelikten bereits zu einer Einschränkung des Tatbestands führt oder erst auf Rechtfertigungsebene, im Rahmen von § 193 StGB oder eines eigenen Rechtfertigungstatbestands, relevant wird, ist umstritten.[85] Allerdings tritt bei Schmähkritik die Meinungsfreiheit, ohne dass eine weitere Abwägung erforderlich wäre, hinter das allgemeine Persönlichkeitsrecht nach Art. 2 I i.V.m. 1 I GG und gegebenenfalls die Menschenwürde nach Art. 1 I GG der von der Schmähkritik betroffenen Person oder Personen zurück. Dabei ist der Begriff Schmähkritik zum Schutz der Meinungsfreiheit eng auszulegen. Insbesondere bei einer die Öffentlichkeit wesentlich berührenden Frage ist sie die Ausnahme. Schmähkritik liegt vor, wenn es nicht mehr um die Auseinandersetzung in der Sache geht, sondern nur noch die Person angegriffen und in ihrer Würde verletzt werden soll.[86] Dies ist bei der Bezeichnung von Menschen als „Abschaum" oder „Dreck" oder der Bezeichnung als „dumme Sau" der Fall. Die Äußerungen haben keinen Bezug zu dem politischen Engagement der J und den „Fridays for Future"-Demonstrationen. Zumindest die Bezeichnung als „nicht lebenswert", mit der J der Achtungsanspruch als Mensch abgesprochen und ihr Lebensrecht als gleichberechtigte Person innerhalb der staatlichen Gemeinschaft negiert wird, betrifft zudem

---

84 S. näher Eisentraut, in: Eisentraut, Verwaltungsrecht in der Klausur, 2020, § 2 Rn. 1087 sowie Schoch, Jura 2013, 468 (468).

85 S. dazu Fahl, NStZ 2016, 313 (315); Roxin, Strafrecht AT I, 4. Aufl. 2006, § 18 Rn. 50.

86 BVerfG, Beschl. v. 26.6.1990, Az.: 1 BvR 1165/89 = BVerfGE 82, 272 (284); Beschl. v. 10.10.1995, Az.: 1 BvR 1476/91 = BVerfGE 93, 266 (294); Beschl. v. 29.7.2003, Az.: 1 BvR 2145/02 = NJW 2003, 3760 (3760); Beschl. v. 29.6.2016, Az.: 1 BvR 2646/15 = NJW 2016, 2870 (2870 f.).

deren nicht abwägungsfähige Menschenwürde. Mithin steht die Meinungsfreiheit des X der Wertung seiner Äußerungen als Beleidigung nicht entgegen.

Verleumdung gemäß § 187 StGB ist die Verbreitung einer unwahren Tatsache, die eine andere Person verächtlich zu machen oder in der öffentlichen Meinung herabzuwürdigen geeignet ist, wider besseres Wissen. Ein Schulverweis und damit verbundene Auswirkungen auf die schulische Laufbahn werden nach objektiven Maßstäben überwiegend negativ bewertet und die Information darüber ist geeignet, J in der Achtung der Leser*innen von Xs Blog sinken zu lassen. Zwar stellt der Verweis angeblich „nur" die Reaktion der Schule auf das Schuleschwänzen der J dar, sodass dieser keine Regelverstöße, die sie nicht tatsächlich begangen hat, unterstellt werden, der Hinweis, dass J von der Schule verwiesen wurde, ist jedoch geeignet, dass Leser*innen die Schwere des Fernbleibens vom Unterricht strenger bewerten und negative Rückschlüsse auf den Ausbildungsstand bzw. die Schulkarriere der J ziehen. Ein Schulverweis wird vielfach als Scheitern des betreffenden Schülers wahrgenommen und wirkt sich abträglich auf dessen Ansehen aus. Dass J von der Schule verwiesen wurde ist auch unwahr und wird von X wider besseres Wissen verbreitet. Mithin liegt auch eine Verleumdung nach § 187 StGB vor.

Neben dem Verstoß gegen Strafgesetze ist auch die Ehre der J betroffen. Somit besteht auch eine Beeinträchtigung von Individualrechtsgütern.

Die öffentliche Sicherheit ist beeinträchtigt.

b) Gefahr

Als nächstes müsste eine Gefahr für die öffentliche Sicherheit vorliegen. Gefahr meint einen Zustand, in dem aus der ex-ante-Perspektive eines verständigen Amtswalters bei ungehindertem Geschehensablauf die hinreichende Wahrscheinlichkeit eines Schadenseintritts in absehbarer Zeit besteht.[87] Unter die Gefahr im polizeirechtlichen Sinne fällt jedoch auch die Situation, in der der Schaden bereits eingetreten ist. Dann darf die Ordnungsbehörde erst recht tätig werden und den Schaden beseitigen. Diese Lage wird als Störung be-

58

---

87 S. zum Gefahrenbegriff im Polizei- und Ordnungsrecht Eisentraut, in: Eisentraut, Verwaltungsrecht in der Klausur, 2020, § 2 Rn. 1102, 1107 sowie Schenke, Polizei- und Ordnungsrecht, 10. Aufl. 2018, Rn. 69.

zeichnet.[88] Hier haben die Verstöße gegen §§ 185 und 187 StGB und die Ehrverletzung bereits stattgefunden. Mithin liegt eine Störung und damit eine Gefahr im polizeirechtlichen Sinne vor.

c) Störer

59 Die ordnungsbehördliche Generalklausel ermächtigt die Polizei und allgemeinen Ordnungsbehörden lediglich zu einem Vorgehen gegen für die Gefahr Verantwortliche, also Störer im polizeirechtlichen Sinne, oder Nichtstörer unter den Voraussetzungen des polizeilichen Notstands. Für die polizeiliche Verantwortlichkeit von Betreibern von Internetangeboten gelten die allgemeinen Vorschriften über Störer und Nichtstörer, die gegebenenfalls durch die Vorschriften der §§ 7 ff. TMG ergänzt werden. Inwieweit die entsprechenden Vorschriften des TMG Auswirkungen auf die polizeirechtliche Störerverantwortlichkeit haben oder lediglich die straf- und deliktsrechtliche Haftung betreffen ist allerdings umstritten.[89] Handlungsstörer nach § 4 POG ist derjenige, der die Gefahr unmittelbar verursacht hat.[90] Hier hat X die rechtswidrigen Inhalte verfasst und online gestellt und ist damit als Handlungsstörer einzuordnen. Nach 7 I TMG sind Diensteanbieter für eigene Informationen, die sie zur Nutzung bereithalten, nach den allgemeinen Gesetzen uneingeschränkt verantwortlich.[91] X hält auf seinem Blog eigene Informationen zur Nutzung bereit, zu denen auch die von J gerügten gehören. Damit ist er als Contentprovider anzusehen und die §§ 7 ff. TMG stehen seiner Verantwortlichkeit nicht entgegen. Auf die Frage, ob sie die polizeiliche Verantwortlichkeit beeinflussen und Polizei- und Ordnungsbehördengesetze unter die allgemeinen Gesetze, für die 7 ff. TMG für Host- und Accessprovider die Haftung einschränken, fallen, kommt es somit nicht an.[92]

---

88 Eisentraut, in: Eisentraut, Verwaltungsrecht in der Klausur, 2020, § 2 Rn. 1115; Schenke, Polizei- und Ordnungsrecht, 10. Aufl. 2018, Rn. 92; Götz/Geis, Allgemeines Polizei- und Ordnungsrecht, 16. Aufl. 2017, § 7 Rn. 15.

89 Schenke, Polizei- und Ordnungsrecht, 8. Aufl. 2013, Rn. 394.

90 S. Eisentraut, in: Eisentraut, Verwaltungsrecht in der Klausur, 2020, § 2 Rn. 1121 ff.; Gusy, Polizei- und Ordnungsrecht, 10. Aufl. 2017, § 5 Rn. 335 ff.

91 Hoffmann/Volkmann, in: Spindler/Schuster, Recht der elektronischen Medien, 4. Aufl. 2019, § 7 TMG Rn. 32.

92 Schenke, Polizei- und Ordnungsrecht, 8. Aufl. 2013, Rn. 395.

d) Ermessen

Weiterhin müsste die Löschungsanordnung auch eine pflichtgemäße Aus- 60
übung des den Ordnungsbehörden von § 9 I POG eingeräumten Ermessens
sein. Hier ist zwischen Entschließungs- und Auswahlermessen zu differenzieren.

aa) Entschließungsermessen

Entschließungsermessen betrifft die Frage, ob die Ordnungsbehörden über- 61
haupt tätig werden. Besteht eine Gefahr für die öffentliche Sicherheit und
Ordnung ist von den Ordnungsbehörden zu prüfen, ob ein Einschreiten der
effektivste Weg zur Beseitigung der Gefahr ist oder z. B. zu einer Eskalation
und Verschlimmerung der Situation führen oder das Einschreiten gegen eine
gravierendere Gefahr verhindern würde.[93] Gründe, aus denen ein Vorgehen
der ADD gegen X ermessensfehlerhaft sein sollte, sind nicht ersichtlich. Dies
gilt umso mehr, wenn man annimmt, dass das Entschließungsermessen beim
Vorliegen einer Gefahr für die öffentliche Sicherheit intendiert in Richtung des
Einschreitens ist.[94]

Damit wäre eine Löschungsverfügung gegen X eine pflichtgemäße Ausübung
des Entschließungsermessens.

bb) Auswahlermessen

Auswahlermessen betrifft die Frage, welche von mehreren möglichen Maß- 62
nahmen die Ordnungsbehörde ergreifen soll. Hier spielt der auch in § 2 POG
normierte Verhältnismäßigkeitsgrundsatz eine wichtige Rolle. Ein Verstoß
gegen diesen begründet einen Ermessensfehler in der Variante der Ermessensüberschreitung.[95]

(1) Legitimer Zweck

Legitimer Zweck einer Löschungsverfügung ist die Abstellung des Verstoßes 63
gegen §§ 185, 187 StGB sowie der Verletzung Js Ehre.

---

93 Ruthig, in: Hufen/Jutzi/Proeßl Landesrecht Rheinland-Pfalz, 8. Aufl. 2018, § 4 Polizei- und
    Ordnungsrecht Rn. 82; Goldhammer, in: Beck'scher Onlinekommentar Sicherheitsrecht
    Bayern, 10. Ed. 2019, Art. 5 PAG Rn. 16.
94 So Thiel, Polizei- und Ordnungsrecht, 3. Aufl. 2016, § 8 Rn. 160.
95 So Eisentraut, in: Eisentraut, Verwaltungsrecht in der Klausur, 2020, § 2 Rn. 1137.

(2) Geeignetheit

64 Eine Löschungsanordnung ist geeignet, den Verstoß gegen §§ 185 und 187 StGB sowie die Verletzung der Ehre der J zu beenden, indem die Äußerungen nach erfolgter Löschung nicht mehr zur Kenntnis genommen werden können.

(3) Erforderlichkeit

65 Die Löschungsanordnung müsste auch erforderlich sein. Dies ist der Fall, wenn kein milderes, gleich geeignetes Mittel zur Verfügung steht. Als alternatives Mittel käme in Betracht, X lediglich zur Einschränkung des Zugangs zu seinem Blogbeitrag oder der Veröffentlichung einer Gegendarstellung zu verpflichten. Dies wäre jedoch nicht gleich effektiv. Die rechtswidrigen Äußerungen könnten dann immer noch zur Kenntnis genommen werden und das Ansehen der J beeinträchtigen. Eine Anordnung zur Zugangseinschränkung, die sich nicht auf die konkret rechtswidrigen Formulierungen, sondern den Blogbeitrag als Ganzes bezieht, wäre schon kein milderes Mittel. Von ihr wären auch rechtmäßige Inhalte betroffen.

Daher wäre eine Löschungsanordnung auch erforderlich.

(4) Angemessenheit

66 Die Löschungsanordnung müsste auch angemessen sein. Dies ist durch eine Abwägung der durch die Löschungsanordnung geschützten Interessen mit denjenigen an der Aufrechterhaltung des Angebots zu ermitteln. Dabei sind die Wertigkeit der jeweiligen Interessen und die Schwere ihrer Beeinträchtigung die maßgeblichen Abwägungskriterien.

Hier kann sich X zumindest für die betroffenen Werturteile auf die Meinungsfreiheit nach Art. 5 I 1 GG berufen. Die bewusst unwahre Tatsachenbehauptung, dass J von der Schule verwiesen worden sei, wird demgegenüber nicht von der Meinungsfreiheit geschützt. Erwiesen und bewusst unwahre Tatsachenbehauptungen tragen nichts zur zutreffenden Meinungsbildung bei. Wird verlangt, dass der Äußernde die Unwahrheit der Information kennt, führt ein Verbot unwahrer Tatsachenbehauptungen auch nicht dazu, dass Personen von der Weiterverbreitung von Informationen, deren Wahrheitsgehalt sie nicht beurteilen bzw. nachprüfen können, abgehalten werden.

Mit der Kritik an den „Fridays for Future"-Demonstrationen geht es um eine Angelegenheit von öffentlichem Interesse, bei der eine Vermutung für die Zulässigkeit freier Rede spricht. Allerdings steht bei Bezeichnungen wie den von X verwendeten, wie oben dargestellt, nicht die Auseinandersetzung über das Thema Klimawandel und die auf den „"Fridays for Future„-Demonstrationen vorgebrachten Forderungen, sondern alleine die persönliche Diffamierung und Schmähung der J im Vordergrund. Es fehlt an einem schützenswerten Beitrag zur Meinungsbildung. Dem gegenüber stehen das Allgemeine Persönlichkeitsrecht der J und deren Menschenwürde. Zumindest sofern J durch die Bezeichnung als „nicht lebenswert" das Lebensrecht abgesprochen wird ist nicht nur ihre Ehre, sondern auch ihre Menschenwürde betroffen. Eine Äußerung betrifft die Menschenwürde, wenn sie nicht nur einzelne Persönlichkeitsrechte verletzt und beispielsweise dem Betroffenen Mängel unterstellt, sondern die Subjektqualität eines Menschen grundsätzlich in Frage stellt. Dies ist der Fall, wenn er als „unterwertiges Wesen" ohne Lebensrecht behandelt bzw. bezeichnet wird.[96] Derartige Bezeichnungen müssen auch Personen, die sich freiwillig in die Öffentlichkeit begeben und zum Teil einer öffentlichen Debatte, wie derjenigen über die Beurteilung der „Fridays for Future"-Demonstrationen, machen, nicht hinnehmen. Die Menschenwürde als Wurzel der Grundrechte ist mit keinem anderen Grundrecht abwägungsfähig, sodass die Meinungsfreiheit ihr gegenüber stets zurücktritt.[97] Somit muss die Meinungsfreiheit des X hinter den Interessen der J zurücktreten.

Die Informationsfreiheit der Leser*innen des Blogs schützt auch den Zugang zu rechtswidrig veröffentlichten und strafbaren Informationen, solange diese sich in einer allgemein zugänglichen Quelle befinden. Die Informationsfreiheit fordert eine gegenüber dem von der Meinungsfreiheit umfassten Veröffentlichungsvorgang eigene Interessenabwägung.[98] Es wird nicht nach der Art der Information unterschieden, sodass wahre und unwahre Tatsachenbehauptungen ebenso umfasst sind wie Werturteile. Die Löschung von der Allgemeinheit zugänglichen Inhalten im Internet stellt eine Hinderung der Unterrichtungsmöglichkeit der Internetnutzer und somit einen Eingriff in die Informationsfreiheit dar.[99] Jedoch kann auch die Informationsfreiheit zum Schutz entgegenstehender Grundrechte, wie dem Allgemeinen Persönlichkeitsrecht, eingeschränkt werden. Hier wird der soziale Geltungsanspruch der

---

96 BVerfG, Beschl. v. 4. 2. 2010, Az.: 1 BvR 369/04 = NJW 2010, 2193 (2195).

97 BVerfG, Beschl. v. 4. 2. 2010, Az.: 1 BvR 369/04 = NJW 2010, 2193 (2194 f.).

98 BVerfG, Beschl. v. 3. 10. 1969, Az.: 1 BvR 46/65 = BVerfGE 27, 71 (85 f.); Volkmann, in: Spindler/Schuster, Recht der elektronischen Medien, 4. Aufl. 2019, § 59 RStV Rn. 18.

99 Volkmann, in: Spindler/Schuster, Recht der elektronischen Medien, 4. Aufl. 2019, § 59 RStV Rn. 18.

J auch und gerade dadurch beeinträchtigt, dass Dritte den Beitrag des X zur Kenntnis nehmen und sich durch ihn in ihrem Urteil über J möglicherweise beeinflussen lassen. Das Allgemeine Persönlichkeitsrecht schützt vor Äußerungen, die geeignet sind, sich abträglich auf das Bild einer Person in der Öffentlichkeit auszuwirken. Dazu gehören auch verfälschende und Darstellungen von nicht ganz unerheblicher Bedeutung für die Persönlichkeitsentfaltung, wie z. B. unzutreffende Behauptungen über schulisches Scheitern.[100] Zudem befindet sich J als Jugendliche noch in der Phase der Persönlichkeitsentwicklung. Diese könnte durch den Beitrag des X und etwaige Reaktionen darauf beeinträchtigt werden. Mithin wiegt das allgemeine Persönlichkeitsrecht der J besonders schwer. Insbesondere die Verletzung der Menschenwürde durch die Bezeichnung als „nicht lebenswert" wiegt auch schwerer als die Informationsfreiheit. Wie bereits dargestellt kann die Menschenwürde nicht mit anderen Grundrechten abgewogen werden, sondern genießt stets den Vorrang. Bei der Behauptung des Schulverweises ist zu berücksichtigen, dass das Informationsinteresse an unwahren Tatsachenbehauptungen nur gering ist. Diese können nicht zu einer verfassungsrechtlich vorausgesetzten zutreffenden Informierung und Meinungsbildung beitragen, sondern täuschen.[101] Daher überwiegen die entgegenstehenden Interessen der J auch die Informationsfreiheit der Leser*innen des Blogs.

Somit wäre eine Löschungsanordnung auch angemessen.

Sie wäre verhältnismäßig und somit eine pflichtgemäße Ausübung des Auswahlermessens.

Eine Löschungsanordnung wäre rechtmäßig

II. Ermessensreduzierung auf Null

67 Damit J einen Anspruch auf Erlass der Löschungsanordnung hat müssten sowohl das Entschließungs- als auch das Auswahlermessen auf Null reduziert sein.

Eine Ermessensreduzierung auf Null kann sich aus den Grundrechten der J (hier das allgemeine Persönlichkeitsrecht und die Menschenwürde) und der

---

100 S. BVerfG, Beschl. v. 25. 10. 2005, Az.: 1 BvR 1696/98 = BVerfGE 114, 339 (346); VG Düsseldorf, Urt. v. 24. 6. 2014, Az.: 27 K 7499/13 = MMR 2015, 352 (354).

101 BVerfG, Beschl. v. 3. 6. 1980, Az.: 1 BvR 797/78 = BVerfGE 54, 208 (219); Beschl. v. 13. 4. 1994, Az.: 1 BvR 23/94 = BVerfGE 90, 241 (249), ständige Rechtsprechung.

für diese bestehende staatliche Schutzpflicht ergeben. Voraussetzung für eine solche Ermessensreduzierung auf Null ist, dass die Schädigung oder Gefährdung eines Grundrechts so schwer wiegt, dass die Ordnungsbehörde eingreifen muss. Maßgeblich dafür sind die Wertigkeit des bedrohten Rechtsguts, das Ausmaß des diesem drohenden oder bereits eingetretenen Schadens, die mit dem ordnungsbehördlichen Tätigwerden verbundene Risiken und der Aufwand der begehrten behördlichen Maßnahme.[102]

Gegen eine Ermessensreduzierung auf Null spricht, dass J die Möglichkeit verbleibt, X zivilrechtlich in Anspruch zu nehmen. Sie wird also nicht schutzlos gestellt, wenn die ADD den Erlass der gewünschten Löschungsanordnung verweigert.[103] Mit der Menschenwürde der J ist allerdings ein besonders hochwertiges Rechtsgut betroffen.[104] Zwar betreffen Fälle eines Anspruchs auf ordnungsbehördliches Einschreiten häufig Gefahren für Leib und Leben[105] und nicht „lediglich" die Ehre, allerdings geht es bei den Bezeichnungen als „Abschaum", „Dreck" und „nicht lebenswert" um eine schwere Persönlichkeitsrechtsverletzung, die den menschenwürderelevanten Kernbereich des allgemeinen Persönlichkeitsrechts betrifft. Hinzu kommt, dass auch schon bei Verletzung von Sachwerten und mittel- bis niedrigrangigen Rechtsgütern eine Ermessensreduzierung auf Null angenommen wurde.[106]

Weiterhin wäre der Aufwand für den Erlass einer Löschungsverfügung gering. Der Urheber der rechtswidrigen Äußerungen ist bekannt und es geht lediglich um eine Person, gegenüber der eine Verfügung erlassen werden müsste. Weiterhin führt die Löschungsanordnung auch nicht zur Unterdrückung rechtmäßiger Äußerungen, wenn sie nicht den gesamten Blogbeitrag, sondern nur die von J gerügten rechtswidrigen Äußerungen betrifft. Es kommt also nicht zu Grundrechtseinbußen seitens X oder seiner Leser*innen.

---

102 BVerwG, Urt. v. 18. 8. 1960, Az.: I C 42.59 = BVerwGE 11, 95 (97); W.-R. Schenke, Polizei- und Ordnungsrecht, 10. Aufl. 2018, Rn. 100 f.

103 Gusy, Polizei- und Ordnungsrecht, 10 Aufl. 2017, § 6 Rn. 395 verlangt für eine Ermessenreduzierung auf Null dass keine anderweitige Schutzmöglichkeit besteht.

104 Rachor/Graulich, in: Lisken/Denninger, Handbuch des Polizeirechts, 6. Aufl. 2018, Kap. E Rn. 116 nehmen bei Betroffenheit der Menschwürde stets eine Pflicht zum polizeilichen Einschreiten an.

105 VG Berlin, Beschl. v. 6. 4. 1981, Az.: 1 A 87/81 = NJW 1981, 1748 (1749) hält eine Ermessenreduzierung auf Null grundsätzlich nur bei Gefahren für Leib und Leben für möglich.

106 Pieroth/Schlink/Kniesel/Kingreen/Poscher, Polizei- und Ordnungsrecht, 10. Aufl. 2018, § 10 Rn. 41 ff.; zu den vertretenen Meinungen: Rachor/Graulich, in: Lisken/Denninger, Handbuch des Polizeirechts, 6. Aufl. 2018, Kap. E Rn. 115.

Der von X für die Vornahme der Löschung erforderliche Aufwand ist nur gering. Die Abwägung führt somit zu einer Verpflichtung zum Einschreiten. (*Lösungshinweis: a.A. vertretbar wenn angenommen wird, dass eine Ermessensreduzierung auf Null nur bei schweren Gefahren für Leib und Leben in Frage kommt und/oder ausscheidet, wenn der Anspruchsteller auch den Privatrechtsweg mit Aussicht auf Erfolg beschreiten kann.*).

Hinsichtlich des Auswahlermessens sind keine Maßnahmen ersichtlich, die die Grundrechte der J gleich wirksam schützen wie die von ihr begehrte Löschungsanordnung. Mithin bleibt der ADD auch bei der Wahl der Mittel kein Ermessensspielraum.

Somit ist von einer Ermessensreduzierung auf Null auszugehen.

III. Zwischenergebnis

68 J hat einen Anspruch auf die begehrte Löschungsanordnung. Die Klage ist begründet.

D. Ergebnis

69 Die Klage ist zulässig und begründet und hat somit Aussicht auf Erfolg.

§ 4 Übungsfälle zur Fortsetzungsfeststellungs-klage

DIE STRUKTUR DER FORTSETZUNGSFESTSTELLUNGSKLAGE (NIKOLAS EISENTRAUT)

Der gutachterlichen Prüfung der Fortsetzungsfeststellungsklage liegt die folgende Struktur zugrunde:

A. Zulässigkeit

  I. Eröffnung des Verwaltungsrechtswegs (s. § 1 Rn. 8 ff.)[1]

  II. Statthafte Klageart (s. § 1 Rn. 6 ff.)[2]

  III. Klagebefugnis[3]

  IV. Vorverfahren[4]

  V. Klagefrist[5]

  VI. Beteiligte[6]

  VII. Zuständiges Gericht[7]

---

[1] Ausführlich zur Eröffnung des Verwaltungsrechtswegs Eisentraut, in: Eisentraut, Verwaltungsrecht in der Klausur, 2020, § 1 Rn. 162 ff.

[2] Ausführlich zur Fortsetzungsfeststellungsklage als statthafter Klageart Senders, in: Eisentraut, Verwaltungsrecht in der Klausur, 2020, § 4 Rn. 2 ff.

[3] Ausführlich zur Klagebefugnis bei der Fortsetzungsfeststellungsklage Burbach, in: Eisentraut, Verwaltungsrecht in der Klausur, 2020, § 4 Rn. 33 ff.

[4] Ausführlich zum Vorverfahren bei der Fortsetzungsfeststellungsklage Braun, in: Eisentraut, Verwaltungsrecht in der Klausur, 2020, § 4 Rn. 36 ff.

[5] Ausführlich zur Klagefrist bei der Fortsetzungsfeststellungsklage Stockebrandt, in: Eisentraut, Verwaltungsrecht in der Klausur, 2020, § 4 Rn. 40 ff.

[6] Ausführlich zu den Beteiligten bei der Fortsetzungsfeststellungsklage Creemers, in: Eisentraut, Verwaltungsrecht in der Klausur, 2020, § 4 Rn. 44.

[7] Ausführlich zum zuständigen Gericht bei der Fortsetzungsfeststellungsklage Goldberg, in: Eisentraut, Verwaltungsrecht in der Klausur, 2020, § 4 Rn. 45 ff.

VIII. Fortsetzungsfeststellungsinteresse[8]

B. Begründetheit[9]
  Variante 1: Anfechtungskonstellationen
  I. Rechtswidrigkeit des Verwaltungsakts
    1. Ermächtigungsgrundlage
    2. Formelle Rechtmäßigkeit
     a) Zuständigkeit
     b) Verfahren
     c) Form
    3. Materielle Rechtmäßigkeit
  II. Verletzung in subjektiven Rechten

Variante 2: Verpflichtungskonstellationen
  I. Anspruchsgrundlage
  II. Anspruchsvoraussetzungen
  III. Spruchreife? Ansonsten Bescheidungsantrag

---

[8]   Ausführlich zum Rechtsschutzbedürfnis und zum Fortsetzungsfeststellungsinteresse bei der Fortsetzungsfeststellungsklage Valentiner, in: Eisentraut, Verwaltungsrecht in der Klausur, 2020, § 4 Rn. 50 ff.

[9]   Ausführlich zur Struktur der Begründetheitsprüfung der Fortsetzungsfeststellungsklage Senders, in: Eisentraut, Verwaltungsrecht in der Klausur, 2020, § 4 Rn. 59 ff.; zur Fortsetzungsfeststellungsklage im Polizei- und Ordnungsrecht Eisentraut, a.a.O., § 4 Rn. 62 ff. und im Kommunalrecht Piecha, a.a.O., § 4 Rn. 65 ff.

FALL 6: FORTSETZUNGSFESTSTELLUNGSKLAGE GEGEN EIN AUFENTHALTSVERBOT FÜR FUSSBALLFANS (JUDITH SIKORA)

Der Fall ist angelehnt an VG Darmstadt, Beschl. v. 28. 4. 2016, Az.: 3 L 642/ 1 16.DA = NVwZ 2016, 1344.

Lernziele/Schwerpunkte: Fortsetzungsfeststellungsklage, Allgemeinverfügung, 2 öffentliche Bekanntgabe, Verhältnis der polizeilichen Generalklausel zu Standardbefugnissen, Bestimmtheit eines Verwaltungsakts

Sachverhalt

Anlässlich der als „Hessenderby" bezeichneten Fußballspiele zwischen dem SV 3 Darmstadt 98 und der Eintracht Frankfurt kommt es wieder zu heftigen Ausschreitungen zwischen sog. Ultras beider Fangruppen. Dabei haben Frankfurt-Fans nicht nur im Stadion randaliert, sondern Darmstadt-Fans auf dem Weg zum oder vom Stadion aufgelauert, beleidigt und zum Teil sogar tätlich angegriffen. Die Eintracht wurde deswegen durch das DFB-Sportgericht zu Zuschauerausschlüssen und Strafzahlungen verurteilt. Trotzdem befürchtet die Polizei, dass einige hartgesottene Frankfurt-Fans trotzdem zum anstehenden Hessenderby in der Rückrunde nach Darmstadt kommen und „Krawall" machen werden.

Der Magistrat der Stadt Darmstadt erlässt daher am 21. 4. 2016 folgende Regelung:

„Allgemeinverfügung: Fußballbundesligaspiel zwischen dem SV Darmstadt 98 und Eintracht Frankfurt a. M. am 30. 4. 2016 in Darmstadt
1. Anhänger/Fans von Eintracht Frankfurt (erkennbar durch Fanbekleidung, Skandierung von Parolen und sonstigem Auftreten) ist es in der Zeit vom 29. 4. 2016, 19 Uhr, bis 1. 5. 2016, 7 Uhr, verboten sich in dem Bereich ... des Darmstädter Stadtgebiets aufzuhalten.
2. Die sofortige Vollziehbarkeit wird angeordnet."

Der Bereich umfasst einen großen Teil des Darmstädter Stadtgebiets, der anhand einer Karte näher aufgezeigt wird. Die Allgemeinverfügung wird damit begründet, dass an der sofortigen Vollziehung der Allgemeinverfügung ein

besonderes Interesse bestehe. Gestützt wurde die Maßnahme auf die Generalklausel des § 11 HSOG und in der regionalen Tageszeitung „Darmstädter
Echo" veröffentlicht.

Der friedliebende Frankfurt-Fan F ist empört, dass man alle Eintracht-Anhänger unter „Generalverdacht" stellt. Er und seine Freunde seien weder gewaltbereit noch hätten sie Verständnis für sog. Hooligans. Wenngleich er das
Stadionverbot als unfair empfindet, möchte er dennoch in der Nähe sein und
seinen Verein mental unterstützen. Außerdem könne das Verbot leicht umgangen werden, indem er seinen Fanschal und das Eintracht-Trikot zu Hause
lasse. Um zu verhindern, dass die Polizei mit solchen „Willkürmaßnahmen"
durchkommt, erheben F und sein Kumpel K zunächst Widerspruch. Die Stadt
reagiert überraschend schnell und bescheidet den Widerspruch des F und K
bereits am nächsten Tag abschlägig. Dies können F und K nicht auf sich sitzen
lassen und erheben sogleich formgemäß Klage vor dem zuständigen Verwaltungsgericht.

Als am darauffolgenden Samstag die Eintracht in Abwesenheit des F verliert,
nimmt K seine Klage zurück, da die Weiterverfolgung nun „ohnehin sinnlos"
sei. F hingegen ist überzeugt davon, dass die Niederlage seines Vereins nur auf
mangelnden Fan-Support zurückzuführen sei. Aufgrund entsprechender
Pressemitteilungen der Stadt Darmstadt befürchtet F, die Polizei könne das
„fan- und krawalllos" verlaufene Spiel als Bestätigung ihrer Strategie ansehen
und künftig häufiger Aufenthaltsverbote erlassen. Damit dergleichen in Zukunft nicht noch einmal vorkommt, möchte F die Angelegenheit gerichtlich
klären lassen und erhebt nach abschlägiger Bescheidung seines Widerspruchs
formgemäß Klage vor dem zuständigen Verwaltungsgericht.

Hat die Klage des F Aussicht auf Erfolg?

Bearbeiter*innenvermerk: Es ist davon auszugehen, dass die zuständige
Behörde gehandelt hat. Für die Lösung ist auf das VersG des Bundes abzustellen. Auf § 11 und § 31 HSOG wird hingewiesen.

§ 11 HSOG

Die Gefahrenabwehr- und die Polizeibehörden können die erforderlichen
Maßnahmen treffen, um eine im einzelnen Falle bestehende Gefahr für die
öffentliche Sicherheit oder Ordnung (Gefahr) abzuwehren, soweit nicht die
folgenden Vorschriften die Befugnisse der Gefahrenabwehr- und der Polizeibehörden besonders regeln.

§ 31 HSOG

1) ¹Die Gefahrenabwehr- und die Polizeibehörden können zur Abwehr einer Gefahr eine Person vorübergehend von einem Ort verweisen oder ihr vorübergehend das Betreten eines Ortes verbieten. ²Die Platzverweisung kann ferner gegen eine Person angeordnet werden, die den Einsatz der Feuerwehr oder andere Hilfs- oder Rettungsmaßnahmen behindert. [...]

(3) ¹Rechtfertigen Tatsachen die Annahme, dass eine Person in einem bestimmten örtlichen Bereich innerhalb einer Gemeinde eine Straftat begehen wird, so können die Gefahrenabwehr- und die Polizeibehörde ihr für eine bestimmte Zeit verbieten, diesen Bereich zu betreten oder sich dort aufzuhalten, es sei denn, sie hat dort ihre Wohnung oder sie ist aus einem vergleichbar wichtigen Grund auf das Betreten des Bereichs angewiesen (Aufenthaltsverbot). ²Unter den Voraussetzungen des Satz 1 können die Polizeibehörden einer Person auch den Kontakt mit bestimmten Personen oder Personen einer bestimmten Gruppe untersagen. ³Ein Verbot nach Satz 1 oder 2 ist zeitlich und örtlich auf den zur Verhütung der Straftat erforderlichen Umfang zu beschränken. ⁴Es darf die Dauer von drei Monaten nicht überschreiten. [...]

Lösungsgliederung

Lösungsvorschlag

Die Klage des F hat Aussicht auf Erfolg, soweit sie zulässig und begründet ist. 5

A. Zulässigkeit

Die Klage des F ist zulässig, wenn alle Sachentscheidungsvoraussetzungen 6
vorliegen.

I. Eröffnung des Verwaltungsrechtswegs

Zunächst müsste der Verwaltungsrechtsweg eröffnet sein. Mangels auf- 7
drängender Zuweisung an den Verwaltungsrechtsweg ist dafür auf die Generalklausel des § 40 I 1 VwGO abzustellen. § 40 I 1 VwGO eröffnet den
Verwaltungsrechtsweg für alle öffentlich-rechtlichen Streitigkeiten nicht-
verfassungsrechtlicher Art. Eine Streitigkeit ist öffentlich-rechtlich, wenn die
streitentscheidenden Normen solche des öffentlichen Rechts sind. Vorliegend kommt es auf Normen des HVwVfG[10] und des HSOG an, diese berechtigen einen Träger öffentlicher Gewalt, nämlich die Gefahrenabwehr-
und Polizeibehörden (sog. modifizierte Subjektstheorie) und sind daher
solche des öffentlichen Rechts. Mangels doppelter Verfassungsunmittelbarkeit ist die Streitigkeit auch nichtverfassungsrechtlicher Art. Eine abdrängende Sonderzuweisung ist nicht ersichtlich, sodass der Verwaltungsrechtsweg eröffnet ist.

II. Statthafte Klageart

Die Statthaftigkeit richtet sich nach dem Begehr des Klägers, § 88 VwGO. F 8
möchte, dass das Vorgehen der Polizei für unzulässig erklärt wird.

Die Feststellung der Rechtswidrigkeit staatlichen Handelns könnte F mithilfe
eine Feststellungsklage nach § 43 I VwGO erreichen. Die allgemeine Feststellungsklage dient der Feststellung des Bestehens oder Nichtbestehens eines
Rechtsverhältnisses. Dieses wird zwar weit verstanden, nämlich als die sich
aus einem konkreten Sachverhalt ergebende öffentlich-rechtliche Beziehung
einer Person zu einer anderen Person oder zu einer Sache. Jedoch ist die
Feststellungsklage nach § 43 II VwGO subsidiär gegenüber anderen Klagearten.

---

10   Hessen hat ein eigenständiges VwVfG erlassen, wobei die Normen im Wesentlichen mit
     denen des VwVfG des Bundes übereinstimmen. Zur Anwendbarkeit des Landesrechts
     näher Senders, in: Eisentraut, Verwaltungsrecht in der Klausur, 2020, § 2 Rn. 621.

Wenn die „Allgemeinverfügung" der Stadt Darmstadt einen Verwaltungsakt darstellt, wäre die Anfechtungsklage nach § 42 I Alt. 1 VwGO die richtige Klageart, um diesen aus der Welt zu schaffen. Die Verfügung mit dem Regelungsinhalt, dass es Eintracht-Anhänger untersagt wird, sich innerhalb einer bestimmten Frist in einem bestimmten Bereich des Darmstädter Stadtgebiets aufzuhalten, wurde von einem Träger öffentlicher Gewalt auf dem Gebiet des öffentlichen Rechts mit Außenwirkung zur Regelung eines Einzelfalls, nämlich des Spiels am 29. 4. 2016, erlassen.[11] Problematisch könnte aber sein, dass sich die Untersagungsverfügung nicht an einen Adressaten, sondern generell an „Anhänger/Fans von Eintracht Frankfurt" richtet. Es könnte sich aber um eine personenbezogene Allgemeinverfügung handeln.[12] Der Bezeichnung als Allgemeinverfügung kommt keine konstitutive, sondern allenfalls indizielle Bedeutung für die Handlungsform zu; es kommt vielmehr darauf an, ob die sachlichen Voraussetzungen i.S.d. § 35 S. 2 Var. 1 HVwVfG vorliegen.[13] Dafür müsste sich die „Allgemeinverfügung" an einen bestimmten oder bestimmbaren Personenkreis richten. Der Adressatenkreis muss zum Zeitpunkt des Erlasses noch nicht feststehen, es ist ausreichend, dass er durch allgemeine Merkmale bestimmbar ist.[14] Hier sind die Adressaten durch ihre Anhängerschaft zur Eintracht zumindest gattungsmäßig bezeichnet, sodass der Personenkreis hinreichend eingrenzt ist. Es handelt sich um eine belastende personenbezogene Allgemeinverfügung, sodass die Anfechtungsklage die richtige Klageart war.

Allerdings hat sich die Allgemeinverfügung durch Zeitablauf nach der Klageerhebung i.S.d. § 43 II HVwVfG[15] erledigt. Daher ist nunmehr die Fortsetzungsfeststellungsklage die richtige Klageart. Der Vorsitzende wird nach § 86 III VwGO auf die Umstellung des Klageantrags hinwirken.

III. Feststellungsinteresse

9 § 113 I 4 VwGO setzt ein berechtigtes Interesse des Klägers an der Feststellung der Rechtswidrigkeit voraus, d. h. ein nach vernünftigen Erwägungen schutzwürdiges Interesse rechtlicher, wirtschaftlicher oder ideeller Art. Ein Feststellungsinteresse nimmt die Rechtsprechung regelmäßig in einer der

---

11 VG Darmstadt, Beschl. v. 28. 4. 2016, Az.: 3 L 642/16.DA, Rn. 7.
12 Dazu näher Milker, in: Eisentraut, Verwaltungsrecht in der Klausur, 2020, § 2 Rn. 78 ff.
13 Hebeler, JA 2016, 878 (879).
14 Maurer/Waldhoff, Allgemeines Verwaltungsrecht, 19. Aufl. 2017, § 9 Rn. 31.
15 Im VwVfG des Bundes findet sich eine entsprechende Regelung in § 43.

folgenden Fallgruppen an: Wiederholungsgefahr, Rehabilitationsinteresse, präjudizielle Wirkung, tiefgreifender oder sich typischerweise kurzfristig erledigende Grundrechtseingriffe.

Ein Feststellungsinteresse könnte hier unter dem Gesichtspunkt der Wiederholungsgefahr bestehen. Dafür ist die hinreichend bestimmte Gefahr erforderlich, dass unter im Wesentlichen unveränderten tatsächlichen und rechtlichen Umständen ein gleichartiger Verwaltungsakt ergehen wird. Die „Hessenderbys" – Hin- und Rückrunde – finden zweimal pro Spielzeit statt und bislang kam es jedes Mal zu Ausschreitungen. Das vergangene Spiel war seit langer Zeit das erste friedliche, sodass F befürchtet, dass Aufenthaltsverbote für Fußballfans in Zukunft öfter erlassen werden. Diese Befürchtung wird durch die Pressemitteilung bestätigt, sodass eine Wiederholungsgefahr vorliegt und F ein Feststellungsinteresse hat.

IV. Klagebefugnis

Es ist umstritten, ob neben dem besonderen Feststellungsinteresse auch die Klagebefugnis nach § 42 II VwGO vorliegen muss. F ist als Adressat des belastenden Verwaltungsakts möglicherweise in seinem Recht auf Freizügigkeit aus Art. 11 I GG, mindestens aber in seiner allgemeinen Handlungsfreiheit aus Art. 2 I GG beeinträchtigt, so dass eine Entscheidung dahinstehen kann. 10

V. Vorverfahren

Da sich der Verwaltungsakt erst nach Klageerhebung erledigt hat, müssen zum Zeitpunkt der Erhebung der Anfechtungsklage alle Zulässigkeitsvoraussetzungen für diese vorliegen. Daher war ein Vorverfahren nach § 68 I 1 VwGO durchzuführen. F hat fristgemäß einen Anfechtungswiderspruch erhoben, der negativ beschieden wurde. Das Vorverfahren wurde damit ordnungsgemäß und erfolglos durchgeführt. 11

VI. Form und Frist

Laut Sachverhalt hat F die Form des § 82 VwGO gewahrt. Die Anfechtungsklage wurde einen Tag nach Zustellung des Widerspruchbescheids erhoben, sodass die Frist des § 74 I 1 VwGO ebenfalls eingehalten wurde. 12

VII. Klagegegner

Die Anfechtungsklage müsste nach § 78 I Nr. 1 VwGO gegen den Rechtsträger der handelnden Behörde gerichtet worden sein. Gehandelt hat nach §§ 31 III 1, 82 I HSOG, §§ 9 II 2, 66 I 1 HGO der Magistrat der Stadt Darmstadt als untere 13

Verwaltungsbehörde. Die Stadt Darmstadt ist damit nach § 78 I Nr. 1 VwGO analog der zuständige Klagegegner für die Fortsetzungsfeststellungsklage.

VIII. Beteiligten- und Prozessfähigkeit

14 Die Beteiligten- und Prozessfähigkeit des F als natürliche Person ergibt sich aus §§ 61 Nr. 1 Alt. 1, 62 I Nr. 1 VwGO. Die Stadt Darmstadt ist gemäß §§ 61 Nr. 1 Alt. 2, 62 III VwGO beteiligten- und prozessfähig.

IX. Zwischenergebnis

15 Mithin ist die Fortsetzungsfeststellungsklage zulässig.

B. Begründetheit

16 Die Klage ist gem. § 113 I 4 VwGO begründet, soweit der Verwaltungsakt rechtswidrig war und der Kläger dadurch in seinen Rechten verletzt ist.

I. Rechtswidrigkeit des Verwaltungsakts

17 Die Allgemeinverfügung müsste rechtswidrig sein. Das ist der Fall, wenn sie nicht auf einer verfassungskonformen Ermächtigungsgrundlage beruht oder sich formell oder materiell nicht in ihren Grenzen hält.

1. Ermächtigungsgrundlage

18 Als Ermächtigungsgrundlage wurde die polizeiliche Generalklausel des § 11 HSOG angegeben. Der Rückgriff auf die polizeiliche Generalklausel könnte aber durch eine speziellere Regelung gesperrt sein.[16] In Betracht kommen § 31 I HSOG (Platzverweis) und § 31 III 1 HSOG (Aufenthaltsverbot). Diese beiden Standardmaßnahmen unterscheiden sich durch ihren räumlichen und zeitlichen Anwendungsbereich. Ein Platzverweis untersagt typischerweise kurzfristig den Aufenthalt an einem eng umgrenzten Ort, das Aufenthaltsverbot wird regelmäßig für einen längeren Zeitraum (arg. ex § 31 III 4 HSOG) und einen größeren Bereich eingesetzt. Die Verfügung untersagt den Aufenthalt in einem großen Bereich des Stadtgebiets für die Zeit von Freitagabend bis Sonntagmorgen. Daher handelt es sich um ein Aufenthaltsverbot. § 31 III HSOG regelt das Aufenthaltsverbot als Maßnahme der Gefahrenabwehr abschließend.[17] Da hier ein Aufenthaltsverbot erlassen wurde, tritt die General-

---

16 S. zum Vorrang der Standardbefugnisse vor der Generalklausel Eisentraut, in: Eisentraut, Verwaltungsrecht in der Klausur, 2020, § 2 Rn. 1032; dazu auch Hecker, NVwZ 2016, 1301 (1302).

17 VG Darmstadt, Beschl. v. 28. 4. 2016, Az.: 3 L 642/16.DA, Rn. 9.

klausel des § 11 HSOG im Wege der Subsidiarität hinter die spezielleren Befugnisse zurück. Der § 31 III 1 HSOG ist eine abschließende Sonderregelung für alle polizeilichen Maßnahmen im Anwendungsbereich des Aufenthaltsverbots, d. h. für alle Maßnahmen, die auf eine in § 31 III 1 HSOG abschließend geregelte Rechtsfolge zielen.[18] Als Ermächtigungsgrundlage ist daher § 31 III 1 HSOG heranzuziehen. Dass die Maßnahme laut Sachverhalt ursprünglich auf § 11 HSOG gestützt wurde, ist unerheblich, da das Verwaltungsgericht eine sachlich unzutreffende Befugnisnorm durch die einschlägige ersetzen kann.[19]

2. Formelle Rechtmäßigkeit

Das Innenstadtverbot müsste formell rechtmäßig zustande gekommen sein. 19

a) Zuständigkeit

Es müsste die zuständige Behörde gehandelt haben. Nach § 31 III 1 HSOG sind 20
die Gefahrenabwehr- und Polizeibehörden zuständig. Gehandelt hat hier der Magistrat der Stadt Darmstadt. Er war als untere Verwaltungsbehörde nach §§ 31 III 1, 82 I HSOG, §§ 9 II 2, 66 I 1 HGO zuständig, da kein Eilfall vorlag.

b) Verfahren

Vor Erlass eines belastenden Verwaltungsakts ist der Adressat grundsätzlich 21
anzuhören, § 28 I HVwVfG.[20] Eine Anhörung der betroffenen Frankfurter Fans fand nicht statt. Bei dem Innenstadtverbot handelt es sich jedoch um eine personenbezogene Allgemeinverfügung gem. § 35 S. 2 Var. 1 HVwVfG, die sich an einen nach allgemeinen Merkmalen bestimmten oder bestimmbaren Adressatenkreis richtet. Deshalb durfte gem. § 28 II Nr. 4 HVwVfG von einer Anhörung abgesehen werden.

c) Begründung

Nach § 39 I HVwVfG müsste der Verwaltungsakt ordnungsgemäß begründet 22
worden sein. Dass in der Begründung eine falsche Ermächtigungsgrundlage angegeben war, schadet nicht, da § 39 I HVwVfG nur überhaupt eine, jedoch keine inhaltlich tragfähige Begründung verlangt.[21]

---

18   Schoch, in: Schoch, Besonderes Verwaltungsrecht, 15. Aufl. 2013, 2. Kap. Rn. 96.
19   M.w.N. Büscher, JA 2010, 791 (794).
20   Im Bundes-VwVfG findet sich eine entsprechende Regelung in § 28.
21   Schenke, JuS 2000, 230 (231); vgl. auch Pünder, in: Ehlers/Pünder, Allgemeines Verwaltungsrecht, 15. Aufl. 2016, § 14 Rn. 71.

d) Form

23 Das Aufenthaltsverbot müsste auch i.S.d. § 41 HVwVfG[22] ordnungsgemäß bekannt gegeben worden sein. Nach § 41 I 1 HVwVfG ist ein Verwaltungsakt grundsätzlich dem Adressaten bekannt zu geben. Dem F wurde die Verfügung zwar nicht individuell bekannt gegeben. § 41 III 2 HVwVfG sieht jedoch vor, dass Allgemeinverfügungen öffentlich bekannt gegeben werden dürfen, wenn die individuelle Bekanntgabe untunlich ist. Dies ist der Fall bei Unmöglichkeit oder wenn die Individualbekanntgabe mit besonderen Schwierigkeiten verbunden ist. Hier ist der Kreis der Betroffenen, nämlich die zum Hessenderby anreisenden Eintracht-Anhänger, im Vorhinein nicht feststellbar. Das Aufenthaltsverbot richtet sich an alle Fans der Eintracht, unabhängig von bereits verhängten Stadionverboten oder gekauften Karten. Daher war die Ermittlung aller Adressaten nicht möglich und die Allgemeinverfügung durfte öffentlich bekannt gegeben werden nach § 41 III 2 HVwVfG.

Gemäß § 41 IV HVwVfG müsste der verfügende Teil der Allgemeinverfügung ortsüblich bekannt gemacht worden sein. Fraglich ist, wie das Merkmal der Ortüblichkeit zu bestimmen ist. Eine Ansicht schlägt vor, aus Sicht des Adressatenkreises zu fragen, was ortsüblich ist. Sie begründet dies mit der Binnensystematik von § 41 HVwVfG, der die Bekanntgabe regelt. Da Fans der Eintracht vor allem außerhalb von Darmstadt wohnen, würde die bloße Veröffentlichung im „Darmstädter Echo" Fans im übrigen Hessen und in anderen Bundesländern nicht erreichen, sodass eine örtliche Tageszeitung das Kriterium der Ortsüblichkeit aus deren Sicht nicht erfüllen würde. Gegen diese Auslegung spricht jedoch ein systematischer Vergleich mit den §§ 67 I 5, 69 II 3, 74 V 2 HVwVfG, die für öffentliche Bekanntmachungen die Veröffentlichung im amtlichen Veröffentlichungsblatt der zuständigen Behörde und außerdem in örtlichen Tageszeitungen, die in dem Bereich verbreitet sind, in dem sich die Entscheidung voraussichtlich auswirken wird, vorschreiben. Daher ist die Ortsüblichkeit im Rahmen von § 41 IV HVwVfG so auszulegen, dass es allein auf die Üblichkeit bei der handelnden Behörde ankommt – auch dann, wenn sich die Entscheidung überörtlich auswirkt.[23] Daher genügt die Veröffentlichung im „Darmstädter Echo" der Form des § 41 IV HVwVfG.

---

22 Eine entsprechende Regelung findet sich auch in § 41 Bundes-VwVfG.
23 Froese, JuS 2017, 50 (54).

e) Zwischenergebnis

Folglich ist die Allgemeinverfügung formell rechtmäßig.   24

3. Materielle Rechtmäßigkeit

Das Aufenthaltsverbot müsste darüber hinaus auch materiell rechtmäßig sein.   25

a) Handlungsform

Zunächst ist fraglich, ob die Behörde das Aufenthaltsverbot überhaupt in der Form einer Allgemeinverfügung erlassen durfte. Der Wortlaut des § 31 III 1 HSOG spricht ausdrücklich von „einer Person" als Adressat der Maßnahme. Daher wird größtenteils die Zulässigkeit eines Aufenthaltsverbots durch Allgemeinverfügung abgelehnt.[24] Darüber hinaus ergibt eine teleologische Auslegung, dass die Norm auf die Verhinderung der Straftat durch eine bestimmte Person zielt. Die für Befugnis erforderliche Prognose muss daher bezogen auf ein Individuum und einen Einzelfall erfolgen. Dies ist unmöglich, wenn sich das Verbot von vornherein auf einen nicht eindeutig bestimmten, sondern lediglich bestimmbaren Personenkreis bezieht, wie dies hier der Fall ist.

b) Hilfsgutachterlich: Bestimmtheit, § 37 I HVwVfG

Das Aufenthaltsverbot müsste ferner hinreichend bestimmt sein, § 37 I   26 HVwVfG. Die Bestimmtheit verlangt, dass der Verwaltungsakt so präzise und konkret gefasst wird, dass der Adressat erkennen kann, wie er sich zu verhalten hat und die Behörden den Verwaltungsakt insbesondere vollstrecken können. Insbesondere müssen die Betroffenen erkennen, ob sie als Adressat der Maßnahme in Frage kommen. Bei einer personenbezogenen Allgemeinverfügung können die Adressaten naturgemäß nur nach allgemeinen Merkmalen bestimmt sein. Fraglich ist jedoch, ob die Umschreibung als „Anhänger/ Fans von Eintracht Frankfurt (erkennbar durch Fanbekleidung, Skandierung von Parolen und sonstigem Auftreten)" diese Voraussetzungen erfüllt. Hier wird nicht deutlich, ob der Klammerzusatz nur ein Identifizierungshinweis ist oder ob von vornherein nur solche Anhänger betroffen sein sollen, die in der beschriebenen Form nach außen hin erkennbar sind. Nach der Formulierung ist nicht ausgeschlossen, dass sich alle Eintracht-Fans angesprochen fühlen, auch wenn sie ihre Faneigenschaft nicht äußerlich zur Schau stellen. Das

---

24   Hornmann, in: Hornmann, HSOG, 2. Aufl. 2008, § 31 Rn. 66; Hecker, NVwZ 2016, 1301 (1302); Froese, JuS 2017, 50 (54); offen lassend: VG Darmstadt, Beschl. v. 28. 4. 2016, Az.: 3 L 642/16.DA, Rn. 9; Hebeler, JA 2016, 878 (880).

Tragen von Fanbekleidung und das Skandieren von Parolen mögen noch geeignete Kriterien sein, den betroffenen Adressatenkreis der Verfügung hinreichend deutlich abzugrenzen. Was jedoch mit „sonstigem Auftreten" gemeint ist, bleibt unklar.[25] Daher ist der Adressatenkreis des Verwaltungsakts nicht hinreichend bestimmt. Auch dies führt zur Rechtswidrigkeit der Allgemeinverfügung.

c) Hilfsgutachterlich: Tatbestand des § 31 III 1 HSOG

27 Darüber hinaus müsste der Tatbestand des Aufenthaltsverbots vorliegen. Nach § 31 III 1 HSOG kann einer Person vorübergehend das Betreten eines bestimmten örtlichen Bereichs verboten werden, wenn Tatsachen die Annahme rechtfertigen, dass sie dort Straftaten begehen wird.

aa) Adressat

28 Die Allgemeinverfügung richtet sich an alle Anhänger der Eintracht, die durch Fanbekleidung, Skandierung von Parolen oder sonstiges Auftreten zu erkennen sind. Das Aufenthaltsverbot richtet sich damit nicht gegen eine Person, sondern mehrere. Daher ist das Tatbestandsmerkmal „einer Person" nicht erfüllt, sodass die Allgemeinverfügung schon aus diesem Grund rechtswidrig ist.

bb) Eingriffsschwelle

29 Weiter müssten Tatsachen vorliegen, die die Annahme rechtfertigen, dass es in einem bestimmten örtlichen Bereich zu einer Straftat kommen wird. Dafür müssen konkrete Anhaltspunkte vorliegen, welche die Prognose erlauben, dass der Adressat der Verfügung an einem bestimmten Ort mit hinreichender Wahrscheinlichkeit eine Straftat begehen wird.[26] Dies ist jedoch nicht ersichtlich. Auch wenn polizeiliche Erkenntnisse zu gewaltbereiten Problemfans vorliegen, lässt dies nicht die Annahme zu, dass jeder Fan von Eintracht Frankfurt sich diesem Personenkreis zurechnen lässt. Es liegen darüber hinaus auch keine Anhaltspunkte vor, dass alle Eintracht-Fans per se gewaltbereit sind. Daher ist auch die erforderliche Eingriffsschwelle nicht gegeben.

---

25 VG Darmstadt, Beschl. v. 28. 4. 2016, Az.: 3 L 642/16.DA, Rn. 12.
26 Pieroth/Schlink/Kniesel, Polizei- und Ordnungsrecht, 9. Aufl. 2016, § 16 Rn. 25.

d) Hilfsgutachterlich: Ermessen

Ferner müsste der Magistrat in den Grenzen des ihm durch § 31 III 1 HSOG 30 eingeräumten Ermessens gehandelt haben, vgl. § 40 HVwVfG, § 114 1 VwGO. Die Allgemeinverfügung könnte insbesondere ermessensfehlerhaft sein, wenn das Aufenthaltsverbot nicht verhältnismäßig gem. § 4 HSOG wäre (Fall der Ermessensüberschreitung). Eine Maßnahme ist verhältnismäßig, wenn sie zur Erreichung eines legitimen Ziels geeignet, erforderlich und angemessen ist.

Die Verhinderung der Begehung von Straftaten, die anlässlich des Fußballspiels nicht ausgeschlossen sind, stellt zwar einen solchen legitimen Zweck dar.

Fraglich ist jedoch, ob das Aufenthaltsverbot auch geeignet ist. Dies ist deshalb nicht eindeutig, weil gewaltbereite Fans das Verbot umgehen könnten, indem sie auf das Tragen von Fanbekleidung verzichten und so nicht als Fans erkennbar sind. Darüber hinaus kann das Aufenthaltsverbot zu einer bloßen Verdrängung der Ausschreitungen außerhalb des Verbotsbereichs führen. Allerdings reicht für die Eignung des Verbots eine Förderung des Zwecks aus. Ein Aufeinandertreffen von Fans beider Mannschaften ist im Stadtgebiet am wahrscheinlichsten, sodass das Aufenthaltsgebot nicht ungeeignet ist, dort Auseinandersetzungen zu verhindern.[27]

Zweifelhaft ist jedoch die Erforderlichkeit des Aufenthaltsverbots angesichts der Größe des räumlichen Geltungsbereichs. Allein die Unkenntnis der Behörde über die konkreten Aufenthaltsorte der Fans dürfte nicht ausreichen, um die Ausdehnung auf einen derart großen Teil des Stadtgebiets zu rechtfertigen. Als milderes Mittel käme hier insbesondere die Begrenzung des Aufenthaltsverbots auf ein kleineres Gebiet in Darmstadt mit besonderem Bezug zur Gefahr, etwa der Bereich ums Stadion, den Bahnhof oder der Weg zwischen beiden Orten in Betracht.

Im Rahmen der Angemessenheit ist zu berücksichtigen, ob die Betroffenen in ihren Grundrechten beeinträchtigt werden. Es ist umstritten, ob ein Aufenthaltsverbot in das Grundrecht auf Freizügigkeit aus Art. 11 I GG oder nur in die allgemeine Handlungsfreiheit aus Art. 2 I GG eingreift.[28] Kriterien für die Abgrenzung sind insbesondere die Persönlichkeitsrelevanz des Aufenthaltsbestimmungsrechts in der konkreten Situation, die zeitliche Dauer und ört-

---

27 VG Darmstadt, Beschl. v. 28. 4. 2016, Az.: 3 L 642/16.DA, Rn. 14 f.

28 Näher Pieroth/Schlink/Kniesel, Polizei- und Ordnungsrecht, 9. Aufl. 2016, § 16 Rn. 21.

liche Reichweite.[29] Bei einem Aufenthaltsverbot von insgesamt 36 Stunden am Stück für einen großen Teil des Darmstädter Stadtgebiets während eines für Fans sehr wichtigen Fußballspiels lässt sich ein Eingriff in die Freizügigkeit gut begründen (a.A. vertretbar).

Für einen gewichtigen Eingriff in die Rechte der Betroffenen spricht daher, dass das Spezialgrundrecht aus Art. 11 I GG betroffen ist. Außerdem werden Personen mit einem Aufenthaltsverbot belegt, die bisher nicht gewalttätig geworden sind und dies auch nicht werden wollen. Es werden mithin Personen in Anspruch genommen, die keine Verhaltensstörer i.S.d. § 6 HSOG sind. Die Behörden müssten vielmehr durch entsprechende Einzelmaßnahmen gegen solche Fans vorgehen, die tatsächlich auffällig geworden sind.

e) Zwischenergebnis

31 Das Aufenthaltsverbot war nicht angemessen und damit nicht verhältnismäßig.

4. Zwischenergebnis

32 Die Allgemeinverfügung war aus einer Vielzahl von Gründen rechtswidrig.

II. Verletzung in eigenen Rechten

33 Die rechtswidrige Allgemeinverfügung verletzt den F auch in seinem Recht auf Freizügigkeit sowie jedenfalls in seiner allgemeinen Handlungsfreiheit.

C. Ergebnis

34 Die Klage des F ist zulässig und begründet, sie hat daher Aussicht auf Erfolg.

---

29 Zu den Kriterien zur Bestimmung des Schutzbereichs von Art. 11 I GG Durner, *in:* Maunz/ Dürig, *GG*, 85. EL, Stand: November 2018, Art. 11 Rn. 77 ff.

FALL 7: FORTSETZUNGSFESTSTELLUNGSKLAGE GEGEN DIE UNTERSAGUNG EINES POLITISCHEN STRASSENTHEATERS (JUDITH SIKORA)

Der Fall ist angelehnt an Hessischen VGH, Urt. v. 17. 3. 2011, Az.: 8 A 1188/10 = 35
NVwZ-RR 2011, 519 ff.

Lernziele/Schwerpunkte: Fortsetzungsfeststellungsklage, Versammlungsfrei- 36
heit, Kunstfreiheit, Vorfeldmaßnahmen, Minusmaßnahmen, verfassungskon-
forme Auslegung

Sachverhalt

Vor dem Haupteingang der C-Bank in Frankfurt a.M. veranstaltete A mit 37
weiteren Teilnehmern eine ordnungsgemäß angemeldete „Kundgebung mit
Kunstbeitrag" zum Thema „Frieden und Sicherheit". Die Versammlung sollte
an einem Donnerstag von 11 – 14 Uhr stattfinden. Im Anmeldeformular hatte A
unter „Sonstiges" angegeben: „2 Kostüme, Attrappen, Informationen". Einen
Auflagenbescheid erhielt A nicht. Um ihrer Kritik am Einsatz der Bundeswehr
zum Schutz wirtschaftlicher Interessen Nachdruck zu verleihen, stellte sich A
zusammen mit dem Teilnehmer B in Bundeswehr-Kampfanzügen mit Ge-
fechtshelmen und Sturmgewehrattrappen als „Wachposten" vor den Eingang
der Bank. Die anderen Teilnehmer verteilten unterdessen im „Banker-Habitus"
Flugblätter, die sich kritisch mit der Zusammenarbeit zwischen Wirtschaft,
Politik und Bundeswehr zum „Bankenschutz" auseinandersetzen. Nach etwa
15 bis 20 Minuten wurden A und B von zwei Polizisten angesprochen und
darauf hingewiesen, dass das öffentliche Tragen von Anscheinswaffen gegen
das Waffengesetz verstoße. Daher müssten die Gewehrattrappen beschlagnahmt oder so verstaut werden, dass sie für Passanten nicht sichtbar seien. Als
A und B protestierten und auf die Bedeutung der Waffenattrappen für ihren
Kunstbeitrag hinwiesen, erklärten die Polizisten, dass die Waffen täuschend
echt aussähen und die Passanten und Bankangestellten beunruhigten. Sie
seien von besorgten Umstehenden gefragt worden, „was denn die Bundeswehr
hier mache". Daraufhin erließen sie „eine beschränkende Verfügung nach
Versammlungsgesetz", in der das öffentliche Führen der Anscheinswaffen
untersagt wurde. Schließlich verpackten A und B die Waffenattrappen und
verließen den Platz.

A fühlt sich in ihrer Versammlungs- und Kunstfreiheit verletzt. Weil sie in Zukunft vergleichbare Aktionen vor anderen Banken plant und mit erneuten Verhinderungen durch die Polizei rechnet, erhebt sie beim örtlichen Verwaltungsgericht eine „Feststellungsklage". Es könne nicht angehen, dass die Sturmgewehrattrappen als Bestandteil ihres Kunstbeitrags von der Polizei beschlagnahmt werden dürfen. Bei Theateraufführungen würden sonst auch Waffenattrappen verwendet. Außerdem mangele es schon an einer Rechtsgrundlage; das Versammlungsgesetz kenne keine Befugnis zur Beschlagnahme von Gegenständen.

Die Polizei beruft sich demgegenüber auf den drohenden Verstoß gegen das Waffengesetz, der abgewendet werden sollte. Mit der Untersagung sei das mildeste Mittel gewählt worden. Alternativ hätte A aus der Versammlung ausgeschlossen und die Anscheinswaffe nach allgemeinem Polizeirecht beschlagnahmt werden können. So habe man der Versammlungsfreiheit der A hinreichend Rechnung getragen. Auf deren Kunstfreiheit komme es schon deswegen nicht an, weil die vor Ort anwesenden Polizeibeamten häufig bei unübersichtlichen Sachverhalten unter Zeitdruck handeln müssten und sich nicht erst die Darstellungen anschauen könnten, um zu entscheiden, ob sie verfassungsrechtlich geschützte Kunst seien. Überdies seien sie Polizisten und keine Kunstsachverständigen.

Beurteilen Sie die Erfolgsaussichten der Klage der A!

Bearbeiter*innenvermerk: Es ist davon auszugehen, dass die zuständige Behörde gehandelt hat. Für die Lösung ist auf das VersG des Bundes sowie auf die polizeiliche Generalklausel des Landes Hessen abzustellen. Auf § 42a Waffengesetz (*Sartorius* Nr. 820) wird hingewiesen.

§ 42a WaffG

Verbot des Führens von Anscheinswaffen und bestimmten tragbaren Gegenständen

(1) Es ist verboten

1. Anscheinswaffen,

2. Hieb- und Stoßwaffen nach Anlage 1 Abschnitt 1 Unterabschnitt 2 Nr. 1.1 oder

3. Messer mit einhändig feststellbarer Klinge (Einhandmesser) oder feststehende Messer mit einer Klingenlänge über 12 cm zu führen.

(2) Absatz 1 gilt nicht

1. für die Verwendung bei Foto-, Film- oder Fernsehaufnahmen oder Theateraufführungen,

2. für den Transport in einem verschlossenen Behältnis.

3. für das Führen der Gegenstände nach Absatz 1 Nr. 2 und 3, sofern ein berechtigtes Interesse vorliegt. Weitergehende Regelungen bleiben unberührt. [...]

§ 11 HSOG

Die Gefahrenabwehr- und die Polizeibehörden können die erforderlichen Maßnahmen treffen, um eine im einzelnen Falle bestehende Gefahr für die öffentliche Sicherheit oder Ordnung (Gefahr) abzuwehren, soweit nicht die folgenden Vorschriften die Befugnisse der Gefahrenabwehr- und der Polizeibehörden besonders regeln.

Lösungsgliederung

Lösungsvorschlag

Ob die Klage der A Aussicht auf Erfolg hat, hängt davon ab, ob sie zulässig und begründet ist. 39

A. Zulässigkeit
Die erhobene Klage müsste zulässig sein. 40

I. Eröffnung des Verwaltungsrechtswegs
Zunächst müsste der Verwaltungsrechtsweg eröffnet sein. Mangels aufdrän- 41 gender Zuweisung an den Verwaltungsrechtsweg ist dafür auf die General-klausel des § 40 I 1 VwGO abzustellen. § 40 I 1 VwGO eröffnet diesen für öf-fentlich-rechtliche Streitigkeiten nichtverfassungsrechtlicher Art, soweit keine abdrängende Zuweisung vorliegt. Nach der modifizierten Subjektstheorie ist eine Streitigkeit eine solche des öffentlichen Rechts, wenn die streitent-scheidenden Normen dem Öffentlichen Recht zuzuordnen sind. Die für die Einordnung als öffentlich-rechtliche Streitigkeit maßgeblichen streitent-scheidenden Normen sind solche des öffentlichen Rechts (VersG, HSOG), weil sie die Polizei in ihrer spezifischen Funktion als Hoheitsträger berechtigen. Mangels doppelter Verfassungsunmittelbarkeit liegt keine verfassungsrecht-liche Streitigkeit vor. Die abdrängende Sonderzuweisung an die ordentlichen Gerichte nach § 23 EGGVG ist nicht einschlägig, da die Polizei nicht repressiv, also zur Ahndung eines (vermeintlichen) Verstoßes gegen § 42a WaffG, son-dern vielmehr präventiv zu dessen Verhinderung tätig wurde. Der Verwal-tungsrechtsweg ist daher eröffnet.

II. Statthafte Klageart
Die statthafte Klageart richtet sich nach dem klägerischen Begehren, § 88 42 VwGO. A begehrt im Wege einer „Feststellungsklage", dass die „beschränkende Verfügung nach Versammlungsgesetz" für rechtswidrig befunden wird. Die Feststellungsklage nach § 43 I VwGO dient v. a. der Feststellung des Bestehens oder Nichtbestehens eines Rechtsverhältnisses. Dieses wird zwar weit ver-standen, nämlich als die sich aus einem konkreten Sachverhalt ergebende öffentlich-rechtliche Beziehung einer Person zu einer anderen Person oder zu einer Sache. Jedoch ist die Feststellungsklage nach § 43 II VwGO subsidiär gegenüber anderen Klagearten.

Vorrangig könnte eine Fortsetzungsfeststellungsklage nach § 113 I 4 VwGO sein. Dafür müsste sich ein Verwaltungsakt nach Klageerhebung erledigt haben. Die Verfügung mit dem Regelungsinhalt, keine Anscheinswaffen öffentlich zu führen, ist als Verwaltungsakt i.S.d. § 35 S. 1 VwVfG zu qualifizieren.[30] Ein Verwaltungsakt ist erledigt, wenn die mit ihm verbundene Beschwer weggefallen ist und die gerichtliche Aufhebung des Verwaltungsakts sinnlos wäre. Dieser erledigte sich mit Beendigung der Veranstaltung, als A und B den Platz verließen. Die Erledigung ist daher nicht nach, sondern vor Klageerhebung eingetreten. Aus der systematischen Stellung des § 113 I 4 VwGO im 10. Abschnitt der VwGO – Urteile und andere Entscheidungen – sowie dem Wortlaut von § 113 I 4 VwGO „vorher" ergibt sich, dass sich die Norm nur auf die Konstellation bezieht, in der sich ein Verwaltungsakt nach Klageerhebung, aber vor Verkündung des Urteils erledigt. Da die direkte Anwendung ausscheidet, ist über eine Analogie nachzudenken. Eine Analogie setzt eine vergleichbare Interessenlage und eine planwidrige Regelungslücke voraus. Die planwidrige Regelungslücke wird bestritten, da der Gesetzgeber die Feststellungsklage als Auffangtatbestand vorgesehen habe. Allerdings ist der Zeitpunkt der Erledigung häufig zufällig, sodass es vor dem Hintergrund des durch Art. 19 IV GG gebotenen Rechtsschutzes als unzulässig erscheint, den Kläger auf eine andere Klageart zu verweisen. Gerade in den Konstellationen der sich typischerweise sofort erledigenden Polizeiverfügungen hat der Betroffene häufig gar keine Möglichkeit, mit der Anfechtungsklage gegen den Verwaltungsakt vorzugehen, sodass § 113 I 4 VwGO analog angewandt wird. Daher ist die Fortsetzungsfeststellungsklage analog § 113 I 4 VwGO die statthafte Klageart. Der Vorsitzende wird nach § 86 III VwGO auf die Umstellung des Klageantrags hinwirken.

III. Feststellungsinteresse

43 Nach § 113 I 4 VwGO analog muss der Kläger ein berechtigtes Interesse an der Feststellung der Rechtswidrigkeit des Verwaltungsakt haben. Es genügt jedes nach vernünftigen Erwägungen schutzwürdige Interesse rechtlicher, wirtschaftlicher oder ideeller Art. Ein Feststellungsinteresse wird regelmäßig in folgenden Fallgruppen bejaht: konkrete Wiederholungsgefahr, Rehabilitationsinteresse, präjudizielle Wirkung, tiefgreifende oder sich typischerweise kurzfristig erledigende Grundrechtseingriffe.

---

30 Nach h.M. ist bei der Bestimmung der statthaften Klageart auf die bundesrechtliche Norm des VwVfG abzustellen, s. Milker, in: Eisentraut, Verwaltungsrecht in der Klausur, 2020, § 2 Rn. 10.

Ein Feststellungsinteresse könnte hier unter dem Gesichtspunkt der Wiederholungsgefahr bestehen. Dafür ist die hinreichend bestimmte Gefahr erforderlich, dass unter im Wesentlichen unveränderten tatsächlichen und rechtlichen Umständen ein gleichartiger Verwaltungsakt ergehen wird. A behauptet, ähnliche Aktionen mit Waffenattrappen vor anderen Banken durchführen zu wollen. Es ist wahrscheinlich, dass die Polizei dagegen in vergleichbarer Weise vorgehen wird. Weiter ergibt sich ein Feststellungsinteresse bei sich typischerweise kurzfristig erledigenden Grundrechtseingriffen, hier in Art. 8 I und Art. 5 III GG, aus Art. 19 IV GG. Angesichts der kurzen Zeitspanne zwischen Erlass und Erledigung des Verwaltungsakts konnte A keinen wirksamen Rechtsschutz erlangen. Schließlich kann ein Feststellungsinteresse auch aus einem Rehabilitationsinteresse der A angesichts des öffentlichkeitswirksamen Grundrechtseingriffs abgeleitet werden.

IV. Klagebefugnis

Es ist umstritten, ob neben dem besonderen Feststellungsinteresse auch die Klagebefugnis nach § 42 II VwGO vorliegen muss. A kann als Adressatin des belastenden Verwaltungsakts jedenfalls die Möglichkeit einer Verletzung in ihren Grundrechten aus Art. 8 I und Art. 5 III GG geltend machen, so dass eine Entscheidung dahinstehen kann. 44

V. Vorverfahren

Fraglich ist, ob ein Widerspruchsverfahren durchgeführt werden muss, wenn der Verwaltungsakt vor Klageerhebung unwirksam geworden ist.[31] Hintergrund ist, dass die Fortsetzungsfeststellungsklage als fortgesetzte Anfechtungsklage nicht dazu verwendet werden darf, die Zulässigkeitsvoraussetzungen der Anfechtungsklage zu umgehen. Deshalb ist eine Fortsetzungsfeststellungsklage unzulässig, wenn eine Anfechtungsklage im Zeitpunkt der Erledigung des Verwaltungsakts unzulässig gewesen wäre. Eine Ansicht vertritt, dass auch gegen einen vor Klageerhebung erledigten Verwaltungsakt ein Widerspruch eingelegt werden müsse. Dies lehnt die überwiegende Ansicht ab, da die VwGO keinen „Verpflichtungswiderspruch" kenne.[32] Auch können die Zwecke des Widerspruchverfahrens nur begrenzt erfüllt werden, da es dem Betroffenen gerade auf den gerichtlichen Ausspruch 45

---

31 Näher zu diesem Problem Braun, in: Eisentraut, Verwaltungsrecht in der Klausur, § 4 Rn. 37.
32 Näher Detterbeck, Allgemeines Verwaltungsrecht, 17. Aufl. 2019, § 32 Rn. 1428 ff.

der Rechtswidrigkeit des Verwaltungsverfahrens ankomme. Daher ist kein Vorverfahren zu fordern, sodass die Voraussetzung nicht erfüllt sein muss.

VI. Klagefrist

46 Ebenfalls umstritten ist, ob eine Fortsetzungsfeststellungsklage bei vorprozessualer Erledigung des Verwaltungsakts fristgebunden ist.[33] Eine Fortsetzungsfeststellungsklage ist unstreitig unzulässig, wenn im Zeitpunkt der Erledigung des Verwaltungsakts eine bereits anhängige Klage unzulässig war oder die Klageerhebung bei Hinwegdenken der Erledigung unzulässig wäre. Umstritten ist lediglich der vorliegende Fall, dass im Zeitpunkt der Erledigung des Verwaltungsakts eine Anfechtungsklage noch nicht anhängig war, aber in zulässiger Weise hätte erhoben werden können.

Nach einer Ansicht ist eine Fortsetzungsfeststellungsklage fristgebunden. Allerdings ist innerhalb dieser Auffassung unklar, auf welchen Zeitpunkt für den Beginn der Fristberechnung abzustellen ist, also ob es auf den Zeitpunkt der Bekanntgabe des Verwaltungsakts oder auf den Zeitpunkt der Erledigung ankommt. Dies zeigt bereits, dass diese Ansicht problematisch ist. Die andere Auffassung, die eine Fristbindung ablehnt, stützt sich darauf, dass die Fortsetzungsfeststellungsklage ihrer Rechtsnatur nach keine Anfechtungsklage, sondern eine Feststellungsklage ist, die generell nicht fristgebunden ist. Es sind auch keine Gründe der Rechtssicherheit und des Vertrauensschutzes erkennbar, die dafür sprechen, bei einem vor Eintritt der Bestandskraft erledigten Verwaltungsakt nur fristgebundene Rechtsbehelfe zuzulassen. Davon unabhängig ist aber die „Verwirkung" des Klagerechts, die regelmäßig mit Ablauf der Jahresfrist angenommen wird.

Die Klage der A ist daher nicht fristgebunden.

VII. Klagegegner

47 Analog § 78 I Nr. 1 VwGO ist die Klage gegen den Rechtsträger der handelnden Behörde zu richten. Dies ist das Land Hessen als Träger der Polizeibehörden (vgl. § 91 I HSOG).

---

33 Näher zu diesem Problem Stockebrandt, in: Eisentraut, Verwaltungsrecht in der Klausur, § 4 Rn. 40 ff.

VIII. Beteiligten- und Prozessfähigkeit

Die in § 63 VwGO Genannten müssten beteiligtenfähig sein. Die Klägerin A ist 48
als natürliche Person nach § 61 Nr. 1 Alt. 1 VwGO beteiligtenfähig. Die Polizeibehörde als solche ist nicht beteiligtenfähig, da der hessische Landesgesetzgeber von der Ermächtigung in § 61 Nr. 3 VwGO keinen Gebrauch gemacht
hat. Beteiligtenfähig ist aber ihr Rechtsträger, also das Land Hessen nach § 61
Nr. 1 Alt. 2 VwGO.

Die Prozessfähigkeit der A ergibt sich aus § 62 I Nr. 1 VwGO, die des beklagten
Landes aus § 62 III VwGO.

IX. Rechtsschutzbedürfnis

Anhaltspunkte, die gegen das Vorliegen des Rechtsschutzbedürfnisses spre- 49
chen, wie insbesondere die Verwirkung, sind nicht ersichtlich.

X. Zwischenergebnis

Die Fortsetzungsfeststellungsklage der A ist daher zulässig.   50

B. Begründetheit

Die Klage ist analog § 113 I 4 VwGO begründet, wenn der angegriffene Ver- 51
waltungsakt rechtswidrig war und A dadurch in ihren Rechten verletzt wurde.

I. Rechtswidrigkeit des Verwaltungsakts

1. Ermächtigungsgrundlage

Als Grundrechtseingriff bedarf die polizeiliche Maßnahme einer gesetzlichen 52
Ermächtigung. Mangels einer speziellen Norm, die die Beschränkung des öffentlichen Führens von Anscheinswaffen regelt, könnte die Verfügung auf die
Generalklausel des § 11 HSOG gestützt sein. Dem könnte aber die Sperrwirkung des VersG als spezielles Gefahrenabwehrrecht entgegenstehen.

a) Sperrwirkung des VersG

Womöglich sperrt das VersG des Bundes die Anwendbarkeit des landes- 53
rechtlichen Polizei- und Ordnungsrechts (sog. Polizeifestigkeit des Versammlungsrechts).

aa) Verfassungsmäßigkeit des VersG

Dazu müsste das VersG überhaupt anwendbar sein, also gültiges Gesetzes- 54
recht sein. Zweifel könnten an der formellen Verfassungsmäßigkeit des bun-

desrechtlichen VersG bestehen, weil der Bund im Zuge der Föderalismusreform I die Gesetzgebungskompetenz für das Versammlungsrecht verloren hat. Das bundesrechtliche Versammlungsgesetz gilt gem. Art. 125a I GG aber in den Bundesländern fort, die noch kein eigenes Versammlungsgesetz erlassen haben. Dies ist bislang nur in Bayern, Niedersachsen, Sachsen, Sachsen-Anhalt und Schleswig-Holstein geschehen, so dass in Hessen das VersG des Bundes Anwendung findet.

bb) Anwendungsbereich des VersG

55 Die Sperrwirkung des VersG gegenüber dem Polizeirecht setzt zunächst voraus, dass dessen Anwendungsbereich eröffnet ist. Ausweislich seines § 1 gilt das VersG für öffentliche Versammlungen. Dem VersG liegt ein enger Versammlungsbegriff zugrunde.[34] Eine Versammlung ist die örtliche Zusammenkunft mehrerer Personen, die auf die Teilhabe an der öffentlichen Meinungsbildung und -kundgabe gerichtet ist. A und ihre Mitstreiter wollen die Öffentlichkeit über die Zusammenarbeit zwischen Wirtschaft, Politik und Bundeswehr zur Gewährleistung der Sicherheit für Industrie und Finanzmärkte informieren und eine kritische Auseinandersetzung anregen. Möglicherweise stellt die „Kundgabe mit Kunstcharakter" dennoch keine Versammlung dar, wenn die Verwendung der Waffenattrappen die Unfriedlichkeit der Versammlung begründet. Zwar sehen die von A und B mitgeführten Sturmgewehrattrappen täuschend echt aus, sind aber funktionsunfähig und unterfallen daher nicht dem Waffenbegriff des § 1 WaffG. Zwar sind auch solche Gegenstände Waffen, die objektiv dazu geeignet sind, Verletzungen herbeizuführen und zu diesem Zweck mitgeführt werden. Potentiell kann aber fast jeder Gegenstand zur Verstärkung eines Schlags verwendet werden, etwa auch ein Schuh oder Gürtel, daher sollte der Waffenbegriff nicht zu weit gefasst werden, um den Schutzbereich der Versammlungsfreiheit nicht übermäßig einzuengen. Die Gewehrattrappen sind daher keine Waffen, die die Versammlung als unfriedlich erscheinen lassen. Selbst wenn man die bloßen Waffenattrappen als Waffen i.S.d. § 1 WaffG einordnen und die Schutzbereichseröffnung des Art. 8 I GG verneinen würde, bedeutet dies nicht, dass die Kundgabe zugleich aus dem Anwendungsbereich des VersG herausfällt: Der Versammlungsbegriff des § 1 VersG ist an dieser Stelle weiter gefasst als der des Art. 8 I GG, er schließt unfriedliche Versammlungen mit Waffen nicht aus. Die Kundgabe stellt daher eine Ver-

---

34 Näher Eickenjäger, in: Eisentraut, Verwaltungsrecht in der Klausur, 2020, § 2 Rn. 1151 ff.

sammlung nach Versammlungsgesetz dar. Diese müsste öffentlich sein, d. h. die Teilnahme dürfte nicht auf einen bestimmten Personenkreis begrenzt sein, sondern müsste jedem offenstehen. Zwar sind nur die sieben Personen, die sich als Bundeswehrsoldaten verkleiden oder Flugblätter verteilen, „aktive" Teilnehmer. Jedoch ist die Gestaltungsform auf die Einbeziehung Unbeteiligter gerichtet, etwa durch Gespräche und Diskussionen, die sich anlässlich des Kunstbeitrags und der Informationen ergeben. Daher ist die Versammlung auch öffentlich. Der Anwendungsbereich des VersG ist damit eröffnet, so dass es grundsätzlich Sperrwirkung entfaltet.

cc) Versammlungsausschluss

Ein Rückgriff auf allgemeines Polizeirecht wäre ausnahmsweise möglich, 56 wenn A und B nach § 18 III VersG von der Versammlung ausgeschlossen worden wären. Der Versammlungsausschluss verbietet als belastender Verwaltungsakt einzelnen Personen die weitere Teilnahme an der Versammlung und entzieht ihnen damit den versammlungsrechtlichen Schutz der Teilnahme, so dass Maßnahmen auf das allgemeine Gefahrenabwehrrecht gestützt werden können. Wegen der gravierenden Folgen werden an die Bestimmtheit des Verwaltungsakts i.S.d. § 37 I HVwVfG[35] ebenso hohe Anforderungen gestellt wie an eine Auflösung. Einem Versammlungsteilnehmer muss hinreichend und unmissverständlich verdeutlicht werden, dass gerade er von der Versammlung ausgeschlossen wird. Es muss ihm klar sein, dass er sich nicht mehr auf die Versammlungsfreiheit berufen kann und er sich aus der Versammlung zu entfernen hat. Die Polizisten untersagten A und B das öffentliche Führen der Gewehrattrappen bzw. forderten sie dazu auf, diese für Passanten nicht sichtbar zu verstauen. Sie reglementierten nur die Art und Weise der weiteren Teilnahme an der Veranstaltung, verboten aber nicht die Teilnahme als solche. Darin kann keine Ausschlussverfügung gesehen werden, selbst wenn man einen konkludenten Ausschluss zulässt. Zudem wäre der Tatbestand des § 18 III VersG nicht erfüllt. Dieser setzt voraus, dass die Teilnehmer die Ordnung gröblich stören. Darunter ist ein Verhalten zu verstehen, dass eine schwere Beeinträchtigung des Verlaufs der Versammlung selbst darstellt. Dies ist abzulehnen, weil A und B sich durch das Zeigen der Anscheinswaffen an den geplanten Verlauf der Versammlung hielten. Dies ent-

---

35 Bitte hier eine Fn. ergänzen: Hessen hat ein eigenständiges VwVfG erlassen, wobei die Normen im Wesentlichen mit denen des VwVfG des Bundes übereinstimmen. Zur Anwendbarkeit des Landesrechts näher Senders, in: Eisentraut, Verwaltungsrecht in der Klausur, 2020, § 2 Rn. 621.

spricht auch dem Zweck des § 18 III VersG, der den geordneten Ablauf der Versammlung schützt, nicht aber Rechtsgüter Unbeteiligter, öffentliche Einrichtungen oder die objektive Rechtsordnung in Form des § 42a I Nr. 1 WaffG.

dd) Zwischenergebnis

57 Daher greift die Sperrwirkung des VersG grundsätzlich ein.

b) Zulässigkeit von sog. Minusmaßnahmen

58 Das VersG nennt explizit drei Arten von Maßnahmen gegenüber öffentlichen Versammlungen unter freiem Himmel: Das Verbot, die Auflage und die Auflösung. Da die Versammlung nicht untersagt, sondern nur eingeschränkt wurde, könnte die Verfügung eine Auflage nach § 15 I VersG darstellen. Diese ist – anders als die Auflage i.S.d. § 36 II Nr. 4 HVwVfG – keine Nebenbestimmung zu einem begünstigenden Verwaltungsakt, sondern ein eigenständiger Verwaltungsakt. Fraglich ist, ob Auflagen auch nach Beginn der Versammlung, d. h. nach Eintritt der Sperrwirkung des Versammlungsrechts erlassen werden können.

Eine Ansicht lässt aufgrund der Sperrwirkung des Versammlungsrechts und des engen Wortlauts von § 15 VersG nur Verbot, Auflage und Auflösung nach Beginn der Versammlung zu.

Die überwiegende Ansicht bejaht die Zulässigkeit von Maßnahmen, die über den Katalog von § 15 I VersG hinausgehen. Es bestehe ein rechtspraktisches Bedürfnis, der Polizei auch nach Beginn einer Versammlung andere Rechtsinstrumente als die Auflösung an die Hand zu geben. Umstände, die die öffentliche Sicherheit und Ordnung unmittelbar gefährden, können auch erst nach Versammlungsbeginn erkennbar werden; dann dürfe die Polizei nicht zur Untätigkeit verurteilt werden. Das gilt umso mehr, als dass die Auflösung aus Verhältnismäßigkeitsgründen nur ultima ratio sein darf. Die Zulässigkeit sog. Minusmaßnahmen[36] wird weiter mit einem argumentum a maiore ad minus begründet: Beschränkungen einer Versammlung stellen im Vergleich zur Auflösung einen weniger schwerwiegenden Eingriff dar. Wenn also die Voraussetzungen für die Auflösung der Versammlung vorliegen, müssen erst recht weniger belastende Beschränkungen der Versammlungsfreiheit zulässig sein.

---

36 Dazu auch Eickenjäger, in: Eisentraut, Verwaltungsrecht in der Klausur, § 2 Rn. 1164 sowie Eisentraut, a.a.O., § 2 Rn. 1040.

Daher ist die erste Ansicht abzulehnen und Minusmaßnahmen grundsätzlich zuzulassen.

c) Ermächtigungsgrundlage für sog. Minusmaßnahmen

Fraglich ist aber, auf welche Ermächtigungsgrundlage diese „Minusmaßnah- 59
men" gestützt werden können.

aa) Meinung 1: § 15 I VersG

Eine Ansicht legt § 15 I VersG dahingehend aus, dass Auflagen auch nach 60
Beginn der Versammlung erlassen werden könnten. Der genaue Wortlaut lasse
dies zu.

Dies wird aufgrund der Systematik des § 15 VersG abgelehnt. Im ersten und
zweiten Absatz werden demnach die „Vorfeldmaßnahmen" abschließend
geregelt, nach Beginn der Versammlung kann sie nur noch aufgelöst werden.
Ansonsten wäre § 15 III VersG überflüssig, weil sich nachträgliche Verbote,
d. h. Auflösungen, ebenso auf § 15 I VersG stützen ließen wie nachträgliche
Auflagen. Daher wird mit der zweiten Ansicht der Erlass von Auflagen nach
Versammlungsbeginn abgelehnt. § 15 I VersG ist daher keine taugliche
Rechtsgrundlage.

bb) Meinung 2: § 15 III VersG

Eine andere Ansicht stützt Minusmaßnahmen auf § 15 III VersG i.V.m. dem 61
jeweiligen Polizeigesetz. Mangels Spezialregelung sei das allgemeine Polizeirecht anzuwenden. Um den besonderen Schutz des Art. 8 GG nicht zu umgehen, müssten aber die Anforderungen des § 15 III VersG, insbesondere das
Erfordernis einer unmittelbaren Gefahr, in die jeweilige polizeirechtliche
Norm hineingelesen werden. Gegen diese Kombination aus Bundesver-
sammlungsrecht und Landespolizeirecht spricht die aus den unterschiedlichen Polizeigesetzen resultierende uneinheitliche Auslegung des VersG.

cc) Meinung 3: § 15 III 3 i.V.m. § 15 I VersG

Minusmaßnahmen finden ihre Grundlage nach der anderen Ansicht in § 15 III 62
3 i.V.m. § 15 I VersG. Die Bezugnahme in § 15 III VersG auf die Verbotsvor-
aussetzungen des ersten Absatzes bezögen diese Verweisung mit der Folge ein,
dass die zuständige Behörde sich zur Gefahrenabwehr aller ihr nach gelten-
dem Recht zustehenden polizeilichen Befugnisse bedienen kann und im
konkreten Fall das Mittel einzusetzen hat, das sich angesichts der konkreten
Gefahrenlage als zur Beseitigung der Gefahr geeignet, erforderlich und ver-

hältnismäßig erweist. Dabei wird § 15 I VersG als Rechtsfolgenverweis auf die nach Landesrecht bestehenden polizeilichen Eingriffsbefugnisse verstanden, so dass das Problem der uneinheitlichen Auslegung umgangen wird. Die Kombination aus § 15 III und § 15 I ist zudem vorzugswürdig, weil sie dem Vorbehalt des Gesetzes und dem rechtsstaatlichen Bestimmtheitsgebot eher Rechnung trägt.

d) Zwischenergebnis

63 Damit ist als Ermächtigungsgrundlage § 15 III i.V.m. § 15 I VersG heranzuziehen. Deren Anforderungen muss die Verfügung in formeller und materieller Hinsicht erfüllen.

2. Formelle Rechtmäßigkeit

a) Zuständigkeit

64 Gehandelt hat die Polizeibehörde. Diese müsste zuständig gewesen sein. Gem. § 89 I 1 HSOG i.V.m. § 1 S. 1 Nr. 1 HSOG-DVO, §§ 89 II 1, 85 I 1 Nr. 4 HSOG ist die allgemeine Ordnungsbehörde, d. h. der Oberbürgermeister der Stadt Frankfurt, als Versammlungsbehörde zuständig. Die Zuständigkeit der Polizeibehörde könnte sich aber aus der Eilfallkompetenz des § 2 S. 1 HSOG ergeben. Dazu müsste die Gefahrenabwehr durch andere Behörden als nicht oder nicht rechtzeitig möglich erscheinen. An diesem Donnerstagmittag sind keine Anhaltspunkte ersichtlich, warum die Benachrichtigung und ein anschließendes Tätigwerden der Versammlungsbehörde nicht möglich sein soll. Ein dringendes Einschreiten ergibt sich auch nicht daraus, dass A dem äußeren Anschein nach einer bewaffneten Bundeswehrsoldatin täuschend ähnlich gewesen sein soll und Passanten verunsicherte. Auch die Irritation der Bankangestellten stellt keine unmittelbar drohende erhebliche Gefahr dar, die eine ausnahmsweise Außerachtlassung der gesetzlichen Kompetenzverteilung erfordert. Daher handelte eine unzuständige Behörde.

b) Verfahren

65 Die nach § 28 I HVwVfG erforderliche Anhörung fand statt, als die Beamten im Gespräch mit A und B ihren Einwänden zuhörten.

c) Form

66 Der Verwaltungsakt erging mündlich, was nach dem Grundsatz der Formfreiheit (§ 10 HVwVfG) möglich ist. Eine Begründung war daher entbehrlich, vgl. § 39 I HVwVfG.

d) Zwischenergebnis

Die Maßnahme war mangels Zuständigkeit der handelnden Behörde formell rechtswidrig. 67

3. Materielle Rechtmäßigkeit

Darüber hinaus könnte die Verfügung auch materiell rechtswidrig sein. 68

a) Tatbestand

§ 15 III i.V.m. § 15 I VersG verlangt eine unmittelbar bevorstehende Gefahr für 69 die öffentliche Sicherheit oder Ordnung. Die Schutzgüter des VersG werden genauso wie in den Landespolizeigesetzen verstanden. Dementsprechend fallen unter die öffentliche Sicherheit die Unversehrtheit der Rechtsordnung, der subjektiven Rechte und Rechtsgüter Dritter und der Einrichtungen des Staates. Die Unversehrtheit der Rechtsordnung könnte durch einen Verstoß gegen § 42a I Nr. 1 WaffG verletzt sein.

aa) Tatbestand des § 42a I Nr. 1 WaffG

Dazu müsste der Tatbestand des § 42 a I Nr. 1 WaffG erfüllt sein, der das 70 Führen von Anscheinswaffen verbietet. Anscheinswaffen sind Gegenstände, die zwar das Aussehen, nicht aber die Funktionsfähigkeit von Waffen haben. Zu A's Kostüm gehörte eine täuschend echt aussehende Sturmgewehrattrappe, die sie offen zeigte. Daher liegt das Führen einer Anscheinswaffe vor.

bb) Ausnahme nach § 42a II WaffG

Allerdings könnte eine Ausnahme nach § 42a II WaffG einschlägig sein. Gem. 71 § 42a II Nr. 1 WaffG gilt das Verbot des Führens von Anscheinswaffen u. a. nicht für die Verwendung bei Theateraufführungen. Fraglich ist, ob sich die szenische Einlage der A bei einer öffentlichen Versammlung unter den Begriff der Theateraufführung i.S.d. § 42a II Nr. 1 WaffG subsumieren lässt.

Um eine konventionelle Theateraufführung handelt es sich nicht. Möglicherweise verlangt jedoch das Grundrecht der Kunstfreiheit eine weite Auslegung des Begriffs der Theateraufführung. Dafür müsste zunächst der Schutzbereich des Art. 5 III GG eröffnet sein. Maßgeblich für die Einordnung als Kunst ist nicht eine objektive Beurteilung durch in Kunstdingen kompetente Personen, sondern die Auffassung der Kunstszene einschließlich des Künstlers selbst und die durch ihn geschaffene Beziehung zu den Adressaten des Kunstwerks. Daher kommt es nicht darauf an, ob die Polizisten Kunstsachverständige sind. Geschützt ist der „Werkbereich" des künstlerischen Schaffens wie auch der „Wirkbereich" der

Darbietung und Verbreitung des Kunstwerks. Angesichts der Eigenheit des Lebensbereichs „Kunst" ist ein weiter Kunstbegriff zu bevorzugen. So unterfällt insbesondere auch politisches Straßentheater dem Kunstbegriff, denn der öffentliche Platz war jahrhundertelang der legitime Ort schauspielerischer Darstellung; fest installierten Bühnen gebührt kein Vorrang gegenüber Wanderbühnen. Maßgeblich ist vielmehr, ob eine schöpferische Gestaltung vorliegt, in der Eindrücke, Erfahrungen, Erlebnisse des Künstlers durch das Medium einer bestimmten Formensprache zu unmittelbarer Anschauung gebracht werden mit dem Zweck der kommunikativen Sinnvermittlung. Indem sich A und B mit Kostümen und Requisiten wie den strittigen Sturmgewehrattrappen, verkleidet als „Wachsoldaten" vor der C-Bank postierten, brachten sie ihre Kritik am Einsatz der Bundeswehr zum Schutz wirtschaftlicher Interessen bildhaft zum Ausdruck. Diese auffällige Kundgabe, die durch die anderen fünf als „Banker" agierenden Personen verstärkt wurde, zielte auf die Verunsicherung und Irritation der Passanten, um diese zum Nachdenken über das Gesehene anzuregen. Diese Darstellung bedurfte zwar keines Textes, wohl aber der Ausstattung mit Kostümen und den umstrittenen Requisiten, um die gewünschte authentische Darstellung von Bundeswehrsoldaten zu erreichen. Die Gewehrattrappen dürfen nicht losgelöst von diesem Kontext betrachtet und auf ihre Strafbarkeit hin untersucht werden: Bei der Beurteilung einer künstlerischen Darstellung ist stets eine Gesamtschau vorzunehmen.

Der Schutzbereich der Kunstfreiheit ist nicht dadurch ausgeschlossen, dass die Darstellungen bei einer Versammlung erfolgten. Art. 5 III GG gewährt insoweit einen weitergehenden Schutz als Art. 8 GG, da die Kunstfreiheit auch den Vorgang der künstlerischen Schöpfung, der Gestaltung und der Präsentation des Geschaffenen einbezieht, so dass es zur Verstärkung der grundrechtlichen Position aus Art. 8 GG kommt.

Außerdem stehen Sinn und Zweck der Ausnahmevorschrift des § 42a II Nr. 1 WaffG dieser Auslegung nicht entgegen, weil die Anscheinswaffen unter Berücksichtigung der Gesamtumstände als solche erkennbar waren: Die Versammlung war rechtzeitig angemeldet und fand mittags an einem Werktag statt; bereits in der Anmeldung fand sich ein Hinweis auf „Attrappen"; angesichts der Flugblätter verteilenden Banker war von einer Zweckentfremdung der Gewehre für eine szenische Interpretation auszugehen. Objektive Anhaltspunkte für eine Gefahr lagen daher nicht vor.

b) Zwischenergebnis

Danach ist in verfassungskonformer Auslegung und Anwendung der Aus- 72
nahmevorschrift des § 42a II Nr. 1 WaffG das politische Straßentheater als
„Theateraufführung" anzusehen. Folglich war das öffentliche Führen der Gewehrattrappen nicht verboten. Die Rechtsordnung als Teil der öffentlichen
Sicherheit ist somit nicht verletzt.

4. Zwischenergebnis

Daher ist der Tatbestand des § 15 III i.V.m. § 15 I VersG nicht erfüllt, so dass die 73
Maßnahme auch materiell rechtswidrig ist.

II. Rechtsverletzung

Die formell und materiell rechtswidrige Maßnahme verletzte A in ihren 74
Grundrechten aus Art. 8 und Art. 5 III GG.

C. Ergebnis

Die zulässige und begründete Klage der A hat somit Aussicht auf Erfolg. 75

FALL 8: FORTSETZUNGSFESTSTELLUNGSKLAGE AUF
FESTSTELLUNG DES BESTEHENS EINES
ZULASSUNGSANSPRUCHS EINER PARTEI ZU EINER
KOMMUNALEN EINRICHTUNG (JUDITH SIKORA)

76 Der Fall ist angelehnt an VG Gießen, Beschl. v. 20. 12. 2017, Az.: 8 L 9187/17.GI; nachfolgend: BVerfG, Beschl. v. 24. 3. 2018, Az.: 1 BvQ 18/18; nachfolgend: Hess. VGH, Beschl. v. 23. 2. 2018, Az.: 8 B 23/18.

77 Lernziele/Schwerpunkte: Fortsetzungsfeststellungsklage als Fortsetzung einer Verpflichtungsklage, Zulassungsanspruch von Parteien zu öffentlichen Einrichtungen

Sachverhalt

78 Der Stadtverband W-Stadt des Landesverbandes Hessen der Nationalen Partei Deutschlands (N-Partei), organisiert als privatrechtlicher Verein, möchte in der Stadt W am Samstag, den 13. 1. 2018 einen Landesparteitag abhalten. Die Stadthalle in W wird durch den Eigenbetrieb „Stadthallen W-Stadt" (S) bewirtschaftet, dessen Zweck nach § 1 I und II der Betriebssatzung […] vom 13. 11. 1990 in der Fassung der 2. Änderungssatzung vom 30. 3. 1995 unter anderem die Verwaltung der Stadthalle ist. Die Ausgestaltung der jeweiligen Benutzungsverhältnisse erfolgt mittels privatrechtlicher Nutzungsverträge bei denen jeweils Bezug genommen wird auf die Allgemeinen Mietbedingungen (AMB).

Der Vorsitzende V des Stadtverbandes fragte am 30. 6. 2017 per E-Mail bei S an, ob er die Stadthalle für Samstag, den 13. 1. 2018 von 6:00 Uhr bis zum Sonntag, den 14. 1. 2018 um 9:00 Uhr zur Durchführung des Landesparteitags der N-Partei anmieten könnte. Eine Mitarbeiterin der S teilte V am 3. 7. 2017 mit, dass die Termine 13. 1. 2018 und 14. 1. 2018 in der Stadthalle W-Stadt bereits anderweitig fest gebucht seien und nicht mehr zur Verfügung stünden. Der Vorsitzende bat daraufhin um Übersendung des Veranstaltungskalenders der Stadthalle W-Stadt für das Jahr 2018, um nach einem Alternativtermin suchen zu können. Diese Auskunft verweigerte S, weil diese Auskunft generell nicht an Externe erteilt werden und darüber hinaus auch zu keinem weiteren Termin im Jahr 2018 zur Verfügung gestellt werden könne. In diesem Zusammenhang verweist S auf Ziff. 1 lit. b) der AMB, wonach Nutzern, die verfassungsfeindliche Ziele verfolgten, die Halle nicht überlassen werde.

V glaubt, dass diese Terminengpässe nur vorgeschoben seien und dass die N-Partei systematisch diskriminiert werde. Er verlangt von W, sich darum zu kümmern, dass die N die Halle zu Verfügung gestellt bekommt. In den letzten Jahren hätten andere Parteien Landesparteitage, Wahlkampfveranstaltungen oder andere Veranstaltungen mit parteipolitischem Charakter in der Stadthalle durchgeführt. Die N-Partei dürfe nicht schlechter behandelt werden als andere politische Vereinigungen, dies verbiete das Parteienrecht.

Außerdem stehe dem Stadtverband aus W ein kommunalrechtlicher Anspruch zu. Die Stadthalle, auch wenn sie durch den Eigenbetrieb S bewirtschaftet werde, sei eine öffentliche Einrichtung und der Antragsteller sei als Stadtverband einer politischen Partei mit Sitz in W-Stadt anspruchsberechtigt. Der begehrte Nutzungszweck halte sich im Rahmen des Widmungszwecks der Halle, da dieser in der Vergangenheit bereits mehrfach und regelmäßig für Parteiveranstaltungen genutzt worden sei. Die programmatische Ausrichtung und die angebliche Verfassungsfeindlichkeit der N-Partei seien wegen Art. 3 III 1 GG als Differenzierungskriterium ungeeignet und könnten dem Überlassungsbegehren nicht entgegengehalten werden.

W gibt zu, dass die Stadthalle in der Vergangenheit von Stadtverbänden anderer politischer Gruppierungen für verschiedene Veranstaltungen, auch Wahlkampfveranstaltungen, genutzt wurde. Die vom Bundesverfassungsgericht – in seiner Entscheidung vom 17. 1. 2017, Az.: 2 BvB 1/13 (NPD-Verbotsverfahren) – entwickelte Figur der verfassungswidrigen, aber nicht verbotenen Partei weiche aber die bislang maßgebliche strikte Dichotomie zwischen verbotenen und allen anderen Parteien auf. Einem Benutzungsanspruch des Antragstellers stehe entgegen, dass das Kommunalrecht einen solchen nur im Rahmen der bestehenden Vorschriften begründe. So könne die Benutzung gemeindlicher Einrichtungen bei Gefahren, die sich nach dem Verhältnismäßigkeitsgrundsatz auf andere Weise nicht angemessen vermeiden ließen, eingeschränkt oder ausgeschlossen werden. Vorliegend bestehe die konkrete Gefahr, dass es im Rahmen der beabsichtigten Nutzung der Stadthalle durch den Antragsteller zu ihm zuzurechnenden Rechtsverstößen kommen werde. Vor allem sei damit zu rechnen, dass Teilnehmer mit Redebeiträgen gegen die Rechtsordnung verstoßen würden. In der Vergangenheit hätten sich Redebeiträge von Mitgliedern der N-Fraktion in der Stadtverordnetenversammlung im strafrechtlich relevanten Bereich bewegt. Es sei nicht völlig ausgeschlossen, dass Gerichte vereinzelte Äußerungen der Stadtverordneten Y unter den Straftatbestand des § 130 I Nr. 2 StGB subsumierten. Jedenfalls könnten Gerichte ihren Redebeitrag in der Stadtverordnetenversammlung vom 16. 11. 2017, wonach sie behauptet habe, dass verschiedene Magistratsmitglieder eine vorsätzliche rechtswidrige Pflichtverletzung begangen hätten, als Erfüllung der Tatbestände der § 164 I oder § 186 StGB bewerten. Außerdem handele es sich bei der N-Partei um eine Partei, die verfassungswidrige Ziele, insb. die Abschaffung der freiheitlich demokratischen Grundordnung von innen heraus verfolge, was sogar vom Bundesverfassungsgericht bestätigt worden sei.

Der Stadtverband möchte seine Rechte gerichtlich durchsetzen und erhebt, vertreten durch V, nach erfolgloser Durchführung des Widerspruchsverfahrens Verpflichtungsklage zum zuständigen Verwaltungsgericht. Da V befürchtet, dass die Gerichte „die Sache verschleppen" könnten, stellt er außerdem Antrag auf einstweiligen Rechtsschutz. Im Gerichtsverfahren stellt sich heraus, dass die Halle an den streitgegenständlichen Tagen tatsächlich frei war. Nachdem S eine einstweilige Anordnung des zuständigen Verwaltungsgerichts, vom 20. 12. 2017, bestätigt durch einen Beschluss des BVerfG vom 24. 3. 2018, auf Überlassung der Stadthalle ignoriert hat, verlangt V die gerichtliche Feststellung, dass das Vorgehen der W-Stadt rechtswidrig gewesen sei.

Bewerten Sie die Erfolgsaussichten der Klage des Stadtverbands der N-Partei!

Bearbeiter*innenvermerk: Einstweiliger Rechtsschutz ist nicht zu prüfen. Es ist davon auszugehen, dass die zuständige Behörde gehandelt hat. Die Lösung erfolgt nach hessischen Landesrecht. Auf die abgedruckten Normen wird hingewiesen.

§ 20 HGO Teilnahme an öffentlichen Einrichtungen und Gemeindelasten

(1) Die Einwohner der Gemeinden sind im Rahmen der bestehenden Vorschriften berechtigt, die öffentlichen Einrichtungen der Gemeinde zu benutzen, und verpflichtet, die Gemeindelasten zu tragen. [...]

(3) Diese Vorschriften gelten entsprechend für juristische Personen und für Personenvereinigungen.

Allgemeine Mietbedingungen (AMB) des Eigenbetriebs Stadthallen W-Stadt

1. Allgemeines

a. Die Stadthalle, die Bürgerhäuser und die Festplätze sind öffentliche Einrichtungen der Stadt W und dienen dem kulturellen, gesellschaftlichen und politischen Leben der Stadt.

b. Benutzern, die verfassungsfeindliche, jugendgefährdende oder sittenwidrige Ziele oder Zwecke verfolgen, steht die Stadthalle W-Stadt und dessen Einrichtungen, sowie Bürgerhäuser und andere Liegenschaften nicht zur Verfügung. [...]

Lösungsgliederung

Lösungsvorschlag

Die Klage des Stadtverbands hat Aussicht auf Erfolg, soweit sie zulässig und 80 begründet ist.

A. Zulässigkeit

Die Klage ist zulässig, wenn alle Sachentscheidungsvoraussetzungen vorlie- 81 gen.

I. Eröffnung des Verwaltungsrechtswegs

Zunächst müsste der Verwaltungsrechtsweg eröffnet sein. Mangels aufdrän- 82 gender Sonderzuweisung eröffnet § 40 I 1 VwGO den Verwaltungsrechtsweg für öffentlich-rechtliche Streitigkeiten nichtverfassungsrechtlicher Art, soweit keine abdrängende Zuweisung vorliegt. Ob eine öffentlich-rechtliche Streitigkeit vorliegt, bemisst sich nach den in Hinblick auf den Klageanspruch streitentscheidenden Normen.

Vorliegend betreibt W die Stadthalle selbst über ihren Eigenbetrieb S. Die Ausgestaltung der jeweiligen Benutzungsverhältnisse erfolgt durch Mietvertrag, mithin in privatrechtlicher Form. Dies ist nach dem Grundsatz der Formwahlfreiheit der öffentlichen Verwaltung sowohl hinsichtlich der Organisationsform als auch hinsichtlich der Ausgestaltung der Benutzungsverhältnisse grundsätzlich zulässig. Die rechtlichen Beziehungen zwischen dem Stadtverband und S sind daher privatrechtlicher Natur (§§ 535 ff. BGB). Der Stadtverband verlangt die Überlassung der Stadthalle aber nicht von S, sondern von W. Als Anspruchsgrundlagen und somit streitentscheidende Normen für den Anspruch des Stadtverbands auf Einwirkung der W auf ihren Eigenbetrieb S (sog. öffentlich-rechtlicher Einwirkungs- oder Verschaffungsanspruch) kommen § 20 I, III HGO und § 5 I PartG i.V.m. Art. 3 I GG in Betracht. Diese Normen verpflichten ausschließlich Träger hoheitlicher Gewalt, die dem Bürger hoheitlich in einem Über- und Unterordnungsverhältnis gegenübertreten. Es handelt sich nach der modifizierten Subjektstheorie mithin um Normen des öffentlichen Rechts.

Da der Kläger ein Stadtverband der N-Partei ist und Parteien Rechte direkt aus Art. 21 GG ableiten können, ist zu überlegen, ob nicht eine Streitigkeit verfassungsrechtlicher Art vorliegt. Ein Verfassungsstreit wird angenommen bei doppelter Verfassungsunmittelbarkeit. Zwar sind Rechte der Parteien unmittelbar in der Verfassung geregelt, der Sache nach geht es jedoch weder um verfassungsrechtlichen Zulassungsanspruch, noch um einen Streit zwischen zwei unmittelbar am Verfassungsleben beteiligten Akteuren. Daher liegt eine öffentlich-rechtliche Streitigkeit nichtverfassungsrechtlicher Art vor.

Das Ergebnis wird auch durch die sog. Zwei-Stufen-Theorie[37] gestützt, die für die Zulassung zu öffentlichen Einrichtungen entwickelt wurde. Sie unterscheidet zwischen dem „Ob" der Zulassung, welches stets dem öffentlichen Recht zugeordnet ist und dem „Wie" der Zulassung, das privatrechtlich oder öffentlich-rechtlich geregelt sein kann. Auf der ersten Stufe der Zulassung, um die es dem Stadtverband hier geht, ist mangels abdrängender Sonderzuweisung der Verwaltungsrechtsweg eröffnet.

II. Statthaftigkeit

83 Die statthafte Klageart richtet sich nach dem Begehr des Klägers, § 88 VwGO. Der Stadtverband der N-Partei möchte festgestellt haben, dass die Überlassungsverweigerung rechtswidrig war. Würde der Stadtverband die Zulassung begehren, läge ein Leistungsbegehren gerichtet auf den Erlass eines Verwaltungsaktes vor, welches mit der Verpflichtungsklage nach § 42 I Alt. 2 VwGO verfolgt werden könnte[38].

Das Klagebegehren hat sich jedoch mit Verstreichen des 13.1.2018 durch Zeitablauf erledigt, vgl. § 43 II HVwVfG.[39] Zu denken wäre daher an eine Fortsetzungsfeststellungsklage. Zwar hat sich die Angelegenheit nach Klageerhebung erledigt. Der Wortlaut des § 113 I 4 VwGO bezieht sich aber nur auf die Anfechtungssituation. Da eine gesonderte Regelung für die Verpflichtungssituation fehlt, liegt eine Regelungslücke vor. Eine vergleichbare Interessenlage ist vor dem Hintergrund des Art. 19 IV GG ebenfalls zu bejahen, sodass § 113 I 4 VwGO analog anzuwenden ist. Daher ist die Fortsetzungsfeststellungsklage die richtige Klageart. Der Vorsitzende wird nach § 86 III VwGO auf die Umstellung des Klageantrags hinwirken.

---

37 S. Eisentraut, in: Eisentraut, Verwaltungsrecht in der Klausur, 2020, § 1 Rn. 200.

38 Piecha, in: Eisentraut, Verwaltungsrecht in der Klausur, 2020, § 3 Rn. 158 ff.; Detterbeck, Allgemeines Verwaltungsrecht, 17. Auflage 2019, Rn. 1423, Burgi, Kommunalrecht, 6. Auflage 2019, § 16 Rn. 35.

39 Eine entsprechende Regelung findet sich auch in § 43 II VwVfG des Bundes.

III. Klagebefugnis

Der Stadtverband müsste klagebefugt sein.[40] Es ist umstritten, ob § 42 II VwGO direkt oder analog anzuwenden ist. Stellt man darauf ab, dass die Fortsetzungsfeststellungsklage eine fortgesetzte Anfechtungsklage oder Verpflichtungsklage ist, dann ist die Norm direkt anzuwenden. Betont man umgekehrt den Charakter der Fortsetzungsfeststellungsklage als Feststellungsklage, dann ist die Norm analog anzuwenden. Angesichts des Tenors in § 113 I 4 VwGO spricht viel dafür, von einer Feststellungsklage auszugehen. § 42 II VwGO ist daher analog anzuwenden. Es darf also nicht von vorherin nach jeder Betrachtungsweise ausgeschlossen sein, dass dem Stadtverband ein Anspruch auf Zulassung zustand. Ein solcher Zulassungsanspruch kann sich grundsätzlich aus § 20 I, III HGO und § 5 I PartG i.V.m. Art. 3 I GG ergeben, sodass der Stadtverband klagebefugt ist.

IV. Fortsetzungsfeststellungsinteresse

Nach § 113 I 4 VwGO analog muss der Kläger ein berechtigtes Interesse an der 84
Feststellung der Rechtswidrigkeit des Verwaltungsakts haben (sog. Fortsetzungsfeststellungsinteresse). Es genügt jedes nach vernünftigen Erwägungen schutzwürdige Interesse rechtlicher, wirtschaftlicher oder ideeller Art. Ein Fortsetzungsfeststellungsinteresse wird regelmäßig in folgenden Fallgruppen bejaht: konkrete Wiederholungsgefahr, Rehabilitationsinteresse, präjudizielle Wirkung, tiefgreifende oder sich typischerweise kurzfristig erledigende Grundrechtseingriffe.

Ein Feststellungsinteresse könnte sich hier unter dem Gesichtspunkt der Wiederholungsgefahr und des Rehabilitationsinteresses ergeben. Ein solch ideelles Interesse wird u. a. angenommen, wenn die Ablehnung des Verwaltungsaktes „bei objektiver und vernünftiger Betrachtungsweise" diskriminierende Wirkung hatte, welche noch andauert, und der durch eine gerichtliche Feststellung der Rechtswidrigkeit wirksam begegnet werden kann.[41] Der Stadtverband ist durch die öffentliche Verweigerung der Zulassung bloßgestellt und als „verfassungswidrig" gebrandmarkt worden. Dies hat anhaltenden Einfluss auf die öffentliche Meinung von N und kann insbesondere das Wählerverhalten beeinflussen. Daher liegt ein Rehabilitationsinteresse vor.

---

40 Ganz h.M.; zum Streit darum s. Burbach, in: Eisentraut, Verwaltungsrecht in der Klausur, 2020, § 4 Rn. 33.

41 Riese, in: Schoch/Schneider/Bier, VwGO, 36. EL Februar 2019, § 113 Rn. 137.

Auch liegt es nahe, dass der Stadtverband die Stadthalle von W-Stadt in Zukunft für weitere parteipolitische Veranstaltungen nutzen möchte. Da S die Überlassung an die N-Partei und ihre Gruppierungen pauschal ablehnt, ist auch die hinreichend bestimmte Gefahr gegeben, dass unter im Wesentlichen unveränderten tatsächlichen und rechtlichen Umständen ein gleichartiger Verwaltungsakt ergehen wird. Es kann also auch eine konkrete Wiederholungsgefahr angenommen werden.

Daher ist ein Feststellungsinteresse unter beiden Gesichtspunkten zu bejahen.

V. Vorverfahren

85 Erledigt sich das Klagebegehren nach Erhebung einer Verpflichtungsklage und wird der Klageantrag auf eine Fortsetzungsfeststellungsklage umgestellt, so muss die Verpflichtungsklage zum Zeitpunkt ihrer Erhebung zulässig gewesen sein. Andernfalls würden deren Zulässigkeitsvoraussetzungen umgangen. Das nach § 68 II VwGO erforderliche Vorverfahren wurde vor Erhebung der Verpflichtungsklage durchgeführt, sodass diese Voraussetzung erfüllt ist.

VI. Form und Klagefrist

86 In gleicher Weise dürfte die Verpflichtungsklage nicht verfristet gewesen sein. Dem Sachverhalt sind keine Anhaltspunkte zu entnehmen, dass die Klagefrist des § 74 I 2 VwGO nicht eingehalten worden wäre. Ebenso ist davon auszugehen, dass die Form des § 82 VwGO gewahrt wurde.

VII. Klagegegner

87 Die Fortsetzungsfeststellungsklage ist nach § 78 I Nr. 1 VwGO analog gegen den Rechtsträger der handelnden Behörde zu richten. Die Ansprüche aus § 20 I, III HGO und § 5 I PartG i.V.m. Art. 3 I GG richten sich allein gegen die Stadt W, sodass diese richtiger Klagegegner ist.

VIII. Beteiligten- und Prozessfähigkeit

88 Der Stadtverband ist als juristische Person des Privatrechts nach § 61 Nr. 1 Alt. 2 VwGO, § 22 BGB beteiligtenfähig und nach § 62 III VwGO, § 26 I 2 BGB, vertreten durch den Vorsitzenden V, prozessfähig.

Die W-Stadt ist nach §§ 61 Nr. 1 Alt. 2, 62 III VwGO, § 71 I 1 HGO, vertreten durch den Gemeindevorstand, beteiligten- und prozessfähig.

IX. Zwischenergebnis

Mithin ist die Fortsetzungsfeststellungsklage zulässig.   89

B. Begründetheit

Die Klage ist gem. § 113 I 4 VwGO i.V.m. § 113 V 1 VwGO analog begründet, 90
soweit die Ablehnung der Zulassung rechtswidrig war und der Stadtverband
dadurch in eigenen Rechten verletzt wurde, ihm also der geltend gemachte
öffentlich-rechtliche Einwirkungs- und Verschaffungsanpruch zugestanden
hätte.

I. Anspruch des Stadtverbands gegen W auf Verschaffung der Stadthalle durch Einwirkung auf S gem. § 20 I, III HGO

Ein solcher Anspruch könnte sich zunächst aus § 20 I, III HGO ergeben. 91
Teilweise wird bestritten, dass sich der Zulassungsanspruch einer Partei zu
kommunalen öffentlichen Einrichtungen neben dem parteienrechtlichen
Anspruch aus dem Kommunalrecht ergeben könne, da das Bundesrecht
Vorrang genieße. Dies wird abgelehnt, da § 5 I PartG keine originären Leis-
tungsansprüche, sondern nur einen Gleichbehandlungsanspruch vermittle.
Weiter ist die Schaffung und Unterhaltung öffentlicher Einrichtungen freiwillig und in der kommunalen Selbstverwaltungsgarantie des Art. 28 I 2 GG
ebenfalls grundgesetzlich verankert, sodass auch der parteienrechtliche Zulassungsanspruch durch die Widmung der Einrichtung beschränkt werden
könne. Außerdem würde ein Vorrang des Bundesrechts zu einer Verdrängung
der sog. Einwohnerklausel führen. Unterschiede ergeben sich v. a. bei Veranstaltungen mit überörtlichem Bezug.[42] Da eine solche Konstellation nicht
vorliegt und beide Ansprüche inhaltsgleich sind, ist ein Streitentscheid entbehrlich. Es werden daher beide Ansprüche nebeneinander geprüft.

Dazu müssten die Anspruchsvoraussetzungen erfüllt sein und es dürften keine
Versagensgründe vorliegen.

1. Anspruchsvoraussetzungen

Der Anspruch aus § 20 I, III HGO setzt voraus, dass es sich bei der Stadthalle 92
um eine öffentliche Einrichtung der Gemeinde handelt, der Stadtverband
Einwohner von W oder eine dort ansässige juristische Person ist und sich die
angestrebte Nutzung „im Rahmen der bestehenden Vorschriften" bewegt.

---

42   M.w.N. Siegel/Hartwig, NVwZ 2017, 590 (596).

a) Öffentliche Einrichtung

93 Zunächst müsste es sich bei dem Kulturzentrum um eine öffentliche Einrichtung handeln. Eine öffentliche Einrichtung ist jede Einrichtung, d. h. Zusammenfassung von Sachen oder Personen, die von der Gemeinde im Rahmen ihres gesetzlich umschriebenen Wirkungskreises geschaffen und unterhalten wird und die kraft Widmungsakt (sei es durch Satzung, Beschluss oder konkludent) der allgemeinen Benutzung zumindest durch Ortsansässige nach allgemeinen und gleichen Regeln zugänglich gemacht worden ist.[43]

Die Stadthalle wird nicht durch W direkt, sondern durch den Eigenbetrieb der Stadt W „Stadthallen W-Stadt" S betrieben. Der Gemeinde kommt ein Wahlrecht hinsichtlich ihrer Handlungsform und Ausgestaltung der Benutzungsverhältnisse zu. Jedoch kann es sich um eine öffentliche Einrichtung handeln, soweit W auf die Organisation und den Betrieb der S tatsächlich Einfluss nehmen kann. Die Ausübung dieses Einflusses korreliert mit dem Einwirkungs- und Verschaffungsanspruch gegen die Gemeinde.[44] Dadurch wird der Gemeinde verwehrt, sich ihrer öffentlich-rechtlichen Bindungen durch eine „Flucht ins Privatrecht" zu entledigen. Der Einfluss ergibt sich hier daraus, dass S einen Eigenbetrieb der W darstellt. Bei einem Eigenbetrieb handelt es sich um ein gegenüber der Gemeinde partiell verselbstständigtes Unternehmen, eine Art nicht rechtsfähige öffentlich-rechtliche Anstalt. Er wird zwar eigenständig geführt, ist aber an die Gemeindeleitung rückgekoppelt.[45] Daher wird die Stadthalle unter maßgebendem Einfluss von W betrieben. Sie ist nach der Satzung auch der öffentlichen Benutzung gewidmet, sodass es sich um eine öffentliche Einrichtung handelt.

b) Einwohner bzw. im Ort ansässige juristische Person

94 Nach § 20 I, III HGO sind juristische Personen anspruchsberechtigt, wenn sie in der Gemeinde ihren Sitz, eine Niederlassung oder eine vergleichbare örtliche Verwurzelung haben. Dies wird idealtypisch für Ortsverbände von Parteien angenommen.[46] Der Stadtverband W-Stadt der N-Partei ist räumlich der W-Stadt besonders verbunden, sodass die Ortsansässigkeit zu bejahen ist.

---

43 Piecha, in: Eisentraut, Verwaltungsrecht in der Klausur, 2020, § 3 Rn. 161; Burgi, Kommunalrecht, 6. Aufl. 2019, § 16 Rn. 5.

44 Traub, in: BeckOK Kommunalrecht Hessen, 8. Edition, Stand: 1. 2. 2019, § 20 HKO Rn. 9.

45 Burgi, Kommunalrecht, 6. Aufl. 2019, § 17 Rn. 76.

46 Traub, in: BeckOK Kommunalrecht Hessen, 8. Edition, Stand: 01. 02. 2019, § 20 HKO Rn. 4.

c) Nutzung im Rahmen der bestehenden Vorschriften

Nach § 20 I HGO müsste sich die Nutzung „im Rahmen der bestehenden 95
Vorschriften" halten.[47]

aa) Nutzung im Rahmen des Widmungszwecks der Stadthalle

Der Widmungszweck der Stadthalle liegt gerade darin, dem kulturellen, ge- 96
sellschaftlichen und politischen Leben der Stadt zu dienen (vgl. Ziff. 1 lit. a)
AMB). Eine parteipolitische Veranstaltung des Stadtverbandes einer Partei
dient zweifellos dem politischen Leben in W-Stadt. Allerdings könnte die
Benutzung der Stadthalle bereits nach Ziff. 1 lit. b) AMB ausgeschlossen sein,
weil die N eine verfassungsfeindliche Partei ist, die eine Beseitigung der freiheitlich-demokratischen Grundordnung anstrebt. Jedoch muss auch die Satzung in Einklang mit höherrangigem Recht stehen, um den Anspruch wirksam
begrenzen zu können. Dies ist insbesondere dann nicht der Fall, wenn eine
verfassungswidrige Ungleichbehandlung vorliegt.

Die Versagung der Nutzungserlaubnis für Benutzer, die verfassungsfeindliche
Ziele verfolgen, ist eine Ungleichbehandlung gegenüber Benutzern, die diese
Ziele nicht verfolgen. Eine Ungleichbehandlung ist nicht gerechtfertigt, wenn
das Differenzierungskriterium unzulässig ist. Das seitens der Antragsgegnerin
gewählte Differenzierungskriterium „Benutzer, die verfassungsfeindliche Ziele
oder Zwecke verfolgen", ist mit Art. 3 III 1 GG, § 5 I PartG nicht in Einklang zu
bringen, wonach unter anderem niemand wegen seiner politischen Anschauungen benachteiligt werden darf.

Eine Diskriminierung wegen politischer Anschauung ist nur in den durch das
Grundgesetz ausdrücklich vorgesehen Fällen zulässig, d. h. insbesondere wenn
die Verfassungsfeindlichkeit bereits zu einem Parteienverbot nach Art. 21 II
GG bzw. zu einem Vereinigungsverbot nach Art. 9 II GG geführt hat. Dann tritt
das Diskriminierungsverbot zurück. Jedoch obliegt die Entscheidung über die
Verfassungsfeindlichkeit von Parteien gem. Art. 21 II GG allein dem BVerfG
(sog. Verbotsmonopol des BVerfG bzw. Parteienprivileg), sodass sich vor
Ausspruch eines Verbots keine Behörde auf die Verfassungswidrigkeit einer
Partei berufen oder gar Rechtsfolgen daran knüpfen kann.[48]

Eine andere Bewertung ergibt sich auch nicht aus dem Urteil des Bundesverfassungsgerichts vom 17. 1. 2017, Az.: 2 BvB 1/13 (NPD-Verbotsverfahren).

---

47   Piecha, in: Eisentraut, Verwaltungsrecht in der Klausur, 2020, § 3 Rn. 169.
48   VG Gießen, Beschl. v. 20. 12. 2017, Az.: 8 L 9187/17.GI, Rn. 33.

Eine Ungleichbehandlung der NPD wurde darin nur in Hinsicht auf die Parteienfinanzierung zugelassen, nicht aber bezüglich anderer den Parteien zustehenden Rechte.[49] Die angenommene Verfassungswidrigkeit der N ist daher kein zulässiger Ablehnungsgrund.

Zwar ist der Stadtverband nicht die N-Partei selbst, sondern ein ihre lokale Betätigung in W-Stadt fördernder Verein. Auch im Hinblick auf das öffentliche Vereinsrecht kommt es nicht zu einem Verbotsautomatismus, wenn ein Verein einer verfassungswidrigen Partei nahesteht.[50] Eine Ungleichbehandlung des Vereins ist vielmehr nur nach einem Vereinsverbot zulässig, wenn der Verein erwiesenermaßen gegen die verfassungsmäßige Ordnung des Art. 9 II GG verstößt. Der Stadtverband wurde vorliegend noch nicht verboten, sodass auch hierin kein Ablehnungsgrund für W erblickt werden kann.

bb) Annahme, dass Straftaten begangen werden

97 Der Verschaffungsanspruch könnte schließlich ausgeschlossen sein, wenn die konkrete Gefahr besteht, dass es im Rahmen der beabsichtigten Nutzung der Stadthalle durch N zu Rechtsverstößen kommt, die der N zurechenbar sind. Zu den „bestehenden Vorschriften" im Sinne des § 20 I HGO, in deren Rahmen ein Zulassungsanspruch besteht, zählen neben den Regeln über die Zweckbestimmung (Widmung) und Benutzung und öffentlichen Einrichtung auch das sonstige geltende Recht. Die Benutzung gemeindlicher Einrichtungen kann demnach eingeschränkt oder sogar ausgeschlossen werden bei Gefahren für die öffentliche Sicherheit, die sich nach dem Grundsatz der Verhältnismäßigkeit der Mittel auf andere Weise nicht angemessen vermeiden lassen.[51] Zum Schutzgut der öffentlichen Sicherheit zählt insbesondere die Unversehrtheit der objektiven Rechtsordnung, also auch die Beachtung von Strafrechtsnormen.[52]

Auf der anderen Seite sind die Gemeinden bei der Vergabe öffentlicher Einrichtungen zur politischen Neutralität verpflichtet. Die Entscheidung über die Benutzung städtischer Räumlichkeiten darf nicht zur Zensur der beabsichtigten Meinungsäußerung missbraucht werden. Dem Neutralitätsgebot ist im besonderen Maße Rechnung zu tragen, wenn die Einrichtung von einer po-

---

49 Näher Siegel/Hartwig, NVwZ 2017, 590 (596).
50 Näher Siegel/Hartwig, NVwZ 2017, 590 (593 f.).
51 VG Gießen, Beschl. v. 20. 12. 2017, Az.: 8 L 9187/17.GI, Rn. 36.
52 Pieroth/Schlink/Kniesel, Polizei- und Ordnungsrecht, 9. Aufl. 2016, § 8 Rn. 12.

litischen Partei beansprucht wird. Dabei soll weder Rechtsverstößen Vorschub geleistet werden noch die Freiheit der politischen Meinungsäußerung beschränkt werden. Unter Beachtung des Grundsatzes der Verhältnismäßigkeit ist die Ablehnung eines Antrags auf Benutzung öffentlicher Räumlichkeiten für Wahlkampfveranstaltungen nur gerechtfertigt, wenn die Begehung von Ordnungswidrigkeiten oder Straftaten von gravierendem Gewicht aufgrund konkreter tatsächlicher Anhaltspunkte sicher zu erwarten ist als wesentlicher Teil des Veranstaltungszweckes auch dem Veranstalter zuzurechnen ist.[53]

W vermutet, dass sich Teilnehmer der geplanten Veranstaltung mit ihren Redebeiträgen außerhalb der Rechtsordnung bewegen werden. Sie stützt dies auf ihre eigene Einschätzung von Redebeiträgen von Abgeordneten der N-Fraktion aus der Stadtverordnetenversammlung, wobei eine Strafverfolgung bislang noch nicht stattgefunden hat. Außerdem ist nicht belegt, dass diese Teilnehmer an dem Landesparteitag überhaupt teilnehmen werden. Soweit sie darüber hinaus allgemein auf die Verfassungsfeindlichkeit der N-Partei und deren Untergruppierungen verweist, ergeben sich auch daraus keine Anhaltspunkte, die eine konkrete Gefahr der Begehung von Ordnungswidrigkeiten oder Straftaten begründet.

d) Zwischenergebnis

Die Nutzung hält sich damit im Rahmen der bestehenden Vorschriften, sodass alle Anspruchsvoraussetzungen des § 20 I HGO vorliegen. 98

2. Keine Versagungsgründe

Der Anspruch dürfte aber nicht aus legitimen Gründen ausgeschlossen sein. 99
Ein solcher Versagungsgrund könnte hier in der tatsächlichen Kapazitätserschöpfung bestehen.

Ein Anspruch ist ausgeschlossen, wenn seine Erfüllung unmöglich ist. Der allgemeine Rechtsgrundsatz *impossibilium nullum est obligatio* gilt insoweit auch im öffentlichen Recht.[54] Für öffentliche Einrichtungen muss die Vergabe allerdings nach sachgerechten und zulässigen Auswahlkriterien erfolgen.[55] Ob

---

53 Jeweils m.w.N. HessVGH, Beschl. v. 26. 3. 1987, Az.: 2 TG 820/87, Rn. 2 ff.; HessVGH, Beschl. v. 24. 2. 1993, Az.: 6 TG 414/93, Rn. 2.

54 Dazu Ossenbühl/Cornils, Staatshaftungsrecht, 6. Aufl. 2012, S. 384 f.; Baldus/Grzeszieck/ Wienhus, Staatshaftungsrecht, 5. Aufl. 2018, Rn. 58 ff.

55 Birkenfeld, Kommunalrecht Hessen, 6. Aufl. 2016, Rn. 205.

dies hier der Fall war, kann offengelassen werden, da die Aufnahmefähigkeit der Stadthalle in W-Stadt am 13. 01. 2018 nicht ausgeschöpft ist, da sie an diesem Tag nicht belegt ist.

3. Zwischenergebnis

100   Daher stand N ein Anspruch[56] auf Verschaffung gegenüber W durch Einwirkung auf S aus § 20 I HGO zu.

II. Anspruch des Stadtverbands gegen W auf Verschaffung der Stadthalle durch Einwirkung auf S gem. § 5 I PartG i.V.m. Art. 3 I GG

Ein Einwirkungs- und Verschaffensanspruch könnte sich daneben aus dem parteienrechtlichen Gleichbehandlungsanspruch gem. § 5 I PartG i.V.m. Art. 3 I GG ergeben. Dies setzt voraus, dass ein Träger öffentlicher Gewalt den Parteien Einrichtungen zur Verfügung stellt.

1. Zur-Verfügung-Stellung öffentlicher Einrichtung durch Träger öffentlicher Gewalt

Die Stadthalle stellt, wie oben ausgeführt, eine öffentlich-rechtliche Einrichtung dar. Hinsichtlich der Auswahlentscheidung, wem die öffentliche Einrichtung zur Verfügung gestellt wird, kann W auf S einwirken und tritt daher als Träger der hoheitlichen Gewalt auf. Die Stadthalle wurde in der Vergangenheit auch tatsächlich Parteien zwecks Durchführung parteipolitischer Veranstaltungen zur Verfügung gestellt.

2. Widmungszweck der öffentlichen Einrichtung

101   Auch der parteienrechtliche Einwirkungs- und Zulassungsanspruch wird wie der kommunalrechtliche durch den Widmungszweck der öffentlichen Einrichtung begrenzt. Die von N geplante Veranstaltung hält sich in den Grenzen des Widmungszwecks (s. o.).

3. Kein Ausschluss des Anspruchs

102   Den Anspruch begrenzende legitime Zwecke sind nicht ersichtlich (s. o.).

---

56   Zur Rechtsfolge näher Piecha, in: Eisentraut, Verwaltungsrecht in der Klausur, 2020, § 3 Rn. 170.

4. Zwischenergebnis

Daher besteht auch ein parteienrechtlicher Einwirkungs- und Verschaf- 103
fungsanspruch der N.

III. Verletzung in eigenen Rechten

Durch die rechtswidrige Ablehnung der Überlassung der Stadthalle ist der 104
Stadtverband der N-Partei auch in seinen subjektiv-öffentlichen Rechten aus
§ 20 I HGO und § 5 I i.V.m. Art. 3 I GG verletzt.

C. Ergebnis

Die Klage ist zulässig und gem. § 113 I 4 VwGO i.V.m. § 113 V 1 VwGO analog 105
begründet, sodass sie Aussichten auf Erfolg hat.

§ 5 Übungsfälle zur allgemeinen Leistungsklage

Die Struktur der allgemeinen Leistungsklage (Nikolas Eisentraut)

Der gutachterlichen Prüfung der allgemeinen Leistungsklage liegt die folgende Struktur zugrunde:

A. Zulässigkeit
  I. Eröffnung des Verwaltungsrechtswegs (s. § 1 Rn. 8 ff.)[1]
  II. Statthafte Klageart (s. § 1 Rn. 6 ff.)[2]
  III. Klagebefugnis[3]
  IV. Beteiligte[4]
  V. Zuständiges Gericht[5]
  VI. Rechtsschutzbedürfnis[6]

B. Begründetheit[7]

---

[1] Ausführlich zur Eröffnung des Verwaltungsrechtswegs Eisentraut, in: Eisentraut, Veraltungsrecht in der Klausur, 2020, § 1 Rn. 162 ff.

[2] Ausführlich zur allgemeinen Leistungsklage als statthafter Klageart Weidinger, in: Eisentraut, Verwaltungsrecht in der Klausur, 2020, § 5 Rn. 2 ff.

[3] Ausführlich zur Klagebefugnis bei der allgemeinen Leistungsklage Burbach, in: Eisentraut, Verwaltungsrecht in der Klausur, 2020, § 5 Rn. 31 f.

[4] Ausführlich zu den Beteiligten bei der allgemeinen Leistungsklage Creemers, in: Eisentraut, Verwaltungsrecht in der Klausur, 2020, § 5 Rn. 37 ff.

[5] Ausführlich zum zuständigen Gericht bei der allgemeinen Leistungsklage Goldberg, in: Eisentraut, Verwaltungsrecht in der Klausur, 2020, § 5 Rn. 38 ff.

[6] Ausführlich zum Rechtsschutzbedürfnis bei der allgemeinen Leistungsklage Valentiner, in: Eisentraut, Verwaltungsrecht in der Klausur, 2020, § 5 Rn. 46 ff.

[7] Ausführlich zur Struktur der Begründetheitsprüfung der allgemeinen Leistungsklage Weidinger, in: Eisentraut, Verwaltungsrecht in der Klausur, 2020, § 5 Rn. 49 ff.

I. Anspruchsgrundlage[8]
II. Voraussetzungen der Anspruchsgrundlage erfüllt?

---

8 Ausführlich zur Prüfung der Anspruchsgrundlagen aus öffentlich-rechtlichem Vertrag Abromeit, in: Eisentraut, Verwaltungsrecht in der Klausur, 2020, § 5 Rn. 65 ff., zum öffentlich-rechtlichen Abwehr- und Unterlassungsanspruch Himstedt, a.a.O., § 5 Rn. 134 ff., zu weiteren Ansprüchen aus dem Recht der Öffentlichen Ersatzleistungen Himstedt, a.a.O., § 5 Rn. 153 ff., zur Leistungsklage im Polizei- und Ordnungsrecht Eisentraut, a.a.O., § 5 Rn. 223 ff. und zum Kommunalrecht Piecha, a.a.O., § 5 Rn. 235 ff.

Fall 9: Leistungsklage zur Geltendmachung eines Anspruchs aus öffentlich-rechtlichem Vertrag (Wolfgang Abromeit)

Der Fall beruht auf einer Variation des Urteils vom BVerwG, Urteil vom 1
16. 5. 2000, Az.: 4 C 4/99 = NVwZ 2000, 1285 ff. = BVerwGE 111, 162. Eine reine
Kenntnis der Tenorierung reicht allerdings nicht aus, da es sich um Variationen des Sachverhalts handelt.

Lernziele/Schwerpunkte: Kernpunkte sind 1. nachvollziehbare Argumenta- 2
tionen zu den Problemen: Subordinationsrechtlicher Vertrag (i.S.v. §§ 59 II; 54
S. 2 VwVfG ohne expliziten Ersatz eines Verwaltungsakts durch den Vertrag);
Austauschvertrag (i.S.v. § 56 VwVfG bei „hinkendem Austauschvertrag") und –
vor allem – die Frage des sachlichen Zusammenhangs der Leistungspflichten
im Rahmen der Prüfung eines Verstoßes gegen das Koppelungsverbot. 2. ein
Verständnis des öffentlich-rechtlichen Erstattungsanspruchs und der Rolle des
Verwaltungsvertrags als Rechtsgrund in seiner Prüfung.

Sachverhalt

Jakob Fabian (J) ist in letzter Zeit beruflich erfolgreich gewesen und möchte 3
Berlin den Rücken kehren, um sich in einer ländlicheren Gegend ein Zuhause
zu schaffen. Bald findet und erwirbt er ein Grundstück in direkter Nachbarschaft zu einem kürzlich neu geplanten Wohngebiet in der kreisfreien Stadt
PBrück in Brandenburg. Sein Grundstück liegt so günstig, dass es auf Grund
der kürzlich durchgeführten Erschließungsarbeiten alle tatsächlichen Anforderungen an Bauland erfüllt. Dem von J geplanten pompösen Vorhaben stehen auch, von einem Problem abgesehen, keine baurechtlichen Erwägungen
entgegen: Im örtlichen Bebauungsplan ist das Grundstück als Landwirtschaftsfläche ausgewiesen. J möchte in puncto Baugenehmigung jedoch sicher
gehen und ist bereit, dafür tief in die Tasche zu greifen. Er trifft mit den
Vertretern von PBrück zwei Vereinbarungen, die in einem Vertragsdokument
zusammengefasst werden. Er sagt zu, die Planungskosten in Höhe von 5.000 €
zu übernehmen, die entstehen, wenn sein Grundstück in den Bebauungsplan
des Wohngebiets mit einbezogen wird. Im Gegenzug verpflichtet sich PBrück,
die erforderlichen Schritte einzuleiten um diese Planungen zu beginnen.
Darüber hinaus verlangt PBrück jedoch bereits jetzt die Zusicherung, dass J

sich auch an den bereits im damaligen Verfahren entstandenen und mit der Erschließung verbundenen Kosten beteiligt. J ist einverstanden, denselben Betrag zu zahlen, den auch die anderen Anwohner geleistet haben, sobald er seine Baugenehmigung in den Händen hält. PBrück erklärt, sie beabsichtige 70 % der so zusätzlich erhaltenen Mittel an die seinerzeit mit den Erschließungskosten belasteten Anwohner auszuschütten und den Rest (3.000 €) für die Instandhaltung des denkmalgeschützten Rathauses zu verwenden. Die beiden Vereinbarungen werden in einem Dokument festgehalten und allen formellen Anforderungen entsprechend einzeln unterzeichnet. Beide Vereinbarungen enthalten eine Klausel, wonach die Unwirksamkeit einzelner Vertragsteile die Wirksamkeit der anderen Bestandteile unberührt lässt.

Nach Zahlung der ersten 5.000 € verläuft die Planung wie abgesprochen. Im Anschluss erhält J – endlich – seine Baugenehmigung. Daraufhin überweist er umgehend die verbleibenden 10.000 €. PBrück zahlt den Betrag von 7.000 € nach einem ordnungsgemäßen Verfahren an die anderen Anwohner aus. Nach Baubeginn überlegt J sich jedoch, ob er das Geld nicht doch besser gebrauchen könne als die Stadt. Mittlerweile ist er sich nicht mehr sicher, ob es überhaupt rechtens sein könne, wenn PBrück ihr Planungsrecht in dieser Form zu Markte trägt. Er fordert sein Geld zurück! Da seine Nachbarn nicht zu dem Richtfest seines Anwesens erschienen sind, ärgert er sich außerdem, dass diese, letztlich dank seiner „Großzügigkeit" einen Teil ihrer Planungs- und Erschließungskosten zurückbekommen haben. Das Rathaus gefällt ihm zwar, allerdings glaubt er, die Stadt solle eigentlich selber für die Instandhaltung aufkommen, immerhin habe das Ganze ja nichts mit der Bauplanung zu tun. Die Stadt PBrück weigert sich jedoch, auch nur einen Cent zurück zu zahlen. Schließlich halte J ja die Baugenehmigung in den Händen. J konsultiert daraufhin den Anwalt Labude (L), der für ihn prüfen soll, ob eine Klage gegen PBrück auf Rückzahlung der geleisteten Beträge Aussicht auf Erfolg hätte.

Bearbeiter*innenvermerk: Erstellen Sie ein Gutachten, in dem Sie sich mit den L gestellten Fragen auseinandersetzen.

Lösungsgliederung

Lösungsvorschlag

5 Eine Klage hätte Aussicht auf Erfolg, soweit sie zulässig und begründet ist.

A. Zulässigkeit

I. Eröffnung des Verwaltungsrechtswegs

6 Eine aufdrängende Sonderzuweisung ist nicht ersichtlich. Damit der Verwaltungsrechtsweg gem. § 40 I 1 VwGO eröffnet ist, müsste der Klagegegenstand daher eine öffentlich-rechtliche Streitigkeit sein. Dies könnte hier zweifelhaft sein, weil eine Klage auf Geldzahlung zunächst rechtlich neutral einzuordnen wäre. Die Frage, ob ein Rückerstattungsanspruch öffentlich-rechtlicher oder zivilrechtlicher Natur ist, bemisst sich danach, ob es sich um eine Rückabwicklung einer Vermögensverschiebung auf Grund des öffentlichen Rechts oder des Privatrechts handelt. Die Rechtsnatur des Erstattungsanspruchs richtet sich als actus contrarius nach der Rechtsnatur der Vermögensgewährung (Kehrseitentheorie).[9] Hier erfolgt die Abgrenzung wiederum nach dem Gegenstand des Vertrags. Wenn nach Gegenstand und Zweck ein vom öffentlichen Recht geordneter Sachbereich betroffen ist, handelt es sich um einen öffentlich-rechtlichen Vertrag. Hier verpflichtet sich J zu einer Zahlung von Geldbeträgen. Die Verwaltung hingegen verpflichtet sich, die Bauleitplanung einzuleiten. Dabei besteht ein enger Zusammenhang zwischen den Zahlungsansprüchen und der Einleitung eines Planänderungsverfahrens, das stark von öffentlich-rechtlichen Vorgaben des Baugesetzbuches geprägt ist.[10] Der Vertrag ist also insgesamt öffentlich-rechtlicher Natur, womit auch der Erstattungsanspruch öffentlich-rechtlich einzuordnen ist.

Da die Streitigkeit auch nichtverfassungsrechtlicher Art ist und keine abdrängende Zuweisung vorliegt, ist der Verwaltungsrechtsweg gem. § 40 I 1 VwGO eröffnet.

II. Statthafte Klageart

7 Da J die Zahlung von Geld begehrt, ist statthafte Klageart die allgemeine Leistungsklage (§ 43 II VwGO). Eines vorgeschalteten zu prüfenden Verwal-

---

9 S. Himstedt, in: Eisentraut, Verwaltungsrecht in der Klausur, 2020, § 5 Rn. 204.
10 BVerwG, Urt. v. 16. 5.2000, Az.: 4 C 4/99 = BVerwGE 111, 162 (164) = NVwZ 2000, 1285.

tungsakts bedarf es vor der Geldauszahlung nicht. Der Anspruch besteht oder er besteht nicht.

III. Klagebefugnis

Die nach § 42 II VwGO analog nach h.M. für die allgemeine Leistungsklage 8 erforderliche Klagebefugnis ergibt sich daraus, dass ein allgemeiner öffentlich-rechtlicher Erstattungsanspruch zumindest nicht von vorneherein ausgeschlossen ist.

IV. Rechtsschutzbedürfnis

Das allgemeine Rechtsschutzbedürfnis ist gegeben. Insbesondere hat J vor 9 Erhebung der Klage bei PBrück die Rückzahlung gefordert, die allerdings ernsthaft verweigert wurde.

V. Vorverfahren

Vor Erhebung der allgemeinen Leistungsklage ist grds. kein Vorverfahren er- 10 forderlich."

VI. Klagefrist

Für die allgemeine Leistungsklage gilt grds. auch keine Frist.   11

VII. Klagegegner

Der Klagegegner bei der allgemeinen Leistungsklage bestimmt sich nach dem 12 Rechtsträgerprinzip (nicht § 78 VwGO oder § 78 VwGO analog und nicht § 8 II BbgVwGG!). Die Klage ist hier daher gegen PBrück zu richten.

VIII. Beteiligtenfähigkeit

Die Beteiligtenfähigkeit des J ergibt sich aus §§ 61 Nr. 1, 63 Nr. 1 VwGO, die von 13 PBrück folgt aus §§ 61 Nr. 1, 63 Nr. 2 VwGO.

B. Begründetheit der Klage

Die Leistungsklage ist begründet, soweit J gegen PBrück ein Rückzahlungs- 14 anspruch zusteht.

---

11   S. BVerwG, Urt. v. 17.1.1980, Az.: 7 C 63.77 = BVerwGE 59, 310 ff.

Als Anspruchsgrundlage kommen hier allein öffentlich-rechtliche Erstattungsansprüche in Frage.[12]

Zunächst muss allerdings der Frage nachgegangen werden, ob es sich bei den Vereinbarungen zwischen J und der Gemeinde um ein oder zwei Verträge handelt. Für einen einheitlichen Vertrag spricht, dass J insgesamt nur das Ziel verfolgt, eine Baugenehmigung zu erhalten und dafür bereit ist, insgesamt 15.000 € zu zahlen, die – nach dieser Sichtweise – zu unterschiedlichen Zeitpunkten fällig werden. Außerdem sind die Vereinbarungen in einem Dokument zusammen gefasst. Dafür, dass es sich um zwei getrennt zu betrachtende Verträge handelt, spricht allerdings, dass die Vereinbarungen getrennt unterschrieben wurden. Es ist daher nicht nur angebracht, sondern auch zweckmäßig, zwischen den zwei Vereinbarungen zu differenzieren, da sowohl die Zahlungspflicht des J jeweils unterschiedliche Voraussetzungen hat, als auch die Verwendungszwecke der Beträge sich stark unterscheiden und sie jeweils eine konkrete Zweckbestimmung enthalten. Insofern ist es auch möglich, davon auszugehen, dass sich die Rechtmäßigkeit bzw. die Nichtigkeit der Vereinbarungen an unterschiedlichen Maßstäben messen lassen muss (s. u.). Demnach sprechen die besseren Gründe für getrennt zu beurteilende Verträge.[13]

Vereinbarung 1: J verpflichtet sich, 5.000 € für den Beginn der Planungen zur Einbeziehung des Grundstücks des J in den Bebauungsplan zu zahlen.

Vereinbarung 2: Die Gemeinde beginnt mit den betroffenen Planungen, J verpflichtet sich zusätzlich, im Falle der Erteilung der Baugenehmigung seinen fiktiven Anteil an den Erschließungskosten zu zahlen.

Hier hat J zwei Verträge mit der Stadt geschlossen, denen zwei getrennt zu prüfende Rückzahlungsansprüche gegenüber stehen.

---

12 Näher zu diesem Himstedt, in: Eisentraut, Verwaltungsrecht in der Klausur, 2020, § 5 Rn. 189 ff.

13 Wenn den Kandidaten diese Differenzierung misslingt, wird es schwierig für sie werden, die richtigen rechtlichen Argumente an passender Stelle anzubringen (insbesondere bei der Prüfung des Sachzusammenhangs im Rahmen des Koppelungsverbots). Da es aber nicht ausgeschlossen ist, passende Erwägungen anzustellen, obwohl die Differenzierung nicht erfolgt, kann die Bearbeitung in dem Fall noch nicht als misslungen gewertet werden, wenn in der Argumentation, differenziert nach den unterschiedlichen Beträgen, die richtigen Argumente angebracht und vertretbare Ergebnisse geboten werden.

I. Öffentlich-rechtlicher Erstattungsanspruch auf Rückzahlung von 5.000 € (aus Vertrag 1)

Dieser Anspruch ist auf die Rückabwicklung rechtsgrundloser Vermögens- 15
verschiebungen gerichtet. Seine dogmatische Herleitung ist umstritten. Einerseits wird seine Begründung direkt aus dem Rechtsstaatsgebot vertreten.[14]
Hoheitsträger dürfen danach nicht von rechtsgrundlosen Vermögensver-
schiebungen zu Lasten der Bürger profitieren. Allerdings ist es problematisch,
aus dem Rechtsstaatsprinzip die genauen Voraussetzungen und den konkreten Umfang des Erstattungsanspruchs abzuleiten. Insofern wird auch eine
analoge Anwendung von §§ 812 ff. BGB vertreten, die allerdings für eine
Analogie eine problematische Detailliertheit aufweisen. Die überwiegende
Meinung und auch die Rechtsprechung[15] vertreten daher eine gewohnheits-
rechtliche Begründung.[16] Da die Voraussetzungen des Erstattungsanspruchs
sich nach den unterschiedlichen Theorien seiner Herleitung nicht unterscheiden, muss der Streit hier nicht entschieden werden.[17]

Die Voraussetzungen des öffentlich-rechtlichen Erstattungsanspruchs sind die
Zuordnung des Sachverhalts zum öffentlichen Recht und eine Vermögensverschiebung ohne Rechtsgrund. Darüber hinaus dürften keine Gründe vorliegen, wegen denen ein Anspruch ausnahmsweise ausgeschlossen ist.

1. Öffentlich-rechtlicher Charakter des Erstattungsanspruchs

Wie oben bereits erläutert, ist der Erstattungsanspruch öffentlich rechtlicher 16
Natur.

2. Vermögensverschiebung

Eine Vermögensverschiebung liegt vor, wenn der Anspruchsgegner etwas er- 17
langt hat, sei es durch Leistung des Anspruchsstellers, sei es auf sonstige Art
und Weise. J zahlte 5.000 € an die Gemeinde, damit diese die Planungen
einleitet. Eine Vermögensverschiebung liegt also vor.

---

14 Z. B. Maurer/Waldhoff, Allgemeines Verwaltungsrecht, 19. Aufl. 2017, § 29 Rn. 27 f.
15 Z. B. BVerwG, Urt. v. 9. 6. 1975, Az.: VI C 163.73 = BVerwGE 48, 279 (286), die Voraus-
    setzungen der Entstehung von Gewohnheitsrecht, längere allgemeine Übung und die
    Überzeugung der Beteiligten, dass diese Übung rechtlich geboten sei, sind jedenfalls
    gegeben. Vgl. Maurer/Waldhoff, Allgemeines Verwaltungsrecht, 19. Aufl. 2017, § 4 Rn. 29.
16 Z. B.: Gurlit, in: Ehlers/Pünder, Allgemeines Verwaltungsrecht, 15. Aufl., § 35 Rn. 25;
    Weber, JuS 1986, 29 ff (33).
17 S. Himstedt, in: Eisentraut, Verwaltungsrecht in der Klausur, 2020, § 5 Rn. 190.

3. Rechtsgrundlosigkeit der Vermögensverschiebung

18   Die Zahlung leistete J allerdings wegen der Vereinbarung mit der Gemeinde PBrück, die Planungen einzuleiten. Da der Vertrag insgesamt einen öffentlich-rechtlichen Charakter aufweist (s. o.), richtet sich die Beurteilung nach den §§ 54 ff. VwVfG. Zunächst ist daher zu prüfen, ob eine Willenseinigung zwischen J und der Gemeinde vorliegt und welchen Charakter dieser Vertrag hat, weil an die Charakterisierung spezielle Nichtigkeitsgründe anknüpfen. Insbesondere gilt § 59 II VwVfG nur für subordinationsrechtliche Verträge nach § 54 S. 2 VwVfG und § 59 II Nr. 4 VwVfG nur für Austauschverträge im Sinne des § 56 VwVfG. Während das Gesetz beim Verwaltungsakt nach §§ 35 ff. VwVfG zwischen der (bloßen) Rechtswidrigkeit und der Nichtigkeit eines Verwaltungsakts differenziert, kennt § 59 VwVfG als Fehlerfolge allein die Nichtigkeit. Allerdings führt keineswegs jeder (formelle oder materielle) Fehler zur Nichtigkeit des Vertrags, sondern nur die in § 59 VwVfG ausdrücklich genannten. Dementsprechend gilt, dass alle anderen Fehler nichts an der Wirksamkeit des Vertrags ändern, weil § 59 VwVfG einen angemessenen Ausgleich zwischen den Grundsätzen pacta sunt servanda (strikte Vertragsbindung) und dem Gesetzmäßigkeitsprinzip (Art. 20 III GG) schaffen soll[18].

a) Vertragsschluss

19   Für einen wirksamen Vertragsschluss sind nach §§ 62 S. 2 VwVfG i.V.m. 145 ff. BGB zwei übereinstimmende Willenserklärungen notwendig. Hier sind sich J und die Gemeinde einig gewesen, dass die Gemeinde gegen die Zahlung von der durch die Planung entstehenden Kosten ein Planänderungsverfahren mit dem Ziel beginnen soll, das Grundstück des J in das allgemeine Wohngebiet einzubeziehen. Zuständigkeit und formelle Anforderungen an das Verfahren sind nach den Angaben im Sachverhalt gegeben, insbesondere ist danach das Schriftformerfordernis gewahrt (§ 57 VwVfG, § 11 BauGB).

b) Vertragsformverbot (§ 54 1 VwVfG)

20   Der Vertragsschluss würde aber als Rechtsgrund für die Vermögensverschiebung ausscheiden, wenn er als nichtig einzustufen ist, weil er gegen ein Vertragsformverbot nach § 54 1 VwVfG verstößt. Es wäre denkbar, dass die

---

18   Abromeit, in: Eisentraut, Verwaltungsrecht in der Klausur, 2020, § 5 Rn. 97; Voßkuhle/Kaiser, Grundwissen – Öffentliches Recht: Der öffentlich-rechtliche Vertrag, JuS 2013, S. 687 ff. (688).

Vereinbarung gegen das Vertragsformverbot des § 1 III BauGB verstößt, nachdem auf die Aufstellung von Bauleitplänen und städtebaulichen Satzungen kein Anspruch durch Vertrag begründet werden kann. Dies ist aber nicht der Fall. Es ist nämlich möglich, den Abschluss städtebaulicher Verträge nach § 11 BauGB so zu gestalten, dass sie vor der Aufstellung des Bebauungsplans und vor seinem Satzungsbeschluss gewissermaßen als dessen Voraussetzung abgeschlossen werden, ohne dass dabei i.S.d. § 1 III 2 BauGB unzulässige Vorwegbindungen vorgenommen werden würden.[19] Der Änderungsbeschluss des Bebauungsplans war nicht Teil der vertraglichen Abmachung, sondern lediglich dessen Geschäftsgrundlage, insofern auch kein Verstoß gegen § 1 III 2 BauGB. Es kann daher dahingestellt bleiben, ob § 1 III BauGB ein Vertragsformverbot i.S.d. § 54 1 VwVfG ist und welche Rechtsfolge ein Verstoß hätte.

c) Charakter des Vertrags – subordinationsrechtlicher Vertrag i.S.d. §§ 59 II, 54 S. 2 VwVfG

Falls es sich bei dem Vertrag um einen subordinationsrechtlichen Vertrag 21 handelt, so ist § 59 II VwVfG als lex specialis vorrangig zu prüfen. Allerdings ist fraglich, ob die Vereinbarung als subordinationsrechtlicher Vertrag im Sinne des § 54 S. 2 VwVfG einzuordnen ist, da die Zusage der Planänderung an A nicht „sonst" durch Verwaltungsakt ergehen könnte. § 54 S. 2 VwVfG gilt allerdings entgegen des engen Wortlauts für alle Verträge zwischen Privatpersonen und Trägern der öffentlichen Verwaltung auf den Gebieten, auf denen typischerweise ein hoheitliches Verhältnis der Über- und Unterordnung besteht. Es ist hier also nicht maßgeblich, ob der konkrete Gegenstand, die Leistung des Bürgers oder das von der Verwaltung eingeleitete Verfahren „sonst" durch Verwaltungsakt geregelt werden könnte. Die konkrete Verwaltungsakt-Befugnis ist also irrelevant.[20] Hier steht die vertragliche Leistungspflicht des J aber auch in engem Zusammenhang mit einem durch Verwaltungsakt festsetzbaren Erschließungsbeitrag (vgl. § 131 BauGB). Es handelt sich also zumindest teilweise um die Substitution eines Verwaltungsakts und nicht etwa um Koordination und Kooperation. Die Vereinbarung ist daher an den Erfordernissen für subordinationsrechtliche Verträge (insbesondere § 59 II VwVfG) zu messen.

---

19 Söfker/Runkel, § 1 Aufgabe, Begriff und Grundsätze der Bauleitplanung, in: Ernst/Zinkahn/Bielenberg/Krautzberger, Baugesetzbuch, 126. EL August 2017, Rn. 42 f.

20 BVerwG, Urt. v. 16. 5.2000, Az.: 4 C 4/99 = BVerwGE 111, 162 (165 f.) = NVwZ 2000, 1285.

d) Austauschvertrag nach §§ 59 II Nr. 4, 56 VwVfG

22 Außerdem müsste es sich, damit der Vertrag nach § 59 II Nr. 4 VwVfG nichtig sein könnte, um einen Austauschvertrag gem. § 56 VwVfG handeln. Das ist zunächst fraglich, weil sich PBrück nicht zu einer Leistung verpflichtet hat. Jedenfalls besteht kein dem Zivilrecht vergleichbares synallagmatisches Verhältnis der Leitungspflichten, bei dem die Leistung des einen Vertragspartners auf der anderen beruht und mit der Erzielung eines bestimmten Erfolgs auch die andere Pflicht „steht und fällt". Allerdings ist § 56 I VwVfG nicht nur auf Austauschverträge im engeren Sinne anwendbar, sondern (zumindest entsprechend) auch auf einen unvollständigen („hinkenden") Austauschvertrag, in dem Leistung der Gemeinde Bedingung bzw. Geschäftsgrundlage für vertraglich vereinbarte Gegenleistung des Bürgers ist.[21] Ein wesentlicher Grund dafür ist, dass es für das rechtsstaatliche Gebot der Angemessenheit der Gegenleistung des Bürgers und ihres sachlichen Zusammenhangs mit der Leistung der Behörde keinen Unterschied machen kann, ob der Bürger einen vertraglichen Anspruch auf die Leistung erhält oder diese nur zur Bedingung seiner Handlung oder der Geschäftsgrundlage erklärt wird.

e) Verstoß gegen Koppelungsverbot § 56 VwVfG

23 Die Vereinbarung könnte daher aufgrund eines Verstoßes gegen das in § 59 II Nr. 4 VwVfG i.V.m. § 56 VwVfG aufgeführte Koppelungsgebot nichtig sein. § 56 VwGO greift das im verfassungsrechtlichen Rechtsstaatprinzip verankerte Koppelungsverbot auf und verdeutlicht, dass eine Behörde die Erfüllung hoheitlicher Aufgaben grundsätzlich nicht von nicht unmittelbar zugehörigen, also lediglich „verkoppelten" wirtschaftlichen Gegenleistungen abhängig machen darf. Dieser Gedanke wird durch § 11 II 2 BauGB verkörpert. Es gehört zum Wesen der rechtsstaatlichen Verwaltung, dass die ihr zukommenden hoheitlichen Befugnisse nicht dazu ausgenutzt werden dürfen, durch Verknüpfung hoheitlicher Maßnahmen mit Gegenleistungen privater Rechtssubjekte das allgemeine Wohl oder Einzelinteressen in unzulässiger Weise zu beeinträchtigen. In der Rechtsprechung ist zugleich anerkannt, dass das Koppelungsverbot nur eine sachwidrige Motivation des Verwaltungshandelns verhindern soll. Deshalb darf nichts durch Austauschvertrag miteinander verknüpft werden, was nicht ohnehin in innerem Zusammenhang steht. Folgekostenverträge sind danach allerdings grundsätzlich zulässig, wenn sie sich auf Kosten beziehen, die unvermeidlich im Zuge der städtebaulichen

---

21 BVerwG, Urt. v. 16. 5.2000, Az.: 4 C 4/99 = BVerwGE 111, 162 (167) = NVwZ 2000, 1285.

Entwicklung entstehen, die Vertragsgegenstand ist. Hier ist der Betrag genau derjenige, der durch die Planungskosten entstanden ist und wird auch in diesem Sinne eingesetzt. Der Sachzusammenhang ist damit gegeben. § 11 I 1 BauGB beschreibt allgemein die Zulässigkeit städtebaulicher Verträge im Städtebaurecht des Bundes. § 11 I Nr. 1 BauGB benennt als Gegenstand eines städtebaulichen Vertrages konkret die „Ausarbeitung der erforderlichen städtebaulichen Planungen". Der Vertrag verstößt also nicht gegen das Koppelungsverbot.

4. Zwischenergebnis

Da auch sonst keine Nichtigkeitsgründe ersichtlich sind und demnach der Vertrag des J mit der Gemeinde PBrück wirksam ist, war die Vermögensverschiebung i.H.v. 5.000 € nicht rechtsgrundlos. Die Voraussetzungen des öffentlich-rechtlichen Bereicherungsanspruchs sind nicht gegeben. Jedenfalls insoweit kann J sein Geld nicht zurück erlangen.[22]   24

II. Öffentlich-rechtlicher Erstattungsanspruch auf Rückzahlung von 10.000 € (aus Vereinbarung 2)

Im Hinblick auf Herleitung und Voraussetzungen des öffentlich-rechtlichen Erstattungsanspruchs kann nach oben verwiesen werden.   25

1. Öffentlich-rechtlicher Charakter des Rechtsverhältnisses und Vermögensverschiebung

Der öffentlich-rechtliche Charakter der hier betroffenen Vereinbarung ergibt sich wie bereits oben aus der starken baugesetzlichen Regulierung des Streitgegenstandes. Die Vermögensverschiebung liegt auch hier in einer Zahlung des J an PBrück, hier in Höhe von 10.000 €.   26

2. Ohne Rechtsgrund

Wiederum kommt die Vereinbarung als Rechtsgrund für die Vermögensverschiebung in Frage, wenn der Vertrag nicht nach § 54 1, bzw. § 59 VwVfG nichtig ist. Insofern kommt es zur Feststellung der Nichtigkeitsgründe wiederum auch auf den Charakter des Vertrages an (s. o.).   27

---

22 In Bezug auf die 5.000 € sind andere Ergebnisse kaum vertretbar und würden wohl verdeutlichen, dass das Urteil nicht verstanden, sondern nur bekannt ist.

a) Vertragsschluss

28 Auch bei dieser Abmachung bestehen keine Bedenken wegen Zuständigkeits- und Verfahrensproblemen. Der Inhalt des Vertrags unterscheidet sich allerdings erheblich von der Vereinbarung 1. J und PBrück haben sich hier darauf geeinigt, dass die Zahlungspflicht erst bei der Erteilung der Baugenehmigung entsteht, die Gemeinde PBrück beabsichtigt auch, die Beträge ganz anders zu verwenden. In Höhe des Betrages von 7.000 € sollen die von den damaligen Erschließungskosten betroffenen Bürger entschädigt werden, die die Erschließungskosten ohne Beteiligung Js tragen mussten. In Höhe von 3.000 € soll die Instandhaltung des Rathauses finanziert werden. Das ändert wegen dem baurechtlichen Gepräge des Sachverhalts jedoch nichts an seinem öffentlich-rechtlichen Charakter (s. o.).

b) Vertragsformverbot

29 Der Vertragsschluss würde wiederum als Rechtsgrund für die Vermögensverschiebung ausscheiden, wenn er als nichtig einzustufen ist. Im Hinblick auf das Vertragsformverbot nach § 1 III 2 BauGB gilt aber erneut, dass der Änderungsbeschluss des Bebauungsplans nicht Vertragsgegenstand ist, sondern lediglich Geschäftsgrundlage und daher nicht dem Verbot aus § 1 III 2 BauGB widerspricht.

c) Nichtigkeit gem. §§ 59 II VwVfG, § 54 S. 2 VwVfG

30 Zunächst muss erneut geklärt werden, ob es sich um einen subordinationsrechtlichen Vertrag im Sinne des § 54 S. 2 VwVfG handelt. Dies könnte wiederum zweifelhaft sein, weil der Vertrag nicht die Baugenehmigung erteilt, sondern die Erteilung nur die Bedingung für die Zahlungsverpflichtung darstellt. Insofern kann allerdings auf die obigen Ausführungen verwiesen werden. § 54 S. 2 VwVfG gilt trotz des engen Wortlauts für alle Verträge zwischen Privatpersonen und Trägern der öffentlichen Verwaltung in Bereichen, in denen typischerweise ein hoheitliches Verhältnis der Über- und Unterordnung besteht. Hier soll die vertragliche Leistungspflicht des J zumindest teilweise an Stelle eines durch Verwaltungsakt nicht mehr festsetzbaren Erschließungsbeitrags treten (vgl. § 131 BauGB), das Ziel ist daher als Substitution eines Verwaltungsakts zu verstehen und nicht als Koordination oder Kooperation einzuordnen. Es handelt sich somit auch bei der Vereinbarung 2 um einen subordinationsrechtlichen Vertrag nach § 54 I 2 VwVfG, so dass die Nichtigkeitsgründe des § 59 II VwVfG potentiell anwendbar sind.

d) Nichtigkeit nach § 59 II Nr. 4 VwVfG bei einem Austauschvertrag nach § 56 I oder II VwVfG

Damit ein Verstoß gegen § 59 II Nr. 4 VwVfG möglich ist, müsste es sich 31
wiederum um einen Austauschvertrag im Sinne des § 56 I VwVfG handeln.

aa) Vorliegen eines Austauschvertrages

Auch könnte wiederum fraglich sein, ob es sich um einen Austauschvertrag 32
handelt, da sich die Gemeinde nicht direkt zu einer Gegenleistung verpflichtet
hat. Hier gilt allerdings erneut, dass § 56 I VwVfG nicht nur auf einen Austauschvertrag im engeren Sinne anwendbar ist, sondern (zumindest entsprechend) auch auf unvollständige („hinkende") Austauschverträge, in denen
die Leistung der Gemeinde Bedingung bzw. Geschäftsgrundlage für die vertraglich vereinbarte Gegenleistung des Bürgers darstellt, weil es für die Anforderungen des Rechtsstaatgebots keinen Unterschied machen kann, wie die
im Zusammenhang stehenden Leistungen mit den der Vertragsgestaltung zur
Verfügung stehenden Mechanismen verknüpft werden.[23]

bb) Verstoß gegen das Koppelungsverbot

Austauschverträge verstoßen nur dann nicht gegen das Koppelungsverbot, 33
wenn die Gegenleistung für einen bestimmten Zweck im Vertrag vereinbart
worden ist, den gesamten Umständen nach angemessen ist und im sachlichen
Zusammenhang mit der vertraglichen Leistung der Behörde steht. Indem die
Gemeinde die Verwendungszwecke klar und erkennbar angegeben hat, hat sie
die Zweckbestimmung hinreichend bestimmt. Problematisch ist aber der
sachliche Zusammenhang zwischen Leistung und Gegenleistung. Es darf keine
inhaltliche Verknüpfung von Gegenständen vollzogen werden, die nicht oh-
nedies schon in innerem Zusammenhang stehen und keine Abhängigkeit
hoheitlicher Entscheidungen von wirtschaftlichen Gegenleistungen stattfinden, falls dadurch nicht die Beseitigung rechtlicher Hindernisses für behördliche Leistungen erreicht wird (kein „Verkauf von Hoheitsakten", s. o.). Da
unterschiedliche Zwecke vereinbart wurden, ist es sinnvoll, die Prüfung des
Sachzusammenhangs getrennt nach den unterschiedlichen Beträgen vorzunehmen.

---

23 BVerwG, Urt. v. 16. 5.2000, Az.: 4 C 4/99 = BVerwGE 111, 162 (167) = NVwZ 2000, 1285.

(1) 7.000 € als Entschädigung für die vom damaligen Erschließungsbeitrag belasteten Nachbarn

34 Der wesentliche Anteil der Gegenleistung soll an die von den Erschließungskosten belasteten Anwohner ausgeschüttet werden. Die Gemeinde plant aus Gleichbehandlungsgründen die Abschöpfung des kostenlosen Erschließungsvorteils und die Schließung einer „Gerechtigkeitslücke", da J sonst ohne wesentliche Kostenbeteiligung die Vorteile der Erschließung seines Grundstücks abschöpfen könnte.[24] Nach der Auffassung des VGH München besteht in derartigen Konstellationen ein sachlicher Zusammenhang und es findet kein „Verkauf von Hoheitsakten" statt. PBrück befolgte immerhin bei der Planaufstellung den Gleichbehandlungsgrundsatz und suchte insgesamt eine vergleichbare Situation wie bei ursprünglicher Einbeziehung (d. h. Heranziehung zu Erschließungskosten) herbeizuführen. Der sachliche Zusammenhang bestünde hier also darin, dass die Gemeinde alle vom Bebauungsplan betroffenen Grundstückseigentümer gleich behandeln will. Gegen einen sachlichen Zusammenhang spricht allerdings, dass die Erschließungsbeitragspflicht mit der endgültigen Herstellung der Erschließungsanlagen (§ 133 II 1 BauGB) entsteht. Ein Grundstück, das wie hier das Grundstück des J im Zeitpunkt des Entstehens der sachlichen (abstrakten) Beitragspflichten im Außenbereich liegt, gehört nicht zu den i.S. von § 131 I BauGB durch eine beitragsfähige Erschließungsanlage erschlossenen Grundstücken und scheidet deshalb als Gegenstand der Erhebung eines Erschließungsbeitrags für diese Anlage aus.[25] Als Nicht-Bauland gehörte das Grundstück des J somit nicht zu den im Gebiet des Bebauungsplans gelegenen Grundstücken, auf die der beitragsfähige Erschließungsaufwand für die Erschließungsanlagen im Neubaugebiet zu verteilen war. Der Anteil am beitragsfähigen Erschließungsaufwand, der auf die Grundstückseigentümer im Plangebiet umgelegt werden konnte, fiel daher höher aus als bei Einbeziehung des Grundstücks des J.

Nichtsdestotrotz kann aus Gründen einer fortwirkenden Abgabengerechtigkeit ein sachlicher Zusammenhang dadurch bestehen, dass die Gemeinde bei der Einbeziehung eines Grundstücks in das Plangebiet im Nachhinein alle Beteiligten wirtschaftlich so zu stellen beabsichtigt, als sei ihr Grundstück im maßgeblichen Zeitpunkt erschließungsbeitragspflichtig gewesen. Insofern

---

24 VGH München, Urt. v. 11. 11. 1998, Az.: 6 B 95.2137 (Vorinstanz zu BVerwG, Urt. v. 16. 5.2000, Az.: 4 C 4/99).

25 Vgl. BVerwG, Urt. v. 14. 2. 1986, Az.: 8 C 115.84 = Buchholz 406.11 § 133 BBauG Nr. 95 = NVwZ 1986, 586; st.Rspr.

genügt diese Vereinbarung, die vorsieht, dass die von J zu erbringende Geldleistung unmittelbar oder mittelbar den Grundstückseigentümern zu Gute kommen soll, dessen Kostenanteil sich im Fall einer Beitragspflicht des J seinerzeit vermindert hätte, diesen Anforderungen. Es ist also noch ein Zusammenhang im Sinne der Regelung gegeben, weil die Zweckbestimmung der vom Vertragspartner der Behörde zu erbringenden Gegenleistung demselben öffentlichen Interesse im weiteren Sinne dient wie die Rechtsvorschriften und/oder allgemeinen Rechtsgrundsätze, welche die Behörde zu der von ihr zu erbringenden Leistung ermächtigen (a.A. vertretbar[26]).

(2) 3.000 € für die Restauration des Rathauses

Dieses Ergebnis kann jedoch nicht ohne weiteres auch für die 3.000 € angenommen werden, die die Gemeinde für die Restauration des Rathauses verwenden will. Ein sachlicher Zusammenhang zwischen Leistung und Gegenleistung kann nämlich immer dann entfallen, wenn die vom Bürger zu erbringende Leistung einem anderen öffentlichen Interesse zu dienen bestimmt ist als die von der Behörde zu erbringende oder von ihr in Aussicht gestellte Leistung. Der sachliche Zusammenhang kann auch fehlen, wenn die

35

---

26 Hier liegt eine Variante des vom BVerwG beurteilten Sachverhalts vor. Im Originalfall hatte die Gemeinde nicht beabsichtigt, den Betrag an die von der vorigen Erschließung betroffenen Anwohner auszuzahlen und das BVerwG den Vertrag daher für nichtig gehalten, für die hier vorliegende Konstellation die Rechtmäßigkeit jedoch offen gelassen, aber eher positiv betrachtet. (Auszug aus dem Urteil: „Das Anliegen der Bekl., die Kl. aus Gründen einer fortwirkenden Abgabengerechtigkeit bei der Einbeziehung ihres Grundstücks in das Plangebiet im Nachhinein wirtschaftlich so zu stellen, als sei ihr Grundstück im maßgeblichen Zeitpunkt erschließungsbeitragspflichtig gewesen, hätte nach Auffassung des Senats eine Vereinbarung nahegelegt, die vorsieht, dass die von der Kl. zu erbringende Geldleistung unmittelbar oder mittelbar den Grundstückseigentümern zu Gute kommen soll, deren Kostenanteil sich im Fall einer Beitragspflicht der Kl. seinerzeit vermindert hätte. Der Senat neigt hier zu der Ansicht, dass ein derartiger „Vorteilsausgleich" den in Art. 56 I 2 BayVwVfG geforderten sachlichen Zusammenhang zwischen Leistung und Gegenleistung hätte herstellen können.") Wichtig ist hier, wie für die gesamte Klausurbearbeitung, dass die Studenten die Probleme erfassen und zu einer eigenständigen Lösung kommen. Eine unkommentierte Übernahme des Ergebnisses der BVerwG-Entscheidung zeugt davon, dass die Probleme nicht hinreichend erfasst wurden. Bei entsprechender Begründung ist allerdings auch ein abweichendes Ergebnis vertretbar. Dann müsste als Ausschlussgrund allerdings auch – zumindest kurz – eine Entreicherung der Gemeinde angesprochen werden (auf die sich die Gemeinde natürlich nicht berufen kann).

Leistung des Bürgers einem anderen öffentlichen Interesse dienen soll als die Leistung der Behörde.[27]

Hier besteht kein Zusammenhang dieser Form. Zwar übersteigt der von J verlangte Betrag nicht denjenigen, den die Anwohner damals bezahlt haben, die Instandsetzung des Rathauses ist allerdings keine bauplanerische Aufgabe und auch in keiner Weise Voraussetzung oder Folgelast des Bauvorhabens des J. Es handelt sich hier auch nicht um einen Zusammenhang, da ein Ausgleich zwischen J und PBrück aus Billigkeitsgründen stattfinden würde. Denn auch wenn das Herausfallen des Grundstücks des J aus der Beitragspflicht (§ 131 I BauGB) höhere Beiträge für die anderen Plangrundstücke zur Folge hatte, blieb der Eigenanteil Gemeinde dadurch unverändert (vgl. § 129 I 3 BauGB: 10 %).

(3) Zwischenergebnis

36 In der Höhe von 3.000 € liegt daher ein Verstoß gegen das Koppelungsverbot aus § 56 VwVfG vor.[28]

e) Folge der zumindest teilweisen Nichtigkeit

37 Zwar ist ein öffentlich-rechtlicher Vertrag nach §§ 54 VwVfG grundsätzlich auch trotz Rechtswidrigkeit gültig, im Falle des hier vorliegenden einschlägigen speziellen Nichtigkeitsgrundes nach § 59 II Nr. 4 i. V. m. § 56 VwVfG folgt allerdings aus dem Verstoß gegen das Koppelungsverbot grundsätzlich die Nichtigkeit.

Fraglich ist allerdings wie der nur teilweise Verstoß gegen das Koppelungsverbot auch vor dem Hintergrund von § 59 III VwVfG einzuordnen ist, der besagt, dass die Nichtigkeit nur eines Teil des Vertrags zur Gesamtnichtigkeit führt, wenn nicht anzunehmen ist, dass er auch ohne den nichtigen Teil geschlossen worden wäre. Bei der Bewertung ist wie bei § 139 BGB auf den mutmaßlichen Willen der Vertragsparteien abzustellen. Für diesen kommt es darauf an, ob eine Bewertung aus der Sicht einer verständigen Vertragspartei ergibt, dass sie den Vertrag auch ohne den nichtigen Teil vernünftigerweise abgeschlossen hätte. Aus der Formulierung „wenn nicht anzunehmen ist" folgt allerdings, dass die Gesamtnichtigkeit den Regelfall bildet und für sie zugleich eine (allerdings widerlegliche) Vermutung streitet. Allerdings bleiben die nicht

---

27 BVerwG, Urt. v. 16. 5.2000, Az.: 4 C 4/99 = BVerwGE 111, 162 (167) = NVwZ 2000, 1285.
28 A.A. z. B. mit der oben erläuterten Auffassung des VGH München vertretbar.

von der Nichtigkeit erfassten Vertragsteile wirksam, wenn sie nach dem mutmaßlichen Willen der Parteien selbständig sinnvolle Regelungen enthalten. Der Wille der Parteien ist hier nach den allgemeinen Regeln über die Auslegung und in entsprechender Anwendung der §§ 133, 157 BGB i.V.m. § 62 VwVfG zu ermitteln. Hier kommt man insbesondere über die Auslegung der salvatorischen Klausel zu dem Ergebnis, dass die Parteien eine weitestgehende Gültigkeit der Regelungen erreichen wollen. Da die Zahlungspflichten getrennt nach den Verwendungszwecken ausgewiesen sind, die Vereinbarungen auch getrennt sinnvoll bleiben und nur im Hinblick auf einen Verwendungszweck nichtig sind, ist davon auszugehen, dass die Regelung bezüglich der Zahlungspflicht von 7.000 € gültig bleibt.

f) Ergebnis

Der Vertrag ist nichtig in Bezug auf die Zahlungspflicht von 3.000 €, also 38 soweit die Gegenleistung für die Restauration des Rathauses verwendet werden soll.

3. Nichtvorliegen eines Ausschlussgrundes

Hier kommt vor allem der Grundsatz von Treu und Glauben in Frage, der zu 39 den allgemeinen Grundsätzen des Verwaltungsrechts gehört. Gegen eine Rückzahlungspflicht der Gemeinde PBrück könnte sprechen, dass J mit Rückforderung bis zur Errichtung des Hauses abgewartet hat, also bereits in den vollen Vorzug der Leistung der Gemeinde gekommen ist. Allerdings hätte eine Anwendung des Grundsatzes auf öffentlich-rechtliche Bereicherungsansprüche zur Folge, dass die gesetzlich angeordnete Nichtigkeitssanktion vielfach wirkungslos bliebe, wenn der Erstattungsanspruch des Bürgers infolge irreversibler Leistungserbringung seitens Behörde ausgeschlossen wäre.

Insofern kann sich die Gemeinde nicht auf einen Ausschluss der Rückforderung infolge von Treuwidrigkeit berufen.[29]

---

29 BVerwG, Urt. v. 16. 5.2000, Az.: 4 C 4/99 = BVerwGE 111, 162 (167) = NVwZ 2000, 1285; a.A. VGH München, Urt. v. 11. 11. 1998, Az.: 6 B 95.2137; Theoretisch kann auch eine entsprechende Anwendung von § 814 BGB angesprochen werden, allerdings enthält der Sachverhalt keine Hinweise auf eine Kenntnis der Nichtigkeit vor Zahlung durch J. Ebenso gibt es keinen Hinweis auf eine Entreicherung in Bezug auf die 3.000 €. Wenn die Kandidaten (was mit entsprechender Begründung durchaus vertretbar ist) eine Rechtswidrigkeit auch in Bezug auf die 7.000 € angenommen haben, müsste insoweit auch die Entreicherung angesprochen werden (letztlich mit dem Ergebnis, dass sich PBrück nicht darauf berufen darf).

III. Zwischenergebnis

40 J hat gegenüber der Stadt einen öffentlich-rechtlichen Erstattungsanspruch in Höhe von 3.000 €.

C. Ergebnis

41 Die Klage wäre zulässig, allerdings nur in Höhe von 3.000 € begründet.

FALL 10: VORBEUGENDE UNTERLASSUNGSKLAGE BEI STAATLICHEM INFORMATIONSHANDELN (STEFAN MICHEL)

Der Fall ist angelehnt an BVerfG, Beschl. vom 21. 3. 2018, Az.: 1 BvF 1/13 = NJW 2018, 2109   42

Lernziele/Schwerpunkte: Präventiver Rechtsschutz, Leistungsklage, Vorbeu-   43
gende Unterlassungsklage, Staatliches Informationshandeln, Öffentlich-
rechtlicher Unterlassungsanspruch, Berufsfreiheit

Sachverhalt

Die in Mainz ansässige A-GmbH ist ein Startup, welches sich der Entwicklung   44
gesunder Softdrinks verschrieben hat. Sie beabsichtigt mit der Herstellung
eines zuckerarmen, gleichwohl besonders wirksamen Energydrinks eine
Marktlücke zu schließen. Die Geschäftsführerin der A-GmbH will bei einem
Pitch Geldgeber davon überzeugen, in ihre Firma zu investieren. Sie verkündet
stolz, dass es ihrem Team gelungen sei, ein Getränk (vermarktet unter dem
Namen „V-Boost") zu produzieren, welches sich ausschließlich aus natürlichen
Inhaltsstoffen zusammensetzt, dabei aber zugleich doppelt so potent sei wie
herkömmliche Konkurrenzprodukte. Bislang wird das Getränk in ausge-
wählten Gastronomiebetrieben und Kiosken in Mainz vertrieben. Geplant ist
jedoch mithilfe neuer Investitionen einen bundesweiten Vertrieb aufzuziehen.
Auf der Veranstaltung ist auch der bei der Stadtverwaltung Mainz beschäftigte
B anwesend, der sich einen Überblick über die lokalen Jungunternehmen
verschaffen möchte. Nachdem er sich bei einer Kostprobe von der Wirkung
des Getränks überzeugt hat, ist er begeistert und erzählt tags darauf seinen
Kolleginnen und Kollegen beim Mittagessen vom neuen Energydrink.

C, die im Ordnungsamt der Stadt Mainz für die Lebensmittelkontrolle zuständig ist, kann Bs Begeisterung nicht teilen. Sie befürchtet, dass das Getränk
sich nicht nur anregend auf den Kreislauf, sondern auch schädlich auf die
Gesundheit seiner Konsumentinnen und Konsumenten auswirken könnte. Sie
ist überzeugt, dass ein derart starker Energydrink Personen mit Herz- und
Kreislaufkrankheiten über Gebühr zusetzen könnte und möchte überprüfen,
ob das Produkt gegen die einschlägigen lebensmittelrechtlichen Vorschriften

verstößt. Sie besorgt sich einige Dosen und lässt sie im Labor auf ihre In-
haltsstoffe untersuchen. Ihr Verdacht bestätigt sich: Die Messergebnisse wei-
sen einen Koffeingehalt von 400 mg/l auf. Weiterhin wurde festgestellt, dass
der V-Boost 150 mg/l Inosit, einen Zuckeralkohol, der die Signalübertragung in
Zellen verbessern soll, enthält. Sie teilt der A-GmbH mit, dass ihr Produkt
gegen die zulässigen Koffeingrenzwerte verstößt und kündigt an, alsbald öffentlich vor dem Produkt zu warnen zu wollen. Bei der A-GmbH solle man
sich – so C – lieber nochmal Gedanken über die Rezeptur machen. Die
Warnung soll als „Verbraucherinformation" mit Nennung des Namens der A-
GmbH und des Namens „V-Boost" auf der Webseite der Stadt Mainz platziert
werden.

Die Geschäftsführerin der A-GmbH zeigt sich jedoch uneinsichtig. Der hohe
Koffeingehalt mache ihren Energydrink erst attraktiv und hebe ihn von der
Masse ab. Da das Unternehmen nunmehr unmittelbar vor einer bundesweiten
Expansion stehe, sei schlechte Presse das Letzte, was die A-GmbH gebrauchen
könne. Nach einem erfolglosen Ersuchen der Behörde beantragt sie beim
Verwaltungsgericht Mainz den Erlass einer einstweiligen Anordnung, dass die
Stadtverwaltung die Warnung vor dem Energydrink zu unterlassen habe. Die
Richterinnen und Richter der zuständigen Kammer lassen verlauten, dass sie
dem Antrag stattgeben wollen, da sie fürchten, ihrem Arbeitspensum ohne
ihren geliebten Energydrink nicht mehr nachkommen zu können. Die
Stadtverwaltung will sich mit dieser „Blindheit der Justiz" nicht zufriedenge-
ben und die Sache ein für alle Mal im Hauptsacheverfahren geklärt wissen. Sie
beantragt daher, dass das Gericht die Klageerhebung durch die A-GmbH
anordnet. Die Kammer beschließt, dass die Stadtverwaltung ihre Warnung
vorerst zu unterlassen, die A-GmbH aber bis zum 01. 08. 2019 Klage zu erheben
habe. Dieser Anordnung kommt die A-GmbH am 29. 07. 2019 nach, indem sie
Klage beim zuständigen Verwaltungsgericht erhebt, und die dauerhafte Unterlassung behördlicher Warnungen beantragt.

Prüfen Sie gutachterlich die Erfolgsaussichten der Klage!

Bearbeiter*innenvermerk: Von der Verfassungsmäßigkeit der abgedruckten
Normen ist auszugehen. Unionsrechtliche Vorschriften, Vorschriften des VIG
und § 40 Ia LFGB sind nicht zu prüfen. Es ist davon auszugehen, dass es sich
bei den Bestimmungen der FrSaftErfrischGetrV um Vorschriften im Anwendungsbereich des LFGB handelt.

Lebensmittel- und Futtergesetzbuch (LFGB)

§ 40 Information der Öffentlichkeit

(1) ¹Die zuständige Behörde soll die Öffentlichkeit unter Nennung der Bezeichnung des Lebensmittels oder Futtermittels und des Lebensmittel- oder Futtermittelunternehmens, unter dessen Namen oder Firma das Lebensmittel oder Futtermittel hergestellt oder behandelt wurde oder in den Verkehr gelangt ist, und, wenn dies zur Gefahrenabwehr geeigneter ist, auch unter Nennung des Inverkehrbringers, nach Maßgabe des Artikels 10 der Verordnung (EG) Nr. 178/2002 informieren. ²Eine Information der Öffentlichkeit in der in Satz 1 genannten Art und Weise soll vorbehaltlich des Absatzes 1a auch erfolgen, wenn

1. der der hinreichende Verdacht besteht, dass ein kosmetisches Mittel oder ein Bedarfsgegenstand ein Risiko für die menschliche Gesundheit mit sich bringen kann,

2. der hinreichende Verdacht besteht, dass gegen Vorschriften im Anwendungsbereich dieses Gesetzes, die dem Schutz der Verbraucherinnen und Verbraucher vor Gesundheitsgefährdungen dienen, verstoßen wurde, [...]

(2) ¹Eine Information der Öffentlichkeit nach Absatz 1 durch die Behörde ist nur zulässig, wenn andere ebenso wirksame Maßnahmen, insbesondere eine Information der Öffentlichkeit durch den Lebensmittel- oder Futtermittelunternehmer oder den Wirtschaftsbeteiligten, nicht oder nicht rechtzeitig getroffen werden oder die Verbraucherinnen und Verbraucher nicht erreichen. ²Unbeschadet des Satzes 1 kann die Behörde ihrerseits die Öffentlichkeit auf

1. eine Information der Öffentlichkeit oder

2. eine Rücknahme- oder Rückrufaktion

durch den Lebensmittel- oder Futtermittelunternehmer oder den sonstigen Wirtschaftsbeteiligten hinweisen. ³Die Behörde kann unter den Voraussetzungen des Satzes 1 auch auf eine Information der Öffentlichkeit einer anderen Behörde hinweisen, soweit berechtigte Interessen der Verbraucherinnen und Verbraucher in ihrem eigenen Zuständigkeitsbereich berührt sind.

Fruchtsaft- und Erfrischungsgetränkeverordnung (FrSaftErfrischGetrV)

§ 4 Begriffsbestimmungen

(1) ¹Koffeinhaltige Erfrischungsgetränke im Sinne dieser Verordnung sind Getränke auf der Grundlage von Wasser, die geschmackgebende Zutaten oder Aromen

enthalten und denen Koffein oder koffeinhaltige Zutaten zugesetzt worden sind. ²Sie dürfen zudem weitere Zutaten enthalten. ³Satz 2 gilt nicht für Alkohol, auch als Zutat oder sonstiger Bestandteil eines alkoholhaltigen Getränkes. Unberührt bleibt ein Alkoholgehalt bis zu einer Menge von 2 Gramm pro Liter, der

1. auf der Verwendung von Aromen beruht oder

2. auf Grund natürlicher und unvermeidbarer Gärungsprozesse in anderen verwendeten Zutaten enthalten ist.

(2) Energydrinks sind koffeinhaltige Erfrischungsgetränke, die zusätzlich einen oder mehrere der in Anlage 8 Teil B aufgeführten Stoffe enthalten.

§ 5 Besondere Anforderungen an Herstellung und Inverkehrbringen

(1) Ein koffeinhaltiges Erfrischungsgetränk darf nur so hergestellt oder in den Verkehr gebracht werden, dass im Enderzeugnis Koffein mit einem Gesamtgehalt, einschließlich der aus anderen Zutaten stammenden Gehalte, nicht die in Anlage 8 Teil A festgelegte Höchstmenge übersteigt.

(2) Ein Energydrink darf nur so hergestellt oder in den Verkehr gebracht werden, dass im Enderzeugnis die in Anlage 8 Teil B genannten Stoffe nicht die dort jeweils festgesetzten Höchstmengen übersteigen.

Anlage 8 (zu den §§ 4 und 5)

Höchstmengen für bestimmte Stoffe
in koffeinhaltigen Erfrischungsgetränken

Teil A: Koffeinhaltige Erfrischungsgetränke

Stoff	Höchstmenge im verzehrfertigen Lebensmittel [mg/l]
Koffein	320

Teil B: Energydrinks

Stoff	Höchstmenge im verzehrfertigen Lebensmittel [mg/l]
Taurin	4 000
Inosit	200
Glucuronolacton	2 400.

Löungsgliederung

Lösungsvorschlag

46 Die Klage hat Aussicht auf Erfolg, soweit sie zulässig und begründet ist.

A. Zulässigkeit

47 Die Klage ist zulässig, soweit alle notwendigen Sachentscheidungsvoraussetzungen vorliegen.

I. Eröffnung des Verwaltungsrechtswegs

48 Eine aufdrängende Sonderzuweisung ist nicht ersichtlich, weshalb sich die Eröffnung des Verwaltungsrechtswegs nach § 40 I 1 VwGO richtet.

§ 40 I 1 VwGO setzt das Vorliegen einer öffentlich-rechtlichen Streitigkeit nicht-verfassungsrechtlicher Art und das Fehlen abdrängender Sonderzuweisungen voraus. Die Streitigkeit ist öffentlich-rechtlich, wenn die streitentscheidende Norm öffentlich-rechtlicher Natur ist. Streitentscheidend sind hier Normen des LFGB, insbesondere § 40 LFGB, welcher die zuständige Behörde unter bestimmten Voraussetzungen verpflichtet, die Öffentlichkeit zu informieren. Insofern wird durch § 40 LFGB ein Träger hoheitlicher Gewalt als solcher verpflichtet. Folglich sind die streitentscheidende Norm und damit auch die Streitigkeit im Ganzen öffentlich-rechtlicher Natur. Ferner streiten vorliegend nicht zwei Staatsverfassungsorgane über die Auslegung von Staatsverfassungsrecht, sodass die Streitigkeit mangels doppelter Verfassungsunmittelbarkeit auch nichtverfassungsrechtlicher Art ist. Überdies sind abdrängende Sonderzuweisungen nicht ersichtlich. Der Verwaltungsrechtsweg ist eröffnet.

II. Statthafte Klageart

49 *Lösungshinweis: Unterlassungsbegehren gegen öffentliche Äußerungen sind oftmals besonders eilbedürftig, da sich eine Äußerung nicht mehr ohne weiteres zurücknehmen lässt. Um dem Eintritt vollendeter Tatsachen entgegenzuwirken, kommt üblicherweise der Antrag auf Erlass einer einstweiligen Anordnung nach § 123 I VwGO in Betracht. Vorliegend wurde ein solcher Antrag jedoch bereits erfolgreich gestellt. Während des Verfahrens nach § 123 VwGO ist es der Behörde als Antragsgegner gemäß § 123 III VwGO i.V.m. § 926 I ZPO möglich den Antragsteller gerichtlich dazu verpflichten zu lassen, innerhalb einer vom Gericht bestimmten Frist Klage in der Hauptsache zu erheben. Dies eröffnet dem durch die einstweilige Anordnung Beschwerten die Möglichkeit, die Wartezeit bis zur*

rechtskräftigen Entscheidung in der Hauptsache zu verkürzen.[30] *Schließlich besteht für den Antragssteller zunächst kein Anlass, die zu seinen Gunsten erlassene Anordnung im Hauptsacheverfahren zu riskieren. Deshalb wird es dem Beschwerten ermöglicht die Einleitung des Hauptsacheverfahrens zu erzwingen.*[31]

Die statthafte Klageart bestimmt sich nach dem Begehren des Klägers, in dessen Lichte nach § 88 VwGO der Antrag des Klägers auszulegen ist. Hier geht die A-GmbH gegen die angekündigte Warnung durch die Behörde vor. Folglich wendet sich die Klägerin gegen zukünftiges Verwaltungshandeln und sucht vorbeugenden Rechtsschutz.

Eine Anfechtungsklage (§ 42 I Alt. 1 VwGO) kommt lediglich gegen einen bereits bestehenden Verwaltungsakt in Betracht, an dem es vorliegend fehlt, da die Warnung noch gar nicht ausgesprochen wurde.[32]

Ohnehin ist fraglich, ob der Warnung überhaupt die von § 35 1 VwVfG vorausgesetzte Regelungswirkung zukommt. Eine Regelung liegt vor, wenn die Maßnahme darauf gerichtet ist, eine verbindliche Rechtsfolge zu setzen, also Rechte des Betroffenen zu begründen, zu ändern, aufzuheben bzw. diese rechtsverbindlich festzustellen oder zu verneinen.[33] Die Warnung statuiert jedoch keine derartigen Rechtspflichten. Sie weist gerade keinen imperativen Charakter auf, sondern informiert lediglich über Tatsachen. Mangels einer Regelungswirkung handelt es sich bei der Warnung mithin um einen zukünftigen Realakt.

Gegen zukünftige Realakte kommen zweierlei Klagearten in Betracht. Zum einen die vorbeugende Feststellungsklage und zum anderen die vorbeugende Unterlassungsklage.

1. Feststellungsklage

Das BVerwG und einige Vertreter im Schrifttum halten eine vorbeugende 50 Feststellungklage (§ 43 I VwGO) für statthaft. Zwar statuiert 43 II 1 VwGO den Grundsatz der Subsidiarität der Feststellungsklage, wonach diese unstatthaft ist, soweit der Kläger sein Begehren auch durch eine Gestaltungs- oder Leis-

---

30 Puttler, in: Sodan/Ziekow, VwGO, 5. Aufl. 2018, § 123 Rn. 139.

31 Ausführlich dazu: Dombert, in: Finkelnburg/Dombert/Külpmann, Vorläufiger Rechtsschutz im Verwaltungsstreitverfahren, 7. Aufl. 2017, Rn. 474 ff.

32 S. näher zur Anfechtungsklage Eisentraut, Verwaltungsrecht in der Klausur, 2020, § 2.

33 BVerwG, Urt. v. 20. 5. 1987, Az. 7 C 83.84 (Rn. 9) = BVerwGE 77, 268 (271).

tungsklage verfolgen kann. Allerdings gilt nach der Ansicht der Rechtsprechung der Subsidiaritätsgrundsatz nicht, sofern sich die Feststellungsklage gegenüber anderen zulässigen Klagen als gleichermaßen rechtsschutzintensiv erweist. Da bei Klagen gegen einen Hoheitsträger davon auszugehen sei, dass er auch ein Feststellungsurteil, welches selbst nicht vollstreckbar ist, achten werde (sog. „Ehrenmanntheorie"),[34] sei die Feststellungsklage in diesem Falle ebenso rechtsschutzintensiv. Dementsprechend gelte § 43 II 1 VwGO nicht bei Klagen gegen Träger hoheitlicher Gewalt, was im Verwaltungsprozess gleichwohl den Regelfall darstellt. Darüber hinaus würden durch die Annahme der Statthaftigkeit der Feststellungsklage im Verhältnis zur Leistungsklage nicht die besonderen Voraussetzungen der Anfechtungs- und Verpflichtungsklage unterlaufen.

2. Leistungsklage

51 In der Literatur wird überwiegend die Leistungsklage – hier in der Unterart der vorbeugenden Unterlassungsklage – für statthaft erachtet. Die Leistungsklage wird zwar in der VwGO nicht ausdrücklich normiert, an verschiedenen Stellen jedoch vorausgesetzt (Vgl. § 43 II 1, 111, 113 IV VwGO). Die Klägerin begehrt vorliegend die Unterlassung eines zukünftigen Realaktes, sodass die vorbeugende Unterlassungsklage grundsätzlich statthaft wäre.

3. Streitentscheid

52 Da die Auffassungen zu unterschiedlichen Ergebnissen kommen, bedarf es eines Streitentscheids. Gegen die Auffassung der Rechtsprechung spricht zunächst der eindeutige Wortlaut des § 43 II 1 VwGO, über den sich die Rechtsprechung hinwegsetzt. Des Weiteren erweist sich die These von der gleichwertigen Rechtsschutzintensität der Feststellungsklage als unhaltbar. In der Praxis kommt es durchaus vor, dass sich Hoheitsträger nicht an Feststellungsurteile halten, weshalb nicht einzusehen ist, warum dem Bürger angesichts der klaren gesetzgeberischen Wertung für die Subsidiarität der Feststellungsklage ein vollstreckbares Urteil verwehrt bleiben soll. Auch der Gesetzgeber geht in § 170 VwGO, in dem die Vollstreckung von Geldforderungen gegen die öffentliche Hand geregelt ist, davon aus, dass Hoheitsträger nicht immer von selbst ihren Handlungspflichten nachkommen. Vorzugswürdig ist daher die zweitgenannte Ansicht. Folglich ist die Leistungsklage die statthafte Klageart.

---

34 S. dazu näher Giere, in: Eisentraut, Verwaltungsrecht in der Klausur, 2020, § 6 Rn. 71.

III. Klagebefugnis, § 42 II VwGO analog

Nach ganz überwiegender Auffassung müsste die A-GmbH klagebefugt analog 53
§ 42 II VwGO sein. Nach dem Grundsatz des Ausschlusses von Popular-
rechtsbehelfen, der dem Verwaltungsprozessrecht zugrunde liegt, ist auch
außerhalb der explizit in § 42 II VwGO geregelten Fälle die Möglichkeit einer
subjektiven Rechtsverletzung erforderlich.[35] Bei einer vorbeugenden Unterlassungsklage ist dies der Fall, wenn zumindest die Möglichkeit besteht, dass
der Kläger tatsächlich einen Unterlassungsanspruch gegen den Hoheitsträger
hat. Der öffentlich-rechtliche Anspruch auf Unterlassung einer amtlichen
Äußerung setzt voraus, dass die Äußerung rechtswidrig in subjektive Rechte
des Betroffenen eingreift und die konkrete Gefahr besteht, dass die Verwaltung besagte Äußerung tatsächlich tätigt (Erstbegehungs- oder Wiederholungsgefahr).[36] Vorliegend ist nicht von vorneherein auszuschließen, dass die
behördliche Warnung widerrechtlich in die Berufsfreiheit der A-GmbH eingreift.[37] Zudem beabsichtigt die Behörde ausweislich ihres Schreibens, die
Warnung zu veröffentlichen. Mithin besteht die Möglichkeit, dass die A-
GmbH einen öffentlich-rechtlichen Unterlassungsanspruch gegen die Behörde
hat.

*Lösungshinweis: Ob die konkrete Begehungsgefahr tatsächlich besteht, ist in der
Begründetheit zu prüfen, zumal es sich um eine Tatbestandsvoraussetzung
handelt.[38] Geht man, wie die Rechtsprechung von einer Feststellungsklage aus,
wäre zusätzlich noch in einem eigenen Prüfungsschritt das Vorliegen eines berechtigten Feststellungsinteresses zu prüfen, welches ebenfalls eine mögliche
Begehungsgefahr voraussetzt.*

IV. Vorverfahren

Vor der Erhebung einer allgemeinen Leistungsklage ist ein Vorverfahren 54
grundsätzlich nicht durchzuführen. Eine Ausnahme ist hier nicht ersichtlich.

---

35 S. Burbach, in: Eisentraut, Verwaltungsrecht in der Klausur, 2020, § 5 Rn. 31 sowie R.P.
    Schenke, in: Kopp/Schenke, VwGO, 24. Aufl. 2018, § 42 Rn. 62.

36 BVerwG, Urt. v. 20. 11. 2014, Az.: 3 C 27.13 Rn. 11 = NVwZ-RR 2015, 425.

37 Bereits an dieser Stelle wäre es möglich sich mit der Sonderdogmatik des Bundesver-
    fassungsgerichts auseinanderzusetzen, die unter bestimmten Voraussetzungen die Ein-
    griffsqualität staatlichen Informationshandelns verneint. Die Darstellung dieser Proble-
    matik erfolgt hier jedoch im Rahmen der Begründetheitsprüfung.

38 Vgl. Detterbeck, Allgemeines Verwaltungsrecht, 17. Aufl. 2019, Rn. 1448 m.w.N. zur älteren
    Rechtsprechung, wonach dies im Rahmen des besonderen Rechtsschutzbedürfnisses in
    der Zulässigkeit geprüft wird.

V. *Klagegegner*

55   Die Klage ist nach dem allgemeinen Rechtsträgerprinzip – wie es in § 78 I Nr. 1 VwGO ausdrücklich für die Anfechtungs- und Verpflichtungsklage geregelt ist – auch bei Leistungsklagen gegen diejenige Körperschaft, von deren Behörde die Leistung begehrt wird, zu richten. Vorliegend begehrt die Klägerin die Unterlassung der Informationshandlung durch die Stadtverwaltung Mainz. Mithin ist die Stadt Mainz als deren Rechtsträgerin die richtige Klagegegnerin.

VI. *Beteiligungs- und Prozessfähigkeit*

56   Die Beteiligungsfähigkeit der A-GmbH als juristische Person ergibt sich aus § 61 Nr. 1 Alt. 2 VwGO. Gemäß § 62 III VwGO i.V.m. § 35 I 1 GmbHG wird sie gerichtlich von ihrer Geschäftsführerin vertreten. Die Beteiligtenfähigkeit der Stadt Mainz als Gebietskörperschaft und damit als juristische Person des öffentlichen Rechts ergibt sich aus § 61 Nr. 1 Alt. 2 VwGO. Sie wird gemäß § 62 III VwGO i.V.m. den landesrechtlichen Vorschriften des Kommunalrechts durch den Oberbürgermeister vertreten.

VII. *Besonderes Rechtsschutzbedürfnis*

57   Im Bereich des vorbeugenden Rechtsschutzes muss der Kläger zudem noch ein besonderes Rechtsschutzbedürfnis vortragen. Die VwGO ist nämlich strukturell darauf ausgerichtet, grundsätzlich nur nachträglich Rechtsschutz zu gewähren. Würde man bereits gegen drohende Verwaltungsakte mit einer vorbeugenden Unterlassungs- oder Feststellungsklage vorgehen können, würde dies die besonderen Zulässigkeitsvoraussetzungen der Anfechtungsklage unterlaufen. Das Rechtsschutzinteresse des Bürgers wird bereits durch die aufschiebende Wirkung von Widerspruch und Anfechtungsklage nach § 80 I VwGO und ggf. durch die Möglichkeit vorläufigen Rechtsschutzes gewahrt. Dementsprechend besteht grundsätzlich kein präventiver Rechtsschutz gegen Verwaltungsakte.[39] Ein besonderes Rechtsschutzbedürfnis besteht hingegen, wenn nachträglicher Rechtsschutz entgegen der Konzeption der VwGO ausnahmsweise zu spät kommt, weil dem Kläger bei weiterem Zuwarten nicht oder nur eingeschränkt reversible Nachteile entstehen.

Im Bereich der Realakte erweist sich der repressive, nachträgliche Rechtsschutz allerdings als ineffektiv. Schließlich ist bei schlicht hoheitlichem Handeln kein Vorverfahren nach §§ 68 ff. VwGO erforderlich, sodass der

---

[39]   Zu den Ausnahmen, vgl. W.R. Schenke, in: Kopp/Schenke, VwGO, 24. Aufl. 2018, Vorb § 40 Rn. 34.

Kläger auch nicht vom Suspensiveffekt des § 80 I VwGO geschützt wird. Darüber hinaus werden in Bezug auf Realakte die besonderen Zulässigkeitsvoraussetzungen der Anfechtungs- und Verpflichtungsklage nicht unterlaufen, da diese ohnehin unstatthaft sind. Weiterhin lassen sich der Ansehensverlust durch hoheitliche Warnhinweise und etwaige Wettbewerbsnachteile nicht ungeschehen machen. Folglich besteht seitens der A-GmbH ein berechtigtes Interesse vorab gegen die streitgegenständlichen Warnungen vorzugehen.

B. Begründetheit

Die Klage ist begründet, soweit der von der A-GmbH geltend gemachte Un- 58
terlassungsanspruch tatsächlich besteht.

I. Anspruchsgrundlage

Für das Unterlassungsbegehren der A-GmbH kommt der öffentlich-rechtliche 59
Unterlassungsanspruch in Betracht. Dieser Anspruch ist nicht gesetzlich normiert, sondern durch richterliche Rechtsfortbildung ausgestaltet und gewohnheitsrechtlich anerkannt. Umstritten ist jedoch, ob der Anspruch dogmatisch aus der Abwehrfunktion der Grundrechte folgt[40] oder im Wege der Analogie bzw. der Heranziehung des allgemeinen Rechtsgedankens der negatorischen Ansprüche des Zivilrechts (§ 1004 I BGB) herzuleiten ist.[41] Da sich die Anspruchsvoraussetzungen nach beiden Auffassungen nicht unterscheiden, kann eine Streitentscheidung jedoch dahinstehen.

II. Anspruchsvoraussetzungen

Der öffentlich-rechtliche Unterlassungsanspruch setzt voraus, dass eine erst- 60
malige oder nochmalige Beeinträchtigung einer grundrechtlich oder einfachrechtlich geschützten Rechtsposition durch hoheitliches Handeln ernstlich droht und der Betroffene nicht aufgrund der Rechtmäßigkeit der Maßnahme zur Duldung der Beeinträchtigung verpflichtet ist.[42]

---

40 So BVerwG, Urt. v. 23. 5. 1989, Az.: 7 C 2.87 = BVerwGE 82, 76 (77 f.).; BVerwG, Urt. v. 15. 12. 2005, Az.: 7 C 20.04 = NJW 2006, 1303 Rn. 10.

41 VGH München, Beschl. v. 20. 12. 1995, Az.: 4 B 94.4071 = NVwZ 1997, 96; OVG Koblenz, Urt. v. 29. 8. 1989, Az.: 7 A 26/89 = NVwZ 1990, 279; Eingehend zur dogmatischen Herleitung des öffentlich-rechtlichen Unterlassungsanspruchs Laubinger, VerwArch 1989, 261 (291 ff.).

42 OVG Münster, Urt. v. 23. 4. 1999, Az.: 21 A 490/97, Rn. 35 ff. = NVwZ-RR 2000, 599 (600)

1. Hoheitliche Maßnahme

61 Die angekündigte Warnung müsste eine hoheitliche Handlung darstellen. Bei der Einordnung von Realakten kann insoweit auf den Sachzusammenhang abgestellt werden.[43] Vorliegend soll die Warnung auf der Webseite der Stadt Mainz platziert werden, was bereits für ihren öffentlich-rechtlichen Charakter streitet. Des Weiteren erfolgt die Warnung durch die zuständige Behörde in Ausübung ihrer gemäß § 40 I 1 LFGB zustehenden Befugnisse, sodass sie als hoheitliches Handeln zu qualifizieren ist.

2. Drohender Eingriff in ein subjektiv-öffentliches Recht der A-GmbH

62 Die beabsichtigte Warnung müsste die A-GmbH in einem ihrer subjektiv-öffentlichen Rechte verletzen. Nach der Schutznormtheorie gewährt eine Rechtsnorm dem Betroffenen ein subjektiv öffentliches Recht, wenn sie zumindest auch dem Schutz von Individualinteressen zu dienen bestimmt ist und der Betroffene zum geschützten Personenkreis zählt.[44] Die Vorschriften des LFGB sind indes dazu bestimmt, die Allgemeinheit vor Gesundheitsgefahren und Täuschungen zu schützen.[45] Dementsprechend gewähren die Vorschriften der A-GmbH kein subjektives Recht. Allerdings könnte die A-GmbH in ihren grundrechtlich geschützten Interessen beeinträchtigt sein.

a) Berufsfreiheit, Art. 12 I GG

63 Die A-GmbH könnte in ihrer Berufsfreiheit verletzt sein.

In persönlicher Hinsicht schützt Art. 12 I GG als Deutschengrundrecht alle Deutschen im Sinne des Art. 116 I GG. Da juristische Personen ebenso wie natürliche Personen zu Erwerbszwecken ein Gewerbe betreiben können, ist die Berufsfreiheit diesbezüglich nach Art. 19 III GG ihrem Wesen gemäß auch auf inländische juristische Personen, mithin auch auf die A-GmbH, anwendbar.

In sachlicher Hinsicht gewährt Art. 12 I GG ein einheitliches Grundrecht der Berufswahl und der Berufsausübung. Unter den Begriff des Berufs fällt jede auf

---

43 S. Eisentraut, in: Eisentraut, Verwaltungsrecht in der Klausur, 2020, § 1 Rn. 206.

44 BVerwG, Urt. v. 30. 3. 1995, Az.: 3 C 8.94 = BVerwGE 98, 118 (120 f.); Zum Begriff des subjektiv-öffentlichen Rechts Eisentraut, in: Eisentraut, Verwaltungsrecht in der Klausur, 2020, § 2 Rn. 828 sowie Detterbeck, Allgemeines Verwaltungsrecht, 17. Aufl. 2019, Rn. 394 ff.

45 Vgl. § 1 LFGB.

Dauer angelegte Tätigkeit, die der Schaffung und Erhaltung einer Lebensgrundlage dient bzw. dazu beiträgt.[46] Die kommerzielle Herstellung von Getränken stellt einen solchen Beruf dar. Nach der Rechtsprechung des Bundesverfassungsgerichts ist der sachliche Schutzbereich der Berufsfreiheit im Bereich des staatlichen Informationshandelns jedoch beschränkt. Danach schütze die Berufsfreiheit zwar die Teilnahme am Wettbewerb nach Maßgabe der Funktionsbedingungen des Marktes, nicht aber vor einer Veränderung der Marktdaten und Rahmenbedingungen der jeweiligen Tätigkeit.[47] Ein Anspruch auf gleichbleibende Marktbedingungen bestehe hingegen nicht; vielmehr unterliegen die Erwerbsaussichten eines Unternehmens dem Risiko laufender Veränderung je nach den Verhältnissen am Markt.[48] Sofern hoheitliches Handeln die Wettbewerbssituation nur faktisch-mittelbar beeinflusst, sei der Schutzbereich des Art. 12 I GG grundsätzlich nicht berührt.[49]

Allerdings ist der Schutzbereich dann berührt, wenn das Informationshandeln in seiner Zielsetzung und seiner faktisch-mittelbaren Wirkung Ersatz für eine staatliche Maßnahme ist, die als Grundrechtseingriff zu qualifizieren wäre.[50] Die Auswirkungen der Informationstätigkeit müssten also einem Eingriff als funktionales Äquivalent gleichkommen. Dies soll dann der Fall sein, wenn die Tätigkeit über das Bereitstellen marktrelevanter Informationen, anhand derer der Einzelne selbstständig über sein Verhalten am Markt bestimmen kann hinausgeht.[51] Das Informationshandeln ist als funktionales Äquivalent zu einem Eingriff einzuordnen, wenn es direkt und zweckgerichtet auf die Wettbewerbschancen konkret individualisierter Unternehmen Einfluss nimmt und so die Bedingungen des betroffenen Unternehmens nachteilig verändert.[52]

Durch § 40 I LFGB werden die Behörden verpflichtet unter Nennung des Lebensmittelunternehmens und des spezifischen Produktes über Verstöße gegen lebensmittelrechtliche Vorschriften zu informieren. Folglich bezweckt das Informationshandeln gerade, dass der Einzelne sein Konsumverhalten danach ausrichten und ggf. vom Kauf der beanstandeten Produkte absehen

---

46 BVerfG, Urt. v. 11. 6. 1958, Az.: 1 BvR 596/56 = BVerfGE 7, 377, 397 ff.; BVerfG, Beschl. v. 20. 4. 2004, Az.: 1 BvR 838, 1303, 1436, 1450/01, 340/02 = BVerfGE 110, 304 (321).

47 BVerfG, Beschl. v. 26. 6. 2002, Az.: 1 BvR 558/91, 1428/91 = BVerfGE 105, 252 (265).

48 BVerfG, Urt. v. 20. 4. 2004, Az.: 1 BvR 1748/99, 905/00 = BVerfGE 110, 274 (288).

49 BVerfG, Beschl. v. 23. 10. 2013, Az.: 1 BvR 1842, 1843/11 = BVerfGE 134, 204 Rn. 114.

50 BVerfG, Beschl. v. 26. 6. 2002, Az.: 1 BvR 558/91, 1428/91 = BVerfGE 105, 252 (273).

51 BVerfG, Beschl. v. 26. 6. 2002, Az.: 1 BvR 558/91, 1428/91 = BVerfGE 105, 252 (273).

52 BVerfG, Beschl. v. 21. 3. 2018, Az.: 1 BvF 1/13 = NJW 2018, 2109 Rn. 28.

soll.[53] Damit stellen sich die Auswirkungen auf das betroffene Unternehmen als originärer Zweck der Regelung dar und nicht bloß als Reflex einer ansonsten nicht auf das Unternehmen bezogenen Norm.[54]

Mithin erweist sich die Warnung nach § 40 I LFGB in ihrer konkreten Zielsetzung und Wirkung als funktionales Äquivalent zu einem klassischen Grundrechteingriff. Ein Eingriff in den Schutzbereich des Art. 12 I GG liegt vor.

Vertiefungshinweis: Die Rechtsprechungslinie des Bundesverfassungsgerichts bricht begrifflich mit der hergebrachten Dogmatik von Schutzbereich und Eingriff. So wird die Verengung des Schutzbereichs als Gewährleistungsbereich bezeichnet und nicht von einem Eingriff, sondern von einer Beeinträchtigung im Sinne einer eingriffsgleichen Maßnahme gesprochen.[55] In älteren Urteilen, in denen das Informationshandeln nicht auf eine spezialgesetzliche Grundlage gestützt war, verneinte das Bundesverfassungsgericht eine solche Beeinträchtigung unter den folgenden Voraussetzungen: So muss sich die Veröffentlichung von Informationen auf eine staatliche Aufgabenzuweisungsnorm stützen und jene Zuständigkeitsregelung eingehalten werden. Weiterhin müssen die Richtigkeit und Sachlichkeit der Informationen gewährleistet sein.[56] In der Literatur stieß diese Rechtsprechung auf Kritik.[57] Als Lösungsvorschläge wurde u. a. vorgebracht, auf die Zielgerichtetheit (Finalität) und die Intensität der Beeinträchtigung zu rekurrieren.[58] Es erscheint möglich, dass das Bundesverfassungsgericht in der Entscheidung von 2018 von seiner einen Eingriff verneinenden Sonderdogmatik abrückt. Jedenfalls weist die Einordnung der Warnung auch begrifflich in die Richtung der ebengenannten Literaturansicht.

b) Eigentumsfreiheit, Art. 14 I GG

64 Ferner könnte durch die Warnung in das Recht am eingerichteten und ausgeübten Gewerbebetrieb der A-GmbH eingegriffen werden. Das Bundesverfassungsgericht hat den grundrechtlichen Schutz dieses einfachrechtlich vielfach anerkannten Rechts bislang ausdrücklich offengelassen.[59] Allerdings schützt das Recht am eingerichteten und ausgeübten Gewerbebetrieb in sei-

---

53 BVerfG, Beschl. v. 21. 3. 2018, Az.: 1 BvF 1/13 = NJW 2018, 2109 Rn. 28.

54 BVerfG, Beschl. v. 21. 3. 2018, Az.: 1 BvF 1/13 = NJW 2018, 2109 Rn. 28.

55 Zu den daraus folgenden Aufbaufragen: Voßkuhle/Kaiser, JuS 2018, 343 (344).

56 BVerfG, Beschl. v. 26. 6. 2002, Az.: 1 BvR 558/91, 1428/91 = BVerfGE 105, 252 (268 ff.)

57 S. Muckel, JA 2018, 638 (639) m.w.N.

58 Sachs, in: Sachs, GG, 8. Aufl. 2018, Vorb. zu Abschnitt 1 Rn. 89 m.w.N.

59 BVerfG, Beschl. v. 12. 11. 1997, Az.: 1 BvR 479/92, 307/94, Rn. 61 = BVerfGE 96, 375 (397).

ner einfachrechtlichen Gestalt den Gewerbebetrieb ohnehin nur als Sach- und Rechtsgesamtheit, nicht aber Umsatz und die Aussichten auf Gewinn.[60] Mithin wäre der hier betroffene Schutz von Erwerbsaussichten nicht erfasst.

c) Begehungsgefahr

C beabsichtigt alsbald vor dem Energydrink zu warnen. Es ist nicht ersichtlich, dass sie inzwischen von dieser Absicht abgerückt ist, sodass die konkrete Gefahr besteht, dass sie eine entsprechende Warnung veröffentlicht (sog. Begehungsgefahr).   65

3. Rechtswidrigkeit des Eingriffs

Die beabsichtigte Warnung müsste auch rechtswidrig sein. Da sie in den Schutzbereich der Berufsfreiheit eingreift, ist nach dem Gesetzesvorbehalt des Art. 12 I 2 GG eine Ermächtigung durch Gesetz oder auf Grund eines Gesetzes erforderlich. Vorliegend ermächtigt § 40 I LFGB zur Information der Öffentlichkeit. Die Verfassungsmäßigkeit der Norm ist zu unterstellen.[61] Fraglich ist, ob dessen Voraussetzungen vorliegen.   66

a) Formelle Voraussetzungen

Ausweislich des Sachverhalts handelte die zuständige Behörde. Die nach § 40 III 1 LFGB erforderliche Anhörung hat stattgefunden.   67

b) Materielle Voraussetzungen

Nach § 40 I LFGB soll die zuständige Behörde unter Nennung der Bezeichnung des Lebensmittels sowie des Lebensmittelunternehmens, unter dessen Namen oder Firma das Lebensmittel hergestellt, behandelt oder in den Verkehr gebracht wurde, die Öffentlichkeit informieren, soweit der Tatbestand der Vorschrift gegeben ist. Da Art. 10 Verordnung (EG) Nr. 178/2002 nicht zu prüfen ist und der Energydrink kein kosmetisches Mittel oder ein Bedarfsgegenstand ist, kommt hier lediglich § 40 I 2 Nr. 2 LFGB in Betracht. Danach soll die Behörde die Öffentlichkeit informieren, wenn der hinreichende Ver-   68

---

60   Jarass, in: Jarass/Pieroth, GG, 15. Aufl. 2018, Art. 14 Rn. 21.

61   Das Bundesverfassungsgericht hat 2018 § 40 I a LFGB für verfassungswidrig erklärt, der die Behörde zur Information der Öffentlichkeit verpflichtet. Die zeitlich nicht begrenzte Veröffentlichungsdauer sei danach nicht mit Art. 12 I GG vereinbar. Dem Gesetzgeber wurde eine Übergangsfrist bis 30. 4. 2019 eingeräumt, um eine Neuregelung zu schaffen. Bislang liegt eine solche jedoch noch nicht vor, vgl. BVerfG, Beschl. vom 21. 3. 2018, Az.: 1 BvF 1/13, Rn. 63 f. = NJW 2018, 2109.

dacht besteht, dass gegen Vorschriften im Anwendungsbereich des LFGB, die dem Schutz der Verbraucherinnen und Verbraucher vor Gesundheitsgefährdungen dienen, verstoßen wurde.

aa) Verstoß gegen Vorschriften im Anwendungsbereich des LFGB

69 Mit seinem Koffeingehalt von 400 mg/l könnte der V-Drink gegen Bestimmungen der FrSaftErfrischGetrV – und damit gegen Vorschriften im Anwendungsbereich des LFGB – verstoßen. Beim V-Boost handelt es sich um ein Getränk auf der Grundlage von Wasser, dem geschmacksgebende Aromen sowie koffeinhaltige Zutaten zugesetzt worden sind, sodass er ein koffeinhaltiges Erfrischungsgetränk im Sinne des § 4 I FrSaftErfrischGetrV darstellt. Darüber hinaus enthält er auch natürlichen Inosit, sodass er als Energydrink im Sinne des § 4 II FrSaftErfrischGetrV zu qualifizieren ist.

Gemäß § 5 I FrSaftErfrischGetrV darf der Koffeingehalt nicht den in Anlage 8 Teil A festgelegten Höchstwert übersteigen, welcher bei 320 mg/l liegt. Mit einem Koffeingehalt von 400 mg/l ist diese Höchstmenge überschritten. Der Inositgehalt von 150 mg/l überschreitet hingegen nicht den nach § 5 II FrSaftErfrischGetrV erlaubten Höchstwert. Aufgrund des Koffeingehalts liegt im Ergebnis jedoch ein Verstoß gegen eine Vorschrift im Anwendungsbereich des LFGB vor.

bb) Verbraucherschützender Charakter der Vorschrift

70 Die FrSaftErfrischGetrV statuiert u. a. Kennzeichnungspflichten, Grenzwerte und Herstellungsanforderungen. Sie dient damit dem Verbraucherschutz vor Täuschungen und Gesundheitsgefahren.

cc) § 40 II LFGB

71 § 40 II LFGB verlangt überdies, dass vor einer Information der Öffentlichkeit andere ebenso wirksame Maßnahmen, insbesondere eine Information durch das Lebensmittelunternehmen selbst, nicht oder nicht rechtzeitig getroffen werden können oder die Verbraucherinnen und Verbraucher nicht erreichen. Angesichts ihrer ablehnenden Haltung ist eine Information durch die A-GmbH ausgeschlossen, sodass die Verbraucherinnen und Verbraucher nur durch eine behördliche Warnung erreicht werden können.

dd) Rechtsfolge

72 Im Hinblick auf die Rechtsfolge handelt es sich bei § 40 I LFGB um eine „Soll-Vorschrift". Sofern ein Gesetz den Begriff „soll" verwendet, ist für den Regelfall

eine Bindung vorgesehen, von der die Behörde lediglich in atypischen Fällen abweichen darf.[62] Ein solcher ist vorliegend nicht ersichtlich.

c) Zwischenergebnis

Der Eingriff ist von den Schranken des § 40 I LFGB gedeckt. Mithin ist er 73 rechtmäßig. Daraus ergibt sich für die A-GmbH die Pflicht zur Duldung des Eingriffs.

4. Zwischenergebnis

Die A-GmbH hat keinen Anspruch auf Unterlassung der behördlichen War- 74 nung.

III. Zwischenergebnis

Die Klage ist unbegründet. 75

C. Ergebnis

Die Klage ist zulässig, aber unbegründet. Sie hat keine Aussicht auf Erfolg. 76

---

62 S. näher Benrath, in: Eisentraut, Verwaltungsrecht in der Klausur, 2020, § 2 Rn. 732 sowie Sachs, in: Stelkens/Bonk/Sachs, VwVfG 9. Aufl. 2018, § 40 Rn. 26.

§ 6 Übungsfälle zur Feststellungsklage

Die Struktur der Feststellungsklage (Nikolas Eisentraut)

Der gutachterlichen Prüfung der Feststellungsklage liegt die folgende Struktur zugrunde:

A. Zulässigkeit
  I. Eröffnung des Verwaltungsrechtswegs (s. § 1 Rn. 8 ff.)[1]
  II. Statthafte Klageart (s. § 1 Rn. 6 ff.)[2]
  III. Klagebefugnis[3]
  IV. Beteiligte[4]
  V. Zuständiges Gericht[5]
  VI. Feststellungsinteresse[6]

B. Begründetheit

---

[1] Ausführlich zur Eröffnung des Verwaltungsrechtswegs Eisentraut, in: Eisentraut, Verwaltungsrecht in der Klausur, 2020, § 1 Rn. 162 ff.

[2] Ausführlich zur „klassischen" Feststellungsklage als statthafter Klageart Giere, in: Eisentraut, Verwaltungsrecht in der Klausur, 2020, § 6 Rn. 12 ff., zur Statthaftigkeit der Nichtigkeitsfeststellungsklage Brings-Wiesen, a.a.O., § 6 Rn. 73 ff.

[3] Zur Klagebefugnis bei der Feststellungsklage Burbach, in: Eisentraut, Verwaltungsrecht in der Klausur, 2020, § 6 Rn. 78 ff.

[4] Zu den Beteiligten bei der Feststellungsklage Creemers, in: Eisentraut, Verwaltungsrecht in der Klausur, 2020, § 6 Rn. 86 ff.

[5] Zum zuständigen Gericht bei der Feststellungsklage Goldberg, in: Eisentraut, Verwaltungsrecht in der Klausur, 2020, § 6 Rn. 89 ff.

[6] Zum Feststellungsinteresse bei der Feststellungsklage Valentiner, in: Eisentraut, Verwaltungsrecht in der Klausur, 2020, § 6 Rn. 93 ff.

Variante 1: „Klassische" Feststellungsklage: Bestehen oder Nichtbestehen eines Rechtsverhältnisses[7]

Variante 2: Nichtigkeitsfeststellungsklage: Nichtigkeit des Verwaltungsakts[8]

---

7   Ausführlich zur Struktur der Begründetheitsprüfung der „klassischen" Feststellungsklage Giere, in: Eisentraut, Verwaltungsrecht in der Klausur, 2020, § 6 Rn. 103 ff.; zur Feststellungsklage im Polizei- und Ordnungsrecht Eisentraut, a.a.O., § 6 Rn. 181 ff., im Kommunalrecht Piecha, a.a.O., § 5 Rn. 186 ff. und im Verwaltungsvollstreckungsrecht Ilal, § 6 Rn. 193 ff.

8   Ausführlich zur Struktur der Begründetheitsprüfung der Nichtigkeitsfeststellungsklage Brings-Wiesen, in: Eisentraut, Verwaltungsrecht in der Klausur, 2020, § 6 Rn. 115 ff.

Fall 11: Feststellungsklage bei staatlicher Warnung im Internet vor einer Versammlung: „Lichter aus in Leipzig" (Katrin Giere)

Sachverhalt und Lösung sind angelehnt an BVerwG, Urt. v. 13. 9. 2017, Az.: 10 C   1
6/16 = NVwZ 2018, 433 ff.

Schwerpunkte/Lernziele: Abgrenzung der allgemeinen Feststellungsklage zu   2
anderen Klagearten (Subsidiaritätsgrundsatz); Anwendbarkeit des Subsidia-
ritätsgrundsatzes bei Hoheitsträger*innen; qualifiziertes Feststellungsinteresse bei vergangenen Rechtsverhältnissen; Rechtsgrundlage bei Realakten;
Art. 28 II GG und das Neutralitäts- und Sachlichkeitsgebot

Sachverhalt

X meldete im Dezember 2014 beim Polizeipräsidium der Stadt Leipzig (L) für   3
den 12. 1. 2015 in der Zeit von 18.45 Uhr bis 22 Uhr eine öffentliche Versammlung mit dem Motto „Leipziger gegen die Islamisierung des Abendlandes" an. Als Veranstalterin benannte sie die Vereinigung „Legida – Leipziger
gegen die Islamisierung des Abendlandes"; sich selbst benannte X als verantwortliche Veranstaltungsleiterin. Das Polizeipräsidium der Stadt L bestä-
tigte die Anmeldung der Versammlung mit Schreiben vom 8. 1. 2015.

Am 7. 1. 2015 wurde auf der Internetseite der Stadt L folgender Text veröffentlicht:

„Lichter aus! L setzt Zeichen gegen Intoleranz

*Neben dem Uni-Riesen wird an weiteren markanten Gebäuden am Montag-
abend, 12.1., die Beleuchtung ausgeschaltet.*

*Anlässlich der für Montagabend, 12. 1. 2015, in L angemeldeten Demonstration
der ‚Legida'-Bewegung (Anmelderin X) ruft Oberbürgermeister J alle Bewohne-
rinnen und Bewohner der Stadt L, örtliche Unternehmen und Geschäftsleute
dazu auf, ‚Zeichen gegen Intoleranz und Rassismus' zu setzen und die Beleuchtung ihrer Gebäude (ausgenommen sicherheitsrelevante Lichter) am
Montagabend ab 18.25 Uhr auszuschalten.*

Oberbürgermeister J: ‚Das ist das richtige Signal, dass in L kein Platz für das Schüren dumpfer Ängste und Ressentiments ist. L ist eine weltoffene Stadt, in der jeder willkommen ist.'

Neben dem Uni-Riesen wird aufgrund der Initiative von Oberbürgermeister J auch die Beleuchtung von Gebäuden entlang des Innenstadtrings, zum Beispiel die des Rathauses am Burgplatz und der Thomaskirche ausgeschaltet. Auch andere historische Gebäude wie die Stadtbibliothek sind Teil der Aktion.

Zudem bittet Oberbürgermeister J, sich der Gegendemonstration ‚Bürgerinnen und Bürger für Demokratie und Vielfalt – Mit sächsischer Toleranz gegen Ausgrenzung und Hass' anzuschließen. Diese startet am Montag, 12.1., 17.30 Uhr."

Die von X angemeldete Versammlung fand am 12. 1. 2015 statt. Während ihrer Dauer wurde die Beleuchtung des Rathauses sowie weiterer öffentlicher Gebäude ausgeschaltet. Die Erklärung wurde nach der Demonstration am 12. 1. 2015 von der Webseite der Stadt L heruntergenommen.

Im Februar 2015 hat die X, mit dem Begehren festzustellen, dass die in die Internetseite vom 7. bis 12.1.2015 eingestellte Erklärung des Oberbürgermeisters sowie das tatsächliche Ausschalten der Beleuchtung an öffentlichen Gebäuden der Stadt rechtswidrig gewesen sei, Klage gegen die Stadt L erhoben.

Hat die Klage der X Aussicht auf Erfolg?

Bearbeitungsvermerk: Art. 8 I GG ist als einziges Grundrecht zu prüfen.

Lösungsgliederung

Lösungsvorschlag

5   Die Feststellungsklage gem. § 43 I Alt. 1 VwGO hat Aussicht auf Erfolg, wenn sie zulässig und begründet ist.

A. Zulässigkeit

6   Die Klage müsste zulässig sein.

I. Eröffnung des Verwaltungsrechtswegs, § 40 I 1 VwGO

7   Der Verwaltungsrechtsweg müsste eröffnet sein. Mangels aufdrängender Sonderzuweisung richtet sich die Eröffnung des Verwaltungsrechtswegs nach § 40 I 1 VwGO. Danach ist der Verwaltungsrechtsweg für alle öffentlich-rechtlichen Streitigkeiten nichtverfassungsrechtlicher Art eröffnet.

Eine öffentlich-rechtliche Streitigkeit liegt nach der modifizierten Subjektstheorie (oder auch Sonderrechts- oder Zuordnungstheorie) vor, wenn die streitentscheidenden Normen öffentlich-rechtlich sind, d. h. einen Träger hoheitlicher Gewalt als solchen berechtigen oder verpflichten. Eine explizite und streitentscheidende Norm kommt im vorliegenden Fall jedoch nicht in Betracht. Vielmehr kommt es auf die Inanspruchnahme öffentlicher Ressourcen und die daraus folgende Außenwahrnehmung an. Laut Sachverhalt hat Oberbürgermeister J als Amtsträger öffentliche Ressourcen genutzt, um den Aufruf bekannt zu geben. Dabei kann die Betätigung als Amtsträger allein noch nicht darauf hinweisen, dass eine öffentlich-rechtliche Streitigkeit vorliegt. J hat den Aufruf auf der Internetseite der Stadt L aber als Bürgermeister und für alle Bürger*innen der Stadt wahrnehmbar veröffentlicht. Die Gesamtschau der Umstände lässt auf eine öffentlich-rechtliche Streitigkeit schließen.

Mangels doppelter Verfassungsunmittelbarkeit und abdrängender Sonderzuweisung ist der Verwaltungsrechtsweg gem. § 40 I 1 VwGO eröffnet.

II. Statthafte Klageart, § 43 I VwGO

8   Es müsste eine nach der VwGO vorgesehene Klageart statthaft sein. Diese richtet sich nach dem Klagebegehren, § 88 VwGO. Die X begehrt festzustellen, dass die auf der Internetpräsenz der L vom 7.1. bis 12. 1. 2015 eingestellte Erklärung des Oberbürgermeisters sowie das tatsächliche Ausschalten der Beleuchtung an öffentlichen Gebäuden der Stadt rechtswidrig gewesen ist. Mithin kommt nur eine auf Feststellung gerichtete Klageart in Betracht.

1. Fortsetzungsfeststellungsklage, § 113 I 4 VwGO analog

Es könnte eine Fortsetzungsfeststellungsklage § 113 I 4 VwGO analog statthaft 9
sein. Diese ist statthaft, wenn die Klage der X auf Feststellung der Rechtswidrigkeit eines (erledigten) Verwaltungsakts gerichtet ist. Die Erklärung des J
auf der Internetseite der Stadt L müsste mithin ein Verwaltungsakt i. S. d. § 35
1 VwVfG gewesen sein. Fraglich erscheint insoweit das Merkmal der Regelung.
Eine solche liegt vor, wenn die Maßnahme eine einseitige, zielgerichtete,
unmittelbare und verbindliche Anordnung einer Rechtsfolge herbeiführen
soll. Im vorliegenden Fall enthält der Aufruf des J auf der Internetseite der
Stadt L keine unmittelbar und verbindlich an X gerichtete Anordnung einer
Rechtsfolge, sodass ein Ge- oder Verbot gegenüber der X nicht vorliegt. Mithin
erfolgte das hoheitliche Handeln nicht in Form des Verwaltungsakts. Die
Fortsetzungsfeststellungsklage analog § 113 I 4 VwGO ist nicht statthaft.

2. (Negative) Feststellungsklage i. S. d. § 43 I Alt. 1 VwGO

Mangels gegebenen Verwaltungsaktcharakters könnte die allgemeine (nega- 10
tive) Feststellungsklage i. S. d. § 43 I Alt. 1 VwGO richtige Klageart sein.

a) Feststellungsfähiges Rechtsverhältnis

Die Feststellungsklage ist dann statthaft, wenn die X durch die Klage die 11
Feststellung des Bestehens oder Nichtbestehens eines Rechtsverhältnisses
begehrt. Ein feststellungsfähiges Rechtsverhältnis ist eine sich aus einem
konkreten Sachverhalt ergebende öffentlich-rechtliche Beziehung einer Person zu einer anderen Person oder zu einer Sache. Auch der Inhalt eines vergangenen Rechtsverhältnisses kann zum Gegenstand einer Feststellungsklage
gemacht werden, also solche, die sich zum Zeitpunkt der gerichtlichen Entscheidung bereits erledigt haben.[9]

Das Rechtsverhältnis könnte vorliegend zwischen der Stadt L und der X bestehen. Feststellungsfähig ist es dann, wenn es auf einem konkreten Sachverhalt beruht, mithin wenn das Geschehen mit Blick auf einen Einzelfall
zeitlich und örtlich festgelegt ist und die Beteiligten individualisiert sind, es
sich mithin durch einen „Auslöser" verdichtet hat. Laut Sachverhalt steht in

---

9   Entgegen dem BVerwG, Urt. v. 13. 9. 2017, Az.: 10 C 6/16 = BVerwGE 159, 327 (329 f. Rn. 11)
= NVwZ 2018, 433 (433 Rn. 11) kommt es auf die anhaltende Wirkung des bereits erledigten Rechtsverhältnisses im Rahmen der Statthaftigkeit der Klage (noch) nicht an;
näher zu dieser Frage Giere, in: Eisentraut, Verwaltungsrecht in der Klausur, 2020, § 6
Rn. 48. Hierauf wird im qualifizierten Feststellungsinteresse gesondert eingegangen.

Frage, ob der Oberbürgermeister der L mit den in Rede stehenden Maßnahmen unzulässig in Grundrechte der X eingegriffen hat. Sein Aufruf richtet sich unmittelbar und konkret gegen die von X angemeldete Versammlung sowie die damit verbundene Meinungskundgabe. Die Beteiligten – der Oberbürgermeister und die X – sind damit individualisiert, das Geschehen ist mit den konkreten Angaben zur Versammlung auch zeitlich und örtlich festgelegt. Die Äußerungen können die X in ihren Grundrechten der Versammlungsfreiheit (Art. 8 I GG) und der Meinungsfreiheit (Art. 5 I GG) betreffen, sodass auch ein „Auslöser" das Geschehen zu einem konkreten Sachverhalt verdichtet.[10] Darüber hinaus stellt das Rechtsverhältnis eine öffentlich-rechtliche Beziehung dar, sie beruht auf einem Realakt.[11]

Folglich besteht ein feststellungsfähiges Rechtsverhältnis zwischen L und X, das auf einem konkreten Sachverhalt, nämlich dem möglichen unmittelbaren und konkreten Eingriff in die Grundrechte der X, beruht. Dass es bereits in der Vergangenheit liegt, schadet nicht.[12]

b) Subsidiarität, § 43 II 1 VwGO

12 Der Statthaftigkeit der Feststellungsklage dürfte der Grundsatz der Subsidiarität gem. § 43 II 1 VwGO nicht entgegenstehen. X kann die Feststellung dann nicht begehren, wenn sie ihre Rechte durch Gestaltungs- oder Leistungsklage (besser) verfolgen kann oder hätte verfolgen können.

Dies könnte jedoch dahinstehen, wenn der Subsidiaritätsgrundsatz bei der Klage gegen den Oberbürgermeister J als Hoheitsträger überhaupt keine Anwendung fände. Nach einer Ansicht wird § 43 II 1VwGO bei Klagen gegen öffentliche Entscheidungsträger nicht angewendet. Begründet wird dies damit, dass diese Beklagten aufgrund der Rechtsbindung der Verwaltung (Art. 20 III GG) das Urteil auch ohne Vollstreckungsfähigkeit akzeptieren würden (sog. „Ehrenmanntheorie"). § 43 II 1 VwGO ist hiernach ausnahmsweise nicht anzuwenden.

---

10 S. zum konkreten Sachverhalt näher Giere, in: Eisentraut, Verwaltungsrecht in der Klausur, 2020, § 6 Rn. 20.

11 S. zur öffentlich-rechtlichen Beziehung näher Giere, in: Eisentraut, Verwaltungsrecht in der Klausur, 2020, § 6 Rn. 36.

12 Dies wird erst im Bereich des Feststellungsinteresses wieder aufgegriffen, s. hierzu Valentiner, in: Eisentraut, Verwaltungsrecht in der Klausur, 2020, § 6 Rn. 93 ff.

Nach anderer Ansicht lässt der Wortlaut des § 43 II 1 VwGO eine solche Ausnahme nicht zu. Darüber hinaus widerspreche diese Ausnahme dem Willen des Gesetzgebers, nämlich den effektiven Rechtsschutz durch die Subsidiaritätsklausel zu sichern. Nach dieser Meinung ist auch in diesem Fall § 43 II 1 VwGO anzuwenden.[13]

Beide Ansichten führen zu unterschiedlichen Ergebnissen, sodass ein Streitentscheid erforderlich ist. Der zweiten Ansicht ist zugutezuhalten, dass der Wortlaut des § 43 II 1 VwGO eine solche Ausnahme nicht zulässt. Darüber hinaus kann für die zweite Ansicht § 172 VwGO als Argument herangezogen werden. Danach wird Behörden ein Zwangsgeld auferlegt, wenn sie ihren durch Urteil auferlegten Pflichten nicht nachkommen. Dies spricht dafür, dass sich hoheitliche Entscheidungsträger trotz der Rechtsbindung der Verwaltung nicht immer an Pflichten aus Urteilen halten. In der Konsequenz ist eine Feststellungsklage auch gegenüber öffentlichen Entscheidungsträgern subsidiär.

Es ist mithin zu prüfen, ob der Statthaftigkeit der Feststellungsklage der Grundsatz der Subsidiarität gem. § 43 II 1 VwGO entgegensteht.

Im vorliegenden Fall handelt es sich bei der in Rede stehenden Maßnahme des J, dem Aufruf auf der besagten Internetseite, die Lichter als Zeichen gegen die von X veranstaltete Demonstration auszuschalten, mangels Verwaltungsaktqualität, um einen Realakt.[14] Somit sind weder Anfechtungs- noch Verpflichtungsklage statthaft.

Es könnte jedoch eine (vorbeugende) Unterlassungsklage als Unterfall der allgemeinen Leistungsklage[15] statthaft sein. Diese ist dann statthaft, wenn die Abwehr einer künftigen Rechtsverletzung durch schlicht-hoheitliches Verhalten begehrt wird. Laut Sachverhalt begehrt die X hingegen eine in der Vergangenheit liegende Handlung auf ihre Rechtmäßigkeit hin überprüfen zu lassen. Eine vorbeugende Unterlassungsklage ist nicht statthaft.

---

13 Giere, in: Eisentraut, Verwaltungsrecht in der Klausur, 2020, § 6 Rn. 71.

14 Näher zu dieser Handlungsform Weidinger, in: Eisentraut, Verwaltungsrecht in der Klausur, 2020, § 5 Rn. 6 ff.

15 S. zur allgemeinen Leistungsklage und ihren Unterfällen Weidinger, in: Eisentraut, Verwaltungsrecht in der Klausur, 2020, § 5 Rn. 21 ff.

Der Grundsatz der Subsidiarität[16] steht der Statthaftigkeit der Feststellungsklage somit nicht im Wege.

III. Klagebefugnis, § 42 II VwGO analog

13 Fraglich ist, ob X nach § 42 II VwGO analog klagebefugt sein muss.[17] Klagebefugt ist die Antragsteller*in (bei Anfechtungs- und Verpflichtungsklagen) dann, wenn sie geltend macht, möglicherweise in ihren subjektiv-öffentlichen Rechten verletzt zu sein. Ob die Klagebefugnis (analog) neben dem Feststellungsinteresse des § 43 II 1 VwGO erforderlich ist, ist umstritten.

Nach einer Ansicht ist die Klagebefugnis analog § 42 II VwGO anzuwenden, um dem Interesse des Ausschlusses einer Popularklage auch im Rahmen der Feststellungsklage gerecht zu werden.

Nach einer anderen Ansicht kann § 42 II VwGO dementgegen deshalb nicht analog angewendet werden, weil im Bereich der Feststellungsklage bereits keine Regelungslücke besteht. Popularklagen werden bereits durch das Erfordernis des Feststellungsinteresses und des konkreten feststellungsfähigen Rechtsverhältnisses ausgeschlossen. Danach ist eine Klagebefugnis grundsätzlich nicht erforderlich, wenn bereits ein qualifiziertes Rechtsschutzbedürfnis (an der Feststellung) besteht.

Ein Streitentscheid kann an dieser Stelle jedoch dahinstehen. Vorliegend ist es nicht von vornerein ausgeschlossen, dass X in ihren Grundrechten auf Versammlungsfreiheit aus Art. 8 I GG verletzt ist. Sie ist somit klagebefugt und erfüllt die strengeren Anforderungen der Auffassung, die eine Klagebefugnis nach § 42 II VwGO analog voraussetzt.

IV. Richtige Klagegegner*in

14 Die Klage der X müsste sich gegen die richtige Klagegegner*in richten. Im Rahmen der allgemeinen Feststellungsklage richtet sich dies nach dem allgemeinen Rechtsträgerprinzip.[18] Danach ist die Stadt L Rechtsträgerin des

---

16 Zum Grundsatz der Subsidiarität nach § 43 II 1 VwGO s. Giere, in: Eisentraut, Verwaltungsrecht in der Klausur, 2020, § 6 Rn. 63 ff.

17 S. zum Erfordernis der Klagebefugnis bei Feststellungsklagen Burbach, in: Eisentraut, Verwaltungsrecht in der Klausur, 2020, § 6 Rn. 78.

18 Nicht nach § 78 I Nr. 1 VwGO (analog).

Oberbürgermeisters J.[19] Die Klage wurde laut Sachverhalt auch gegen L und damit die richtige Klagegegnerin gerichtet.

V. Beteiligten- und Prozessfähigkeit, §§ 61 f. VwGO

Die X ist nach § 61 Nr. 1 Alt. 1 VwGO beteiligten- und nach § 62 I Nr. 1 VwGO 15 prozessfähig.

Die Stadt L ist nach § 61 Nr. 1 Alt. 2 VwGO beteiligtenfähig. Sie ist als juristische Person nicht selbst prozessfähig. Sie wird gem. § 62 III VwGO durch den J als Oberbürgermeister[20] vertreten.

VI. Zuständiges Gericht

Gem. §§ 45, 52 Nr. 5 VwGO[21] i. V. m. § 2 II SächsJG ist das VG Leipzig sachlich 16 und örtlich zuständig.

VII. Qualifiziertes Feststellungsinteresse

Weiterhin müsste die X das nach § 43 I VwGO erforderliche Feststellungsin- 17 teresse haben. Dieses kann rechtlicher, wirtschaftlicher oder ideeller Natur sein. Liegt das feststellungsfähige Rechtsverhältnis in der Vergangenheit, ist analog zur Fortsetzungsfeststellungsklage ein qualifiziertes Feststellungsinteresse notwendig. Ein solches ist bei Wiederholungsgefahr, einem Rehabilitationsinteresse oder einer schwerwiegenden Grundrechtsbeeinträchtigung zu bejahen. Aus dem Sachverhalt gehen bezüglich der Wiederholungsgefahr und des Rehabilitationsinteresses keine eindeutigen Hinweise hervor.[22]

Ein qualifiziertes Feststellungsinteresse könnte jedoch aufgrund eines schwerwiegenden Grundrechtseingriffs verbunden mit der Rechtsschutzgarantie des Art. 19 IV GG bestehen.

Eine gerichtliche Entscheidung muss geeignet sein, die Rechtsposition der Kläger*in zu verbessern. Liegt das feststellungsfähige Rechtsverhältnis in der Vergangenheit, ist ein berechtigtes Interesse nach Art. 19 IV GG zu bejahen, wenn ohne die Möglichkeit einer Feststellungsklage kein wirksamer Rechts-

---

19 In Leipzig, Sachsen gem. §§ 51 I 1, IV i. V. m. § 1 IV SächsGemO.

20 In Leipzig, Sachsen gem. § 51 I 2 SächsGemO.

21 Wohl kein ortsgebundenes Recht i. S. v. § 52 Nr. 1 VwGO; bloßer Ortsbezug ist insoweit nicht ausreichend.

22 Zu Ausführungen zum Rehabilitationsinteresse s. jedoch OVG Münster, Urt. v. 4. 11. 2016, Az.: 15 A 2293/15 = DVBl. 2017, 131, (131 f. Rn. 50).

schutz zu erlangen wäre. Effektiver Rechtsschutz verlangt, dass die Betroffenen sie in einem grundrechtlich geschützten Bereich betreffende Eingriffsmaßnahmen in einem gerichtlichen Hauptsacheverfahren überprüfen lassen können. Stehen hoheitliche Maßnahmen im Streit, die sich typischerweise so kurzfristig erledigen, dass sie ohne die Annahme eines Feststellungsinteresses regelmäßig keiner Überprüfung im gerichtlichen Hauptsacheverfahren zugeführt werden könnten, ist das Feststellungsinteresse auch für ein vergangenes Rechtsverhältnis zu bejahen.

Vorliegend rief der Oberbürgermeister zur Teilnahme an einer Gegendemonstration auf und bewertete die Kundgebung der Klägerin wenigstens implizit als „intolerant" und „rassistisch". Dies kann eine abschreckende Wirkung erzeugen und dadurch Bürger*innen von einer potenziellen Teilnahme an der Versammlung der Klägerin abhalten. Ein schwerwiegender Eingriff in das Grundrecht der X aus Art. 8 I GG steht damit in Rede.[23] Diese Maßnahmen des Oberbürgermeisters stehen also im engen Zusammenhang mit der Versammlung der X. Sie erledigen sich typischerweise so kurzfristig, dass gerichtlicher Rechtsschutz in der Hauptsache nicht rechtzeitig erlangt werden kann.

Ein qualifiziertes Feststellungsinteresse der X ist damit gegeben.

VIII. Ergebnis

18 Die Klage ist zulässig.

B. Begründetheit

19 Die Klage müsste begründet sein. Die Feststellungsklage ist dann begründet, wenn das in Rede stehende Rechtsverhältnis nicht besteht und X dadurch in ihren Rechten aus Art. 8 I GG verletzt wurde. Das Rechtsverhältnis besteht nicht, wenn die Handlungen des J nicht rechtmäßig waren.

I. Rechtmäßigkeit der Äußerungen des J

20 Zu prüfen ist mithin, ob die öffentlichen Äußerungen des J rechtmäßig waren.

1. Ermächtigungsgrundlage

21 Für die Äußerungen des J auf der Homepage der L könnte eine Ermächtigungsgrundlage erforderlich sein. Nach dem Grundsatz des Vorbehaltes des

---

23   Ob der Eingriff tatsächlich gegeben ist, ist Gegenstand der Begründetheit.

Gesetzes aus Art. 20 III GG dürfen (belastende) Hoheitsakte der Verwaltung nur aufgrund einer Ermächtigung durch den Gesetzgeber ergehen. Eine Ermächtigungsgrundlage ist mithin jedenfalls dann erforderlich, wenn ein Grundrechtseingriff in das Grundrecht der X auf Versammlungsfreiheit (Art. 8 I GG) vorliegt.

a) Eingriff in die Versammlungsfreiheit, Art. 8 I GG

Das Grundrecht auf Versammlungsfreiheit aus Art. 8 I GG berechtigt alle 22 Deutschen sich friedlich und ohne Waffen zu versammeln. Eine Versammlung ist eine örtliche Zusammenkunft mehrerer Personen zur gemeinschaftlichen, auf die Teilhabe an der öffentlichen Meinungsbildung gerichteten Erörterung oder Kundgebung und umfasst auch provokative Äußerungen.[24] Laut Sachverhalt meldete X eine öffentliche Versammlung mit dem Motto „Leipziger gegen die Islamisierung des Abendlandes" an und führte diese durch.

Fraglich ist, ob die Versammlung der X durch den Aufruf des J beeinträchtigt wurde. Ein Eingriff i. S. d. klassischen Eingriffsbegriffs ist vorliegend nicht gegeben.

Die Äußerungen könnten jedoch als mittelbarer Eingriff bzw. Eingriffsäquivalent[25] zu qualifizieren sein. Eine solche Beeinträchtigung liegt vor, wenn faktische Maßnahmen – wie Boykottaufrufe einer Amtsträger*in – in ihrer Intensität einer imperativen Maßnahme gleichstehen und eine abschreckende Wirkung entfalten.[26]

Vorliegend rief der Oberbürgermeister zur Teilnahme an einer Gegendemonstration auf und bewertete die Kundgebung der Klägerin wenigstens implizit als „intolerant" und „rassistisch", dies sogar soweit, als dass der Demonstration nur mit der Ausschaltung der Lichter an zahlreichen markanten Gebäuden in der Innenstadt entgegengetreten werden könnte. Der Aufruf zu dieser Aktion ist geeignet, eine abschreckende Wirkung zu erzeugen und dadurch Bürger*innen von einer potenziellen Teilnahme an der Versammlung

---

24 S. zum Versammlungsrecht Eickenjäger, in: Eisentraut, Verwaltungsrecht in der Klausur, 2020, § 2 Rn. 1037 ff.; BVerfG, Urt. v. 20. 6. 2014, Az.: 1 BvR 980/13 = NJW 2014, 2706 (2707 Rn. 15); BVerfG, Beschl. v. 14. 5. 1985, Az.: 1 BvR 233/81 = NJW 1985, 2395 = BVerfGE 69, 315 (342 f.); BVerfG, Beschl. v. 24. 10. 2001, Az.: 1 BvR 433/96 = BVerfGE 104, 92 (104); BVerfG, Beschl. v. 10. 12. 2010, Az.: 1 BvR 1402/06 = BVerfGK 11, 102 (108).

25 BVerfG, Beschl. v. 26. 6. 2002, Az.: 1 BvR 558/91 = BVerfGE 105, 252 (273).

26 BVerfG, Beschl. v. 7. 11. 2015, Az.: 2 BvQ 39/15 = BVerfGE 140, 225 (228 Rn. 11) = NVwZ-RR 2016, 241 (242 Rn. 11).

der Klägerin abzuhalten. Hierbei wurde der Versammlungszweck an sich und nicht nur untergeordnete Modalitäten der Demonstration betroffen.

Eine Ermächtigungsgrundlage für die Handlungen des J ist notwendig.

b) Nötige Ermächtigungsgrundlage

23 Art. 28 II 1 GG könnte eine Ermächtigungsgrundlage für die Handlungen des J darstellen. Die Befugnis des J, Informations- und Öffentlichkeitsarbeit zu tätigen, ist nicht explizit normiert. Die Zuweisung einer Aufgabe berechtigt aber grundsätzlich zur Informationstätigkeit im jeweiligen Aufgabenbereich. Der Oberbürgermeister nimmt hier die Aufgabe der Leitung der Gemeindeverwaltung als Stadtoberhaupt aus Art. 28 II 1 GG wahr. Er wird in allgemeiner, freier, gleicher, unmittelbarer und geheimer Wahl gewählt, sodass ihm neben den Aufgaben als Stadtoberhaupt auch politische Funktionen zukommen. Die anerkannte staatliche Informations- und Öffentlichkeitsarbeit der Regierung kann daher entsprechend für die Tätigkeit des Bürgermeisters einer Gemeinde angenommen werden.[27] Aufgrund seiner politischen Funktion ist er daher grundsätzlich befugt, sich am politischen Diskurs über spezifisch örtliche Angelegenheiten zu beteiligen.[28]

2. Rechtmäßigkeitsvoraussetzungen

24 J müsste den Rahmen der ihm durch Art. 28 II 1 GG zugewiesenen Aufgaben eingehalten haben.

a) Angelegenheiten der öffentlichen Gemeinde

25 Fraglich ist, ob die Äußerungen des J noch in die Angelegenheiten der öffentlichen Gemeinde i. S. d. Art. 28 II 1 GG fallen. Art. 28 II 1 GG gewährleistet der Gemeinde das Recht, alle Angelegenheiten der örtlichen Gemeinschaft im Rahmen der Gesetze in eigener Verantwortung zu regeln. Daraus erwächst der Gemeinde die Befugnis, sich aller Angelegenheiten der örtlichen Gemeinschaft, die nicht durch Gesetz bereits anderen Trägern öffentlicher Gewalt überantwortet sind, ohne besonderen Kompetenztitel anzunehmen. Angelegenheiten der örtlichen Gemeinschaft i. S. v. Art. 28 II 1 GG sind diejenigen Bedürfnisse und Interessen, die in der örtlichen Gemeinschaft wurzeln oder

---

27 BVerwG, Urt. v. 13. 9. 2017, Az.: 10 C 6/16 = BVerwGE 159, 327 (330 f. Rn. 18) = NVwZ 2018, 433 (434 Rn. 18).

28 BVerwG, Urt. v. 13. 9. 2017, Az.: 10 C 6/16 = BVerwGE 159, 327 (330 f. Rn. 18) = NVwZ 2018, 433 (434 Rn. 18).

auf sie einen spezifischen Bezug haben, die also den Gemeindeeinwohnern gerade als solchen gemeinsam sind, indem sie das Zusammenleben und -wohnen der Menschen in der Gemeinde betreffen. Die Stellungnahme eines kommunalen Amtsträgers muss demnach in spezifischer Weise ortsbezogen sein.[29]

Vorliegend steht die Erklärung des J im unmittelbaren Zusammenhang mit der von der X angemeldeten Versammlung und der diese Veranstaltung tragenden politischen Gruppierung. Sie ist als Gegenposition zu dem von der X benannten Thema ihrer Versammlung „Leipziger gegen die Islamisierung des Abendlandes" zu verstehen und befasst sich thematisch mit der Integration von Ausländern und dem Zusammenleben mit Muslimen in der örtlichen Gemeinschaft der Stadt L. Dabei wendet sich der Oberbürgermeister ausdrücklich an seine Mitbürger*innen, an örtliche Unternehmen und Geschäftsleute und charakterisiert L als weltoffene Stadt. Darüber hinaus erhalten die Aussagen des Oberbürgermeisters durch die Wahl der Stadt L als Veranstaltungsort der Versammlung der X sowie der Gegendemonstration einen spezifisch örtlichen Bezug. Die die Äußerungen des J fallen mithin in die Angelegenheiten der öffentlichen Gemeinde i. S. d. Art. 28 II 1 GG.

b) Neutralitätsgebot

J könnte die Befugnis der Informations- und Öffentlichkeitsarbeit dennoch 26 überschritten haben, wenn seine Äußerungen gegen das Neutralitätsgebot verstoßen. Dieses ergibt sich aus dem Recht der politischen Parteien auf Chancengleichheit (Art. 21 I 1 i. V. m. 3 I GG). Parteien haben das Recht, gleichberechtigt am Prozess der Meinungs- und Willensbildung des Volkes teilzunehmen. Dieses darf nicht verletzt werden, indem Staatsorgane als solche parteiergreifend zugunsten oder zulasten einer politischen Partei oder von Wahlbewerbern auf die politische Willensbildung des Volkes einwirken. Das gilt nicht nur im Wahlkampf, sondern darüber hinaus auch für den politischen Meinungskampf und Wettbewerb im Allgemeinen. Gleiches gilt auf kommunaler Ebene. Im Ergebnis gilt das Neutralitätsgebot nur im Verhältnis zu politischen Parteien.[30]

---

29 BVerwG, Urt. v. 14. 12. 1990, Az.: 7 C 37/89 = BVerwGE 87, 228, (229 f.) = NVwZ 1991, 682 (682 f.).

30 BVerwG, Urt. v. 13. 9. 2017, Az.: 10 C 6/16 = BVerwGE 159, 327 (333 f. Rn. 23) = NVwZ 2018, 433 (435 Rn. 23); BVerfG, Urt. v. 2. 3. 1977, Az.: 2 BvE 1/76 = BVerfGE 44, 125 (146) = NJW

Vorliegend handelt es sich um Legida, die zwar eine politische Gruppierung darstellt, jedoch nicht als politische Partei organisiert ist. Das Neutralitätsgebot kann Art. 8 I GG der X mithin nicht einschränken.

c) Sachlichkeitsgebot

27 Das sich aus dem Rechtsstaatsprinzip aus Art. 20 II, III GG ergebende Sachlichkeitsgebot[31] könnte jedoch die Äußerungsbefugnis des J einschränken.

Staatliche Amtsträger*innen unterstehen nicht allein dem Rechtsstaatsgebot, sondern auch dem Demokratieprinzip. Die freie Bildung der öffentlichen Meinung ist Ausdruck des demokratischen Staatswesens (Art. 20 I GG), in dem sich die Willensbildung des Volkes frei, offen, unreglementiert und grundsätzlich „staatsfrei" vollzieht. Einer Amtsträger*in in Wahrnehmung ihrer hoheitlichen Funktion ist deshalb eine lenkende oder steuernde Einflussnahme auf den politischen Meinungsbildungsprozess der Bevölkerung verwehrt. Äußerungen einer Amtsträger*in, die sich in Wahrnehmung ihrer hoheitlichen Funktion am politischen Meinungskampf beteiligt, unterliegen mithin nicht demselben Maßstab, der bei Meinungsäußerungen von Bürger*innen untereinander anzulegen ist. Während sich Bürger*innen auf die Wahrnehmung ihres Grundrechts der Meinungsfreiheit stützen können, ist dem Staat die Berufung auf Art. 5 I GG gegenüber seinen Bürger*innen verwehrt. Damit ist eine lenkende Einflussnahme des Staates unvereinbar.[32]

Eine Amtswalter*in, die am politischen Diskurs teilnimmt, hat deshalb ihre Äußerungen an dem Gebot eines rationalen und sachlichen Diskurses auszurichten. Das schließt eine Meinungskundgabe durch symbolische Handlungen nicht aus, fordert aber den Austausch rationaler Argumente, die die Ebene argumentativer Auseinandersetzung nicht verlassen. Staatliche Amtsträger*innen dürfen ferner in der öffentlichen Diskussion Vertreter*innen anderer Meinungen weder ausgrenzen noch gezielt diskreditieren, solange deren Positionen die für alle geltenden rechtlichen Grenzen nicht über-

---

1977, 751 (753); BVerfG, Urt. v. 10. 6. 2014, Az.: 2 BvE 4/13 = BVerfGE 136, 323 (335 Rn. 31) = NVwZ 2014, 1156 (1158 Rn. 28).

31 OVG Münster, Urt. v. 16. 12. 2003, Az.: 15 B 2455/03 = NVwZ-RR 2004, 283 (284); VG Darmstadt, Beschl. v. 17. 1. 2002, Az.: 3 G 100/02 = NVwZ-RR 2002, 365 (366); BayVerfGH, Entsch. v. 19. 1. 1994, Az.: Vf. 89 – III – 92 = NVwZ-RR 1994, 529 (529 f.); Oebbecke, BayVBl. 1998, 641 (644 f.).

32 BVerwG, Urt. v. 13. 9. 2017, Az.: 10 C 6/16 = BVerwGE 159, 327 (335 f. Rn. 28) = NVwZ 2018, 433 (435 Rn. 28).

schreiten. Nur so kann die Integrationsfunktion des Staates sichergestellt werden, die ebenfalls im Demokratieprinzip wurzelt.[33]

Das Verdunkeln der Gebäude der L kann für sich genommen noch keine Aufschlüsse über eine evtl. Missbilligung der Gründe für die Versammlung der X geben. Die mit beiden Maßnahmen des J verbundene negative Symbolik des öffentlichen Lichtlöschens bringt jedoch in drastischer Weise die Missbilligung der mit der Versammlung der X verfolgten politischen Ziele zum Ausdruck. Sie verlässt die Ebene eines rationalen und sachlichen Diskurses, ohne für eine weitere diskursive Auseinandersetzung mit den politischen Zielen der von der X angemeldeten Versammlung offen zu sein.

Darüber hinaus verletzt auch der Aufruf des Oberbürgermeisters der Stadt L, an einer friedlichen Gegendemonstration teilzunehmen, das Sachlichkeitsgebot. Der Aufruf verfolgte das Ziel, die Versammlung der X in ihrer Wirkung zu schwächen und die Gegendemonstration zu stärken. Er greift unzulässig in den Wettstreit der politischen Meinungen der Bürger*innen ein, welcher nicht staatlich beeinflusst werden darf.[34] Ein Verstoß gegen das Sachlichkeitsgebot liegt damit vor. Der J hat seine Befugnisse zur Informations- und Öffentlichkeitsarbeit aus Art. 28 II 1 GG überschritten.

3. Zwischenergebnis
Nach diesen Maßstäben ist der Aufruf des Oberbürgermeisters, das Licht auszuschalten und an einer friedlichen Gegendemonstration teilzunehmen, rechtswidrig. Das Rechtsverhältnis besteht mithin nicht. 28

II. Verletzung der X in ihren Grundrechten
Damit liegt auch eine Verletzung der X in ihrem Grundrecht aus Art. 8 I GG vor. 29

III. Ergebnis
Die allgemeine Feststellungsklage ist begründet. 30

C. Gesamtergebnis
Die Klage der X hat Aussicht auf Erfolg, da sie zulässig und begründet ist. 31

---

33 BVerwG, Urt. v. 13. 9. 2017, Az.: 10 C 6/16 = BVerwGE 159, 327 (336 Rn. 29) = NVwZ 2018, 433 (436 Rn. 29).

34 BVerwG, Urt. v. 13. 9. 2017, Az.: 10 C 6/16 = BVerwGE 159, 327 (337 Rn. 31) = NVwZ 2018, 433 (436 Rn. 31).

FALL 12: NICHTIGKEITSFESTSTELLUNGSKLAGE BEI FEHLERHAFTER GASTSTÄTTENERLAUBNIS (TOBIAS BRINGS-WIESEN)

32 Lernziele/Schwerpunkte: Nichtigkeitsfeststellungsklage gemäß § 43 I Var. 3 VwGO; Ausgeschlossene Person gemäß § 20 VwVfG; Anhörung gemäß § 28 VwVfG; Nebenbestimmungen gemäß § 36 VwVfG (Bedingung und Auflage); Nichtigkeit gemäß § 44 VwVfG (inkl. Teilnichtigkeit gemäß § 44 IV VwVfG)

Sachverhalt

33 A möchte in unmittelbarer Nähe zur Universität zu Köln im Keller eines Gebäudes auf der Zülpicher Str. (in einem „urbanen Gebiet" i.S.v. § 6a BauNVO) einen Electro-Club namens „Turn Up" eröffnen. Er kommt aus einer Familie von Gastronomen und will auf diesem Wege diese „kölsche Dynastie" in einer modernen Variante weiterführen. Sein Vater V hatte über fast drei Jahrzehnte das Brauhaus „Et kromme Eck" in der Kölner Altstadt betrieben. Zuletzt war er jedoch gezwungen, den Betrieb einzustellen. Im Zuge spürbarer Umsatzeinbußen innerhalb der letzten Jahre hatte er sich immer mehr selbst dem Alkohol zugewandt. Er hatte fast nur noch alkoholisiert gearbeitet, gar mehrfach körperliche Auseinandersetzungen angezettelt, die nicht selten von der Polizei aufgelöst werden mussten. Seinen traurigen Höhepunkt fand diese Entwicklung vor einem Jahr, als der V mit 2,5 Promille fast eine Passantin überfahren hätte. Nachdem seine Verurteilung zu einer Bewährungsstrafe von zwei Jahren wegen Gefährdung des Straßenverkehrs gemäß § 315c StGB rechtskräftig geworden war, widerrief die Ordnungsbehörde der Stadt Köln seine Gaststättenerlaubnis gemäß § 15 II GastG wegen Unzuverlässigkeit. Dies hat den V jedoch seither noch tiefer in die Verzweiflung stürzen und noch tiefer ins Glas schauen lassen. Die Sorgen seiner Familien lassen ihn kalt, eine Suchttherapie lehnt er bis heute kategorisch ab.

All dies hat den A mitgenommen, ihn aber keineswegs davon abgehalten, für seinen eigenen Club zu planen. Er hat sich gut vorbereitet, die ideale Immobilie gekauft, sich die nötigen Kenntnisse und Fähigkeiten erarbeitet. Ende April 2019 reicht er seinen Antrag für eine Gaststättenerlaubnis ab dem 28. 12. 2019 – er will das „Turn Up" mit einer denkwürdigen Silvesterparty eröffnen – beim Amt für öffentliche Ordnung der Stadt Köln, Abteilung „Gewerbeangelegenheiten – Gaststätten" ein.

Genau dort arbeitet auch der Schwiegervater S des A, auf dessen Schreibtisch der Antrag landet. Dieser erkennt bereits auf dem Briefumschlag Name und Adresse seines Schwiegersohns und gerät ins Grübeln. Insgeheim hält er den A schon seit langem für einen absoluten Nichtsnutz, für seine wundervolle Tochter vollkommen ungeeignet. „Mit Ach und Krach durchs Studium kommen und sich jetzt direkt mit so ’ner Drogenklitsche selbstständig machen? Das kann doch nur nach hinten losgehen.", denkt er sich. Er möchte seine Tochter unbedingt davor schützen, dass ihr Ehemann mit seinem Club baden geht. Der S beschließt, die Gelegenheit beim Schopfe zu packen und den Antrag des A besonders kritisch selbst zu bearbeiten. Doch auch nach mehrfacher Durchsicht hat der S keinen Kritikpunkt gefunden. Der A hat ganze Arbeit geleistet: Sowohl er persönlich als Betreiber als auch Zustand und örtliche Lage seines geplanten Betriebs entsprechen uneingeschränkt den rechtlichen Vorgaben. Vor diesem Hintergrund kann S die Genehmigung nicht versagen, das würfe nur unangenehme Fragen auf. Er beschließt jedoch, das Vorhaben „Turn Up" subtiler zu steuern.

Er ergänzt die Erlaubnis dafür um den Zusatz, dass der Betrieb erst dann aufgenommen werden darf, wenn durch Ergreifen geeigneter Lärmschutzmaßnahmen der Immissionsrichtwert von 10 dB(A) in den Nachbargebäuden im Regelbetrieb zur Nachtzeit nicht mehr überschritten wird. S begründet dies damit, dass die in der Nähe zur Universität wohnenden, hart arbeitenden Studentinnen und Studenten eines besonderen Schutzes ihrer Nachtruhe bedürften. In Wahrheit erhofft er sich davon, dass der A die mit einer derartigen Nachrüstung notwendigerweise verbundenen zusätzlichen Kosten scheut und von seinen Plänen für den Electro-Club Abstand nimmt.

Sollte der A sich wider Erwarten doch nicht abbringen lassen, möchte S wenigstens dafür sorgen, dass A den Laden nicht vor die Wand fährt. Mit dem V versteht sich S nicht nur blendend, er hat auch – trotz der Vorfälle der letzten Jahre – volles Vertrauen in dessen Unternehmerqualitäten. Daher fügt er der Erlaubnis das Gebot bei, der V müsse innerhalb der ersten sechs Monate hinter der Theke im Club mitarbeiten, „um durch seine jahrzehntelange Erfahrung im Gaststättengewerbe zum Schutz der Gäste beizutragen".

Am 7. 5. 2019 geht der S persönlich beim A vorbei, um ihm den schriftlichen und mit Begründung wie ordnungsgemäßer Rechtsbehelfsbelehrung versehenen Bescheid zu übergeben. Als A den Umschlag öffnet, ist er schrecklich erleichtert. Er hatte befürchtet, man werde ihn aufgrund der Vorfälle betreffend seinen Vater „in Sippenhaft nehmen" und die Erlaubnis versagen. Die einschränkenden Vorgaben nimmt er zwar zur Kenntnis, ist sich aber sicher, dass sich das bis Ende des Jahres „schon irgendwie wuppen lassen wird". Bevor er am 29. 5. 2019 für sechs Wochen auf Reisen geht – ein letztes Mal, bevor der Ernst des Unternehmerlebens beginnt –, beauftragt er gleichwohl noch einen Sachverständigen mit der Prüfung der Einrichtung der erwarteten Lärmschutzmaßnahmen.

Als A am 10. 7. 2019 zurückkehrt, liegt ihm dessen Gutachten vor – indes mit einem für ihn überraschenden Ergebnis: Der Sachverständige resümiert, dass – was den Tatsachen entspricht – nach dem aktuellen Stand von Wissenschaft und Technik keine Lärmschutzmaßnahmen bekannt sind, die den Lärmpegel eines Electro-Clubs (von durchschnittlich rund 100 dB[A], was zutrifft) in diesen Räumlichkeiten derart reduzieren könnten, dass dem geforderten Immissionsrichtwert von 10 dB(A) entsprochen werden könnte. Zynisch schließt er mit den Worten: „Musik auf Zimmerlautstärke oder ein gediegener Lese- und Gesprächszirkel sollten jedoch realisierbar sein."

Noch am selben Abend trifft der A sich auf ein Bier mit seiner alten Freundin F, die mittlerweile erfolgreiche Fachanwältin im Verwaltungsrecht ist. Er erzählt ihr von seinen Plänen für das „Turn Up" und wie sie nun wohl durch die Einschränkungen zur ihm erteilten Erlaubnis zunichte gemacht würden. Die nötigen Immissionsrichtwerte könnten schlicht nicht eingehalten werden und seinen Vater V könnte er in seinem aktuellen Zustand unter keinen Umständen hinter die Theke seines Clubs lassen. Er wolle auf jeden Fall vor Gericht ziehen. F bietet an, direkt am nächsten Tag einen prüfenden Blick auf den Vorgang zu werfen.

Welche Möglichkeiten bieten sich dem A aktuell, um gegen die Einschränkungen vor Gericht vorzugehen?

Bearbeitungsvermerk: Auf das Gaststättengesetz und die Sechste Allgemeine Verwaltungsvorschrift zum Bundes-Immissionsschutzgesetz (Technische Anleitung zum Schutz gegen Lärm – TA Lärm) wird hingewiesen.

Lösungsgliederung

Lösungsvorschlag

35 Zu begutachten ist, welche Möglichkeiten dem A aktuell zur Verfügung stehen, um gerichtlich[35] gegen die Einschränkungen zur ihm erteilten Gaststättenerlaubnis vorzugehen. Um Erfolg zu haben, müsste eine potentiell zu erhebende Klage zulässig und begründet sein.

Lösungshinweis: Der Lösung liegt das VwVfG NRW zugrunde. Die nachfolgende Bearbeitung enthält jedoch Hinweise auf die parallelen Vorschriften des Bundes-VwVfG, sodass die Lösung auch anhand dieser Vorschriften nachvollzogen werden kann.

A. Zulässigkeit

36 Eine Klage des A müsste zulässig sein.

I. Eröffnung des Verwaltungsrechtsweges

37 Für eine derartige Klage könnte der Verwaltungsrechtsweg eröffnet sein. Mangels aufdrängender Sonderzuweisung richtet sich dies nach der Generalklausel des § 40 I VwGO, wonach der Verwaltungsrechtsweg in allen öffentlich-rechtlichen Streitigkeiten nichtverfassungsrechtlicher Art gegeben ist, soweit diese nicht durch ein Bundes- oder Landesgesetz ausdrücklich einem anderen Gericht zugewiesen sind (abdrängende Sonderzuweisung).

Öffentlich-rechtlichen Charakters ist eine Streitigkeit, wenn die streitentscheidenden Normen solche des öffentlichen Rechts sind. Dies sind sie nach der sog. modifizierten Subjektstheorie oder auch Sonderrechtstheorie, wenn sie gerade Träger öffentlicher Gewalt berechtigen und/oder verpflichten. Streitentscheidend wären vorliegend Vorschriften des GastG[36] und des VwVfG

---

35 Alternativ könnte der A auch eine *behördliche* Feststellung der teilweisen Nichtigkeit gemäß § 44 V Hs. 2 VwVfG NRW oder eine Rücknahme der (nichtigen) Nebenbestimmungen gemäß § 48 VwVfG NRW (str.) beantragen, wobei die Annahme einer Reduktion des Rücknahmeermessens der Behörde auf Null wegen offensichtlicher Rechtswidrigkeit der Nebenbestimmung hier gut vertretbar wäre. S. zu anderen Optionen ausführlich Brings-Wiesen, in: Eisentraut, Verwaltungsrecht in der Klausur, 2020, § 6 Rn. 166 ff. sowie Brings-Wiesen, in: Eisentraut, Verwaltungsrecht in der Klausur, 2020, § 2 Rn. 862, 923.

36 Das Gaststättenrecht ist wegen seiner guten Zugänglichkeit selbst für Studienanfängerinnen und -anfänger beliebter Aufhänger verwaltungsrechtlicher Klausuren und sollte daher spätestens in der Examensvorbereitung ein wenig genauer in den Blick genommen

NRW. Dabei handelt es sich zum einen um Vorschriften des besonderen Gefahrenabwehrrechts,[37] zum anderen um allgemeine Regelungen des Verwaltungsverfahrens, die gerade Träger öffentlicher Gewalt adressieren und daher als Normen des öffentlichen Rechts zu qualifizieren sind.

Ein Streit verfassungsrechtlicher Art liegt dann vor, wenn auf beiden Seiten des Streits unmittelbar am Verfassungsleben beteiligte Rechtsträger beteiligt sind und inhaltlich der *unmittelbare* rechtliche Anknüpfungspunkt der Streitigkeit im Verfassungsrecht liegt.[38] Dies wäre nicht der Fall.

Überdies ist eine abdrängende Sonderzuweisung nicht ersichtlich.

Für eine Klage des A in dieser Angelegenheit wäre mithin der Verwaltungsrechtsweg eröffnet.

II. Statthafte Klageart

Die statthafte Klageart richtet sich nach dem Begehren des Klägers, vgl. § 88 VwGO. Vorliegend ist es A ein Anliegen, die Erlaubnis für den Betrieb seines Electro-Clubs zu behalten, dafür aber die mit ihr verbundenen Einschränkungen abzuwehren.

38

Die statthafte Klageart hängt von der Rechtsnatur besagter Einschränkungen ab. Die Gaststättenerlaubnis ist die einseitig bestimmende Erlaubnis des Betriebs eines bestimmten Gewerbes durch die zuständige Ordnungsbehörde gegenüber dem Bürger im Einzelfall und somit ein Verwaltungsakt i.S.v. § 35 S. 1 VwVfG.[39][40] Bei den monierten Einschränkungen handelt es sich um *zusätzliche* Bestimmungen zu der Regelung dieses Verwaltungsakts.[41] Die Einschränkung betreffend die Lärmschutzmaßnahmen untersagt die Aufnahme

---

werden. S. für eine weitere Fallbearbeitung im gaststättenrechtlichen Kontext Schröder, JuS 2015, 235.

37 S. nur BVerwG, Urt. v. 6. 11. 2002, Az.: 6 C 16.02 = NVwZ 2003, 603 (604).

38 S. dazu näher Eisentraut, in: Eisentraut, Verwaltungsrecht in der Klausur, 2020, § 1 Rn. 210 sowie bei Hufen, Verwaltungsprozessrecht, 11. Aufl. 2019, § 11 Rn. 49.

39 Im Kontext der bundesrechtlichen VwGO richtet sich die Bestimmung nach den Vorgaben des bundesrechtlichen VwVfG, s. dazu Milker, in: Eisentraut, Verwaltungsrecht in der Klausur, 2020, § 2 Rn. 42.

40 Bestehen wie hier keine Zweifel an der Rechtsnatur der in Rede stehenden Maßnahmen genügt eine konzise (gar im Urteilsstil erfolgende) Subsumtion unter den § 35 VwVfG vollkommen.

41 S. nur Maurer/Waldhoff, Allgemeines Verwaltungsrecht, 19. Aufl. 2017, § 12 Rn. 1.

des Betriebs und unterbindet somit die innere Wirksamkeit der Erlaubnis bis zu dem Zeitpunkt, an dem das entsprechende Gebot umgesetzt ist – es handelt sich demnach um eine aufschiebende Bedingung i.S.v. § 36 II Nr. 2 VwVfG, die Bestandteil des Verwaltungsakts Gaststättenerlaubnis ist. Die Einschränkung betreffend die Mitarbeit des V hindert nicht den Eintritt der inneren Wirksamkeit der Erlaubnis, sie formuliert aber ein zusätzliches Gebot zulasten des A – es handelt sich demnach um eine Auflage i.S.v. § 36 II Nr. 4 VwVfG, die zum Teil als selbstständiger Verwaltungsakt, jedenfalls aber als Bestandteil eines Hauptverwaltungsaktes erachtet wird.[42] Dieser Verwaltungsakt ist dem A auch durch persönliche Übergabe am 7. 5. 2019 wirksam bekanntgegeben worden.[43]

Um gegen Nebenbestimmungen zu Verwaltungsakten vorzugehen, böten sich dem A grundsätzlich zwei Möglichkeiten:

Er könnte zum einen eine Anfechtungsklage gemäß § 42 I Var. 1 VwGO gerichtet auf die teilweise Aufhebung der Gaststättenerlaubnis erheben. Zwar ist die Frage des Rechtsschutzes gegen Nebenbestimmungen zu einem Verwaltungsakt nicht unumstritten.[44] Indes sind jedenfalls nach der Rechtsprechung des Bundesverwaltungsgerichts belastende Nebenbestimmungen zu begünstigenden Verwaltungsakten grundsätzlich mit der Anfechtungsklage angreifbar, während die isolierte Aufhebbarkeit der Nebenbestimmung eine Frage der Begründetheit ist.[45]

Sollten die Nebenbestimmungen gar für nichtig gehalten werden, wäre überdies an die Erhebung einer Nichtigkeitsfeststellungsklage gemäß § 43 I Var. 3 VwGO zu denken. Wie § 44 IV VwVfG verdeutlicht, kann ein Verwaltungsakt auch nur teilweise nichtig sein, sodass die Nichtigkeitsfeststellungsklage auch isoliert gegen Nebenbestimmungen in Betracht kommt.

---

42 S. nur Ramsauer, in: Kopp/Ramsauer, VwVfG, 20. Aufl. 2019, § 36 Rn. 69. S. dazu ausführlich Kaerkes, in: Eisentraut, Verwaltungsrecht in der Klausur, 2020, § 2 Rn. 219 f.

43 Insbesondere hat der Verwaltungsakt Gaststättenerlaubnis sich auch noch nicht gemäß § 43 II VwVfG durch – gesetzlich determinierten – Zeitablauf erledigt, vgl. § 8 GastG: Erlöschen der Erlaubnis bei einjähriger betrieblicher Untätigkeit. S. dazu auch Brings-Wiesen, in: Eisentraut, Verwaltungsrecht in der Klausur, 2020, § 2 Rn. 183.

44 S. dazu ausführlich Kaerkes, in: Eisentraut, Verwaltungsrecht in der Klausur, 2020, § 2 Rn. 249 ff., sowie insbesondere Fall 2 in diesem Buch. Die Problematik soll daher an dieser Stelle – insbesondere mangels Erheblichkeit für die Falllösung – nicht vertieft wiederholt werden.

45 Grundlegend BVerwG, Urt. v. 22. 11. 2000, Az.: 11 C 2.00 = BVerwGE 112, 221 (224).

Vor diesem Hintergrund wird dem Kläger grundsätzlich ein Wahlrecht zwischen Nichtigkeitsfeststellungsklage und Anfechtungsklage zugestanden.[46] Zwar könnte man dem bei streng dogmatischer Betrachtung entgegenhalten, dass das mit der Anfechtungsklage begehrte Ziel der Aufhebung eines Verwaltungsakts (§§ 42 I Var. 1, 113 I 1 VwGO; § 43 II VwVfG) im Falle einer bereits auf Grund von Nichtigkeit *ipso iure* eingetretenen Unwirksamkeit (§ 43 III VwVfG) unerreichbar ist.[47] Für eine Statthaftigkeit der Anfechtungsklage spricht jedoch aus Rechtsschutzgesichtspunkten, dass dem Kläger so nicht das mit der schwierigen Unterscheidung eines bloß rechtswidrigen und somit aufhebbaren von einem bereits nichtigen Verwaltungsakt verbundene Risiko einer unstatthaften Klage auferlegt wird.[48] Bestätigt wird dieses Ergebnis auch in rechtssystematischer Hinsicht: Die in § 43 II 2 VwGO normierte Ausnahme vom Grundsatz der Subsidiarität der Feststellungsklage gegenüber Gestaltungs- und Leistungsklagen setzt deren grundsätzliche Statthaftigkeit denklogisch voraus.[49]

Vor diesem Hintergrund könnte es sinnvoller sein, den A schlicht auf die Erhebung einer Anfechtungsklage zu verweisen. Dann müssten im Folgenden jedoch auch die weiteren Sachentscheidungsvoraussetzungen der Anfechtungsklage erfüllt werden können.[50] Insbesondere müssten ein gemäß § 68 I VwGO potentiell erforderliches Vorverfahren durchgeführt und/oder die nach § 74 I VwGO einschlägige Klagefrist eingehalten werden. In Nordrhein-Westfalen bedarf es gemäß § 68 I 2 Hs. 1 VwGO i.V.m. § 110 I 1 JustG NRW vor Erhebung einer Anfechtungsklage der Nachprüfung eines Verwaltungsakts in einem Vorverfahren grundsätzlich nicht mehr; ein diesbezüglicher Ausnahmetatbestand ist vorliegend nicht einschlägig.

In Anbetracht dessen müsste der A jedoch die Anfechtungsklage gemäß § 74 I 2 VwGO noch innerhalb eines Monats nach Bekanntgabe des Verwaltungsakts erheben können. Diese Ereignisfrist beginnt gemäß § 57 II VwGO i.V.m. § 222 I

---

46 S. nur BVerwG, Urt. v. 20. 3. 1964, Az.: VII C 10.61 = BVerwGE 18, 154 (155). Dazu ausführlich in Brings-Wiesen, in: Eisentraut, Verwaltungsrecht in der Klausur, 2020, § 2 Rn. 197 ff.

47 Hufen, Verwaltungsprozessrecht, 11. Aufl. 2019, § 14 Rn. 11.

48 S. nur Pietzcker, in: Schoch/Schneider/Bier, VwGO, 36. EL Februar 2019, § 42 I Rn. 18.

49 S. nur Maurer/Waldhoff, Allgemeines Verwaltungsrecht, 19. Aufl. 2017, § 10 Rn. 93.

50 Da die Anfechtungsklage offensichtlich verfristet ist, ist es an dieser Stelle prüfungstaktisch klüger, deren Unzulässigkeit direkt festzustellen, um die Prüfung auf die Nichtigkeitsfeststellungsklage zu konzentrieren.

ZPO, § 187 I BGB mit Anbruch des Tages nach dem Tag, in welchen das Ereignis fällt, vorliegend also am 8. 5. 2019 um 0.00 Uhr. Sie endet gemäß § 57 II VwGO i.V.m. § 222 I ZPO, § 188 II Var. 1 BGB als Monatsfrist mit dem Ablauf desjenigen Tages des letzten Monats, welcher durch seine Zahl dem Tage entspricht, in den das Ereignis fällt, vorliegend also mit Ablauf des Freitags,[51] den 7. 6. 2019. Angesichts der – laut Sachverhalt – ordnungsgemäßen Rechtsbehelfsbelehrung kam es auch nicht zu einer Modifikation der Frist gemäß § 58 VwGO. Die Anfechtungsklage ist mithin am Tag der anwaltlichen Prüfung, dem 11. 7. 2019, verfristet.[52]

Dem A kann daher nicht mehr geraten werden, eine Anfechtungsklage gemäß § 42 I Var. 1 VwGO zu erheben. Seine einzige statthafte Klageoption für den Moment[53] ist die Nichtigkeitsfeststellungsklage gemäß § 43 I Var. 3 VwGO. Deren Sachentscheidungsvoraussetzungen allein sind daher im Folgenden weiter zu prüfen.

III. Berechtigtes Interesse und Klagebefugnis

39 Der A müsste demnach ein berechtigtes Interesse an der baldigen Feststellung der Nichtigkeit der Nebenstimmungen zur Gaststättenerlaubnis gemäß § 43 I Hs. 2 VwGO haben. Umstritten ist, welche Anforderungen genau an das „berechtigte Interesse" zu stellen sind und ob es gar des Vorliegens der Klagebefugnis des A gemäß § 42 II VwGO analog bedarf.[54] Dies kann jedenfalls dann dahinstehen, wenn zumindest die Möglichkeit besteht, dass der A zumindest durch den Rechtsschein des Verwaltungsakts in seinen Rechten verletzt wird. Denn wenn A klagebefugt i.S.d. § 42 II VwGO analog ist, liegt stets auch ein berechtigtes Interesse an der Feststellung der Nichtigkeit vor.

Vorliegend halten die – nunmehr bestandskräftigen – Nebenbestimmungen den A davon ab, den Club überhaupt bzw. uneingeschränkt nach seinen Vorstellungen in dem von ihm gekauften Gebäude ab dem 28. 12. 2019 zu

---

51 Da es sich auch nicht um einen Feiertag handelt, bedurfte es einer Erwähnung von § 57 II VwGO i.V.m. § 222 II ZPO erst gar nicht.

52 Anhaltspunkte, die für Erfolgsaussichten eines Antrags auf Wiedereinsetzung in den vorigen Stand gemäß § 60 VwGO (s. dazu Stockebrandt, in: Eisentraut, Verwaltungsrecht in der Klausur, 2020, § 2 Rn. 394 ff.) sprechen könnten, sind nicht ersichtlich. Dass der A die Frist versäumt hat, geht vielmehr auf sein eigenes fahrlässiges Fehlverhalten zurück.

53 S. aber bereits die Hinweise zu den anderen Rechtsschutzoptionen oben.

54 S. für eine Übersicht über den Diskussionsstand Pietzcker, in: Schoch/Schneider/Bier, VwGO, 36. EL Februar 2019, § 43 Rn. 28 ff.

betreiben, sodass zumindest die Möglichkeit einer Verletzung in seinen Grundrechten aus Art. 12 I und Art. 14 I GG besteht.[55] Die Feststellung der Nichtigkeit der Nebenbestimmungen würde den von ihnen ausgehenden Rechtsschein beseitigen und die Position des A verbessern. Sowohl ein berechtigtes Feststellungsinteresse als auch eine Klagebefugnis analog § 42 II VwGO sind somit gegeben.

IV. Vorverfahren und Klagefrist
Der Durchführung eines Vorverfahrens oder der Einhaltung einer Klagefrist 40 bedarf es im Falle der Nichtigkeitsfeststellungsklage nicht.

V. Allgemeines Rechtsschutzbedürfnis
Der A müsste auch ein Bedürfnis nach *gerichtlicher* Klärung seines Anliegens 41 haben. Dies könnte im Falle der Erhebung einer Nichtigkeitsfeststellungsklage deshalb ausgeschlossen sein, weil dem A mit der Möglichkeit eines Antrags auf behördliche Nichtigkeitsfeststellung gemäß § 44 V Hs. 2 VwVfG NRW ein einfacherer und kostengünstigerer Weg zu Erreichung seines Begehrens[56] zur Verfügung steht.[57] Ob es vorweg der erfolglosen Erhebung dieses Antrags bedarf, ist umstritten.[58]

Dafür kann das prozessökonomische Interesse an einer Unterbindung anderweitig lösbarer Konflikte und einer damit einhergehenden Entlastung der Verwaltungsgerichtsbarkeit ins Feld geführt werden. Dagegen spricht jedoch in systematischer Hinsicht, dass so die Durchführung eines behördlichen „Vorverfahrens" zur Sachentscheidungsvoraussetzung gemacht würde, wo – anders als für Anfechtungs- und Verpflichtungsklage in den §§ 68 ff. VwGO – gesetzgeberisch eigentlich keines vorgesehen ist. Dagegen spricht auch die Genese der Vorschrift zur behördlichen Nichtigkeitsfeststellung: Mit ihr sollte eine *zusätzliche* Möglichkeit zur Schaffung von Rechtssicherheit geschaffen

---

55 Hilfsweise kann stets mit der Adressatentheorie auf die Beeinträchtigung jedenfalls der allgemeinen Handlungsfreiheit aus Art. 2 I GG abgestellt werden. Soweit besondere Rechte betroffen sind, sollten diese jedoch bereits an dieser Stelle ausdrücklich genannt werden.

56 S. dazu näher Valentiner, in: Eisentraut, Verwaltungsrecht in der Klausur, 2020, § 2 Rn. 489 ff.

57 Vertretbar wäre auch eine Prüfung dessen im Rahmen des berechtigten Feststellungsinteresses, so bspw. Hufen, Verwaltungsprozessrecht, 11. Aufl. 2019, § 18 Rn. 32.

58 S. dazu näher Valentiner, in: Eisentraut, Verwaltungsrecht in der Klausur, 2020, § 6 Rn. 100.

und somit eine Verbesserung der Rechtsstellung des Bürgers erreicht werden. Zuletzt spricht gegen die Notwendigkeit der Durchführung eines „Vorverfahrens", dass die behördliche Feststellung der Nichtigkeit hinter dem Rechtsschutz durch eine verwaltungsgerichtliche Feststellung, die in Rechtskraft erwächst, zurückbleibt.

Letztlich sprechen somit die besseren Argumente dagegen, die Zulässigkeit der Nichtigkeitsfeststellungsklage von der erfolglosen Erhebung eines Antrags gemäß § 44 V Hs. 2 VwVfG NRW abhängig zu machen. A könnte daher direkt vor Gericht ziehen.

Darüber hinaus bestehen auch sonst keine Anhaltspunkte dafür, dass das Bedürfnis des A nach *gerichtlicher* Klärung seines Anliegens fehlen könnte.

VI. Zwischenergebnis

42 Eine Klage des A gerichtet auf Feststellung der Nichtigkeit der Nebenbestimmungen zur Gaststättenerlaubnis wäre nach alldem zulässig. Sie wäre gemäß §§ 45, 52 Nr. 1 VwGO beim Verwaltungsgericht der Stadt Köln zu erheben und gemäß § 78 I Nr. 1 VwGO analog[59] an die Stadt Köln als Rechtsträger des Ordnungsamtes zu richten.[60] A wäre als natürliche Person gemäß § 61 Nr. 1 Var. 1 VwGO beteiligten- und mangels Zweifeln an seiner Geschäftsfähigkeit auch gemäß § 62 I Nr. 1 VwGO prozessfähig[61]. Die Gebietskörperschaft Stadt Köln wäre als juristische Person des öffentlichen Rechts gemäß § 61 Nr. 1 Var. 2 VwGO beteiligtenfähig; für sie würde gemäß § 62 III VwGO i.V.m. § 63 I 1 GO NRW der Oberbürgermeister als gesetzlicher Vertreter handeln müssen.

B. Begründetheit

43 Die Klage müsste überdies begründet sein.

---

59 S. dazu näher Creemers, in: Eisentraut, Verwaltungsrecht in der Klausur, 2020, § 6 Rn. 87 f.

60 Da es um die Möglichkeiten der Erhebung von Rechtsbehelfen geht, sind diese Voraussetzungen nicht *en detail* zu prüfen. Abschließende Hinweise dieser Art sind jedoch in einer Prüfung ohne weiteres zulässig und verdeutlichen weiterreichendes Verständnis.

61 A könnte sich jedoch gemäß § 67 II 1 VwGO auch von der F anwaltlich vertreten lassen.

I. Nichtigkeit des Verwaltungsakts

Dies ist der Fall, wenn die Nebenbestimmungen zum Verwaltungsakt[62] 44
Gaststättenerlaubnis gemäß § 44 VwVfG NRW[63] tatsächlich nichtig sind.[64]

1. Fehlende Anhörung des A

Sowohl die aufschiebende Bedingung als auch die Auflage zur Gaststätten- 45
erlaubnis des A könnten bereits wegen fehlender Anhörung des A nichtig sein.
Dann müsste darin ein Rechtsfehler liegen, der zudem zur Nichtigkeit der
Nebenbestimmungen führt.

Die Anhörung eines Beteiligten ist gemäß § 28 I VwVfG NRW lediglich dann
erforderlich, wenn der zu erlassende Verwaltungsakt in dessen Rechte eingreift. Die Gaststättenerlaubnis als Hauptverwaltungsakt ist für den A als
Antragssteller gemäß § 13 I Nr. 1 Var. 1 VwVfG NRW begünstigend, insoweit sie
den Betrieb seines Clubs legalisiert. Die Nebenbestimmungen beschränken
diesen Betrieb wiederum. Es stellt sich die Frage, ob es im Falle einer begünstigenden Gaststättenerlaubnis mit belastenden Nebenbestimmungen zu
einen Eingriff in die Rechte des A (aus Art. 12 I GG und Art. 14 I GG) i.S.v. § 28 I
VwVfG NRW kommt, sodass bezüglich der Nebenbestimmungen eine Anhörung erforderlich gewesen wäre. Dies ist umstritten.[65] Selbst wenn insofern ein
Rechtsfehler unterlaufen sein sollte, könnte dieser jedoch gemäß § 45 I Nr. 3, II
VwVfG NRW bis zum Abschluss der ersten Instanz eines verwaltungsgerichtlichen Verfahrens[66] durch Nachholung der erforderlichen Anhörung[67]

---

62 Da § 35 VwVfG und § 35 VwVfG NRW deckungsgleich sind, bedarf es innerhalb des
    VwVfG NRW keiner erneuten Feststellung des Vorliegens eines Verwaltungsakts.

63 Gemäß § 1 III VwVfG i.V.m. § 1 I VwVfG NRW kommt das VwVfG NRW zur Anwendung.
    Mangels spezialgesetzlicher Nichtigkeitsgründe im Gaststättenrecht ist die allgemeine
    Vorschrift des § 44 VwVfG NRW heranzuziehen. Das VwVfG des Bundes enthält in § 44
    eine fast wortgleiche, inhaltlich übereinstimmende Regelung, sodass die Lösung auch auf
    Grundlage des Bundesrechts nachvollzogen werden kann.

64 In die Prüfungsstruktur der Begründetheit der Nichtigkeitsfeststellungsklage einführend
    Brings-Wiesen, in: Eisentraut, Verwaltungsrecht in der Klausur, 2020, § 6 Rn. 115 ff.

65 Es handelt sich um einen Unterfall („Teilablehnung" wegen belastender Nebenbestim-
    mung) der Problematik der Ablehnung einer beantragten Begünstigung, s. nur Ramsauer,
    in: Kopp/Ramsauer, VwVfG, 20. Aufl. 2019, § 28 Rn. 26.

66 Insofern weicht § 45 II VwVfG NRW von der bundesrechtlichen Norm, die eine Nach-
    holung „bis zum Abschluss der letzten Tatsacheninstanz eines verwaltungsgerichtlichen
    Verfahrens" vorsieht, ab.

67 S. zu den durchaus niedrigschwelligen Anforderungen an eine solche Nachholung Sen-
    ders, in: Eisentraut, Verwaltungsrecht in der Klausur, 2020, § 2 Rn. 657 ff.

geheilt werden. Dies wäre nur dann ausgeschlossen, wenn dieser Fehler gemäß § 44 VwVfG NRW gar zur Nichtigkeit führte.

Anhaltspunkte für das Vorliegen eines besonderen Nichtigkeitsgrundes gemäß § 44 II VwVfG NRW sind nicht ersichtlich.

Eine Nichtigkeit könnte jedoch gemäß § 44 I VwVfG NRW daraus folgen, dass es sich um einen besonders schwerwiegenden Fehler handelt und dies bei verständiger Würdigung aller in Betracht kommenden Umstände offenkundig[68] ist. Besonders schwerwiegend ist ein Fehler, wenn er den Verwaltungsakt als schlechterdings unerträglich, d. h. mit tragenden Verfassungsprinzipien oder der Rechtsordnung immanenten wesentlichen Wertvorstellungen unvereinbar erscheinen lässt.[69] Dies ist unter Berücksichtigung aller rechtlich relevanten Umstände des Einzelfalls, insbesondere einer Analyse der gesetzlich vorgesehenen Fehlerfolgeregelungen (insbesondere §§ 44 II, III, 45, 46 VwVfG NRW) sowie der konkret verletzten Vorschrift, ihrer systematischen Zusammenhänge und der ihr zugrundeliegenden Zweck- und Wertvorstellungen, zu bewerten.[70] Im Hinblick auf Anhörungsfehler ergibt sich bereits aus der oben erwähnten Heilungsmöglichkeit gemäß § 45 I Nr. 3, II VwVfG NRW, dass die Rechtsordnung diesen im Regelfall kein besonderes Gewicht beimisst.[71] Etwas anderes kann daher nur in atypischen Konstellationen, beispielsweise im Falle der vorsätzlichen Missachtung zur Erschwerung von Rechtsschutz, gelten.[72] Dafür sind hier jedoch keine Anhaltspunkte ersichtlich.

---

68 Anders als im VwVfG wird in manchen VwVfGen der Länder nicht der Begriff „offensichtlich", sondern der Begriff „offenkundig" genutzt, ohne dass damit materielle Divergenzen verbunden wären. Auch im VwVfG war zuerst Offenkundigkeit verlangt, was mit dem 2. VwVfÄndG (BGBl. I 1998, S. 2022) geändert wurde, ohne dass damit auch eine inhaltliche Änderung intendiert gewesen wäre, s. die Gesetzesmaterialien, BT-Drucks. 13/8884, S. 5.

69 St. Rspr. des BVerwG unter dem VwVfG, Urt. v. 22. 2. 1985, Az.: 8 C 107.83 = NJW 1985, 2658 (2659); zuletzt Beschl. v. 9.7.2019, Az.: 9 B 29.18 = juris, Rn. 10.

70 S. dazu näher Brings-Wiesen, in: Eisentraut, Verwaltungsrecht in der Klausur, 2020, § 6 Rn. 149 ff.

71 Sachs, in: Stelkens/Bonk/Sachs, VwVfG, 9. Aufl. 2018, § 44 Rn. 118; Schemmer, in: Bader/Ronellenfitsch, VwVfG, 44. Ed., Stand: 1. 7. 2019, § 44 Rn. 32; Peuker, in Knack/Henneke, VwVfG, 10. Aufl. 2014, § 44 Rn. 19.

72 S. OVG Münster, Beschl. v. 13. 10. 2011, Az.: 1 A 1925/09 = BeckRS 2011, 55218; befürwortend Peuker, in: Knack/Henneke, VwVfG, 10. Aufl. 2014, § 44 Rn. 19; für § 45 VwVfG grundlegend Ramsauer, in: Kopp/Ramsauer, VwVfG, 20. Aufl. 2019, § 44 Rn. 9.

Folglich kann eine Entscheidung des Streits hinsichtlich § 28 I VwVfG NRW dahinstehen. Eine Nichtigkeit der aufschiebenden Bedingung und der Auflage zur Gaststättenerlaubnis des A ergibt sich nicht bereits aus der fehlenden Anhörung des A.

2. Mitwirkung des O im Verwaltungsverfahren um die Gaststättenerlaubnis für A

Die Nebenbestimmungen könnten jedoch nichtig sein, weil der Schwieger- 46
vater S des A über die Erteilung der Gaststättenerlaubnis und den Erlass besagter Nebenbestimmungen entschieden hat.

a) Vorliegen eines Rechtsfehlers

Insofern könnte die Gaststättenerlaubnis wegen Verletzung der Vorschrift des 47
§ 20 I 1 Nr. 2 VwVfG NRW unter einem Verfahrensfehler leiden. Nach dieser Vorschrift darf in einem Verwaltungsverfahren für eine Behörde gar nicht tätig werden, wer Angehöriger eines Beteiligten ist (sog. „ausgeschlossene Person").

S ist in dem auf den Erlass des Verwaltungsakts Gaststättenerlaubnis gerichteten Verwaltungsverfahren (§ 9 VwVfG NRW) für die mit Aufgaben der besonderen Ordnungsverwaltung im Gaststättengewerbe beschäftigten Ordnungsbehörde der Stadt Köln (§ 1 II VwVfG NRW[73]) nicht nur untergeordnet tätig geworden, er hat das Verfahren allein durchgeführt und abschließend gar die Erlaubnis selbst erteilt. Entscheidend ist, ob er i.S.v. § 20 VwVfG NRW Angehöriger eines an diesem Verfahren Beteiligten war. Beteiligter ist nach § 13 I Nr. 1 Var. 1 VwVfG u. a. der Antragsteller, hier der A. Wer Angehöriger i.S.d. § 20 I 1 Nr. 2 bis 4 VwVfG NRW ist, wird in § 20 V VwVfG NRW abschließend bestimmt. Nach Nr. 3 sind dies auch die Verschwägerten in gerader Linie. Dies sind für den einen Ehepartner gemäß §§ 1590 I 1, 1589 I 1 BGB die Verwandten seines Ehegatten, von denen dieser abstammt. Dazu gehört auch der Schwiegervater.[74] Bei S handelte es sich folglich um eine ausgeschlossene Person gemäß § 20 I 1 Nr. 2 VwVfG NRW, die in dem Verwaltungsverfahren des A unter keinen Umständen für die Ordnungsbehörde hätte tätig werden dürfen. Damit liegt ein Rechtsfehler vor.

---

73 Entspricht § 1 IV VwVfG.
74 Ramsauer, in: Kopp/Ramsauer, VwVfG, 20. Aufl. 2019, § 20 Rn. 54d.

b) Nichtigkeit gemäß § 44 I VwVfG NRW

48 Anhaltspunkte für das Vorliegen eines besonderen Nichtigkeitsgrundes gemäß § 44 II VwVfG NRW sind nicht ersichtlich. Eine Nichtigkeit könnte jedoch gemäß § 44 I VwVfG NRW daraus folgen, dass es sich um einen besonders schwerwiegenden Fehler handelt und dies bei verständiger Würdigung aller in Betracht kommenden Umstände offenkundig ist.

aa) Ausschlusstatbestand gemäß § 44 III VwVfG NRW

49 Eine Nichtigkeit könnte indes bereits deshalb ausgeschlossen sein,[75] weil einer der in § 44 III VwVfG NRW aufgeführten Ausschlusstatbestände einschlägig ist. So ist gemäß § 44 III Nr. 2 VwVfG NRW ein Verwaltungsakt nicht schon deshalb nichtig, weil eine nach § 20 I 1 Nr. 2 bis 6 VwVfG NRW ausgeschlossene Person mitgewirkt hat. Genau dies war hier jedoch der Fall.

Die Tatbestände des § 44 III VwVfG NRW sind jedoch nur insoweit einschlägig, als es im Einzelfall um die konkret erfassten Rechtsfehler geht.[76] Treten demgegenüber weitere besondere Umstände hinzu, die in Widerspruch zu dem Zweck des jeweiligen Ausnahmetatbestands stehen, besteht die Möglichkeit einer Nichtigkeit fort. Die Ausnahme der Mitwirkung einer ausgeschlossenen Person von der Nichtigkeit ist der Tatsache geschuldet, dass entgegen der in § 20 I 1 Nr. 2 bis 6 VwVfG NRW fixierten unwiderlegbaren Vermutung der Befangenheit in Bezug auf die Sachentscheidung diese gleichwohl materiell fehlerfrei erfolgen kann. Die bloße – gegebenenfalls gar untergeordnete – Mitwirkung einer ausgeschlossenen Person soll dann bereits keinen Anlass für eine Nichtigkeit bieten können. Dies entspricht einer allgemeinen Wertentscheidung des Gesetzgebers, die ihren Ausdruck so auch in § 46 VwVfG NRW gefunden hat. Diesem Zweck widerspricht es jedoch, wenn als weiterer besonderer Umstand die Mitwirkung der ausgeschlossenen Person tatsächlich zu einer offensichtlich parteilichen Entscheidung geführt hat. Denn dann hat sich im konkreten Einzelfall gerade die Gefahr verwirklicht, vor der die Vorschrift des § 20 I 1 VwVfG NRW unter Anknüpfung an die besondere persönliche Nähebeziehung abstrakt schützen soll. Ob es zu einer entsprechenden wesentlichen Beeinflussung gekommen ist, ist im Einzelfall nach

---

75 Zum Verhältnis der Abs. 1 bis 3 untereinander und dem sich dazu verhaltenden Prüfungsaufbau Brings-Wiesen, in: Eisentraut, Verwaltungsrecht in der Klausur, 2020, § 6 Rn. 117 ff.

76 S. dazu näher Brings-Wiesen, in: Eisentraut, Verwaltungsrecht in der Klausur, 2020, § 6 Rn. 144, 146.

Art, Stadium und Effekt der Mitwirkung zu bestimmen. Laut Sachverhalt hat der S die Nebenbestimmungen mit dem Ziel, die Pläne des in seiner Wahrnehmung nichtsnutzigen A zu boykottieren und somit ultimativ seine eigene Tochter vor dessen unternehmerischem Ruin zu schützen, ergänzt. Damit hat S offensichtlich parteilich gehandelt, sodass der Ausschlussgrund des § 44 III Nr. 2 VwVfG NRW nicht greifen kann.

bb) Besonders schwerwiegender Fehler

Noch nicht geklärt ist damit indes die Frage, ob es sich um einen besonders schwerwiegenden Fehler[77] handelt. Bei dieser Bewertung ist zu berücksichtigen, dass nach Systematik und Zweck der Fehlerfolgenregelungen des VwVfG NRW die Nichtigkeit eines Verwaltungsakts die Ausnahme darstellt.[78] Es müssen daher konkrete Erwägungen des Einzelfalls gerade für eine besondere Schwere sprechen.[79]

Hinsichtlich des in Rede stehenden Rechtsfehlers ist zu berücksichtigen, dass sich genau die Gefahr realisiert hat, vor der die verletzte Vorschrift eigentlich bewahren sollte. Die offensichtlich parteiliche Entscheidung des S steht im diametralen Gegensatz zu den aus dem Rechtsstaatsgebot (Art. 20 III GG) abzuleitenden Prinzipien der Verfahrensgerechtigkeit sowie der Gewährleistung eines fairen Verfahrens.[81] Darüber hinaus spricht die Tatsache, dass auch § 46 VwVfG NRW maßgeblich auf die Beeinflussung der Entscheidung in der Sache abstellt, dafür, den erlassenen Verwaltungsakt in den Blick zu nehmen: Vorliegend verfolgte S mit beiden Nebenbestimmungen maßgeblich das Ziel, das Vorhaben des A zu steuern. In ihnen manifestierten sich die im Hinblick auf den Betrieb eines Gewerbes – im rechtlichen Sinne unbegründeten – persönlichen Vorurteile des S gegenüber seinem Schwiegersohn A. Diese

50

80

---

77 Die Definition der besonderen Schwere und die Schilderung zur methodischen Herangehensweise erfolgten bereits oben und müssen an dieser Stelle sowie im Folgenden nicht wiederholt werden.

78 S. nur Peuker, in: Knack/Henneke, VwVfG, 10. Aufl. 2014, § 44 Rn. 33.

79 S. für eine derartige Einzelfallbetrachtung im Hinblick auf § 20 I 1 Nr. 1 VwVfG auch BVerwG, Beschl. v. 19. 10. 2015, Az.: 5 P 11.14 = NZA-RR 2016, 166 (168, Rn. 22).

80 Wobei die Verletzung von Verfassungsrecht allein nicht bereits für eine besondere Schwere spricht, s. dazu Brings-Wiesen, in: Eisentraut, Verwaltungsrecht in der Klausur, 2020, § 6 Rn. 153.

81 BVerwG, Beschl. v. 19. 10. 2015, Az.: 5 P 11.14 = NZA-RR 2016, 166 (167, Rn. 19).

verleiteten ihn letztlich dazu, entgegen seines sicheren Wissens[82] von der Makellosigkeit des Antrags rechtswidrige Sondermaßstäbe für den A aufzustellen, die überdies – wie noch zu zeigen sein wird – zu einem intensiven Eingriff in dessen Rechte aus Art. 12 I und Art. 14 I GG führen.

Vor diesem Hintergrund ist von einer besonderen Schwere des Verfahrensfehlers auszugehen. (a.A. mit entsprechender Begründung gut vertretbar[83])

cc) Offenkundigkeit

51 Der Fehler und seine besondere Schwere müssten auch offenkundig sein. Dies ist der Fall, wenn es für einen unvoreingenommenen, mit den in Betracht kommenden Umständen vertrauten, verständigen Beobachter ohne weiteres ersichtlich ist.[84] Abzustellen ist dabei grundsätzlich auf einen weder besonders sach- noch rechtskundigen, jedoch rechtlich aufgeschlossenen Durchschnittsbürger, der im Sinne einer „Parallelwertung in der Laiensphäre" ohne weitere Ermittlungen oder besondere (rechtliche) Überlegungen zu dem Schluss kommt, dass der Verwaltungsakt unmöglich rechtens sein kann.

Die Problematik der Befangenheit, die in ihrer positiv wirkenden Ausprägung im Volksmund auch als „Vetternwirtschaft" (oder Nepotismus) tituliert wird, ist ein der Allgemeinheit hinlänglich bekanntes Phänomen. Ein Durchschnittsbürger wird insbesondere im Falle des Sich-Auswirkens dieser Befangenheit auf ein Rechtsverhältnis in der Regel bereits ohne (genaue) Rechts- oder Praxiskenntnis davon ausgehen, dass ein solches Vorgehen unter keinen Umständen rechtens sein kann.[85] (a.A. mit entsprechender Begründung gut vertretbar)

---

82 S. zur *Vorsätzlichkeit* rechtswidrigen Verwaltungshandelns Brings-Wiesen, in: Eisentraut, Verwaltungsrecht in der Klausur, 2020, § 6 Rn. 144, 155.

83 S. für ein Gegenbeispiel die Falllösung bei Ernst/Kämmerer, Fälle zum Allgemeinen Verwaltungsrecht, 3. Aufl. 2016, Fall 7, S. 96 (107 f.): Fehlen eines ausreichenden Rechtswidrigkeitszusammenhangs für die Nichtigkeit, weil die Befangenheit zwar maßgeblich die Einleitung des Verfahrens motiviert, aber nicht die Entscheidung in der Sache geprägt hat. – Im Rahmen der Prüfung von § 44 I VwVfG wird es selten die *eine* richtige Entscheidung geben; bedeutsamer ist es, eine überzeugende methodische Herangehensweise zu demonstrieren.

84 S. dazu ausführlich Brings-Wiesen, in: Eisentraut, Verwaltungsrecht in der Klausur, 2020, § 6 Rn. 157 ff.

85 Vgl. hinsichtlich der Mitwirkung einer gemäß § 20 I 1 Nr. 1 VwVfG ausgeschlossenen Person in einem Personalrat, allerdings ohne nähere Begründung BVerwG, Beschl. v. 19. 10. 2015, Az.: 5 P 11.14 = NZA-RR 2016, 166 (168, Rn. 23).

Bei der offensichtlich parteilichen Mitwirkung des gemäß § 20 I 1 Nr. 2 VwVfG NRW ausgeschlossenen S handelte sich es folglich um einen offensichtlich besonders schwerwiegenden Fehler, der gemäß § 44 I VwVfG NRW die Nichtigkeit der Nebenbestimmungen[86] begründet.

3. Vorgabe der Erfüllung der angegebenen Immissionsrichtwerte durch Lärmschutzmaßnahmen

Die Vorgabe, durch Ergreifen geeigneter Lärmschutzmaßnahmen dafür zu 52 sorgen, dass der Immissionsrichtwert von 10 dB(A) in den Nachbargebäuden im Regelbetrieb nicht mehr überschritten wird, könnte auch in materieller Hinsicht nichtig sein.

a) Nichtigkeit gemäß § 44 II Nr. 4 VwVfG NRW

Diese aufschiebende Bedingung zur Gaststättenerlaubnis könnte gemäß § 44 53 II Nr. 4 VwVfG NRW ohne Rücksicht auf das Vorliegen der Voraussetzungen des Abs. I nichtig sein, weil das in ihr enthaltene Gebot aus tatsächlichen Gründen niemand ausführen kann.

Unausführbarkeit aus tatsächlichen Gründen liegt vor, wenn aus naturgesetzlichen Gründen (entsprechend des gegenwärtigen Erkenntnisstandes) niemand eine geforderte Leistung erbringen kann, diese also objektiv schlicht unmöglich ist. Rechtliche Unmöglichkeit oder bloß subjektives Unvermögen des Adressaten finden demgegenüber keine Berücksichtigung.[87] Vorliegend kam der Sachverständige zu dem Ergebnis, dass nach dem aktuellen Stand von Wissenschaft und Technik keine Lärmschutzmaßnahmen bekannt sind, die den Lärmpegel eines Electro-Clubs (von durchschnittlich rund 100 dB[A]) in den *konkreten* Räumlichkeiten derart reduzieren könnten, dass dem geforderten Immissionsrichtwert von 10 dB(A) entsprochen werden könnte. Die Erfüllung der Bedingung ist damit nicht objektiv schlechthin, sondern nur im Hinblick auf den konkreten Einzelfall – hinsichtlich der betroffenen Gewerbeäume und der für sie avisierten Nutzung – unmöglich. Es sind subjektive, sprich die konkrete Person des A betreffende Erwägungen, die hier gemessen

---

86 Unweigerlich wirkt sich dieser Fehler auf den gesamten Verwaltungsakt aus, gleichwohl kann sich auch insofern nur eine Teilnichtigkeit ergeben, s. dazu noch unten.

87 S. dazu näher Brings-Wiesen, in: Eisentraut, Verwaltungsrecht in der Klausur, 2020, § 6 Rn. 130 ff.

an den durch die Bedingung bestimmten rechtlichen Vorgaben zur Unausführbarkeit führen.[88]

Daher ist die aufschiebende Bedingung zur Gaststättenerlaubnis nicht bereits gemäß § 44 II Nr. 4 VwVfG NRW nichtig.

b) Nichtigkeit gemäß § 44 I VwVfG NRW

54 Sie könnte jedoch gemäß § 44 I VwVfG NRW nichtig sein, weil sie insofern an einem besonders schwerwiegenden Fehler leidet und dies bei verständiger Würdigung aller in Betracht kommenden Umstände offenkundig ist.

aa) Vorliegen eines Rechtsfehlers

55 Dann müsste diese Nebenbestimmung überhaupt rechtsfehlerhaft sein.

Gemäß § 5 I GastG können Gewerbetreibenden, die einer Erlaubnis bedürfen, jederzeit Auflagen erteilt werden. Demgegenüber sind Bedingungen zu einer Gaststättenerlaubnis nicht ausdrücklich im GastG vorgesehen. Indes handelt es sich bei § 5 GastG nicht um eine abschließende Regelung, sodass andere Nebenbestimmungen auf Grundlage anderer Vorschriften – insbesondere § 36 VwVfG NRW – zulässig sein können.[89]

Angesichts der Tatsache, dass es sich bei der Gaststättenerlaubnis um einen Verwaltungsakt handelt, auf den bei Vorliegen der tatbestandlichen Voraussetzungen ein Anspruch besteht,[90] darf sie ausschließlich unter Einhaltung der Voraussetzungen des § 36 I VwVfG NRW mit einer Nebenbestimmung ver-

---

88 Zum Verständnis: Selbstredend könnte keine Person in der konkreten Position des A die geforderten Immissionsrichtwerte erreichen; diese subjektiven Erwägungen dürfen indes nicht die Bewertung der objektiven Unmöglichkeit in ihrem Wesen verändern. Vgl. zum Verständnis auch noch einmal die Rspr. des BVerwG zur Bebaubarkeit von Grundstücken, Urt. v. 26. 9. 1991, Az.: 4 C 36.88 = NVwZ 1992, 564: Eine Baugenehmigung erfüllt nur dann den Tatbestand des § 44 II Nr. 4 VwVfG, wenn sie sich auf ein Grundstück bezieht, das für niemanden unter keinen Umständen bebaubar ist, nicht aber wenn die mangelnde Bebaubarkeit gerade *dieses* Grundstücks an den maßgeblichen rechtlichen Bestimmungen scheitert. Dann ist die Baugenehmigung im konkreten Einzelfall regelmäßig nur rechtswidrig und kann zurückgenommen werden. Ähnlich ist auch hier die Sachlage: Unmöglich ist die Erreichung der – durch den Verwaltungsakt selbst – vorgegebenen Immissionsrichtwerte nur für den A in seinem konkreten Einzelfall.

89 Metzner, GastG, 6. Aufl. 2002, § 5 Rn. 4, 21; Pöltl, Gaststättenrecht, 5. Aufl. 2002, § 3 Rn. 51 ff., § 5 Rn. 15.

90 Metzner, GastG, 6. Aufl. 2002, § 2 Rn. 2; Pöltl, Gaststättenrecht, 5. Aufl. 2002, § 2 Rn. 4.

sehen werden.[91] Mangels spezialgesetzlicher Zulassung im GastG ist die Bedingung gemäß § 36 I Var. 2 VwVfG NRW nur dann zulässig, wenn sie sicherstellen soll, dass die gesetzlichen Voraussetzungen des Verwaltungsakts erfüllt werden. Sie wäre damit auch zulässig, um zu gewährleisten, dass es durch den Gewerbebetrieb im Hinblick auf seine örtliche Lage oder auf die Verwendung der Räume nicht zu schädlichen Umwelteinwirkungen im Sinne des Bundes-Immissionsschutzgesetzes (BImSchG) gemäß § 4 I 1 Nr. 3 GastG kommt. Ausweislich des Sachverhalts entsprachen indes Zustand und örtliche Lage des geplanten Betriebs bereits uneingeschränkt den rechtlichen Vorgaben. Einer Sicherstellung i.S.v. § 36 I Var. 2 VwVfG NRW bedurfte es daher nicht mehr, vielmehr bestand ein Anspruch auf Erteilung der Erlaubnis. Die aufschiebende Bedingung ist daher materiell rechtswidrig und weist somit einen Rechtsfehler auf.

bb) Besondere Schwere des Rechtsfehlers und Offenkundigkeit

Dieser Rechtsfehler müsste überdies auch besonders schwerwiegend und als 56 solcher offenkundig sein.

Es müssten auch insofern konkrete Erwägungen des Einzelfalls für eine besondere Schwere sprechen. Von Relevanz ist insofern das Ausmaß des Abweichens von den gesetzlichen Vorgaben: Zwar kann von den auch im Rahmen des Gaststättenrechts heranzuziehenden[92] Immissionsrichtwerten der TA Lärm[93] – als normkonkretisierende Verwaltungsvorschrift[94] für die Normen des BImSchG – unter Berücksichtigung der besonderen Umstände des Einzelfalls abgewichen werden.[95] Dies muss aber mit besonderen Umständen des Einzelfalls begründet werden. Vorliegend forderte der S die Einhaltung eines Richtwerts von 10 dB(A) in den Nachbargebäuden zur Nachtzeit, obgleich in

---

91 Metzner, GastG, 6. Aufl. 2002, § 5 Rn. 21; Pöltl, Gaststättenrecht, 5. Aufl. 2002, § 3 Rn. 51.

92 Metzner, GastG, 6. Aufl. 2002, § 4 Rn. 255; Pöltl, Gaststättenrecht, 5. Aufl. 2002, § 4 Rn. 132.

93 Sechste Allgemeine Verwaltungsvorschrift zum Bundes-Immissionsschutzgesetz (Technische Anleitung zum Schutz gegen Lärm – TA Lärm) v. 26. 8. 1998 (GMBl. Nr. 26/1998, S. 503), zuletzt geändert durch Verwaltungsvorschrift v. 1. 6. 2017 (BAnz AT 8. 6. 2017, B5).

94 BVerwG, Urt. v. 29. 8. 2007, Az.: 4 C 2.07 = BVerwGE 129, 209 (211, Rn. 12); Jarass, BImSchG, 12. Aufl. 2017, § 48 Rn. 47. S. zu normkonkretisierenden Verwaltungsvorschriften näher Kienle, in: Eisentraut, Verwaltungsrecht in der Klausur, 2020, § 7 Rn. 25 f.

95 Dazu jeweils m.w.N. Hansmann, in: Landmann/Rohmer, Umweltrecht, 89. EL Februar 2019, TA Lärm Nr. 6 Immissionsrichtwerte, Rn. 2; speziell zum GastG Metzner, GastG, 6. Aufl. 2002, § 4 Rn. 258.

Nr. 6.1 lit. c) TA Lärm für Immissionsorte außerhalb von Gebäuden in urbanen Gebieten nachts nur ein Richtwert von 45 dB(A) gelten soll, der hinsichtlich einzelner kurzzeitiger Geräuschspitzen gar bis zu 65 dB(A) betragen darf. Eine derart deutliche Abweichung von technischen Normen bedürfte einer überzeugenden Begründung, die insbesondere nicht in einem Verweis auf einen vermeintlich besonderen Nachtruhebedarf von in besagtem Gebiet vermutet wohnhafter Studentinnen und Studenten liegen kann. Darüber hinaus ist auch entscheidend zu berücksichtigen, wie sich diese Abweichung auswirkt: Der so festgelegte Richtwert macht es dem A im Ergebnis unmöglich, den von ihm geplanten Electro-Club in diesem Gebäude zu betreiben. Auch eine solch weniger intensive Berufsausübungsregelung (Art. 12 I GG) und Inhalts- und Schrankenbestimmung für das Eigentum am Haus (Art. 14 I GG) muss verhältnismäßig und insofern erforderlich, zumindest aber angemessen sein, wovon vorliegend angesichts der deutlichen Abweichung von den technischen Normen nicht mehr auszugehen ist. Schließlich ist wiederum relevant, dass der S entgegen seines sicheren Wissens von der Makellosigkeit des Antrags rechtswidrige Sondermaßstäbe für den A aufstellte.

Angesichts der Deutlichkeit der Abweichung, der klaren Unangemessenheit der Grundrechtsbeeinträchtigung zulasten des A und der Vorsätzlichkeit des Rechtsverstoßes ist auch von einer Offenkundigkeit auszugehen.

Die aufschiebende Bedingung, dass der Betrieb erst dann aufgenommen werden darf, wenn durch Ergreifen geeigneter Lärmschutzmaßnahmen der Immissionsrichtwert von 10 dB(A) in den Nachbargebäuden im Regelbetrieb zur Nachtzeit nicht mehr überschritten wird, ist daher auch gemäß § 44 I VwVfG NRW nichtig. (a.A. mit entsprechender Begründung gut vertretbar)

4. Gebot der Mitarbeit des V in den ersten sechs Monaten

57 Die Auflage mit dem Gebot, der V müsse innerhalb der ersten sechs Monate hinter der Theke im Club mitarbeiten, um durch seine jahrzehntelange Erfahrung im Gaststättengewerbe zum Schutz der Gäste beizutragen, könnte ebenfalls in materieller Hinsicht nichtig sein.

a) Nichtigkeit gemäß § 44 II Nr. 5 VwVfG NRW

58 Die Auflage könnte gemäß § 44 II Nr. 5 VwVfG NRW ohne Rücksicht auf das Vorliegen der Voraussetzungen des Abs. I nichtig sein, weil sie die Begehung einer rechtswidrigen Tat verlangt, die einen Straf- oder Bußgeldtatbestand

verwirklicht.[96] Um einen Bußgeldtatbestand handelt es sich im Falle einer Vorschrift, die i.S.v. § 1 OWiG die Grundlage dafür bietet, ein Verhalten unter bestimmten Voraussetzungen mit einer Geldbuße zu ahnden. Vorliegend könnte im Wege der Auflage von A verlangt worden sein, den Ordnungswidrigkeitentatbestand des § 28 I Nr. 10 GastG zu verwirklichen.

Danach handelt ordnungswidrig und kann gemäß § 28 III GastG mit einer Geldbuße bis zu fünftausend Euro belegt werden, wer Personen beschäftigt, deren Beschäftigung ihm nach § 21 I GastG untersagt worden ist. Gemäß § 21 I GastG kann eine solche Untersagung erfolgen, wenn Tatsachen die Annahme rechtfertigen, dass die Person die für ihre Tätigkeit erforderliche Zuverlässigkeit nicht besitzt. Der Begriff der Beschäftigung ist dabei weit zu verstehen und nicht auf Anstellungsverhältnisse im arbeitsrechtlichen Sinne beschränkt. Auch mithelfende Familienangehörige wie der V fallen darunter.[97] Dieser könnte angesichts der Angaben im Sachverhalt auch durchaus als „unzuverlässig" i.S.d. Vorschrift anzusehen sein. Der objektive Tatbestand des § 28 I Nr. 10 GastG knüpft jedoch nicht an die bloße Beschäftigung einer unzuverlässigen Person an, sondern setzt darüber hinausgehend voraus, dass der Gewerbetreibende diese Beschäftigung entgegen einer auf Grundlage von § 21 I GastG ergangenen behördlichen Untersagung vornimmt. Eine solche Untersagung lag jedoch nicht vor; die Auflage enthält gegenteilig gar das Gebot der Beschäftigung.[98] Mithin wird durch die Auflage keine Begehung einer rechtswidrigen Tat verlangt, die einen Straf- oder Bußgeldtatbestand verwirklicht.

b) Nichtigkeit gemäß § 44 I VwVfG NRW

Die Auflage könnte jedoch gemäß § 44 I VwVfG NRW nichtig sein, weil sie 59 insofern an einem besonders schwerwiegenden Fehler leidet und dies bei

---

96 S. dazu näher Brings-Wiesen, in: Eisentraut, Verwaltungsrecht in der Klausur, 2020, § 6 Rn. 135 ff.

97 Schönleiter, GastG, 2012, § 21 Rn. 1.

98 *Prima facie* könnte man daher auf den Gedanken kommen, dass es sich hier um eine der streitig diskutierten (s. dazu ausführlich nur Gmeiner/Lorenz, VR 2017, 371) Konstellationen des *Erlaubens* eines strafrechts- bzw. ordnungswidrigen Verhaltens handelt. Zumindest hier ginge dieser Gedanke jedoch fehl, da auch eine solche Erlaubnis eine Beschäftigung entgegen einer Untersagung voraussetzte, die eben nicht vorliegt. Darüber hinaus wäre auch sinnwidrig, noch vom Fortbestehen einer einmal erlassenen „Untersagung" auszugehen, wenn die zuständige Behörde die Beschäftigung später ausdrücklich erlaubt.

verständiger Würdigung aller in Betracht kommenden Umstände offenkundig ist.

aa) Vorliegen eines Rechtsfehlers

60 Dann müsste das Gebot der Mitarbeit des V im Club überhaupt rechtsfehlerhaft sein. Gemäß § 5 I Nr. 1 GastG können Gewerbetreibenden, die einer Erlaubnis bedürfen, jederzeit Auflagen zum Schutze der Gäste gegen Gefahren für Leben, Gesundheit oder Sittlichkeit erteilt werden.[99] Die Entscheidung darüber steht im Ermessen der Behörde. Bei dem für die Allgemeinheit zugänglichen Electro-Club „Turn Up", in dem – auch alkoholische – Getränke zum Verzehr an Ort und Stelle verabreicht werden, handelt es sich um ein Gaststättengewerbe i.S.v. § 1 I GastG, für das es mangels Ausnahmegrund einer Erlaubnis gemäß § 2 I 1 GastG bedarf. Die Auflage dient ausweislich des Sachverhalts – zumindest auch – dem Schutz der Gäste. Ihre Erteilung könnte jedoch ermessensfehlerhaft sein.

So könnte die Auflage aufgrund sachfremder Erwägungen erteilt[100] worden sein und somit ein Fall des Ermessensfehlgebrauchs vorliegen. Dies ist der Fall, wenn in die Ermessensentscheidung Erwägungen einfließen, die nicht dem Sinn und Zweck der zu vollziehenden Ermessensnorm entsprechen.[101] Wie bereits dargelegt sah sich der S auch durch seinen schlechten Eindruck vom A motiviert, die Mitarbeit des V zu gebieten. Das Ziel, Fehlern des A im Umgang mit seinen Gästen vorzubeugen, geht aber notwendig mit dem unmittelbaren Ziel des Schutzes der Gäste vor eben diesen Fehlern einher. Eine auf mehrere Gründe gestützte Ermessensentscheidung ist indes auch dann rechtmäßig, wenn nur *einer* der Gründe sie trägt, solange nicht nach dem Ermessen der Behörde nur alle Gründe *zusammen* die Entscheidung rechtfertigen sollen.[102] Die mit in die Entscheidung eingeflossene Erwägung des Schutzes der Gäste

---

99 Zumindest insoweit geht die Ermächtigungsgrundlage § 36 VwVfG (NRW) vor, sodass auf diesen nicht mehr einzugehen ist.

100 Auch als „Ermessensmissbrauch" bezeichnet.

101 S. nur Ramsauer, in: Kopp/Ramsauer, VwVfG, 20. Aufl. 2019, § 40 Rn. 88, 90.

102 BVerwG, Urt. v. 27. 9. 1978, Az.: I C 28.77 = DÖV 1979, 374 (375); Urt. v. 19. 5. 1981, Az.: 1 C 169/79 = BVerwGE 62, 215 (221 f.); Urt. v. 26. 11. 1987, Az.: 2 C 53.86 = NJW 1988, 783 (784); VGH München, Urt. v. 22. 6. 2010, Az.: 8 B 10.970 = juris, Rn. 21; OVG Münster, Urt. v. 7. 4. 2017, Az.: 11 A 2068/14 = NVwZ-RR 2017, 855 (857, Rn. 33). Das bedeutet, dass auch eine sachfremde Erwägung dann irrelevant sein kann, wenn ein davon unabhängiger Grund die Entscheidung trägt, Sachs, in: Stelkens/Bonk/Sachs, VwVfG, 9. Aufl. 2018, § 40 Rn. 69.

ist – wie sich bereits aus § 5 I Nr. 1 GastG ausdrücklich ergibt – keineswegs sachfremd.

Um die Ermessensentscheidung allein tragen zu können, dürfte diese jedoch auch sonst an keinem Ermessensfehler leiden. Die Erteilung der Auflage könnte jedoch insofern ermessensfehlerhaft[103] sein, als sie wegen Ungeeignetheit zur Erreichung des der Ermessensnorm zugrundeliegenden[104] Zwecks[105] unverhältnismäßig[106] ist.[107] Dies ist nur dann der Fall, wenn die Erreichung des Ziels durch die Maßnahme nicht einmal gefördert wird.[108] Vorliegend könnte die Maßnahme nicht nur ungeeignet sein, sondern der Erreichung des Ziels gar zuwiderlaufen. Wie sich aus dem Sachverhalt ergibt, war der V zwar jahrelang selbst Gaststättenbetreiber, seine eigene Erlaubnis wurde jedoch zuletzt wegen mangelnder Zuverlässigkeit aufgrund von Trunkergebenheit widerrufen (vgl. § 15 II GastG). Für die Behörde stand folglich fest, dass der V nach dem Gesamteindruck seines Verhaltens nicht die gemäß § 4 I Nr. 1 GastG erforderliche Gewähr dafür bietet, seine *eigene* Gaststätte zukünftig[109] noch ordnungsgemäß zu führen.[110] Angesichts der manifesten Alkoholsucht und des darauf zurückzuführenden mehrfachen rechtswidrigen Verhaltens des V besteht kein Anlass, an dieser Tatsachenlage

---

103 Die Unverhältnismäßigkeit wird bisweilen als eigene Fehlerkategorie, bisweilen auch als Unterfall des Ermessensfehlgebrauchs oder der Ermessensüberschreitung behandelt. Die Systematisierung mag für ein besseres rechtsdogmatisches Verständnis sinnvoll sein, sie hat aber keine praktischen Auswirkungen, sodass sie auch in der Prüfung nicht zwingend zu thematisieren ist.

104 S. dazu BVerwG, Urt. v. 28. 4. 2004, Az.: 8 C 13.03 = NVwZ 2004, 1131.

105 Aschke, in: Bader/Ronellenfitsch, VwVfG, 44. Ed., Stand: 1. 7. 2019, § 40 Rn. 55.

106 Zwar ist es regelmäßig sinnvoller, die Prüfung der Verhältnismäßigkeit in eine Prüfung der Verletzung von Grundrechten zu integrieren, da so ein sauberer Aufbau gelingt. Wenn indes erkennbar ist, dass sich die Unverhältnismäßigkeit – wie hier – bereits aus der Ungeeignetheit ergibt, sprechen prüfungstaktische Gründe für eine eigenständige Prüfung.

107 Vertretbar wäre auch, darin eine – bisweilen als Unterfall des Ermessensfehlgebrauchs eingestufte – „Zweckverfehlung" zu erkennen, s. dazu nur Detterbeck, Allgemeines Verwaltungsrecht, 17. Aufl. 2019, Rn. 331.

108 Schönenbroicher, in: Mann/Sennekamp/Uechtritz, VwVfG, 2. Aufl. 2019, § 40 Rn. 235.

109 Es handelt sich um eine Prognoseentscheidung, bei der keine an Sicherheit grenzende, sondern nur eine gewisse Wahrscheinlichkeit für die zukünftig unzuverlässige Betriebsführung sprechen muss, BVerwG, Urt. v. 16. 9. 1975, Az.: I C 27.74 = BVerwGE 49, 154 (156 f.).

110 S. zur Definition der Zuverlässigkeit gemäß § 4 I Nr. 1 GastG – insbesondere hinsichtlich der Trunkergebenheit – nur Pöltl, Gaststättenrecht, 5. Aufl. 2002, § 4 Rn. 38 f., 43.

oder der darauf gründenden Entscheidung der Behörde zu zweifeln. Ausweislich des Sachverhalts hat sich an der Tatsachenlage auch bis heute nichts verändert – der V lehnt eine Suchttherapie vielmehr kategorisch ab –, sodass das Verdikt der Unzuverlässigkeit weiterhin begründet ist.[111] Eine Auflage, die die Mitarbeit einer im gaststättenrechtlichen Sinne unzuverlässigen Person im laufenden Betrieb gebietet, steht dem Zweck des Schutzes der Gäste gegen Gefahren für Leben, Gesundheit und Sittlichkeit diametral entgegen. Dies verdeutlicht auch die dem § 21 I GastG zugrundeliegende Wertentscheidung.

Die Auflage ist mithin ungeeignet und die Ermessensentscheidung ihrer Erteilung somit unverhältnismäßig. Folglich liegt ein Rechtsfehler vor.

bb) Besondere Schwere des Rechtsfehlers und Offenkundigkeit

61 Dieser müsste überdies auch besonders schwerwiegend und als solcher offenkundig sein.

Die fehlende Eignung einer angeordneten Maßnahme zur Erreichung des avisierten Zwecks wird nur dann als besonders schwerwiegend erachtet, wenn sie *absolut* ungeeignet ist.[112] Vorliegend steht das in der Auflage enthaltene Gebot in diametralem Widerspruch zur für das Gaststättenrecht fundamentalen Zweck- und Wertvorstellung hinsichtlich der Geeignetheit einer Person zum Betrieb eines Gewerbes.[113] Sie ist *die* zentrale subjektive Anforderung im GastG (vgl. §§ 4 I 1 Nr. 1; 15 I, II; 21 I; 28 I Nr. 10 GastG). Die ursprünglich unerkannt gebliebene oder nachträglich eintretende Unzuverlässigkeit führt als einziger Grund bereits qua gesetzlicher Anordnung zur zwingenden Aufhebung der Erlaubnis (§ 15 I, II GastG). Sie ist derart relevant, dass auch beschäftigte Personen als zuverlässig zu beurteilen sein müssen (§ 21 I GastG),

---

111 Wenn die Annahme der Unzuverlässigkeit nicht länger durch Tatsachen gerechtfertigt ist, kann eine Erlaubnis erneut erteilt werden. Vgl. auch BVerwG, Beschl. v. 17. 12. 1974, Az.: I B 81.74 = GewArch 1975, 132, zur vergleichbaren Situation eines Anspruchs auf Aufhebung der Untersagung gemäß § 21 I GastG.

112 Ramsauer, in: Kopp/Ramsauer, VwVfG, 20. Aufl. 2019, § 44 Rn. 28, unter Verweis auf das Beispiel einer Zwangsmittelandrohung ohne Fristsetzung, dazu VGH Kassel, Beschl. v. 30. 4. 1982, Az.: III TG 119/82 = NVwZ 1982, 514 (515). Für die Möglichkeit einer Nichtigkeit wegen absoluter Ungeeignetheit auch Schemmer, in: Bader/Ronellenfitsch, VwVfG, 44. Ed., Stand: 1. 7. 2019, § 44 Rn. 38; Leisner-Egensperger, in: Mann/Sennekamp/Uechtritz, VwVfG, 2. Aufl. 2019, § 44 Rn. 21.

113 S. zur Relevanz der persönlichen Zuverlässigkeit nur Metzner, GastG, 6. Aufl. 2002, § 4 Rn. 8; Pöltl, Gaststättenrecht, 5. Aufl. 2002, § 4 Rn. 16, 19.

um geordnete Verhältnisse im Betrieb zu gewährleisten.[114] Die Relevanz der Zuverlässigkeit aller Mitarbeiter wird auch durch den Ordnungswidrigkeitentatbestand des § 28 I Nr. 10 GastG noch einmal unterstrichen. Die rechtlich relevanten Umstände des Einzelfalls sprechen damit für eine besondere Schwere des Rechtsfehlers. Ein derartiger Wertungswiderspruch ist für einen verständigen Durchschnittsbeobachter überdies offenkundig. (a.A. mit entsprechender Begründung gut vertretbar)

Die Auflage mit dem Gebot, der V müsse innerhalb der ersten sechs Monate im Club mitarbeiten, um durch seine jahrzehntelange Erfahrung im Gaststättengewerbe zum Schutz der Gäste beizutragen, ist daher auch insofern nichtig gemäß § 44 I VwVfG NRW.

5. Teilnichtigkeit oder Gesamtnichtigkeit, § 44 IV VwVfG NRW

Die beiden Nebenbestimmungen zur Gaststättenerlaubnis des A sind nach 62
alldem gleich aus mehreren Gründen nichtig gemäß § 44 I VwVfG NRW. Fraglich ist, ob sich deren Nichtigkeit auch auf die Gaststättenerlaubnis als Ganzes auswirkt.

Gemäß § 44 IV VwVfG NRW ist ein Verwaltungsakt nur dann im Ganzen nichtig, wenn sein nichtiger Teil so wesentlich ist, dass die Behörde den Verwaltungsakt ohne den nichtigen Teil nicht erlassen hätte.[115] Entgegen des eigentlichen Rekurses auf den Behördenwillen ist diese Wesentlichkeit im Rahmen einer objektiven Betrachtung unter Berücksichtigung von Inhalt und Zweck des betroffenen Verwaltungsakts und den ihm zugrundeliegenden Rechtsvorschriften zu bestimmen. Der Verwaltungsakt muss einer Teilbarkeit zugänglich sein, sprich der verbleibende Teil darf nicht völlig sinnverändert oder gar rechtswidrig sein. Umgekehrt ist nicht von einer Wesentlichkeit auszugehen, wenn eine Rechtspflicht zum Erlass des verbleibenden Teils besteht.

Auflage und Bedingung stehen zwar in einem sachlichen Zusammenhang zur Gaststättenerlaubnis, ihr Wegfall wirkt sich jedoch wegen der Rechtswidrigkeit beider Nebenbestimmungen objektiv betrachtet nicht auf deren Zweck

---

114 S. zum Zweck der Vorschrift nur Metzner, GastG, 6. Aufl. 2002, § 21 Rn. 1; Pöltl, Gaststättenrecht, 5. Aufl. 2002, § 21 Rn. 2.

115 S. dazu näher Brings-Wiesen, in: Eisentraut, Verwaltungsrecht in der Klausur, 2020, § 6 Rn. 162 ff.

aus. Ausweislich des Sachverhalts bestand mangels Einwänden gegen den Antrag eine Rechtspflicht zum Erlass der Gaststättenerlaubnis, sodass der aufgrund von Teilnichtigkeit verbleibende Verwaltungsakt gerade der objektiven Rechtslage entspricht. Daran ändert auch der Verfahrensfehler nichts, der sich letztlich auch nicht auf die Gaststättenerlaubnis im Ganzen, sondern wie dargelegt nur hinsichtlich der beiden Nebenbestimmungen ausgewirkt hat.[116]

Die Teilnichtigkeit der Nebenbestimmungen führt daher gemäß § 44 IV VwVfG NRW nicht zur Gesamtnichtigkeit der Gaststättenerlaubnis.

II. Betroffenheit in subjektiven Rechten

63 So wie im Rahmen der Zulässigkeit um die Notwendigkeit des Vorliegens einer Klagebefugnis gemäß § 42 II VwGO analog gestritten wird, wird im Rahmen der Begründetheit die Frage der Notwendigkeit einer tatsächlichen *Betroffenheit*[117] des Klägers in einem subjektiven Recht gemäß § 113 I 1 VwGO analog unterschiedlich beurteilt.[118] Wie bereits dargelegt machen die beiden Nebenbestimmungen es dem A unmöglich, den von ihm geplanten Electro-Club in dem von ihm gekauften Gebäude zu betreiben. Somit wirkt sich der Rechtsschein ihrer Wirksamkeit für den A zumindest tatsächlich aus und führt so zu einer Betroffenheit in seinen Grundrechten aus Art. 12 I und Art. 14 I GG.

C. Endergebnis

64 Eine Nichtigkeitsfeststellungsklage des A gegen die Nebenbestimmungen wäre mithin zulässig und begründet.

---

116 Zwar ist eine Teilnichtigkeit im Falle formeller Rechtsfehler tatsächlich selten, so Schemmer, in: Bader/Ronellenfitsch, VwVfG, 44. Ed., Stand: 1. 7. 2019, § 44 Rn. 71, weil sich diese Fehler bereits sinnlogisch regelmäßig auf das Verfahren und sein Ergebnis im Ganzen auswirken werden; wie dieser Fall zeigt ist sie jedoch möglich.

117 Eine *Verletzung* wird mangels *rechtlicher* Wirkungen des nichtigen Verwaltungsakts aber zu Recht nicht verlangt, Hufen, Verwaltungsprozessrecht, 11. Aufl. 2019, § 29 Rn. 12.

118 Dies verlangend Hufen, Verwaltungsprozessrecht, 11. Aufl. 2019, § 29 Rn. 12; Würtenberger/Heckmann, Verwaltungsprozessrecht, 4. Aufl. 2018, Rn. 494; a.A. indes Wienbracke, Verwaltungsprozessrecht, 3. Aufl. 2019, Rn. 484.

§ 7 Übungsfall zur verwaltungsgerichtlichen Normenkontrolle

DIE STRUKTUR DER VERWALTUNGSGERICHTLICHEN NORMENKONTROLLE (NIKOLAS EISENTRAUT)

Nikolas Eisentraut

Der gutachterlichen Prüfung der verwaltungsgerichtlichen Normenkontrolle nach § 47 VwGO liegt die folgende Struktur zugrunde:

A. Zulässigkeit
  I. Eröffnung des Verwaltungsrechtswegs (s. § 1 Rn. 8 ff.)[1]
  II. Statthafte Antragsart (s. § 1 Rn. 6 ff.)[2]
  III. Antragsberechtigung[3]
  IV. Antragsbefugnis[4]
  V. Antragsfrist[5]
  VI. Beteiligte[6]

---

1 Ausführlich zur Eröffnung des Verwaltungsrechtswegs Eisentraut, in: Eisentraut, Verwaltungsrecht in der Klausur, 2020, § 1 Rn. 162 ff.

2 Ausführlich zur verwaltungsgerichtlichen Normenkontrolle als statthafter Antragsart Kienle, in: Eisentraut, Verwaltungsrecht in der Klausur, 2020, § 7 Rn. 2 ff.

3 Ausführlich zur Antragsberechtigung bei der verwaltungsgerichtlichen Normenkontrolle Kienle, in: Eisentraut, Verwaltungsrecht in der Klausur, 2020, § 7 Rn. 34 ff.

4 Ausführlich zur Antragsbefugnis bei der verwaltungsgerichtlichen Normenkontrolle Burbach/Kienle, in: Eisentraut, Verwaltungsrecht in der Klausur, 2020, § 7 Rn. 36 ff.

5 Ausführlich zur Antragsfrist bei der verwaltungsgerichtlichen Normenkontrolle Stockebrandt, in: Eisentraut, Verwaltungsrecht in der Klausur, 2020, § 7 Rn. 40 ff.

6 Ausführlich zu den Beteiligten bei der verwaltungsgerichtlichen Normenkontrolle Creemers, in: Eisentraut, Verwaltungsrecht in der Klausur, 2020, § 7 Rn. 43 ff.

VII. Zuständiges Gericht[7]
VIII. Rechtsschutzbedürfnis[8]

B. Begründetheit: Ungültigkeit der angegriffenen Rechtsvorschrift[9]

---

[7] Ausführlich zum zuständigen Gericht bei der verwaltungsgerichtlichen Normenkontrolle Goldberg, in: Eisentraut, Verwaltungsrecht in der Klausur, 2020, § 7 Rn. 49 ff.

[8] Ausführlich zum Rechtsschutzbedürfnis bei der verwaltungsgerichtlichen Normenkontrolle Valentiner, in: Eisentraut, Verwaltungsrecht in der Klausur, 2020, § 7 Rn. 53 ff.

[9] Ausführlich zur Struktur der Begründetheitsprüfung der verwaltungsgerichtlichen Normenkontrolle Kienle, in: Eisentraut, Verwaltungsrecht in der Klausur, 2020, § 7 Rn. 60 ff.; Zum Normenkontrollverfahren im Baurecht Kienle/Steengrafe, a.a.O., § 7 Rn. 79 ff.; zum Polizei- und Ordnungsrecht Eisentraut, a.a.O., § 7 Rn. 106 ff. und zum Kommunalrecht Piecha, a.a.O., § 7 Rn. 119 ff.

FALL 13: VERWALTUNGSGERICHTLICHE NORMENKONTROLLE UND KOMMUNALVERFASSUNGSSTREIT (THOMAS KIENLE)

Der Fall ist dem Urt. des BVerwG v. 27. 6. 2018, Az.: 10 CN 1.17[10] nachgebildet.[11] 1

Schwerpunkte/Lernziele: verwaltungsgerichtliche Normenkontrolle, Kommu- 2
nalverfassungsstreit, Binnenrecht, allgemeiner Gleichheitssatz, Wahlrechtsgleichheit, Diskriminierungsverbot (Art. 3 III 1 GG), Parteienprivileg, verfassungsfeindliche Parteien, wehrhafte Demokratie, Fraktionszuwendungen

Sachverhalt

In der Stadtverordnetenversammlung der Stadt S im Bundesland H geht es 3
„heiß" her. Anlass ist die auch auf Bundesebene geführte Debatte, ob und
inwieweit es zulässig ist, „verfassungsfeindliche" Parteien von staatlicher Finanzierung auszuschließen.

Bislang regelte § 5 der Entschädigungssatzung der Stadt S Zuwendungen an
die Fraktionen ihrer Stadtverordnetenversammlung wie folgt:

„(3) [1]Für den bei ihrer Arbeit entstehenden Aufwand erhalten die Fraktionen
eine jährliche Zahlung, die sich aus einem Sockelbetrag von 150 EUR sowie
einem weiteren Betrag von 40 EUR/Mitglied zusammensetzt. [2]Über die Verwendung dieser Gelder ist jährlich Rechnung zu legen, die zulässigen Aus-
gaben sind entsprechend den [3]Richtlinien für die Bestimmungsgemäße Verwendung von Fraktionszuwendungen' beschränkt. [3]Gelder, deren
ordnungsgemäße Verwendung nicht nachgewiesen wird, sind zurückzuzah-
len."

---

10 = NVwZ 2018, 1656 m. Anm. Janson = JuS 2019, 286 (Waldhoff) = DVBl 2018, 1440 m. Anm.
   F. Michl. Lesenswert auch die Vorinstanz VGH Kassel, Urt. v. 5. 4. 2017, Az.: 8 C 459.17.N =
   NVwZ 2017, 886 m. Anm. Meyer sowie der Fall bei RÜ 2018, 740 (Wüstenbecker).
11 Hinweis: In Bayern werden die Originale des Referendar- und Assessorexamens mit
   zeitlichem Abstand in den BayVBl. nebst Lösungsskizzen veröffentlicht. Beispiele zur
   Normenkontrolle: Aufgabe 6 der EJP 2011/1, BayVBl. 2014, 611, Lösungsskizze BayVBl. 2014,
   638; Aufgabe 10 der ZJP 2009/1, BayVBl. 2014, 285, Lösungsskizze BayVBl. 2014, 316;
   Aufgabe 8 der ZJP 2012/1 BayVBl. 2016, 685, Lösungsskizze BayVBl. 2016, 720.

In ihrer Sitzung am 24. 1. 2019 beschloss die Stadtverordnetenversammlung der Stadt S nach lebhafter Debatte nunmehr eine Änderungssatzung, die § 5 III der Entschädigungssatzung mit Wirkung vom 1. 2. 2019 um folgenden Satz 4 ergänzte:

„⁴Ausgenommen davon sind Fraktionen aus Vertretern erkennbar verfassungsfeindlicher Parteien/Vereinigungen."

Zur Begründung wurde auf die Entscheidung des Bundesverfassungsgerichts vom 17. 1. 2017 im Verbotsverfahren gegen die N-Partei Bezug genommen. Danach sei die N-Partei eine verfassungsfeindliche Partei. Diese ebenso zu behandeln wie Parteien, die auf dem Boden der freiheitlich demokratischen Grundordnung stünden, sei willkürlich. Das rechtfertige es, die N-Fraktion sowie Fraktionen anderer verfassungsfeindlicher Parteien oder (Wähler-) Vereinigungen von kommunalen Zuwendungen auszuschließen.

Die Satzungsänderung wurde am 24. 1. 2019 formell ordnungsgemäß beschlossen und noch am gleichen Tag ordnungsgemäß bekannt gemacht. Die N-Fraktion im Rat der Stadt S sowie deren Mitglied A, der zugleich Mitglied der N-Partei ist, sind „erbost" und wollen sich das „nicht bieten" lassen. Sie stellen, vertreten durch Rechtsanwalt R, am 25. 2. 2019 jeweils einen Normenkontrollantrag beim OVG des Landes H.

Sie machen geltend, § 5 III 4 der Entschädigungssatzung sei materiell rechtswidrig. Alleiniger Zweck der Satzungsänderung sei es gewesen, die N-Fraktion zukünftig von der Gewährung von Fraktionszuschüssen auszuschließen. Infolge der beschlossenen Änderung habe die Stadt S die Zahlungen an die N-Fraktion auch tatsächlich eingestellt. Dadurch werde der allgemeine Gleichheitssatz verletzt. Wegen der „politischen Anschauung" dürfe man im Übrigen nicht diskriminiert werden. Außerdem tangiere dieses Verhalten den Grundsatz der Wahlrechtsgleichheit und damit die Gleichheit der Gemeindevertreter (Stadtverordneten). Mittelbar liege darin zugleich ein Eingriff in die Chancengleichheit der politischen Parteien. Daher würde durch die Satzungsänderung auch das Mitglied A in seinen Rechten verletzt, weil durch eine Ungleichbehandlung der Fraktionen auch die ihr angehörenden Mitglieder in ihren Mitwirkungsmöglichkeiten beschnitten würden. Schließlich dürfe man Parteien und Fraktionen nicht einfach gleich setzen.

Die Stadt S, vertreten durch Rechtsanwalt Z, erwidert, der Antrag des Mitglieds A sei bereits unzulässig. Ihm fehle die Antragsbefugnis. Ein Anspruch auf Zuwendungen an die Fraktion könne nur von dieser selbst, nicht aber von einzelnen Fraktionsangehörigen geltend gemacht werden. Darüber hinaus sei der Normenkontrollantrag unbegründet. Die Änderung der Entschädigungssatzung sei materiell-rechtlich nicht zu beanstanden. Nach § 36a IV 1 HGO hätten die Fraktionen lediglich einen Anspruch auf eine sachgerechte und ermessenfehlerfreie Beteiligung an der zur Unterstützung der Fraktionsarbeit bereitgestellten Mittel. Nach dieser Vorschrift stehe es im Ermessen der Gemeinde, ob sie Fraktionszuschüsse gewähre. Entscheide sie sich dafür, so habe sie diese nach sachgemäßen Kriterien zu verteilen. Die Stadt S differenziere bei der Zuwendung der Fraktionszuschüsse zwischen erkennbar verfassungsfeindlichen Parteien/Vereinigungen und nicht erkennbar verfassungsfeindlichen Parteien/Vereinigungen. Die dadurch bedingte Ungleichbehandlung beruhe auf sachlichen Kriterien und sei gerechtfertigt. Denn es stehe im Widerspruch zur Entscheidung des Bundesverfassungsgerichts, wenn eine Partei mangels Gefährlichkeit nicht verboten werden könne, dann jedoch aus öffentlichen Geldern so lange alimentiert werden müsse, bis sie so durchsetzungsfähig erscheine, dass sie verboten werden könne. Inzwischen habe der Bundesgesetzgeber auf die Entscheidung des Bundesverfassungsgerichts reagiert und mit Art. 21 III GG n.F. eine dementsprechende Rechtfertigungsgrundlage in die Verfassung geschrieben. Darauf könne sich die Gemeinde als örtlicher Satzungsgeber berufen. Was für Parteien gelte, müsse schließlich auch für Fraktionen gelten.

Vermerk für die Bearbeiter*innen:

In einem Gutachten, das auf alle aufgeworfenen Rechtsfragen eingeht, ist zu erörtern, ob die Anträge der N-Fraktion und des A Aussicht auf Erfolg haben.

Auf die nachstehend auszugsweise abgedruckten Vorschriften wird hingewiesen. Auf weitere landesrechtliche Vorschriften der HV, HGO, AGVwGO und des KWG ist nicht einzugehen.

Hinweise:

Art. 21 GG [Parteien] lautete in der bis zum 19. 7. 2017 gültigen Fassung:

(1) ¹Die Parteien wirken bei der politischen Willensbildung des Volkes mit. ²Ihre Gründung ist frei. ³Ihre innere Ordnung muß demokratischen Grundsätzen entsprechen. ⁴Sie müssen über die Herkunft und Verwendung ihrer Mittel sowie über ihr Vermögen öffentlich Rechenschaft geben.

(2) ¹Parteien, die nach ihren Zielen oder nach dem Verhalten ihrer Anhänger darauf ausgehen, die freiheitliche demokratische Grundordnung zu beeinträchtigen oder zu beseitigen oder den Bestand der Bundesrepublik Deutschland zu gefährden, sind verfassungswidrig. ²Über die Frage der Verfassungswidrigkeit entscheidet das Bundesverfassungsgericht.

(3) Das Nähere regeln Bundesgesetze.

Art. 132 der Verfassung des Landes H (HV) [Verfassungswidrigkeit von Gesetzen und Verordnungen]:

Nur der Staatsgerichtshof trifft die Entscheidung darüber, ob ein Gesetz oder eine Rechtsverordnung mit der Verfassung [des Landes H] in Widerspruch steht.

Die Gemeindeordnung des Landes H (HGO) lautet auszugsweise:

§ 5 – Satzungen

(1) ¹Die Gemeinden können die Angelegenheiten der örtlichen Gemeinschaft durch Satzung regeln, soweit gesetzlich nichts anderes bestimmt ist. (...)

§ 9 – Organe

(1) ¹Die von den Bürgern gewählte Gemeindevertretung ist das oberste Organ der Gemeinde. ²Sie trifft die wichtigen Entscheidungen und überwacht die gesamte Verwaltung. ³Sie führt in Städten die Bezeichnung Stadtverordnetenversammlung.

(2) ¹Die laufende Verwaltung besorgt der Gemeindevorstand. ²Er ist kollegial zu gestalten und führt in Städten die Bezeichnung Magistrat.

§ 36a – Fraktionen

(1) ¹Gemeindevertreter können sich zu einer Fraktion zusammenschließen. (...)

(3) Die Fraktionen wirken bei der Willensbildung und Entscheidungsfindung in der Gemeindevertretung mit; sie können insoweit ihre Auffassung öffentlich darstellen.

(4) ¹Die Gemeinde kann den Fraktionen Mittel aus ihrem Haushalt zu den sächlichen und personellen Aufwendungen für die Geschäftsführung gewähren. ²Diese Mittel sind in einer besonderen Anlage zum Haushaltsplan dar-

zustellen. [3]Über ihre Verwendung ist ein Nachweis in einfacher Form zu führen.

§ 71 – Vertretung der Gemeinde

(1) [1]Der Gemeindevorstand vertritt die Gemeinde. (...)

Gesetz zur Ausführung der Verwaltungsgerichtsordnung (AGVwGO) des Landes H (in Auszügen):

§ 1 – Sitz und Bezirk der Gerichte

(1) [1]Das Oberverwaltungsgericht führt die Bezeichnung „Verwaltungsgerichtshof". [2]Es hat seinen Sitz in K. (...)

§ 15 – Normenkontrolle

Der Verwaltungsgerichtshof entscheidet im Normenkontrollverfahren nach § 47 VwGO über die Gültigkeit im Range unter dem Landesgesetz stehender Rechtsvorschriften, auch soweit diese nicht in § 47 I Nr. 1 VwGO genannt sind.

Kommunalwahlgesetz des Landes H (in Auszügen):

§ 35 – Folgen des Verbotes einer Partei oder Wählergruppe

(1) [1]Wird eine Partei oder eine ihrer Teilorganisationen durch das Bundesverfassungsgericht gemäß Art. 21 GG für verfassungswidrig erklärt, oder wird eine Wählergruppe als Ersatzorganisation einer für verfassungswidrig erklärten Partei oder aus anderen Gründen rechtskräftig verboten, so verlieren die Vertreter ihren Sitz, die der Partei, Ersatzorganisation oder Wählergruppe zur Zeit der Antragstellung oder der Verkündung der Entscheidung angehört haben. (...)

Lösungsgliederung

Lösungsvorschlag

Lösungshinweis: Die nachfolgenden unverbindlichen Hinweise zur Lösung be- 5
handeln die nach Auffassung des Erstellers maßgeblichen Probleme der Aufgabe.
Sie stellen keine „Musterlösung" dar und schließen andere vertretbare, folge-
richtig begründete Ansichten selbstverständlich nicht aus. Der Inhalt und der
Umfang der Lösungshinweise, die Ausführlichkeit und die Detailgenauigkeit der
Darlegungen sowie die wiedergegebene Rechtsprechung und Literatur gehen
mitunter über das hinaus, was man den Bearbeitern – auch im Referendarex-
amen – abverlangen kann.

Die Anträge des A sowie der N-Fraktion, jeweils vertreten durch Rechtsanwalt
R, haben Erfolg, wenn sie zulässig und begründet sind.

A. Zulässigkeit der Normenkontrollanträge

Die Anträge müssten zunächst zulässig sein.   6

I. Eröffnung des Verwaltungsrechtswegs – „im Rahmen seiner Gerichtsbarkeit"

Das OVG entscheidet gem. § 47 I VwGO nur „im Rahmen seiner Gerichts- 7
barkeit". Demnach muss es sich um ein Verfahren handeln, für das der Verwaltungsrechtsweg i.S.d. § 40 VwGO eröffnet ist. Maßgeblich ist, ob sich aus
der Anwendung bzw. dem Vollzug der angegriffenen Rechtsvorschrift Streitigkeiten ergeben können, für die der Verwaltungsrechtsweg gegeben ist.[12] Die
Regelung des § 5 III 4 der Entschädigungssatzung ist eine öffentlich-rechtliche
Norm, deren Vollzug nicht anderen Gerichtsbarkeiten unterworfen ist.[13] Obgleich hier Organe der Kommunalverfassung streiten,[14] handelt es sich nicht
um eine Streitigkeit verfassungsrechtlicher Art. Insoweit fehlt es an der sog.
doppelten Verfassungsunmittelbarkeit, die gem. § 40 I 1 VwGO den Verwaltungsrechtsweg sperren würde:[15] Die Beteiligten eines Kommunalverfas-

---

12 Sogenannte Vollzugs-Formel; allgemein zur Eröffnung des Verwaltungsrechtswegs Ei-
    sentraut, in: Eisentraut, Verwaltungsrecht in der Klausur, 2020, § 1 Rn. 162 ff.
13 Vgl. zur Vertiefung Michael, ZJS 2014, 621 (621).
14 Instruktiv zum Kommunalverfassungsstreit im Verwaltungsprozess Ogorek, JuS 2009,
    511 ff.
15 S. Eisentraut, in: Eisentraut, Verwaltungsrecht in der Klausur, 2020, § 1 Rn. 210.

sungsstreits sind schon keine Verfassungsorgane oder -organteile. Überdies streiten sie auch nicht über verfassungsrechtliche Rechte und/oder Pflichten.[16]

Das OVG entscheidet hier mithin im Rahmen seiner Gerichtsbarkeit.

II. Statthaftigkeit, Antragsgegenstand

8 Die Anträge müssten statthaft sein. Auf welchen Gegenstand die Anträge abzielen, richtet sich nach den Antragsbegehren (vgl. § 88 VwGO [ggf. i.V.m. § 122 I VwGO]). Sowohl A als auch die N-Fraktion wenden sich gegen die Änderung der gemeindlichen Entschädigungssatzung vom 24. 1. 2019, die am 1. 2. 2019 in Kraft getreten ist. Demnach könnte die verwaltungsgerichtliche Normenkontrolle (§ 47 VwGO) statthaft sein.

Statthafter Antragsgegenstand eines Normenkontrollverfahrens ist u. a. eine bereits erlassene,[17] im Rang unter dem Landesgesetz stehende Rechtsvorschrift, sofern das Landesrecht dies bestimmt (§ 47 I Nr. 2 VwGO). Die Antragsteller wenden sich vorliegend gegen die am 24. 1. 2019 beschlossene Änderung der Entschädigungssatzung der Stadt S.

Die angegriffene Vorschrift des § 5 III 4 der Entschädigungssatzung regelt finanzielle Zuwendungen der Gemeinde an die Fraktionen ihres Vertretungsorgans (interkommunalverfassungsrechtlicher Streit). Es handelt sich mithin um eine Norm, die dem staatlichen „Binnenrecht" zuzuordnen ist. Dabei ist fraglich, ob diese Binnenrechtsvorschrift zum Gegenstand einer Normenkontrolle gemacht werden kann oder ob ihr die für eine Rechtsvorschrift charakteristische Außenwirkung fehlt. Indes ist die verwaltungsgerichtliche Normenkontrolle nicht nur bei Rechtssätzen im formellen und materiellen Sinne statthaft. Um die Prozessökonomie zu fördern, den Rechtsschutz zu beschleunigen und die Verwaltungsgerichte zu entlasten, ist sie darüber hinaus – in analoger Anwendung des § 47 I VwGO – ebenso auf Binnenrecht zu erstrecken. Zu den unter dem Landesgesetz stehenden Rechtsvorschriften i.S.d. § 47 I Nr. 2 VwGO zählen mithin auch solche untergesetzliche Regelungen, die organschaftliche Rechte der Gemeindevertretung nebst ihrer Untergliederungen (z. B. Fraktionen) verbürgen.

Hieran gemessen ist der auf der gesetzlichen Grundlage des § 36a IV 1 i.V.m. § 5 I 1 HGO erlassene § 5 III 4 der Entschädigungssatzung eine untergesetz-

---

16   S. Ogorek, JuS 2009, 511 (512).
17   Dazu Kienle, in: Eisentraut, Verwaltungsrecht in der Klausur, 2020, § 7 Rn. 9.

liche, landesrechtliche Vorschrift, deren Gültigkeit nach § 47 I Nr. 2 VwGO i.V.m. § 15 AGVwGO[18] von dem OVG überprüft werden kann.

III. Antragsberechtigung

A ist als natürliche Person ohne weiteres antragsberechtigt (§ 47 II 1 VwGO).   9

Fraglich ist, ob das ebenso für die N-Fraktion gilt. Nach dem Wortlaut des § 47 II 1 VwGO können den Antrag namentlich nur eine „natürliche" oder „juristische Person" sowie eine „Behörde" stellen. Anders als § 61 Nr. 2 VwGO erklärt § 47 VwGO Vereinigungen, soweit ihnen ein Recht zustehen kann, nicht ausdrücklich für antragsberechtigt. Wortlaut und Systematik sprechen daher an sich gegen eine Antragsberechtigung der N-Fraktion. Gleichwohl ist anerkannt, dass auch derartige Vereinigungen einen Normenkontrollantrag stellen können.[19] Dafür streitet insbesondere die Bündelungsfunktion des § 47 VwGO, wonach die Normenkontrolle geeignet ist, zahlreichen Einzelprozessen vorzubeugen.[20] Liegt der Normenkontrolle – wie hier – ein Kommunalverfassungsstreit zugrunde, ist nach dem Sinn und Zweck des § 47 VwGO auch ein Kollegialorgan wie eine Fraktion[21] (vgl. § 36a HGO) der Gemeindevertretung antragsberechtigt. Mithin ist auch die N-Fraktion berechtigt, einen Antrag zu stellen.

IV. Antragsbefugnis

Problematisch ist, ob der A sowie die N-Fraktion jeweils antragsbefugt sind.   10 Nach § 47 II 1 Alt. 1 VwGO müssen sie geltend machen können, durch die Rechtsvorschrift oder deren Anwendung in ihren Rechten verletzt zu sein oder in absehbarer Zeit verletzt zu werden.

An die Geltendmachung einer Rechtsverletzung nach § 47 II 1 VwGO sind grundsätzlich keine höheren Anforderungen zu stellen als nach § 42 II VwGO. Erforderlich – aber auch ausreichend – ist, dass der Antragsteller hinreichend

---

18   Zu den Bundesländern, die von der Ermächtigung des § 47 I Nr. 2 VwGO Gebrauch gemacht haben, s. Kienle, in: Eisentraut, Verwaltungsrecht in der Klausur, 2020, § 7 Rn. 32.

19   Vgl. dazu Kienle, in: Eisentraut, Verwaltungsrecht in der Klausur, 2020, § 7 Rn. 35.

20   Zu Sinn und Zweck des § 47 VwGO vgl. Kienle, in: Eisentraut, Verwaltungsrecht in der Klausur, 2020, $ 7 Rn. 21, 27; zur Rechtsnatur § 7 Rn. 5, 62.

21   S. etwa VGH München, Beschl. v. 10. 4. 2018, Az.: 4 CE 17.2450 = DVBl 2019, 54 = RÜ 2018, 383 (Wüstenbecker) – Ausschluss aus einer Gemeinderatsfraktion.

substantiiert Tatsachen vorträgt, die eine Verletzung in eigenen Rechten zumindest als möglich erscheinen lassen (sog. Möglichkeitstheorie[22]).

§ 47 II 1 VwGO setzt bei kommunalverfassungsrechtlichen Normenkontrollen voraus, dass die angegriffene Vorschrift organschaftliche Rechte des Antragstellers zum Gegenstand hat und entweder schon durch ihre Regelungswirkung oder jedenfalls mit ihrem Vollzug in diese Rechte eingreift. Soweit ein normativer Eingriff in Rechte eines Organs oder Organteils in Rede steht, muss sich der Anwendungsbereich der Regelung auf das jeweilige Organ oder Organteil erstrecken. Im Rahmen des § 47 II 1 VwGO können insoweit „nur" sog. organschaftliche Rechte geltend gemacht werden.

Die N-Fraktion ist eine teilrechtsfähige Untergliederung der Gemeindevertretung. Es erscheint vorliegend nicht offensichtlich und eindeutig nach jeder Betrachtungsweise ausgeschlossen, dass die N-Fraktion in ihrem Recht auf gleichberechtigte Teilhabe an den Mitteln für Fraktionszuwendungen (§ 36a IV HGO i.V.m. Art. 3 I GG) verletzt ist oder zumindest droht, in absehbarer Zeit verletzt zu werden. Im Übrigen hat die Stadt S nach dem Sachverhalt die Zahlungen an die N-Fraktion infolge der Satzungsänderung auch tatsächlich eingestellt.

Anders könnte es sich bei A verhalten.

Die Ermächtigung, auf der die Änderungssatzung gründet, adressiert nach dem eindeutigen Wortlaut nur Fraktionen (§ 36a IV 1 HGO). Es sind die Fraktionen, die diese Mittel in einer besonderen Anlage zu ihrem Haushaltsplan auszuweisen haben (§ 36a IV 2 HGO). Nach Wortlaut und Systematik begründet § 36a IV HGO nur Rechte der Fraktionen und nicht – auch – der Fraktionsmitglieder. Ebenso wie Fraktionen nicht Rechte ihrer Mitglieder geltend machen können,[23] können – umgekehrt – Mitglieder auch nicht Rechte ihrer Fraktionen geltend machen.[24]

---

22 S. dazu ausführlich Burbach, in: Eisentraut, Verwaltungsrecht in der Klausur, 2020, § 2 Rn. 290 ff.

23 S. z. B. VGH Kassel, Beschl. v. 15. 12. 1994, Az.: 6 N 2588.93 = DVBl 1995, 931.

24 Das BVerwG ergänzte an dieser Stelle (ohne Begründung), dass § 47 II VwGO eine Prozessstandschaft nicht vorsehe. Prozessstandschaft meint, ganz allgemein, fremde Rechte im eigenen Namen geltend zu machen. A kann sich i.R.d. Normenkontrolle aber von vornherein nicht darauf berufen, er mache Rechte seiner Fraktion geltend. Dem Verwaltungsprozess ist bei § 47 VwGO eine Prozessstandschaft ebenso fremd wie bei der Klagebefugnis i.S.d. § 42 II VwGO (s. Burbach, in: Eisentraut, Verwaltungsrecht in der Klausur, 2020, Rn. § 2 Rn. 292, 297). Der Wortlaut des § 47 II 1 VwGO („in ihren Rechten")

A macht ferner geltend, der Ausschluss seiner Fraktion von Zuwendungen könne nachteilige Folgen für die freie Mandatsausübung und die Mandatsgleichheit der Fraktionsmitglieder (vgl. Art. 28 I 2 GG) zeitigen. Indes begründet die (mögliche) Rechtsverletzung nach dem Wortlaut des § 47 II 1 VwGO nur dann die Antragsbefugnis, wenn sie „durch" die angegriffene Vorschrift selbst oder deren „Anwendung" erfolgt. Die Rechtsverletzung muss hiernach auf die angegriffene Vorschrift zurückgehen und sich ihr zuordnen lassen (Kausalität).

Die Regelung des § 5 III 4 der Entschädigungssatzung beschneidet möglicherweise „nur" die Rechte der N-Fraktion unmittelbar. Der Ausschluss von Fraktionszuwendungen greift nicht auf das Mandat der „hinter" der Fraktion stehenden Gemeindevertreter durch. Die möglichen Nachteile erschöpfen sich vielmehr in „bloß" mittelbaren, faktischen Beeinträchtigungen. Sie können daher keine Antragsbefugnis i.S.d. § 47 II 1 VwGO vermitteln.

Somit kann A weder als Fraktionsmitglied noch als Mandatsträger geltend machen, durch § 5 III 4 der Entschädigungssatzung oder seine Anwendung in eigenen organschaftlichen Rechten verletzt zu sein oder in absehbarer Zeit verletzt zu werden.

Sein Antrag ist als unzulässig abzulehnen.[25]

V. Antragsfrist

Die N-Fraktion müsste den Antrag auch fristgerecht erhoben haben. Nach § 47 [11] II 1 VwGO ist der Antrag innerhalb eines Jahres nach Bekanntmachung der angegriffenen Rechtsvorschrift zu stellen. § 5 III 4 der Änderungssatzung wurde am 24. 1. 2019 (ordnungsgemäß) bekannt gemacht. Die Frist ist nach § 57 II VwGO, § 222 I ZPO, §§ 187, 188 BGB zu berechnen.[26] Sie beginnt gem. § 187 I BGB am 25. 1. 2019 um 0.00 Uhr und würde gem. § 188 II Alt. 1 BGB an sich mit Ablauf des 24. 2. 2019 enden. Damit fällt das Ende der Frist aber auf

---

ist insoweit eindeutig. Der Antragsteller muss selbst betroffen sein. Ohne Hinweis im Sachverhalt kann selbst von guten Bearbeiter*innen nicht erwartet werden, dass sie diesen Punkt ansprechen.

25 So im Ergebnis auch BVerwG, Urt. v. 27. 6. 2018, Az.: 10 CN 1.17 = NVwZ 2018, 1656 (1657 f., Rn. 18 – 28); a.A. die Vorinstanz VGH Kassel, Urt. v. 5. 4. 2017, Az.: 8 C 459.17.N = NVwZ 2017, 886 (887, Rn. 16).

26 Zur Fristberechnung s. Stockebrandt, in: Eisentraut, Verwaltungsrecht in der Klausur, 2020, § 7 Rn. 40 sowie ausführlich Stockebrandt, a.a.O., § 2 Rn. 353 ff.

einen Sonntag, sodass sie gem. § 57 II VwGO, § 222 II ZPO erst mit Ablauf des nächsten Werktages endet. Mit der Antragstellung am 25. 2. 2019 wurde die Antragsfrist somit gewahrt.

VI. Beteiligte

12 Die N-Fraktion ist analog § 61 Nr. 2 VwGO beteiligungsfähig; sie wird durch ihren Fraktionsvorsitzenden im Prozess vertreten (§ 62 III VwGO).[27]

Die Stadt S ist gem. § 61 Nr. 1 VwGO beteiligungsfähig. Sie wird im Prozess gem. § 62 III VwGO, § 71 I 1 HGO durch den Magistrat (§ 9 II 2 HGO) vertreten.[28]

Die Beteiligten müssen sich vor dem OVG durch einen Prozessbevollmächtigten vertreten lassen (§ 67 IV 1 VwGO; sog. Vertretungszwang). Dies gilt nach § 67 IV 2 VwGO auch für Prozesshandlungen, durch die – wie hier den Antrag – ein Normenkontrollverfahren eingeleitet wird. Die Antragsteller werden jeweils durch Rechtsanwalt R, die Antragsgegnerin durch Rechtsanwalt Z vertreten.[29] Die Voraussetzungen der Postulationsfähigkeit[30] (§ 67 IV 1 und 2 sowie IV 3 i.V.m. II 1 VwGO) liegen damit vor.

---

27 Das BVerwG führt insoweit schlicht aus, dass die Fraktion „entsprechend § 61 Nr. 2 und § 47 II 1 VwGO beteiligtenfähig und antragsberechtigt" sei, s. BVerwG, Urt. v. 27. 6. 2018, Az.: 10 CN 1.17 = NVwZ 2018, 1656 (1658, Rn. 30).

28 Nach dem Sachverhalt, der der Entscheidung des BVerwG zugrunde lag, hatte der Magistrat der Stadt die Revision eingelegt. Dessen gesetzliche Befugnis, die Stadt im Außenverhältnis und damit auch gerichtlich zu vertreten (§ 62 III VwGO), sei gem. § 71 I 1 HGO unbeschränkt und auch nicht beschränkbar. Die Frage, ob die Stadtverordnetenversammlung nach § 51 Nr. 18 HGO im Innenverhältnis über die Fortführung des Rechtsstreits zu entscheiden hatte, könne mithin dahinstehen. Im Übrigen liege jedenfalls auch keine rechtsmissbräuchliche Ausnutzung der Vertretungsbefugnis vor. Die Revision wurde hiernach wirksam durch den Magistrat eingelegt, s. BVerwG, Urt. v. 27. 6. 2018, Az.: 10 CN 1.17 = NVwZ 2018, 1656 (1656 f., Rn. 16).

29 Beachte: „Behörden" und „juristische Personen des öffentlichen Rechts" können sich auch durch Beschäftigte mit Befähigung zum Richteramt vertreten lassen, § 67 IV 4 VwGO.

30 S. dazu Creemers, in: Eisentraut, Verwaltungsrecht in der Klausur, 2020, § 7 Rn. 46 sowie allgemein Ceemers, a.a.O., 2020, § 2 Rn. 442 ff.

VII. Zuständiges Gericht

Die örtliche Zuständigkeit richtet sich nach § 52 Nr. 1 VwGO.[31] Gem. § 47 I 13
VwGO i.V.m. § 1 I AGVwGO ist – abweichend von § 45 VwGO – der VGH mit
Sitz in K sachlich zuständig.

VIII. Rechtsschutzbedürfnis – Normenkontrollinteresse

Die Antragsbefugnis indiziert das Rechtsschutzbedürfnis.[32] Es würde nur 14
fehlen, wenn die Antragstellerin ihre (subjektive) Rechtsstellung mit der begehrten gerichtlichen Entscheidung nicht verbessern kann und die Inanspruchnahme des OVG deshalb für sie nutzlos erscheint. Das ist der Fall, wenn
der Antrag, selbst wenn er (im Übrigen) zulässig und begründet wäre, der
Antragstellerin keinen Nutzen bringen könnte oder wenn es einen anderen,
einfacheren Weg zu dem erstrebten Ziel gäbe. Vorliegend sind Anhaltspunkte
hierfür weder vorgetragen noch ersichtlich.

IX. Zwischenergebnis

Der Antrag der N-Fraktion ist zulässig. Der Antrag des A ist unzulässig und 15
somit abzulehnen.

B. Begründetheit des Normenkontrollantrages

Der Normenkontrollantrag der N-Fraktion ist begründet, wenn er sich gegen 16
den richtigen Antragsgegner richtet (§ 47 II 2 VwGO; dazu unten I.) und die
angegriffene Rechtsvorschrift ungültig ist (§ 47 V 2 Hs. 1 VwGO; dazu unten
III.). Letzteres ist der Fall, wenn sie gegen höherrangiges formelles oder ma-
terielles Recht verstößt, an dem der VGH sie bei seiner Entscheidung zu
messen hat (§ 47 III VwGO; dazu unten II.).[33]

---

31 Es ist ebenso vertretbar, mit Ziekow, in: Sodan/Ziekow, VwGO, 5. Aufl. 2018, § 47 Rn. 62
    auf § 52 Nr. 5 VwGO abzustellen. Der Sitz des Normgebers bestimmt dann das örtlich
    zuständige OVG.

32 Vgl. Valentiner, in: Eisentraut, Verwaltungsrecht in der Klausur, 2020, § 7 Rn. 54.

33 Beachte: Im Rahmen der Begründetheit kommt es – anders als bei § 113 I 1 und V VwGO –
    nicht darauf an, dass der Antragsteller in seinen Rechten verletzt ist (objektives
    Rechtsbeanstandungsverfahren, s. Kienle, in: Eisentraut, Verwaltungsrecht in der Klausur,
    2020, § 7 Rn. 62).

I. Richtiger Antragsgegner

17 Der Antrag ist gemäß § 47 II 2 VwGO gegen den Rechtsträger zu richten, der die angegriffene Rechtsvorschrift erlassen hat.[34] Dies ist vorliegend die Stadt S; sie ist ihr eigener Rechtsträger (Gebietskörperschaft).

II. Vorbehaltsklausel (§ 47 III VwGO)

18 Nach § 47 III VwGO i.V.m. Art. 132 HV prüft der VGH die angegriffene Rechtsvorschrift nicht am Maßstab der Verfassung des Landes H.[35] Insoweit kommt dem Staatsgerichtshof des Landes H das Entscheidungsmonopol zu. Im Übrigen bleibt die Zuständigkeit und die Befugnis des VGH, die Rechtsvorschrift (hier: § 5 III 4 der Entschädigungssatzung) am Maßstab sonstigen höherrangigen Rechts zu prüfen, unberührt.[36]

III. Rechtswidrigkeit der Änderungssatzung

19 Die angegriffene Satzungsbestimmung ist laut Sachverhalt formell rechtmäßig zustande gekommen. Somit bleibt zu prüfen, ob sie auch materiell rechtmäßig ist.

Nach § 36a IV 1 HGO kann die Gemeinde den Fraktionen Mittel aus ihrem Haushalt zu den sächlichen und personellen Aufwendungen für die Geschäftsführung gewähren. Wie der Wortlaut der Norm („kann") zeigt, vermittelt sie der einzelnen Fraktion keinen Anspruch auf Fraktionszuwendungen.[37] Vielmehr verbürgt § 36a IV 1 HGO ein Recht auf ermessensfehlerfreie und gleichberechtigte Berücksichtigung bei der Verteilung etwaiger, für Zuwendungen bereitgestellter Mittel.

Macht die Gemeinde – wie hier die Stadt S – von der Ermächtigung Gebrauch, muss sie dies in einer Weise tun, die verfassungsrechtlichen Direktiven genügt. Die Antragstellerin rügt insoweit eine Verletzung der Wahlrechtsgleichheit (dazu unten 1.), des Diskriminierungsverbots aus Art. 3 III 1 GG (dazu unten 2.) sowie einen Verstoß gegen den allgemeinen Gleichheitssatz (dazu unten 3.).

---

34 Es ist ebenso gut vertretbar, den richtigen Antragsgegner in der Zulässigkeit (etwa bei den Beteiligten) abzuhandeln, s. dazu Creemers, in: Eisentraut, Verwaltungsrecht in der Klausur, 2020, § 7 Rn. 44.

35 S. ausführlich Kienle, in: Eisentraut, Verwaltungsrecht in der Klausur, 2020, § 7 Rn. 70.

36 S. etwa VGH Kassel, Urt. v. 24. 11. 2006, Az.: 7 N 1420.05, juris Rn. 37.

37 Vgl. dazu auch Ogorek, in: Dietlein/Ogorek, KommunalR Hessen, 9. Ed., Stand: 1. 5. 2019, § 36a HGO Rn. 52.

1. (Kein) Verstoß gegen die Wahlrechtsgleichheit

§ 5 III 4 der Entschädigungssatzung könnte gegen die verfassungsrechtlich 20
garantierte Gleichheit der Wahl verstoßen.

Der Grundsatz der Wahlrechtsgleichheit (vgl. Art. 28 I 2 GG) wurzelt im Demokratieprinzip und ist demgemäß als Gebot streng formaler Gleichbehandlung aufzufassen. Er lässt eine Differenzierung nur aus zwingenden
Gründen zu. Zwar beschränkt sich dieser Grundsatz zuvörderst auf die Wahl
und den Wahlvorgang; gleichwohl setzt er sich nach der Wahl im Grundsatz
der strengen Gleichheit der Abgeordneten und Mandatsträger fort. Ihre
Rechtsstellung und Mitwirkungsbefugnisse in der (Gemeinde-)Vertretung
müssen daher ebenfalls in einem streng formalen Sinne gleich sein.

Indes gilt das Gebot strenger Gleichbehandlung für die gewählten Abgeordneten und Ratsmitglieder selbst – sie leiten dieses Recht unmittelbar aus ihrem Mandat, mithin aus der Wahl her. Für die Fraktionen gilt dies nicht in
gleicher Weise: Denn aus der formalen Gleichheit der Mandatsträger folgt
noch keine ebenso formale Gleichheit der von ihnen gebildeten Fraktionen
(vgl. § 36a I 1 HGO).

„Vertreter", wie sie § 5 III 4 der Entschädigungssatzung nennt, und „Fraktion"
sind insoweit streng zu trennen. Für die N-Fraktion lässt sich demnach aus der
Wahlrechtsgleichheit nichts gewinnen; die auf § 36a IV 1 HGO fußende
Fraktionsfinanzierung ist streng zweckgebunden. Dies schließt selbst (unmittelbare oder „versteckte") Zuwendungen an die „hinter" den Fraktionen
stehenden Gemeindevertreter grundsätzlich aus.[38]

Die N-Fraktion kann sich somit nicht auf den Grundsatz der Wahlrechtsgleichheit berufen.

2. (Kein) Verstoß gegen das Diskriminierungsverbot des Art. 3 III 1 GG („politische Anschauung")

Die verfahrensgegenständliche Satzungsbestimmung könnte jedoch dem 21
grundrechtlichen Diskriminierungsverbot des Art. 3 III 1 GG widersprechen.

Hiernach darf niemand wegen seiner politischen Anschauungen benachteiligt
(oder bevorzugt) werden. Auf den ersten Blick benachteiligt § 5 III 4 der
Entschädigungssatzung aber Fraktionen, die aus Vertretern erkennbar ver-

---

38 Vgl. zum Ganzen auch BVerwG, Urt. v. 5. 7. 2012, Az.: 8 C 22.11 = NVwZ 2013, 442 (443,
    Rn. 18 ff.).

fassungsfeindlicher Parteien oder Vereinigungen bestehen. Fraglich ist jedoch, ob sich die N-Fraktion auf Art. 3 III 1 GG berufen kann.

Art. 3 III 1 GG schützt davor, allein deshalb benachteiligt zu werden, weil eine bestimmte politische Auffassung vertreten wird.[39] Die Vorschrift verbürgt als Diskriminierungsverbot ein individuelles Grundrecht, kein Gruppengrundrecht.[40] (Kommunale) Fraktionen sind indes keine Grundrechtsträger. Sie gehören als Teile der Gemeindevertretung zu den kommunalen Organen. Damit sind sie Teil des Staates, der durch die Grundrechte verpflichtet, nicht aber berechtigt wird. Denn weder der Staat noch seine Einrichtungen können gleichzeitig Träger und Adressat von Grundrechten sein (sog. Konfusionsargument).[41]

Im Übrigen schützt das Verbot der Benachteiligung wegen der politischen Anschauung eine individuelle, höchstpersönliche Überzeugung. Es ergänzt die Gewährleistung der Meinungsfreiheit (Art. 5 I GG) und gilt ebenso wie diese nur für Grundrechtsträger. Somit ist Art. 3 III 1 GG auch kein über die Grundrechtsgewährleistung hinausgehender allgemeiner rechtsstaatlicher Grundsatz, der auf innerstaatliche Rechtsverhältnisse anzuwenden wäre, zu entnehmen. Er beinhaltet mithin keine objektiv-rechtliche Gewährleistung.

Die Regelung des § 5 III 4 der Entschädigungssatzung ist somit nicht an Art. 3 III 1 GG zu messen.

3. Verstoß gegen den allgemeinen Gleichheitssatz (Art. 3 I i.V.m. Art. 20 III GG)

22 Die angegriffene Rechtsvorschrift könnte jedoch gegen den in Art. 3 I GG verbürgten allgemeinen Gleichheitssatz verstoßen.

Die N-Fraktion kann sich zwar nicht unmittelbar auf Art. 3 I GG berufen:[42] Sie ist nicht grundrechtsberechtigt, sondern -verpflichtet (s. o.). Der allgemeine Gleichheitssatz gilt aber als Bestandteil des allgemeinen Rechtsstaatsgebots (Art. 20 III, 28 I 1 GG) auch für kommunalverfassungsrechtliche Rechtsbe-

---

39 BVerfG, Beschl. v. 13. 7. 2018, Az.: 1 BvR 1474.12 u. a. = NVwZ 2018, 1788 = JZ 2019, 144 (147, Rn. 94).

40 Baer/Markard, in: von Mangoldt/Klein/Starck, GG, 3. Aufl. 2018, Art. 3 Rn. 411 f.

41 S. bereits BVerfG, Beschl. v. 16. 1. 1963, Az.: 1 BvR 316.60 = BVerfGE 15, 256 (262). Der Begriff „Konfusionsargument" geht auf Karl August Bettermann, NJW 1969, 1321 zurück. Kritisch zuletzt Merten, DÖV 2019, 41 ff.

42 So auch Wüstenbecker, RÜ 2018, 740 (743).

ziehungen zwischen der Gemeinde und den Fraktionen des Gemeinderats (hier: der Stadtverordnetenversammlung).[43]

Art. 3 I GG gebietet, wesentlich Gleiches gleich und wesentlich Ungleiches nach seiner Eigenart verschieden zu behandeln. Der Normgeber muss für seine Unterscheidungen und Nichtunterscheidungen einen vernünftigen, sich aus der Natur der Sache ergebenden oder sonst wie einleuchtenden Grund angeben können. Das gilt gleichermaßen für Belastungen und Begünstigungen.

§ 5 III 4 der Entschädigungssatzung behandelt Fraktionen der Gemeindevertretung insoweit ungleich, als sie solche aus Vertretern „erkennbar verfassungsfeindlicher Parteien/Vereinigungen" von Fraktionszuwendungen ausschließt. Die Regelung differenziert insoweit nach dem Kriterium „Verfassungsfeindlichkeit". Fraglich ist, ob sich dieses Differenzierungskriterium sachlich bzw. verfassungsrechtlich rechtfertigen lässt.[44]

a) Zweckbindung der Fraktionszuwendung

Indem § 5 III 4 der Entschädigungssatzung auf die Verfassungsfeindlichkeit einer Partei oder einer Wählervereinigung abhebt, könnte sich die Stadtverordnetenversammlung eines Kriteriums bedienen, das bereits sachlich ungeeignet ist, eine Differenzierung zu rechtfertigen.

  23

Zunächst gibt der gesetzliche bestimmte Zweck die sachlichen Gründe vor, die eine Ungleichbehandlung bei der Gewährung von Fraktionszuwendungen rechtfertigen können. Nach § 36a IV 1 HGO dienen die Zuwendungen dazu, die sächlichen oder gesetzlichen Aufwendungen der Fraktionen für ihre Geschäftsführung ganz oder teilweise zu decken. Damit ist der Ermächtigungsgrundlage des § 36a IV 1 HGO eine strenge Zweckbindung eingeschrieben: Die Zuwendungen dürfen keinesfalls zur Finanzierung der „hinter" den Fraktionen stehenden Parteien zweckentfremdet werden. Hieran gemessen sind die Fraktionszuwendungen nach einem Maßstab zu verteilen, der sich am tatsächlichen oder erwartbaren Bedarf der jeweiligen Fraktion für ihre Ge-

---

43 BVerwG, Urt. v. 27. 6. 2018, Az.: 10 CN 1.17 = NVwZ 2018, 1656 (1658, Rn. 32 a.E.), vgl. auch BVerfG, Beschl. v. 28. 9. 2004, Az.: 2 BvR 622.03 = NVwZ 2005, 82 (83).
44 Zur Prüfung von Gleichheitsgrundrechten s. z. B. Papier/Krönke, Grundkurs ÖR 2 – Grundrechte, 3. Aufl. 2018, Rn. 210 ff. (mit Prüfungsschema S. 120).

schäftsführung orientiert. Kriterien, die hiervon abweichen und sich nicht am Bedarf orientieren, können eine Differenzierung nicht rechtfertigen.[45]

Die angegriffene Vorschrift stellt darauf ab, ob die Fraktion aus Vertretern erkennbar verfassungsfeindlicher Parteien oder Vereinigungen besteht. Doch fehlt bereits jeder sachliche Zusammenhang zwischen der politischen Ausrichtung einer Fraktion (oder ihrer Mitglieder) und ihrem Geschäftsführungsbedarf.[46]

Insoweit fehlt es bereits an einem sachlichen Differenzierungskriterium.

b) Rechtfertigung durch kollidierendes Verfassungsrecht?

24 Womöglich ließe sich die angegriffene Differenzierung mit der Verfassungsentscheidung für eine wehrhafte Demokratie oder dem verfassungsrechtlichen Schutz der freiheitlich-demokratischen Grundordnung rechtfertigen.

Das Prinzip der „streitbaren" oder „wehrhaften" Demokratie, das vor allem in Art. 9 II, 18 und 21 II GG verfassungsrechtlich verankert ist, soll gewährleisten, dass Verfassungsfeinde nicht unter Berufung auf die Freiheiten, die das Grundgesetz gewährt und unter ihrem Schutz die Verfassungsordnung oder den Bestand des Staates gefährden, beeinträchtigen oder zerstören.[47]

Der Begriff der freiheitlich demokratischen Grundordnung i.S.d. Art. 21 II GG umfasst „nur" jene zentralen Grundprinzipien, die für den freiheitlichen Verfassungsstaat schlechthin unentbehrlich sind: Sie findet ihren Ausgangspunkt in der Würde des Menschen (Art. 1 I GG), konstituiert sich im Demokratieprinzip und schließt die im Rechtsstaatsprinzip wurzelnde Rechtsbindung der öffentlichen Gewalt (Art. 20 III GG) sowie die Kontrolle dieser Bindung durch unabhängige Gerichte ein.[48]

---

45 Vgl. zum Ganzen BVerwG, Urt. v. 27. 6. 2018, Az.: 10 CN 1.17 = NVwZ 2018, 1656 (1659, Rn. 38).

46 BVerwG, Urt. v. 27. 6. 2018, Az.: 10 CN 1.17 = NVwZ 2018, 1656 (1659, Rn. 38).

47 BVerfG, Urt. v. 17. 1. 2017, Az.: 2 BvB 1.13 = NJW 2017, 611 (614, Rn. 418). S. dazu die Entscheidungsbesprechungen von Sachs (JuS 2017, 377) und Hillgruber (JA 2017, 398); ferner Piecha, JuWissBlog Nr. 8/2017 v. 24. 1. 2017; Jürgensen/Ramson, JuWissBlog Nr. 9/2017 v. 25. 1. 2017.

48 BVerfG, Urt. v. 17. 1. 2017, Az.: 2 BvB 1.13 = NJW 2017, 611 – Leitsatz 3.

aa) „Parteienprivileg" des Art. 21 III, IV GG

Die Regelung des § 5 III 4 der Entschädigungssatzung, die Fraktionen aus 25
Vertretern erkennbar verfassungsfeindlicher Parteien und Wählervereinigungen von kommunaler Finanzierung ausschließt, könnte sich möglicherweise auf Art. 21 III GG berufen.

Unterhalb der „Schwelle" des Parteiverbots nach Art. 21 II GG („darauf ausgehen"), eröffnet Art. 21 III 1 GG nunmehr („darauf ausgerichtet") die Möglichkeit, verfassungsfeindliche Parteien von staatlicher Finanzierung auszuschließen. Dies ist tatbestandlich dann der Fall, wenn die Partei nach ihren Zielen oder dem Verhalten ihrer Anhänger darauf ausgerichtet ist, die freiheitliche demokratische Grundordnung zu beeinträchtigen oder zu beseitigen oder den Bestand der Bundesrepublik Deutschland zu gefährden.

Die Verfassung gibt damit die Losung aus: „Keine unbedingte Freiheit für die Feinde der Freiheit"[49]. Einer Partei, die einer verfassungsfeindlichen Grundtendenz folgt, versagt das Grundgesetz, die Parteienfreiheit des Art. 21 GG zu missbrauchen, um gegen die freiheitliche demokratische Grundordnung in den „Kampf" zu ziehen.[50] Als Minus zum Parteiverbot soll der Staat aber zumindest nicht verpflichtet sein, die „Verfassungsfeinde" zu finanzieren (vgl. Art. 21 III GG).

Insoweit wäre das Merkmal „Verfassungsfeindlichkeit" durchaus geeignet, in sachlich rechtfertigbarer Weise zu differenzieren. Die Stadtverordnetenversammlung war von dem Willen beseelt, eine verfassungsfeindliche Partei nicht so lange zu „alimentieren" bis sie zu einer Gefahr für die freiheitlich demokratische Grundordnung herangewachsen ist.

Doch könnte vorliegend das sog. Parteienprivileg eine solche Benachteiligung ausschließen. Die Satzungsänderung stellt darauf ab, dass sich die Fraktion aus Vertretern „erkennbar" verfassungsfeindlicher Parteien oder Wählervereinigungen zusammensetzt. Welche Maßstäbe an die „Erkennbarkeit" zu stellen sind, konkretisiert die Satzung der Antragsgegnerin nicht.

Über die Frage, ob die Partei von staatlicher Finanzierung auszuschließen ist, entscheidet allein das Bundesverfassungsgericht (Art. 21 IV Alt. 2 GG; Entscheidungsmonopol[51]).

---

49 BVerfG, Urt. v. 17. 8. 1956, Az.: 1 BvB 2.51 = BVerfGE 5, 85 (138) – KPD-Verbot.
50 BVerfG, Urt. v. 17. 1. 2017, Az.: 2 BvB 1.13 = NJW 2017, 611 (616, Rn. 514).
51 Vgl. dazu etwa Streinz, in: von Mangoldt/Klein/Starck, GG, 7. Aufl. 2018, Art. 21 Rn. 215.

Der Stadtverordnetenversammlung ist es damit verwehrt, rechtliche Folgen an die behauptete bzw. „erkennbare", aber vom Bundesverfassungsgericht (noch) nicht festgestellte „Verfassungsfeindlichkeit" einer Partei zu knüpfen.[52]

Bis zu diesem Zeitpunkt schließt Art. 21 IV Alt. 2 GG jedes (administrative wie strafrechtliche) Einschreiten gegen eine politische Partei schlechthin aus, mag diese sich gegenüber der freiheitlichen demokratischen Grundordnung auch noch so feindlich verhalten. Zwar darf eine solche Partei politisch bekämpft werden. In ihren politischen Aktivitäten muss sie aber von jeder Behinderung frei sein. Das Grundgesetz nimmt (zumindest in seiner gegenwärtigen Form) die Gefahr, die im Wirken einer Partei bis zur Feststellung ihrer Verfassungswidrigkeit bzw. dem Ausschluss von staatlicher Finanzierung liegt, um der politischen Freiheit willen in Kauf. Das Parteienprivileg des Art. 21 II GG setzt sich mithin in Art. 21 III jeweils i.V.m. IV GG „unterschwellig" fort.

Im Ergebnis steht das Parteienprivileg[53] des Art. 21 III, IV Alt. 2 GG einer Differenzierung nach dem Kriterium „erkennbar verfassungsfeindliche Partei" entgegen.[54]

---

52 Vgl. Grzeszick/Rauber, in: Schmidt-Bleibtreu/Hofmann/Henneke, GG, 14. Aufl. 2017, Art. 21 Rn. 121, 144. Die Zuständigkeit des BVerfG folgt aus Art. 21 IV Alt. 2 GG i.V.m. § 13 Nr. 2a, § 46a BVerfGG. Das neue Verfahren über den Ausschluss von der staatlichen Parteienfinanzierung ist somit selbständig und vom „klassischen" Parteiverbotsverfahren (Art. 21 IV Alt. 1 GG i.V.m. § 13 Nr. 2, § 46 BVerfGG) zu unterscheiden.

53 Das Parteienprivileg greift nicht nur i.R.d. Finanzierung, sondern bspw. auch bei der Zulassung zu öffentlichen Einrichtungen (z. B. Art. 21 BayGO; § 14 II GemO RP, s. dazu Piecha, in: Eisentraut, Verwaltungsrecht in der Klausur, 2020, § 3 Rn. 160 ff.). Ein „Klassiker" ist der sog. Stadthallen-Fall. Jüngst hatte die Stadt Wetzlar bundesweit für Schlagzeilen gesorgt, indem sie sich bis zuletzt vehement weigerte, der NPD die örtliche Stadthalle für eine Wahlkampfveranstaltung zur Verfügung zu stellen, vgl. dazu Ferreau, JuWissBlog Nr. 26/2018 v. 29. 3. 2018. Der Weg durch die Instanzen: einstweilige Anordnung des VG Gießen, Beschl. v. 20. 12. 2017, Az.: 8 L 9187.17.GI = BeckRS 2017, 144110; Beschwerde zurückgewiesen durch VGH Kassel, Beschl. v. 23. 2. 2018, Az.: 8 B 23/18 = BeckRS 2018, 1847 = RÜ 2018, 328 (Wüstenbecker); im Vollstreckungsverfahren: VG Gießen, Beschl. v. 22. 3. 2018, Az.: 8 N 1539.18.GI = BeckRS 2018, 5474 (Zwangsgeldandrohung); sodann VGH Kassel, Beschl. v. 23. 3. 2018, Az.: 8 E 555.18 = BeckRS 2018, 5473 und schließlich BVerfG, Beschl. v. 24. 3. 2018, Az.: 1 BvQ 18.18.

54 Die Entscheidung des BVerwG rekurriert zuvörderst auf Art. 21 II GG a.F., da der Sachverhalt nach der Rechtslage vor Änderung des Grundgesetzes zu entscheiden war. Diese, im Wesentlichen unverändert gebliebene Vorschrift verbiete jede rechtliche Anknüpfung an die verfassungsfeindliche Partei und jede darauf gestützte strafrechtliche oder administrative Behinderung ihrer politischen Tätigkeit bis das BVerfG ihre Verfassungswidrigkeit feststellt. In einem obiter dictum nahm das BVerwG einem erneuten Antrag nach

bb) Gleichsetzung von Parteien- und Fraktionsfinanzierung?

Im Übrigen ist fraglich, ob Partei- und Fraktionsfinanzierung überhaupt 26 (verfassungsrechtlich) gleichgesetzt werden können.

Wie der Wortlaut des Art. 21 GG sowie dessen (nichtamtliche) Überschrift verlautbart, adressiert er allein „Parteien". Demgegenüber schließt § 5 III 4 der Entschädigungssatzung „Fraktionen" von kommunaler Finanzierung aus, auch wenn sie sich aus Vertretern (erkennbar verfassungsfeindlicher) Parteien zusammensetzen. Art. 21 GG adressiert mithin Parteien, die angegriffene Satzungsbestimmung dagegen Fraktionen.

Richtig ist zwar, dass die Fraktionen den politischen Parteien eng verbunden sind und dass die Parteien insbesondere über die Fraktionen und die zu ihnen gehörenden Mandatsträgern auf die staatlichen Entscheidungen einwirken.[55] Was für die Parlamente im „Großen" gilt, muss gleichermaßen für die Gemeindevertretung im „Kleinen" gelten. Gleichwohl ist zu unterscheiden:

Die Parteienfinanzierung ist dem gesellschaftlichen Bereich zuzuordnen. Sie bezieht sich auf die Mitwirkung der Parteien an der politischen Willensbildung des Volkes (Art. 21 I 1 GG). Art. 21 I GG legt die Struktur der Parteien als „frei konkurrierender, aus eigener Kraft wirkender und vom Staat unabhängiger Gruppen verfassungskräftig" fest.[56] Indes können die Parteien ihre Aufgabe nur erfüllen, wenn „ihre Führung und die ihr zur Verfügung stehende Organisation sich ihrer mitgliedschaftlichen Basis und der Bürgerschaft insgesamt nicht entfremden"[57]. Der Staat begegnet einer dahingehenden Entwicklung nicht schon dadurch, dass sich die Finanzierung auf bestimmte Betätigungen der Partei – etwa die Vorbereitung von Wahlen – beschränkt. Vielmehr sind Finanzhilfen so zu gewähren, dass „der politische Prozess offen, der Parteienwettbewerb erhalten und die Rückbindung der Parteiführungen an ihre gesellschaftliche Basis erhalten bleiben"[58]. Wer Parteien, die die Voraussetzungen des Art. 21 III GG, nicht aber die des Art. 21 II GG erfüllen (sog.

---

der Verfassungsänderung aber bereits den „Wind aus den Segeln": Auch die Neufassung des Art. 21 GG vermöge die angegriffene Vorschrift nicht zu rechtfertigen, s. BVerwG, Urt. v. 27. 6. 2018, Az.: 10 CN 1.17 = NVwZ 2018, 1656 (1659 f., Rn. 41 – 44).

55 Vgl. BVerfG, Urt. v. 19. 7. 1966, Az.: 2 BvF 1.65 = BVerfGE 20, 56 (120) – Parteienfinanzierung I.

56 BVerfG, Urt. v. 19. 7. 1966, Az.: 2 BvF 1.65 = BVerfGE 20, 56 – Leitsatz 5.

57 BVerfG, Urt. v. 9. 4. 1992, Az.: 2 BvE 2.89 = BVerfGE 85, 264 (287 f.) – Parteienfinanzierung II.

58 BVerfG, Urt. v. 9. 4. 1992, Az.: 2 BvE 2.89 = BVerfGE 85, 264 (288).

verfassungsfeindliche Parteien), von der Finanzierung ausschließt, versagt ihnen – zumindest teilweise – die Teilnahme an diesem politischen Wettbewerb.

Demgegenüber setzt § 5 III 4 der Entschädigungssatzung bei der Fraktion an. Nimmt man bestimmte, etwa verfassungsfeindliche Fraktionen von staatlichen Zuwendungen aus, berührt das die Arbeit einer Untergliederung einer (demokratisch) gewählten Volksvertretung. Die Fraktion ist der „organisierten Staatlichkeit" zuzurechnen.[59] Daraus folgt, dass Fraktionszuwendungen von Verfassungs wegen (aber auch einfach-rechtlich, s. § 36a HGO) nicht zu einer „verschleierten Parteifinanzierung" missbraucht werden dürfen.[60] Damit einher geht das Verbot, Fraktionszuwendungen an „hinter" den Fraktionen stehenden Parteien oder Parteivertretern weiterzureichen. Für Zuwendungen an Fraktionen gilt somit ein strenges Zweckbindungsgebot, das sich auf Landesebene einfach-rechtlich in § 36a IV 1 HGO niederschlägt: Die Gemeinde darf den Fraktionen nur Mittel für die „sächlichen und personellen Aufwendungen für die Geschäftsführung gewähren".

Dem steht auch nicht entgegen, dass die Fraktionen nicht nur bei der Willensbildung und Entscheidungsfindung in der Gemeindevertretung mitwirken (§ 36a III Hs. 1 HGO), sondern insoweit ihre Auffassung auch öffentlich darstellen können (Hs. 2). Zwar führt dies gerade auf kommunaler Ebene nicht selten zu einer Verflechtung von Fraktions- und Parteiarbeit. Anders als die Antragsgegnerin geltend macht, wird dadurch jedoch eine Abgrenzung von Partei- und Fraktionsarbeit weder unbestimmt noch unmöglich, sondern allenfalls im Einzelfall erschwert. Wie der Wortlaut des § 36a III Hs. 2 HGO („insoweit") zeigt, darf sich die Öffentlichkeitsarbeit der Fraktion nur auf die Mitwirkung bei der Willensbildung und Entscheidungsfindung in der Gemeindevertretung beziehen. Die zitierte Vorschrift schließt damit allgemeinpolitische Stellungnahme ebenso aus wie parteipolitische Äußerungen ohne Bezug zur Agenda der Gemeindevertretung.

Hinzu kommt, dass die demokratische Legitimation der Gemeindevertreter aus ihrer Wahl und dem dabei errungenen Mandat herrührt. Ihre kommunalrechtliche Stellung gründet demnach gerade nicht auf ihrer politischen Tätigkeit. Sie verlieren ihre demokratische Legitimation nicht bereits dadurch,

---

59 BVerfG, Urt. v. 19. 7. 1966, Az.: 2 BvF 1.65 = BVerfGE 20, 56 (104); vgl. auch Morlok, ZRP 2017, 66 (67) m.w.N.

60 Vgl. dazu etwa Streinz, in: von Mangoldt/Klein/Starck, GG, 7. Aufl. 2018, Art. 21 Rn. 193.

dass sie Mitglied in einer „erkennbar verfassungsfeindlichen" Partei sind. Vielmehr endet diese, wenn eine Partei durch das Bundesverfassungsgericht gem. Art. 21 GG für verfassungswidrig erklärt oder eine Wählergruppe rechtskräftig verboten wird (vgl. § 35 I 1 des Kommunalwahlgesetzes des Landes H – KWG). Denn „erst" dann verliert der Vertreter seinen Sitz in der Gemeindevertretung.

Im Ergebnis besteht ein „Trennungsgebot" zwischen Partei und Fraktion:[61] Die Partei agiert in der gesellschaftlichen, die Fraktion hingegen in der staatlichen Sphäre. Beide Sphären sind gerade auch in finanzieller Hinsicht streng zu trennen. Insofern ist die Fraktion von der „hinter" ihr stehenden „Mutterpartei" rechtlich unabhängig.[62] An diesem Grundsatz ist selbst nach der Entscheidung des Bundesverfassungsgerichts, mit der es die „verfassungsrechtliche Dichotomie" von verbotenen und anderen Parteien „aufweichte", festzuhalten.[63]

Parteien- und Fraktionsfinanzierung dürfen verfassungsrechtlich nicht gleich gesetzt werden. Der Stadtverordnetenversammlung ist es mithin verwehrt, eine Fraktion von Zuwendungen auszuschließen, indem sie an die „Verfassungsfeindlichkeit" der „hinter" der Fraktion stehenden Partei anknüpft. Dies gilt selbst dann, wenn das Bundesverfassungsgericht im Verfahren nach Art. 21 IV Alt. 2 GG i.V.m. § 13 Nr. 2a, § 46a BVerfGG festgestellt hätte, dass die Partei verfassungsfeindliche Ziele verfolgt.[64]

C. Ergebnis

Die angegriffene Rechtsvorschrift verstößt gegen Art. 3 I GG. Der Normen- 27
kontrollantrag der N-Fraktion ist begründet. Der VGH erklärt § 5 III 4 der Entschädigungssatzung für unwirksam (§ 47 V 2 Hs. 1 VwGO).

---

61   So Janson, NVwZ 2018, 1660 (1661) Anm. zu BVerwG, Urt. v. 27. 6. 2018, Az.: 10 CN 1.17.
62   Morlok, ZRP 2017, 66 (67).
63   So Janson, NVwZ 2018, 1660 (1661).
64   Endlich verstoße die Satzungsbestimmung, so das BVerwG, auch gegen Art. 9 II GG, soweit sie Fraktionen aus Vertretern verfassungsfeindlicher (Wähler-)Vereinigungen ungleich behandelt. Art. 9 GG schließe (wie Art. 21 II GG a.F.) jede Benachteiligung von Fraktionen wegen einer Zugehörigkeit ihrer Mitglieder zu verfassungsfeindlichen Vereinigungen aus, bis gem. § 3 des Vereinsgesetzes in einem förmlichen Verfahren festgestellt wird, dass der Verein gem. Art. 9 II GG verboten ist. Da sich hinter der N-Fraktion aber (laut Sachverhalt) eine Partei und nicht eine Wählervereinigung verbirgt, sind Ausführungen zu Art. 9 GG nicht veranlasst.

§ 8 Übungsfall zum Antrag nach § 80 V VwGO

DIE STRUKTUR DES ANTRAGS NACH § 80 V VwGO (NIKOLAS EISENTRAUT)

Der gutachterlichen Prüfung des Antrags nach § 80 V VwGO liegt die folgende Struktur zugrunde:

A. Zulässigkeit
  I. Eröffnung des Verwaltungsrechtswegs (s. § 1 Rn. 8 ff.)[1]
  II. Statthafte Antragsart (s. § 1 Rn. 6 ff.)[2]
  III. Antragsbefugnis[3]
  IV. Beteiligte[4]
  V. Zuständiges Gericht[5]
  VI. Rechtsschutzbedürfnis[6]

B. Begründetheit[7]

---

[1] Ausführlich zur Eröffnung des Verwaltungsrechtswegs Eisentraut, in: Eisentraut, Veraltungsrecht in der Klausur, 2020, § 1 Rn. 162 ff.

[2] Ausführlich zum Antrag nach § 80 V VwGO als statthafter Antragsart Heilmann, in: Eisentraut, Verwaltungsrecht in der Klausur, 2020, § 8 Rn. 2 ff.

[3] Ausführlich zur Antragsbefugnis beim Antrag nach § 80 V VwGO Burbach, in: Eisentraut, Verwaltungsrecht in der Klausur, 2020, § 8 Rn. 30 f.

[4] Ausführlich zu den Beteiligten beim Antrag nach § 80 V VwGO Creemers, in: Eisentraut, Verwaltungsrecht in der Klausur, 2020, § 8 Rn. 34 ff.

[5] Ausführlich zum zuständigen Gericht beim Antrag nach § 80 V VwGO Goldberg, in: Eisentraut, Verwaltungsrecht in der Klausur, 2020, § 8 Rn. 39 f.

[6] Ausführlich zur Rechtsschutzbedürfnis beim Antrag nach § 80 V VwGO Valentiner, in: Eisentraut, Verwaltungsrecht in der Klausur, 2020, § 8 Rn. 41 ff.

[7] Ausführlich zur Struktur der Begründetheitsprüfung beim Antrag nach § 80 V VwGO Heilmann, in: Eisentraut, Verwaltungsrecht in der Klausur, 2020, § 8 Rn. 50 ff.; zum Antrag nach § 80 V VwGO im Polizei- und Ordnungsrecht Eisentraut, a.a.O., § 8 Rn. Rn. 79 ff.; Zum Antrag nach 80 V VwGO im Kommunalrecht Piecha, a.a.O., § 5 Rn. 81 ff.

Variante 1: Antrag auf Anordnung der aufschiebenden Wirkung

Variante 2: Antrag auf Wiederherstellung der aufschiebenden Wirkung
  I. Formelle Rechtmäßigkeit der Anordnung der sofortigen Vollziehbarkeit
  II. Abwägung Aussetzungsinteresse mit Vollzugsinteresse (summarische Prüfung der Erfolgsaussichten in der Hauptsache → Rechtmäßigkeit des Verwaltungsakts)
  III. Ggf.: Besonderes Vollzugsinteresse

FALL 14: ANTRAG NACH § 80 V VwGO BEI EINER VERSAMMLUNG UNTER AUFLAGEN (HENDRIK PRINZ)

Schwerpunkte/Lernziele: Gutachterliche Lösung eines Antrags nach § 80 V   1
VwGO, insbesondere Rechtsschutzbedürfnis im Rahmen der Zulässigkeit sowie Abwägung von Suspensivinteresse und öffentlichem Vollziehungsinteresse in der Begründetheit; in der Abwandlung steht die gutachterliche Prüfung
der formellen Rechtmäßigkeit der Anordnung der sofortigen Vollziehung im
Vordergrund

Sachverhalt

A, Studentin in Leipzig und ihres Zeichens bekennende Umweltschützerin,   2
findet schon länger, dass die Abholzung der Regenwälder und auch der
sonstige Umgang der Menschheit mit der Erde untragbar sei. Der Klimawandel zwinge die Gesellschaft vielmehr dazu, nachhaltiger zu handeln und
die Erde auch für die kommenden Generationen zu erhalten. Als A dann am
Montag, den 10. 9. 2018 erfährt, dass nun auch noch der „Hambacher Forst"
durch einen Energiekonzern gerodet werden soll, ist sie zwar nicht überrascht,
weil sich aus ihrer Sicht ja sowieso immer alles nur ums gute Geld drehe.
Sowohl die geplante Rodung des „Hambacher Forsts" als auch der grundsätzliche Umgang mit dem Umweltschutz finden in den darauffolgenden
Tagen eine große mediale Resonanz und werden auch in der Bevölkerung
intensiv und kontrovers diskutiert. A möchte das Feld nicht kampflos räumen
und beschließt, gegen die Rodung zu demonstrieren. Sie meldet deshalb noch
am Montag eine Demonstration unter dem Titel „Hambi bleibt!" auf dem
Leipziger Marktplatz an, zu der sie – zutreffend – ca. 1000 Teilnehmer*innen
erwartet. Die Demonstration soll am Freitag, den 14. 9. 2018 stattfinden.

Die zuständige Versammlungsbehörde der Stadt Leipzig (Stadt L) antwortet A
– nach erfolgter Anhörung – am Mittwoch, den 12. 9. 2018, dass sie ihre Demonstration auf dem Marktplatz nicht veranstalten könne – da freitags immer
der Markt auf dem „Marktplatz" sei, der schließlich ja auch deswegen so heiße.
Obwohl der Markt dienstags ohne Umsatzeinbußen der Händler*innen auf
dem Augustusplatz stattfinde, sei es den Händler*innen und Marktbesucher*innen organisatorisch nicht zuzumuten, auch am Freitag auf den

ca. 500 m entfernten Augustusplatz auszuweichen. Schließlich seien die Händler*innen ja auch zuerst da gewesen und es sei eben kein Platz für beides. Tradition sei Tradition. Deshalb werde der A die Demonstration zwar „genehmigt", allerdings unter der „Auflage", dass die Demonstration auf dem Augustusplatz stattfinden müsse. Aufgrund des zu erwartenden Personenaufkommens am Wochenende versieht die Behörde den Bescheid „vorsichtshalber" mit einer formell ordnungsgemäßen Anordnung der sofortigen Vollziehung des Bescheids.

A verspricht sich jedoch aufgrund der vielen Passant*innen, die wegen der umliegenden Geschäfte und im Hinblick auf den Wochenendbeginn über den Marktplatz strömen, eine größere Resonanz als auf dem Augustusplatz. Sie möchte die Veranstaltung deshalb, wie geplant, am Freitag auf dem Marktplatz abhalten und notfalls auch gerichtlich gegen den Bescheid vom 12. 9. 2018 vorgehen.

Frage: Hätte ein gerichtliches Vorgehen der A Aussicht auf Erfolg?

Abwandlung: Die Versammlungsbehörde begründet die Anordnung der sofortigen Vollziehung damit, dass ein besonderes öffentliches Interesse an der sofortigen Vollziehung des Bescheids bestehe.

Bearbeitungsvermerk: Es ist davon auszugehen, dass der Markt auch freitags ohne wesentliche Umsatzeinbußen auf dem Augustusplatz stattfinden kann. Beurteilen Sie den Erfolg des gerichtlichen Vorgehens unter Rückgriff auf die jeweils in Ihrem Bundesland geltenden landesrechtlichen Normen.

Lösungsgliederung

Lösungsvorschlag Ausgangsfall

In Betracht kommt ein gerichtliches Vorgehen der A in Form eines Antrags auf 4
Gewährung vorläufigen Rechtsschutzes. Ein solcher hat Aussicht auf Erfolg,
wenn und soweit er zulässig und begründet ist.

A. Zulässigkeit
Der Antrag müsste zulässig sein.   5

I. Eröffnung des Verwaltungsrechtswegs
Der Verwaltungsrechtsweg müsste eröffnet sein. Im Verfahren des vorläufigen 6
Rechtsschutzes ist dies der Fall, wenn der Verwaltungsrechtsweg für das
entsprechende Hauptsacheverfahren eröffnet ist. Mangels aufdrängender
Sonderzuweisung ist der Verwaltungsrechtsweg analog § 40 I 1 VwGO eröffnet,
wenn es sich um eine öffentlich-rechtliche Streitigkeit nichtverfassungsrechtlicher Art handelt. Eine Streitigkeit ist öffentlich-rechtlicher Art, wenn
die streitentscheidenden Normen dem öffentlichen Recht zuzuordnen sind.
Eine Norm ist dann öffentlich-rechtlicher Natur, wenn sie den Hoheitsträger
als solchen berechtigt und verpflichtet (sog. modifizierte Subjektstheorie). A
und die Stadt L streiten sich um den Versammlungsort. Der Bescheid vom
12. 9. 2018, mittels dessen der Versammlungsort geändert wird, wurde auf
Grundlage von § 15 I SächsVersG[8] erlassen, also einer Norm, welche die Stadt L
als Hoheitsträger berechtigt und verpflichtet. Somit handelt es sich um eine
öffentlich-rechtliche Streitigkeit. Mangels doppelter Verfassungsunmittelbarkeit und abdrängender Sonderzuweisung ist der Verwaltungsrechtsweg analog
§ 40 I 1 VwGO eröffnet.

II. Statthafte Antragsart
Es müsste eine nach der VwGO statthafte Antragsart vorliegen. Zur Ermittlung 7
eines nach der VwGO statthaften Antrags ist das Begehren des Antragstellers
zu ermitteln, §§ 122 I, 88 VwGO. A möchte die Demonstration wie geplant am
Freitag, dem 14. 9. 2018 auf dem Marktplatz veranstalten. Sie wendet sich also
gegen den Bescheid der Stadt L vom 12. 9. 2018. Da Widerspruch und Anfechtungsklage gegen den Bescheid aufgrund der Anordnung der sofortigen

---

8   Vgl. entsprechend Art. 15 I BayVersG (Bayern), § 8 I NVersG (Niedersachsen), § 13 I
    VersammlG LSA (Sachsen-Anhalt), § 13 I VersFG SH (Schleswig-Holstein); in den übrigen
    Bundesländern gilt gem. Art. 125a I 1 GG auch weiterhin § 15 I VersG.

Vollziehung keine aufschiebende Wirkung hätten, kämen sie für As Demonstration jedoch zu spät. In Betracht kommt daher nur ein einstweiliges Rechtsschutzbegehren.

Die VwGO sieht als vorläufige Rechtsschutzverfahren insbesondere §§ 80, 80a, 123 VwGO vor.[9] Gem. § 123 V VwGO sind die Verfahren der §§ 80 V, 80a VwGO vorrangig gegenüber dem Verfahren nach § 123 VwGO. Ein Antrag nach § 80a VwGO erfasst Verwaltungsakte mit Drittwirkung und ist vorliegend mangels einer Drei-Personen-Konstellation nicht einschlägig.[10] Ein Antrag nach § 80 V VwGO ist statthaft, wenn die Anordnung oder Wiederherstellung der aufschiebenden Wirkung durch das Gericht erreicht werden soll. Gem. § 80 I 1 VwGO haben Widerspruch und Anfechtungsklage aufschiebende Wirkung. Durch die Anfechtungsklage kann gem. § 42 I Alt. 1 VwGO die Aufhebung eines Verwaltungsakts erreicht werden. Die behördliche Anordnung vom 12. 9. 2018, die Demonstration nicht auf dem Marktplatz, sondern dem Augustusplatz abzuhalten, regelt einen Einzelfall auf dem Gebiet des öffentlichen Rechts mit Außenwirkung und stellt folglich einen Verwaltungsakt i.S.v. § 35 S. 1 VwVfG i.V.m. § 1 SächsVwVfZG[11] dar.[12] In der Hauptsache wären somit die Anfechtungsklage und ein entsprechender (Anfechtungs-)Widerspruch statthaft.

Aufgrund der Anordnung der sofortigen Vollziehung durch die Stadt L entfällt gem. § 80 II 1 Nr. 4 VwGO die durch die Anfechtungsklage bzw. den Wider-

---

9 Auf § 47 VI VwGO muss insoweit i. d. R. nicht eingegangen werden, wenn offensichtlich ist, dass es nicht um die Überprüfung einer Satzung oder sonstiger unter dem Landesgesetz stehender Rechtsvorschriften i.S.v. § 47 I VwGO geht, s. zu diesem Antrag näher Eisentraut, Verwaltungsrecht in der Klausur, 2020, § 7.

10 Näher zu dieser Antragsart s. Eisentraut, Verwaltungsrecht in der Klausur, § 9.

11 Verweise auf das VwVfG verstehen sich im Folgenden stets unter Verweis auf § 1 SächsVwVfZG; näher zum Begriff des Verwaltungsakts Milker, in: Eisentraut, Verwaltungsrecht in der Klausur, 2020, § 2 Rn. 38 ff.; näher zum Erfordernis eines Verweises auf das Landesrecht Baade, in: a.a.O., § 1 Rn. 96 ff. und Senders, a.a.O., § 2 Rn. 621.

12 Versammlungen stehen nicht unter einem Genehmigungsvorbehalt, sondern sind lediglich anzuzeigen, vgl. Art. 13 I 1 BayVersG, § 5 I 1 NVersG, § 14 I SächsVersG, § 12 I 1 VersammlG LSA, § 11 I 1 VersFG SH; im Übrigen § 14 I VersG. Deshalb ist in der Hauptsache weder eine Verpflichtungsklage auf Erlass der Genehmigung (einstweiliger Rechtsschutz: Antrag nach § 123 I VwGO), noch eine Teilanfechtung der „Auflage" etwa als Nebenbestimmung statthaft, denn es fehlt an der Hauptregelung. Vielmehr stellt die vermeintliche „Auflage" einen eigenständigen, belastenden Verwaltungsakt dar; s. näher zum Versammlungsrecht Eickenjäger, in: Eisentraut, Verwaltungsrecht in der Klausur, 2020, § 2 Rn. 1141 ff.

spruch gem. § 80 I 1 VwGO eintretende aufschiebende Wirkung. Mithin ist ein Antrag auf Wiederherstellung der aufschiebenden Wirkung gem. § 80 V 1 Alt. 2 VwGO statthaft.

III. Antragsbefugnis

A müsste antragsbefugt sein. Die Antragsbefugnis folgt der Klagebefugnis für 8 die Anfechtungsklage in der Hauptsache. Analog § 42 II VwGO muss der Antragsteller eine Rechtsverletzung in subjektiv-öffentlichen Rechten geltend machen. Dies ist nach der Möglichkeitstheorie stets der Fall, wenn die Rechtserletzung nicht offensichtlich und von vornherein ausgeschlossen erscheint. Es ist nicht schlechterdings, nach jeder in Betracht kommenden Anschauungsweise ausgeschlossen, dass die Verlegung der Demonstration vom Marktplatz auf den Augustusplatz die A in ihrem Grundrecht aus Art. 8 I GG (Versammlungsfreiheit) oder als Adressatin eines belastenden Verwaltungsakts in Art. 2 I GG (allgemeine Handlungsfreiheit) verletzt. Mithin erscheint die Rechtsverletzung möglich, A ist antragsbefugt.

IV. Antragsfrist

Lösungshinweis: Dieser Prüfungspunkt kann auch weggelassen werden.   9

Der Antrag nach § 80 V VwGO unterliegt keiner Antragsfrist.

V. Tauglicher Antragsgegner

Lösungshinweis: Dieser Prüfungspunkt kann __alternativ__ in der Begründetheit 10 *unter „Passivlegitimation" behandelt werden.*[13]

Der Antrag müsste sich gegen den richtigen Antragsgegner richten. Richtiger Antragsgegner ist analog § 78 I Nr. 1 VwGO der Rechtsträger der Behörde, die den angegriffenen Verwaltungsakt erlassen hat (sog. Rechtsträgerprinzip). Die Stadt L ist Rechtsträgerin der handelnden Versammlungsbehörde und mithin taugliche Antragsgegnerin.

VI. Beteiligungs- und Prozessfähigkeit

Wer zu den Beteiligten gehört, richtet sich nach dem Hauptsacheverfahren. In 11 der Hauptsache ist A als Klägerin i.S.v. § 63 Nr. 1 VwGO Beteiligte. Im einst-

---

13   S. ausführlich zu dieser Problematik Creemers, in: Eisentraut, Verwaltungsrecht in der Klausur, 2020, § 2 Rn. 416 ff.

weiligen Rechtsschutzverfahren ist sie daher Antragstellerin analog § 63 Nr. 1 VwGO; sie ist gem. § 61 Nr. 1 Alt. 1 VwGO beteiligungs- und gem. § 62 I Nr. 1 VwGO prozessfähig. Die Stadt L ist in der Hauptsache als Beklagte nach § 62 Nr. 2 VwGO beteiligt und analog § 62 Nr. 2 VwGO Antragsgegnerin im einstweiligen Rechtsschutzverfahren; sie ist als juristische Person des öffentlichen Rechts gem. § 61 Nr. 1 Alt. 2 VwGO i.V.m. §§ 1 III, 3 I SächsGemO beteiligungsfähig. L ist als juristische Person nicht prozessfähig. Sie wird gem. § 62 III VwGO i.V.m. § 51 I 2, IV SächsGemO durch den Oberbürgermeister vertreten.

VII. Zuständiges Gericht

12 Gem. § 80 V 1 VwGO ist das Gericht der Hauptsache zuständig. Dies ist in sachlicher und örtlicher Hinsicht gem. §§ 45, 52 Nr. 3 VwGO i.V.m. § 2 II Nr. 3 SächsJG das VG Leipzig.

VIII. Rechtsschutzbedürfnis

13 Dem grundsätzlich vorliegenden Rechtsschutzbedürfnis dürften keine Einwände entgegenstehen.

1. Erfordernis der Erhebung eines Rechtsbehelfs in der Hauptsache

14 Es könnte am Rechtsschutzbedürfnis fehlen, wenn ein vorheriger oder gleichzeitiger Rechtsbehelf in der Hauptsache erforderlich wäre.

Die vorherige oder zeitgleiche Erhebung einer Anfechtungsklage ist wegen § 80 V 2 VwGO nicht erforderlich.

Hingegen könnte es erforderlich sein, ggf. vor oder zumindest zeitgleich mit der Stellung eines Antrags nach § 80 V VwGO einen – an sich noch zulässigen – Widerspruch gegen den Verwaltungsakt einzulegen.

Hierfür lässt sich zwar anführen, dass der Antrag nach § 80 V VwGO auf die gerichtliche Anordnung oder Wiederherstellung einer aufschiebenden Wirkung gerichtet ist, die § 80 I 1 VwGO nur dem (erhobenen) Widerspruch oder der Anfechtungsklage zuweist. Dagegen spricht, dass die – von Art. 19 IV GG geschützte – volle Ausschöpfung der Widerspruchsfrist sich mit Hinblick auf das einstweilige Rechtsschutzverfahren für den Antragsteller nachteilig auswirken könnte. Zudem wären einstweilige Rechtsschutzbegehren gegen Verwaltungsakte, für die ein Widerspruchsverfahren gesetzlich nicht mehr vorgesehen ist, ohne erkennbaren sachlichen Grund bevorteilt. Daher erweist es sich als überzeugender, einen Antrag nach § 80 V VwGO auch schon vor Erhebung des Widerspruchs als zulässig zu behandeln, solange der Widerspruch nicht bereits offensichtlich unzulässig, insbesondere verfristet ist, und vor Ablauf der Widerspruchsfrist erhoben wird. Gem. § 70 I 1 VwGO ist der Widerspruch innerhalb eines Monats nach Bekanntgabe des Verwaltungsakts zu erheben. A könnte vor dem geplanten Versammlungstermin am 14. 9. 2018 noch offensichtlich fristgerecht Widerspruch gegen den am 12. 9. 2018 bekanntgegebenen Verwaltungsakt erheben.[14] Mithin fehlt es A insoweit nicht am Rechtsschutzbedürfnis.[15]

2. Vorheriger Antrag bei der Behörde

Die Stellung eines vorherigen Antrags bei der Behörde nach § 80 IV VwGO ist im vorliegenden Fall des § 80 II 1 Nr. 4 VwGO aus einem Umkehrschluss des § 80 VI 1 VwGO nicht erforderlich.[16]   15

IX. Zwischenergebnis
Der Antrag ist zulässig.

B. Begründetheit

Lösungshinweis: Aus didaktischen Gründen beschränken sich die Ausführungen 16
zur Begründetheit des Antrags auf das Wesentliche. Es ist jedoch zu beachten,
dass die Begründetheit des Antrags i. d. R. den Schwerpunkt einer Klausur bildet
und dementsprechend nicht oberflächlich bearbeitet werden sollte.

Der Antrag müsste begründet sein. Der Antrag nach § 80 V 1 Alt. 2 VwGO ist begründet, wenn die Anordnung der sofortigen Vollziehung (formell) fehlerhaft war oder wenn das Interesse der A an der Aussetzung der Vollziehung (Suspensivinteresse) das Interesse der Allgemeinheit an der sofortigen Vollziehung (Vollziehungsinteresse) überwiegt. Maßgeblich ist für die Interessenabwägung insbesondere, ob sich der angegriffene Verwaltungsakt nach summarischer Prüfung als (offensichtlich) rechtswidrig erweist. Zudem muss der Antrag gegen den richtigen Antragsgegner gerichtet sein.

---

14 Zur Fristberechnung s. näher Stockebrandt, in: Eisentraut, Verwaltungsrecht in der Klausur, 2020, § 2 Rn. 361 ff.

15 Zum Streitstand s. näher Valentiner/Heilmann, in: Eisentraut, Verwaltungsrecht in der Klausur, 2020, § 8 Rn. 44.

16 S. näher Valentiner/Heilmann, in: Eisentraut, Verwaltungsrecht in der Klausur, 2020, § 8 Rn. 46.

I. Passivlegitimation

17 *Lösungshinweis: Dieser Prüfungspunkt kann <u>alternativ</u> in der Zulässigkeit des Antrags unter „tauglicher Antragsgegner" behandelt werden (s. bereits Rn. 10).*

Die Stadt L als Rechtsträgerin der handelnden Behörde ist passivlegitimiert (Rechtsträgerprinzip).[17]

II. Formelle Rechtmäßigkeit der Anordnung der sofortigen Vollziehung

18 Die Anordnung der sofortigen Vollziehung erfolgte laut Sachverhalt formell rechtmäßig.

III. Abwägung des Suspensivinteresses der A mit dem öffentlichen Vollziehungsinteresse

19 Der angegriffene Verwaltungsakt müsste sich nach summarischer Prüfung als rechtswidrig erweisen.

1. Ermächtigungsgrundlage

20 Als aufgrund des Vorbehalts des Gesetzes (Art. 20 III GG) notwendige Ermächtigungsgrundlage kommt § 15 I SächsVersG in Betracht.

2. Formelle Rechtmäßigkeit

21 Der Verwaltungsakt müsste formell rechtmäßig sein.

a) Zuständigkeit

22 Die für die Versammlungsverlegung sachlich und örtlich zuständige Versammlungsbehörde der Stadt L hat den Verwaltungsakt erlassen (vgl. Sachverhalt).

b) Verfahren

23 Die Anhörung von A i.S.v. § 28 I VwVfG ist erfolgt.

c) Form

24 Die Formvorschriften der §§ 37 II 1, 39 I VwVfG sind gewahrt.

---

17 Dies gilt nur in den Bundesländern, in denen das Rechtsträgerprinzip gilt. In den übrigen Bundesländern ist der Antrag ggf. an die Behörde zu richten (ggf. analog § 78 I Nr. 2 VwGO).

d) Zwischenergebnis
Der Verwaltungsakt ist formell rechtmäßig. 25

3. Materielle Rechtmäßigkeit
Der Verwaltungsakt müsste materiell rechtmäßig sein. 26

a) Tatbestandsvoraussetzungen der Ermächtigungsgrundlage
Die Tatbestandsvoraussetzungen des § 15 I SächsVersG müssten vorliegen. 27

aa) Versammlung
Es handelt sich bei der Demonstration um eine örtliche Zusammenkunft von 28
mindestens zwei Personen zur gemeinschaftlichen, überwiegend auf die
Teilhabe an der öffentlichen Meinungsbildung gerichteten Kundgebung und
damit um eine Versammlung i.S.v. § 1 III SächsVersG.[18]

bb) Unmittelbare Gefährdung für öffentliche Sicherheit oder Ordnung
Es müsste nach den bei Erlass der Beschränkung erkennbaren Umständen bei 29
Durchführung der Versammlung eine unmittelbare Gefahr für die öffentliche
Sicherheit oder Ordnung drohen.

Mit dem Abstellen auf die bei Erlass der Beschränkung erkennbaren Umstände macht das Gesetz deutlich, dass es auf eine Gefahrenprognose ankommt, also die Einschätzung der Gefahrenlage einer zukünftigen Entwicklung anhand der vorhandenen Situation und auf der Grundlage der konkreten
Tatsachen, Erkenntnisse, zeitnahen Erfahrungen und vergleichbaren Ereig-
nisse. Erforderlich sind also stets tatsächliche Anhaltspunkte, die bei verständiger Würdigung eine hinreichende Wahrscheinlichkeit des Schadenseintritts ergeben, wobei bloße Vermutungen nicht ausreichen.

Soweit das Gesetz darauf abstellt, dass die unmittelbare Gefahr für die öffentliche Sicherheit oder Ordnung gerade bei Durchführung der Versammlung
drohen muss, wird deutlich gemacht, dass die Gefahr in erster Linie auf einem
Verhalten der Versammlungsteilnehmer*innen beruhen muss. Zwischen der
Gefährdung der öffentlichen Sicherheit oder Ordnung und der Durchführung
der Versammlung muss also ein hinreichend bestimmter Kausalzusammen-

---

18 Zur Prüfung der Eingriffsermächtigungen im Versammlungsrecht ausführlich Eickenjäger,
in: Eisentraut, Verwaltungsrecht in der Klausur, 2020, § 2 Rn. 1149 ff.

hang bestehen; die Gefahr muss danach dem Veranstalter/der Veranstaltungsleiterin oder den Teilnehmer*innen normativ zuzurechnen sein.

Weitere Voraussetzung für Beschränkungen einer Versammlung oder eines Aufzugs ist das Vorliegen einer unmittelbaren Gefahr. Unmittelbar gefährdet ist die öffentliche Sicherheit oder Ordnung, wenn eine konkrete Sachlage vorliegt, die nach dem gewöhnlichen Verlauf der Dinge den Eintritt eines Schadens mit hoher Wahrscheinlichkeit erwarten lässt und daher bei ungehindertem Geschehensablauf zu einem Schaden für die der Versammlungsfreiheit entgegenstehenden Rechtsgüter führen wird.

Diese Rechtsgüter werden mit den Begriffen der öffentlichen Sicherheit und der öffentlichen Ordnung umschrieben: Die öffentliche Sicherheit umfasst die Unverletzlichkeit der Rechtsordnung, der subjektiven Rechte und Rechtsgüter des Einzelnen sowie des Bestandes, der Einrichtungen und Veranstaltungen des Staates oder sonstiger Träger der Hoheitsgewalt. Die Berufsfreiheit (Art. 12 I GG) der Händler*innen sowie die allgemeine Handlungsfreiheit (Art. 2 I GG) der Marktbesucher*innen werden als subjektive Rechte von der öffentlichen Sicherheit geschützt.

Ohne die Verlegung der Versammlung wird der Marktablauf signifikant beeinträchtigt. Diese Einschätzung kann auf tatsächliche Anhaltspunkte gestützt werden. Die genannten Schutzgüter sind folglich unmittelbar gefährdet.

cc) Störereigenschaft

30 A als Adressatin der Anordnung müsste zudem als Störerin zu qualifizieren sein. § 15 I SächsVersG setzt voraus, dass die Gefahr von der Versammlung selbst ausgeht. Das steht zwar nicht ausdrücklich in der Norm, ergibt sich aber – als ungeschriebenes Tatbestandsmerkmal – aus dem Grundsatz, dass Eingriffsmaßnahmen der Polizei in erster Linie gegen Personen zu richten sind, die sie als Störer verursachen. Der Störerbegriff richtet sich deshalb nach dem allgemeinen Polizei- und Ordnungsrecht, wobei A als Verhaltensstörerin i.S.v. § 4 I SächsPolG[19] in Betracht kommt.[20] Als Verhaltensstörerin wird in An-

---

19 Vgl. entsprechend § 6 I PolG (Baden-Württemberg); Art. 7 I PAG (Bayern); § 13 I ASOG Bln (Berlin); § 5 I BbgPolG (Brandenburg); § 5 I BremPolG (Bremen); § 8 I SOG (Hamburg); § 6 I HSOG (Hessen); §§ 68, 69 I SOG M-V (Mecklenburg-Vorpommern); § 6 I Nds. SOG (Niedersachsen); § 4 I PolG NRW (Nordrhein-Westfalen); § 4 I POG (Rheinland-Pfalz); § 4 I SPolG (Saarland); § 7 I SOG LSA (Sachsen-Anhalt); §§ 217, 218 I LVwG (Schleswig-Holstein); § 7 I PAG (Thüringen).

spruch genommen, wer eine Gefahr selbst, d. h. durch eigenes Verhalten, verursacht hat. Auf ein Verschulden kommt es nicht an. Dabei wird hinsichtlich der Kausalität auf die unmittelbare Gefahrverursachung abgestellt; Störerin ist danach, wer die Gefahrenschwelle überschreitet. A hat die Demonstration initiiert, zu ihr aufgerufen und veranstaltet sie. A ist als Veranstalterin der Versammlung mithin als Verhaltensstörerin einzustufen.

dd) Zwischenergebnis
Die Tatbestandsvoraussetzungen des § 15 I SächsVersG liegen vor.   31

b) Rechtsfolge: Ermessen
Liegen die tatbestandlichen Voraussetzungen vor, so „kann" die Behörde die   32
Versammlung von bestimmten Beschränkungen abhängig machen, § 15 I
SächsVersG. Ihr steht also ein Ermessen zu.[21] Dabei kann das Verwaltungsgericht nur nach Maßgabe des § 114 1 VwGO das Ermessen der Behörde überprüfen (Ermessensüberschreitung, -fehlgebrauch, -nichtgebrauch als Ermessensfehler). Angesichts des Umstands, dass die Stadt L erkennbar die Belange der öffentlichen Sicherheit und diejenigen der A gegeneinander abgewogen hat, kann von einem Ermessensnichtgebrauch, also dem vollständigen Ausfall der Ermessensbetätigung, nicht gesprochen werden.

Indes könnte ein Fall der Ermessensdisproportionalität vorliegen. Dies wäre dann der Fall, wenn die Stadt L die schutzwürdigen Rechtsgüter zu stark gewichtet hat, ohne hinreichend auf die Interessen der Versammlungsteilnehmer*innen Rücksicht genommen zu haben, m.a.W. wenn die Versammlungsverlegung unverhältnismäßig war.

Im Hinblick auf die finanziellen Interessen der Händler*innen (Art. 12 I GG) und der Marktbesucher*innen (Art. 2 I GG) liegt der Versammlungsverlegung ein legitimer Zweck zugrunde.

Die Versammlungsverlegung erscheint auch nicht schlechterdings ungeeignet, den legitimen Zweck zu fördern.

---

20 Zur polizei- und ordnungsrechtlichen Verantwortlichkeit allgemein näher Eisentraut, in: Eisentraut, Verwaltungsrecht in der Klausur, 2020, § 2 Rn. 1118 und bezogen auf das Versammlungsrecht näher Eickenjäger, a.a.O., § 2 Rn. 1209 ff.

21 Allgemein zum Begriff des Ermessens Benrath, in: Eisentraut, Verwaltungsrecht in der Klausur, 2020, § 2 Rn. 729 ff.

Die Verfügung müsste indes erforderlich sein, d. h. es dürfte kein milderes, gleich wirksames Mittel zur Verfügung stehen, um den schutzwürdigen Interessen in gleichem Maße zur Geltung zu verhelfen. Im Hinblick darauf, dass der Markt auch auf dem nahegelegenen Augustusplatz ohne wesentliche Umsatzeinbußen stattfinden kann, bestehen hieran ernstliche Zweifel. Aufgrund der Distanz von lediglich 500 m erscheint es auch für die Marktbesucher*innen – wenn überhaupt – als nur geringfügige Unannehmlichkeit, die Marktstände auch an besagtem Freitag auf dem Augustusplatz statt auf dem Marktplatz aufzusuchen. Dem könnte man lediglich entgegnen, dass einige Marktbesucher*innen aufgrund der kurzfristigen Verlegung den Markt möglicherweise nicht direkt auffinden und sodann wieder unverrichteter Dinge nach Hause gehen. Mithin erscheint die Verfügung wohl noch als erforderlich (a.A. gut vertretbar).

Selbst wenn der Verwaltungsakt als erforderlich zur Wahrung der geschützten Interessen angesehen wird, so müsste er dennoch angemessen sein, d. h. die Versammlungsverlegung dürfte nicht außer Verhältnis zu dem verfolgten Zweck stehen. Die Versammlungsfreiheit des Art. 8 I GG schützt die Freiheit zur kollektiven Meinungskundgabe. Sie ist damit ebenso wichtig wie die Meinungsfreiheit des Art. 5 I GG, welche zu den unentbehrlichen und grundlegenden Funktionselementen eines demokratischen Gemeinwesens und zu den vornehmsten Menschenrechten überhaupt gehört. Die Versammlungsfreiheit des Art. 8 I GG schützt auch die Auswahl des Veranstaltungsortes. A hat sich für den Marktplatz als Veranstaltungsort für die Demonstration entschieden und begründet dies zudem damit, dass sie dort mit einer höheren Resonanz rechne. Auch handelt es sich um ein Thema, welches kontrovers und in weiten Teilen Bevölkerung diskutiert wird. Demgegenüber werden die Interessen der Händler*innen aus Art. 12 I GG und der Marktteilnehmer*innen Art. 2 I GG – wenn überhaupt – nur geringfügig beeinträchtigt. Mithin steht die Versammlungsverlegung offensichtlich außer Verhältnis zu dem verfolgten Zweck und erweist sich damit als unangemessen und folglich als unverhältnismäßig. Somit liegt ein Fall der Ermessensdisproportionalität vor.

c) Zwischenergebnis

33 Der Verwaltungsakt erweist sich in materieller Hinsicht als offensichtlich rechtswidrig. Im Hinblick auf ein etwaiges Hauptsacheverfahren der A bestehen Erfolgsaussichten.

IV. Interesse der Öffentlichkeit an der sofortigen Vollziehung

Es kann kein öffentliches Interesse an der sofortigen Vollziehung eines of- 34
fensichtlich rechtswidrigen Verwaltungsakts bestehen. Folglich überwiegt das
Suspensivinteresse der A gegenüber dem öffentlichen Vollziehungsinteresse
der Stadt L.

C. Ergebnis

Der zulässige Antrag ist auch begründet und hat folglich Aussicht auf Erfolg. 35

Lösungsvorschlag Abwandlung

A. Zulässigkeit des Antrags

S. zur Zulässigkeit bereits ausführlich die Lösung des Ausgangsfalls, Rn. 5 ff. 36

B. Begründetheit des Antrags

Der Antrag müsste begründet sein. Der Antrag nach § 80 V 1 Alt. 2 VwGO ist 37
begründet, wenn die Anordnung der sofortigen Vollziehung (formell) fehlerhaft war oder wenn das Interesse der A an der Aussetzung der Vollziehung
(Suspensivinteresse) das Interesse der Allgemeinheit an der sofortigen Vollziehung (Vollziehungsinteresse) überwiegt. Maßgeblich hierfür ist insbesondere, ob nach summarischer Prüfung der Rechtsbehelf in der Hauptsache
Aussicht auf Erfolg hätte. Zudem muss der Antrag gegen den richtigen Antragsgegner gerichtet sein.

I. Passivlegitimation

Die Stadt L als Rechtsträgerin der handelnden Behörde ist passivlegitimiert
(Rechtsträgerprinzip).

II. Formelle Rechtmäßigkeit der Anordnung der sofortigen Vollziehung

Die Anordnung der sofortigen Vollziehung durch die Stadt L müsste formell 38
rechtmäßig erfolgt sein.

1. Zuständigkeit

Als für die Versammlungsverlegung zuständige Behörde war die Stadt L gem. 39
§ 80 IV 1 VwGO auch für die Anordnung der sofortigen Vollziehung zuständig.

2. Verfahren

40 Fraglich ist, ob die Stadt L die A vor Anordnung der sofortigen Vollziehung hätte anhören müssen. Gem. § 28 I VwVfG ist vor dem Erlass eines belastenden Verwaltungsakts dem Betroffenen Gelegenheit zu geben, sich zu den für die Entscheidung erheblichen Tatsachen zu äußern. Die Anordnung der sofortigen Vollziehung erfolgt als Bestandteil des Haupt-Verwaltungsakts (Nebenentscheidung) bzw. als unselbstständiger Annex zu diesem – sie setzt den Haupt-Verwaltungsakt damit voraus und regelt mit der Vollziehung nur die Modalität, ohne einen neuen Regelungsinhalt zu begründen. § 28 I VwVfG ist folglich nicht unmittelbar anwendbar.

Zwar könnte eine analoge Anwendung des § 28 VwVfG in Betracht gezogen werden, dies setzt jedoch eine planwidrige Regelungslücke sowie eine vergleichbare Interessenlage voraus. Für das Vorliegen einer vergleichbaren Interessenlage könnte sprechen, dass der Verlust des Suspensiveffekts für den Bürger ähnlich einschneidend wie eine eigenständige belastende Regelung wirkt. Gleichwohl unterliegt ein gerichtliches Vorgehen gegen die Anordnung der sofortigen Vollziehung keinen Fristen, weshalb diese folglich auch nicht in Bestandskraft erwachsen kann. Viel spricht deshalb dafür, dass keine vergleichbare Interessenlage besteht. Zumindest ist § 80 III VwGO im Hinblick auf die formellen Erfordernisse der Anordnung einer sofortigen Vollziehung abschließend, sodass keine Regelungslücke besteht. Mithin ist § 28 VwVfG auch nicht analog anwendbar. Somit musste die Stadt L die A nicht vor Erlass der Anordnung der sofortigen Vollziehung anhören.

3. Form

41 Die Form müsste gewahrt sein. Gem. § 80 III 1 VwGO ist in den Fällen des § 80 II Nr. 4 VwGO das besondere Interesse an der sofortigen Vollziehung des Verwaltungsakts schriftlich zu begründen. Die schriftliche Begründung muss erkennen lassen, wieso sich die Behörde zur Anordnung der sofortigen Vollziehung veranlasst gesehen hat. Die Formvorschrift dient dazu, der Behörde vor Augen zu führen, dass sie dem Bürger den Suspensiveffekt als gesetzlichen Regelfall (§ 80 I 1 VwGO) entzieht (Warnfunktion). Eine bloß formelhafte Formulierung sowie die Wiederholung des Gesetzestextes sind insoweit ungenügend. Vorliegend hat die Stadt L lediglich den Gesetzeswortlaut wiederholt. Damit hat sie der Formvorschrift des § 80 III 1 VwGO nicht genüge getan.

Fraglich ist, ob der formelle Begründungsmangel noch analog § 45 I Nr. 2 VwVfG geheilt werden könnte. Dafür lassen sich vor allem Gründe der Prozessökonomie anführen. Denn die Behörde kann die Anordnung der Vollziehung – auch ohne Anerkennung der Heilungsmöglichkeit – schlicht erneut mit einer vollständigen Begründung erlassen. Dagegen lässt sich anführen, dass der Schutzzweck des § 80 III 1 VwGO vor allem darin liegt, der an Recht und Gesetz gebundenen Behörde vor Augen zu führen, dass sie dem Bürger den durch § 80 I 1 VwGO gewährten und als gesetzlichen Regelfall ausgestalteten Suspensiveffekt des Rechtsbehelfs nimmt (Warnfunktion). Der Neuerlass ist zwar jederzeit möglich, gleichwohl ist § 80 III 1 VwGO hinsichtlich des Begründungserfordernisses abschließend, es fehlt folglich an der planwidrigen Regelungslücke. Viel spricht deshalb dafür, dass ein schlichtes Nachholen der Begründung mit heilender Wirkung nicht möglich ist.[22]

4. Zwischenergebnis

Die Anordnung der sofortigen Vollziehung erfolgte formell rechtswidrig. Zwar 42
wird teilweise sogar von der Nichtigkeit der Anordnung der sofortigen Vollziehung ausgegangen. Mangels Verwaltungsakt-Qualität der Anordnung der sofortigen Vollziehung entfaltet sie jedoch in beiden Fällen keine Rechtswirkung, weshalb es auch keiner behördlichen oder gerichtlichen Aufhebung bedarf. Der Antrag ist bereits deshalb begründet und hat Aussicht auf Erfolg. Jedoch muss der Antragsteller jederzeit mit einer erneuten, formell ordnungsgemäß begründeten Anordnung der sofortigen Vollziehung rechnen.

Lösungshinweis: Deshalb sollte die Prüfung der Begründetheit des Antrags also an diesem Punkt nicht beendet werden, sondern – ggf. im Hilfsgutachten – fortgeführt werden.

III. *Abwägung des Suspensivinteresses der Antragstellerin mit dem öffentlichen Vollziehungsinteresse*

S. zur Abwägung bereits ausführlich die Lösung des Ausgangsfalls, Rn. 19 ff. 43

---

22   A.A. mit entsprechender Begründung vertretbar.

§ 9 Übungsfall zum Antrag nach § 123 VwGO

Die Struktur des Antrags nach § 123 VwGO (Nikolas Eisentraut)

Der gutachterlichen Prüfung des Antrags nach § 123 VwGO liegt die folgende Struktur zugrunde:

A. Zulässigkeit
  I. Eröffnung des Verwaltungsrechtswegs (s. § 1 Rn. 8 ff.)[1]
  II. Statthafte Antragsart (s. § 1 Rn. 6 ff.)[2]
  III. Antragsbefugnis[3]
  IV. Beteiligte[4]
  V. Zuständiges Gericht[5]
  VI. Rechtsschutzbedürfnis[6]

B. Begründetheit[7]

---

[1] Ausführlich zur Eröffnung des Verwaltungsrechtswegs Eisentraut, in: Eisentraut, Veraltungsrecht in der Klausur, 2020, § 1 Rn. 162 ff.

[2] Ausführlich zum Antrag nach § 123 VwGO als statthafter Antragsart Wichmann, in: Eisentraut, Verwaltungsrecht in der Klausur, 2020, § 10 Rn. 2 ff.

[3] Ausführlich zur Antragsbefugnis beim Antrag nach § 123 VwGO Burbach/Wichmann, in: Eisentraut, Verwaltungsrecht in der Klausur, 2020, § 10 Rn. 11 ff.

[4] Ausführlich zu den Beteiligten beim Antrag nach § 123 VwGO Creemers, in: Eisentraut, Verwaltungsrecht in der Klausur, 2020, § 10 Rn. 17 ff.

[5] Ausführlich zum zuständigen Gericht beim Antrag nach § 123 VwGO Goldberg, in: Eisentraut, Verwaltungsrecht in der Klausur, 2020, § 10 Rn. 20 f.

[6] Ausführlich zum Rechtsschutzbedürfnis beim Antrag nach § 123 VwGO Valentiner/Wichmann, in: Eisentraut, Verwaltungsrecht in der Klausur, 2020, § 10 Rn. 21 ff.

[7] Ausführlich zur Struktur der Begründetheitprüfung des Antrags nach § 123 VwGO Wichmann, in: Eisentraut, Verwaltungsrecht in der Klausur, 2020, § 10 Rn. 27 ff.; Näher zum Antrag nach § 123 VwGO im Baurecht Steengrafe, a.a.O., § 10 Rn. 45 und im Kommunalrecht Piecha, a.a.O., § 10 Rn. 46 ff.

I. Anordnungsgrund
II. Anordnungsanspruch
III. Keine Vorwegnahme der Hauptsache

FALL 15: ANTRAG NACH § 123 VwGO AUF ZULASSUNG ZU EINER KINDERTAGESSTÄTTE: „ÄRGER MIT DEN NASEWEISEN" (ALEXANDER BRADE)

Schwerpunkte/Lernziele: Antrag nach § 123 VwGO, Verwaltungsakt, Umgang 1
mit unbekannten Normen des Kinder- und Jugendhilferechts, Privatisierung,
Unmöglichkeit bei öffentlich-rechtlichen Schuldverhältnissen

Sachverhalt

Die Eheleute Fiona (F) und Manfred (M) sind stolze Eltern der kleinen Kira 2
(K), die am 5. April 2017 das Licht der Welt erblickt. Sie leben gemeinsam im
Osten der Großstadt S im Bundesland L, arbeiten beide – gemeint sind F und
M – aber auswärts in Vollzeit.

Im September 2017 stellt F, wozu M sie ermächtigt hatte, einen Antrag bei der
zuständigen Stadt S, ihrer Tochter ab 1. Mai 2018 einen Betreuungsplatz in
einer wohnortnahen Kindertageseinrichtung oder Kindertagespflege zur
Verfügung zu stellen. Vorzugsweise beantragt sie einen Platz in der Kita
„Räuberkiste", die sich in privater Trägerschaft befindet, oder in der ebenfalls
nahegelegenen städtischen Kindertagespflege „Die Strolche", die in der
Rechtsform einer GmbH betrieben wird.

Ihrer Tochter wird daraufhin mit Bescheid vom 4. April 2018 ein Platz in der
städtischen Kindertageseinrichtung „Naseweis", im Westen der Stadt S gele-
gen, angeboten. Andere Plätze gebe es – was zutrifft – seit 1. März 2018 nicht
mehr. Auch eine Einwirkungsmöglichkeit auf Private bestehe seitens der Stadt
nicht.

F ärgert sich darüber sehr. Die Kindertageseinrichtung „Naseweis" komme für
ihre Tochter nicht in Betracht. F benötige für die Anfahrt mit dem öffentlichen
Personennahverkehr – bezogen auf die einfache Strecke ab ihrer Wohnung –,
was zutrifft, mindestens 45 Minuten. Dies sei nicht zumutbar, zumal sie nicht
über einen eigenen PKW verfüge.

Die Politik habe versprochen, dafür Sorge zu tragen, dass alle Eltern, die für
ihre Kleinsten einen Betreuungsplatz wollen, auch einen bekommen werden.
Immerhin werde Eltern durch Art. 6 GG garantiert, Familientätigkeit und
Erwerbstätigkeit miteinander verbinden zu können. Zudem enthalte das

einfache Fachrecht eine unbedingte Gewährleistungspflicht des zuständigen Trägers der Jugendhilfe, die es ihm verbiete, sich auf Unvermögen zu berufen.

F erhebt daher am 18. April 2018 Widerspruch gegen den Bescheid der Stadt S, über den bis heute nicht entschieden wurde. Gleichzeitig stellt sie einen Antrag bei dem zuständigen Verwaltungsgericht, mit dem sie Rechtsschutz für ihre Tochter begehrt, um „schnellstmöglich einen Platz für sie zu erhalten."

Hat der Antrag Aussicht auf Erfolg?

Bearbeitungsvermerk: Es ist, soweit erforderlich hilfsweise, auf alle aufgeworfenen Rechtsfragen einzugehen. Bearbeitungszeitpunkt ist der 30. 04. 2018.Vorschriften des Kommunalrechts sind nicht zu prüfen. Es ist weiter davon auszugehen, dass § 51 SGG im Unterschied zu § 31 SGB X nicht einschlägig ist.

Anzuwendende Vorschriften:

§ 3 SGB VIII

[...] (2) ¹Leistungen der Jugendhilfe werden von Trägern der freien Jugendhilfe und von Trägern der öffentlichen Jugendhilfe erbracht. ²Leistungsverpflichtungen, die durch dieses Buch begründet werden, richten sich an die Träger der öffentlichen Jugendhilfe. [...]

§ 5 SGB VIII

(1) ¹Die Leistungsberechtigten haben das Recht, zwischen Einrichtungen und Diensten verschiedener Träger zu wählen und Wünsche hinsichtlich der Gestaltung der Hilfe zu äußern. ² [...].

(2) ¹Der Wahl und den Wünschen soll entsprochen werden, sofern dies nicht mit unverhältnismäßigen Mehrkosten verbunden ist. ²

§ 22 SGB VIII

(1) ¹Tageseinrichtungen sind Einrichtungen, in denen sich Kinder für einen Teil des Tages oder ganztägig aufhalten und in Gruppen gefördert werden. ²Kindertagespflege wird von einer geeigneten Tagespflegeperson in ihrem Haushalt oder im Haushalt des Personensorgeberechtigten geleistet. ³Das Nähere über die Abgrenzung von Tageseinrichtungen und Kindertagespflege regelt das Landesrecht. ⁴Es kann auch regeln, dass Kindertagespflege in anderen geeigneten Räumen geleistet wird.

(2) Tageseinrichtungen für Kinder und Kindertagespflege sollen

1. die Entwicklung des Kindes zu einer eigenverantwortlichen und gemeinschaftsfähigen Persönlichkeit fördern,

2. die Erziehung und Bildung in der Familie unterstützen und ergänzen,

3. den Eltern dabei helfen, Erwerbstätigkeit und Kindererziehung besser miteinander vereinbaren zu können.

(3) ¹Der Förderungsauftrag umfasst Erziehung, Bildung und Betreuung des Kindes und bezieht sich auf die soziale, emotionale, körperliche und geistige Entwicklung des Kindes. ² [...].

§ 24 SGB VIII

(1) ¹Ein Kind, das das erste Lebensjahr noch nicht vollendet hat, ist in einer Einrichtung oder in Kindertagespflege zu fördern, wenn [...]

(2) ¹Ein Kind, das das erste Lebensjahr vollendet hat, hat bis zur Vollendung des dritten Lebensjahres Anspruch auf frühkindliche Förderung in einer Tageseinrichtung oder in Kindertagespflege. ² [...].

(3) ¹Ein Kind, das das dritte Lebensjahr vollendet hat, hat bis zum Schuleintritt Anspruch auf Förderung in einer Tageseinrichtung. [...]

§ 26 SGB VIII

¹Das Nähere über Inhalt und Umfang der in diesem Abschnitt [gemeint sind §§ 22 bis 25 SGB VIII] geregelten Aufgaben und Leistungen regelt das Landesrecht. ² [...].

§ 79 SGB VIII

(1) Die Träger der öffentlichen Jugendhilfe haben für die Erfüllung der Aufgaben nach diesem Buch die Gesamtverantwortung einschließlich der Planungsverantwortung.

(2) ¹Die Träger der öffentlichen Jugendhilfe sollen gewährleisten, dass zur Erfüllung der Aufgaben nach diesem Buch

1. die erforderlichen und geeigneten Einrichtungen, Dienste und Veranstaltungen den verschiedenen Grundrichtungen der Erziehung entsprechend rechtzeitig und ausreichend zur Verfügung stehen; [...].

§ 31 SGB X

¹Verwaltungsakt ist jede Verfügung, Entscheidung oder andere hoheitliche Maßnahme, die eine Behörde zur Regelung eines Einzelfalles auf dem Gebiet des öffentlichen Rechts trifft und die auf unmittelbare Rechtswirkung nach außen gerichtet ist. ²[...].

§ 51 SGG

(1) Die Gerichte der Sozialgerichtsbarkeit entscheiden über öffentlich-rechtliche Streitigkeiten

1. [...].

§ 3 KitaG des Landes L (LKitaG)

(1) ¹Alle Kinder haben ab Vollendung des dritten Lebensjahres bis zum Schuleintritt Anspruch auf den Besuch eines Kindergartens. ²Der Anspruch richtet sich gegen den örtlichen Träger der öffentlichen Jugendhilfe.

(2) ¹Es gehört zu den Pflichtaufgaben des örtlichen Trägers der öffentlichen Jugendhilfe, für ein bedarfsgerechtes Angebot an Kindertageseinrichtungen zur Betreuung von Kindern unter drei Jahren und für schulpflichtige Kinder bis zur Vollendung der vierten Klasse zu sorgen. ² [...].

(3) ¹Bei Kindern im Alter bis zur Vollendung des dritten Lebensjahres kann die Gemeinde den Eltern die Bildung, Erziehung und Betreuung ihrer Kinder statt in einer Kindertageseinrichtung auch in Kindertagespflege anbieten. ² [...].

§ 4 KitaG des Landes L (LKitaG)

¹Die Erziehungsberechtigten können im Rahmen der verfügbaren Plätze entscheiden, in welcher Kindertageseinrichtung oder Kindertagespflegestelle innerhalb oder außerhalb der Gemeinde ihr Kind betreut werden soll. ²Sie haben den Betreuungsbedarf in der Regel sechs Monate im Voraus bei der Wohnortgemeinde unter Angabe der gewünschten Einrichtung oder Kindertagespflegestelle anzumelden.

Lösungsgliederung

Lösungsvorschlag

4 Der Antrag der F für ihre Tochter K hat Aussicht auf Erfolg, soweit er zulässig und begründet ist.

A. Zulässigkeit

I. Eröffnung des Verwaltungsrechtswegs

5 Der Verwaltungsrechtsweg müsste eröffnet sein. Eine aufdrängende Sonderzuweisung ist nicht ersichtlich. Daher ist § 40 I 1 VwGO maßgeblich. Danach müsste zunächst eine öffentlich-rechtliche Streitigkeit vorliegen. Gestritten wird um die Zuweisung eines Platzes in einer Kindertageseinrichtung oder Kindertagespflege. Dieser Anspruch richtet sich nach § 24 II SGB VIII. Dabei handelt es sich um Sozialverwaltungsrecht und damit öffentlich-rechtliches Sonderrecht. Die Norm berechtigt oder verpflichtet nämlich nicht jedermann, sondern ist ausschließlich an einen Hoheitsträger, hier den Träger der öffentlichen Jugendhilfe, adressiert (sog. Sonderrechtstheorie[8]). Folglich liegt eine öffentlich-rechtliche Streitigkeit vor.

Die Streitigkeit ist auch nicht verfassungsrechtlicher Art. Weder K noch die Stadt S nehmen unmittelbar am Verfassungsleben teil. Sie streiten außerdem primär um Bestimmungen des SGB VIII und nicht um Verfassungsrecht, woran auch Art. 6 GG nichts ändert (sog. doppelte Verfassungsunmittelbarkeit).

Weiter ist die Streitigkeit auch nicht gem. § 51 SGG der Sozialgerichtsbarkeit zugewiesen. Damit ist der Verwaltungsrechtsweg eröffnet.

II. Statthafte Antragsart

6 Die statthafte Antragsart richtet sich nach dem Begehren des Antragstellers (§§ 88, 122 VwGO). Hier begehrt die F für die K die Gewährung von Rechtsschutz, um „schnellstmöglich einen Platz für sie zu erhalten." In Betracht kommt daher ein Verfahren des einstweiligen Rechtsschutzes. Die VwGO sieht hierfür die §§ 80 V, 80a und 123 VwGO vor.

Ein Antrag auf Erlass einer einstweiligen Anordnung nach § 123 I VwGO ist gemäß § 123 V VwGO nur statthaft, wenn nicht ein Fall der §§ 80, 80 a VwGO

---

8 S. dazu Eisentraut, in: Eisentraut, Verwaltungsrecht in der Klausur, 2020, § 1 Rn. 171.

vorliegt.[9] §§ 80, 80 a VwGO kommen nur in Betracht, wenn ein Verwaltungsakt vorliegt, gegen den in der Hauptsache ein (Anfechtungs-)Widerspruch oder eine Anfechtungsklage die statthaften Rechtsbehelfe wären. Zwar handelt es sich bei dem Bescheid der Gemeinde, der K einen Platz in der Kindertageseinrichtung „Naseweis" zuweist, um einen Verwaltungsakt i.S.d. § 31 SGB X. Eine Anfechtung dessen würde aber nicht dem Ziel der K Rechnung tragen, eine positive Zulassungsentscheidung in einer anderen (Wunsch-)Einrichtung zu erreichen. Folglich liegt eine Verpflichtungssituation vor, wofür § 123 VwGO einschlägig ist. Unerheblich ist dabei, ob der Erlass eines Verwaltungsakts (Verschaffung und Zulassung zu einer bestimmten Einrichtung) – also Verpflichtungsklage in der Hauptsache – oder die Vornahme eines Realakts (Bereitstellung bzw. Schaffung eines Platzes, namentlich bei freier Trägerschaft)[10] – dann allgemeine Leistungsklage in der Hauptsache – begehrt wird.

Abzugrenzen sind zudem § 123 I 1 VwGO (Sicherungsanordnung) und § 123 I 2 VwGO (Regelungsanordnung). Erstere dient dem Erhalt des status quo, während letztere auf die Einräumung oder Erweiterung einer Rechtsposition abzielt.[11] K erstrebt eine vorläufige anderweitige Zulassung, also eine Veränderung des Zustandes, sodass der Antrag i.S.d. § 123 I 2 VwGO als Regelungsanordnung statthaft ist.

III. Antragsbefugnis, § 42 II VwGO analog

K müsste auch antragsbefugt sein. § 42 II VwGO wird analog angewandt, um   7
Popularrechtsbehelfe auszuschließen. Das bedeutet konkret, dass K einen möglichen Anordnungsanspruch und einen Anordnungsgrund geltend machen können muss.

1. Anordnungsanspruch

Der Anordnungsanspruch ist der (im Hauptsacheverfahren geltend zu ma-   8
chende) materiell-rechtliche Anspruch auf Vornahme der geltend gemachten Handlung.[12] Ein solcher könnte sich hier aus § 24 II SGB VIII ergeben. Aus-

---

9   Zur Subsidiarität des § 123 I VwGO s. Wichmann, in: Eisentraut, Verwaltungsrecht in der Klausur, 2020, § 10 Rn. 5.

10   Zu dieser Differenzierung: Mayer, VerwArch 2013, 344 (362 f.).

11   Dazu Wichmann, in: Eisentraut, Verwaltungsrecht in der Klausur, 2020, § 10 Rn. 7 ff.

12   Dazu im Zusammenhang mit der Begründetheit des Antrags Wichmann, in: Eisentraut, Verwaltungsrecht in der Klausur, 2020, § 10 Rn. 35.

weislich des eindeutigen Wortlauts der Norm vermittelt sie eine einklagbare Rechtsposition ("Anspruch") in der Form eines subjektiven Rechts des Kindes, hier zugunsten der K. Gerügt wird, dass der angebotene Platz nicht zumutbar sei, was bei einer einfachen Wegstrecke von 45 Minuten möglich erscheint. Ein Anordnungsanspruch ist daher nicht von vornherein ausgeschlossen.

2. Anordnungsgrund

9 Innerhalb des Anordnungsgrundes muss dargelegt werden, dass bereits im vorläufigen und nicht erst im Hauptsacheverfahren Rechtsschutz gewährleistet werden muss. Bei der Regelungsanordnung kommt es vor allem darauf an, ob die Regelung nötig erscheint, um wesentliche Nachteile abzuwenden oder drohende Gewalt zu verhindern, § 123 I 2 VwGO. Die besondere Eilbedürftigkeit ergibt sich hier unter Umständen daraus, dass der mögliche Anspruch der K fortschreitend „aufgezehrt" wird und dies irreversible Nachteile für die kindliche Entwicklung und Förderung mit sich bringt.[13] Ein Anordnungsgrund ist daher zumindest möglich.

Folglich ist K antragsbefugt.

IV. Passive Prozessführungsbefugnis

10 Gem. § 78 I Nr. 1 VwGO analog – eine landesgesetzliche Ermächtigung i.S.d. § 78 I Nr. 2 VwGO war nicht abgedruckt – ist der Antrag gegen den Rechtsträger der Behörde zu richten, die den beantragten Verwaltungsakt unterlassen hat, hier also die Stadt S.

Lösungshinweis: Geht man von einer allgemeinen Leistungsklage in der Hauptsache aus, führt dies zu keinem anderen Ergebnis, denn auch insofern ist das Rechtsträgerprinzip maßgeblich.[14] Es ist ungeachtet dessen vertretbar, diese Frage erst in der Begründetheit unter dem Stichwort „Passivlegitimation" aufzuwerfen.[15]

---

13   Vgl. Struck, in: Wiesner, SGB VIII, 5. Aufl. 2015, § 24 Rn. 47. In diese Richtung auch SächsOVG, Beschl. v. 7. 6. 2017, Az.: 4 B 100/17 Rn. 10. Strenger – nicht bloß auf die die Nichterfüllung des unaufschiebbaren Anspruchs abstellend – VGH Mannheim, Beschl. v. 18. 7. 2018, Az.: 12 S 643/18 = BeckRS 2018, 17027 Rn. 20.

14   S. dazu Weidinger, in: Eisentraut, Verwaltungsrecht in der Klausur, 2020, § 5 Rn. 54.

15   Zu dieser Frage s. Creemers, in: Eisentraut, Verwaltungsrecht in der Klausur, 2020, § 2 Rn. 416 ff.

V. Beteiligungs- und Prozessfähigkeit

K ist eine natürliche Person und daher gem. § 61 Nr. 1 Alt. 1 VwGO beteili- 11
gungsfähig. Sie ist aber nicht selbst prozessfähig (vgl. § 62 I Nr. 1 VwGO),
sondern bedarf der Vertretung durch ihre Eltern. Insoweit gilt der Grundsatz
der Gesamtvertretung, §§ 1626 I, 1629 I 1, 2 Hs. 1 BGB. Allerdings hat M die F
ausdrücklich dazu ermächtigt, allein für das Kind zu handeln, soweit es um
ihre Betreuung in einer Kindertageseinrichtung oder Kindertagespflege geht.
Dies beinhaltet auch eine entsprechende Verfolgung ihrer Interessen vor
Gericht. K wird daher vor Gericht von F vertreten und ist insofern prozessfähig.

Die Stadt S ist gem. §§ 61 Nr. 1 Alt. 2, 62 III VwGO, jeweils i.V.m. den kom-
munalrechtlichen Regelungen des Landes L, beteiligungs- und prozessfähig.

*Lösungshinweis: § 61 Nr. 3 VwGO war mangels entsprechender Ermächtigung
nicht anzuwenden.*

VI. Ordnungsgemäßer Antrag

Hinsichtlich der Form gelten §§ 81, 82 VwGO entsprechend. Danach muss der 12
Eilantrag schriftlich erfolgen. Das ist hier mangels entgegenstehender Angaben geschehen.

VII. Allgemeines Rechtsschutzbedürfnis

K ist auch rechtsschutzbedürftig. Es ist kein Weg ersichtlich, mit dem sie ihr 13
Begehren schneller und leichter durchsetzen kann. Insbesondere hat sich K –
vertreten durch F – zuvor erfolglos an die zuständige Behörde gewandt. Gegen
diese Entscheidung strengt sie, bislang ohne Ergebnis, das Widerspruchsverfahren an.

*Lösungshinweis: Ob es überhaupt eines Vorverfahrens bedurfte, hängt davon ab,
ob in der Hauptsache eine Verpflichtungsklage oder eine allgemeine Leistungsklage statthaft ist (s. A. II.). Eine Ermächtigung i.S.d. § 68 I 2 VwGO war im
Sachverhalt nicht abgedruckt.*

VIII. Zwischenergebnis

Der Antrag der F für die K ist daher zulässig. 14

B. Beiladung

15 Ein Fall des § 65 II VwGO liegt nicht vor. Wohl aber kommt eine einfache Beiladung i.S.d. § 65 I VwGO für die Kita „Räuberkiste" sowie für „Die Strolche" in Betracht.[16]

Lösungshinweis: Hierauf einzugehen, wird nicht unbedingt erwartet.

C. Begründetheit

16 Der Antrag auf Erlass einer einstweiligen Anordnung ist begründet, soweit die Antragstellerin gem. § 123 I 2, III VwGO i.V.m. §§ 920 II, 294 I ZPO einen Anordnungsanspruch und Anordnungsgrund glaubhaft gemacht hat und keine unzulässige Vorwegnahme der Hauptsache vorliegt.

I. Anordnungsgrund

17 Fraglich ist, ob die Sache dringlich und eilbedürftig ist. Bei Abwarten einer Entscheidung in der Hauptsache läuft der Anspruch aus § 24 II SGB VIII bis dahin leer. Eine „Nachholung" ist nicht möglich. Wegen der damit verbundenen, überwiegend wahrscheinlichen[17], wesentlichen Nachteile i.S.d. § 123 I 2 VwGO für die frühkindliche Entwicklung der K, kann sie einen Anordnungsgrund glaubhaft machen.

II. Anordnungsanspruch

18 Weiter müsste der Anspruch, auf den sich die K beruft, voraussichtlich bestehen.

1. Anspruchsgrundlage

19 Als Anspruchsgrundlage kommt allein § 24 II 1 SGB VIII in Betracht. § 3 LKitaG bietet ersichtlich keine Grundlage für den geltend gemachten Anspruch. So handelt es sich bei § 3 II 1 LKitaG bloß um eine objektiv-rechtliche Verpflichtung des örtlichen Trägers der öffentlichen Jugendhilfe.

Lösungshinweis: Ein kommunalrechtlicher Anspruch auf Zugang zu einer öffentlichen Einrichtung war nach dem Bearbeitungsvermerk nicht zu prüfen. Auf die Verfassungsmäßigkeit von § 24 II SGB VIII, namentlich auf Kompetenzfragen

---

16 Zur einfachen Beiladung näher Creemers, in: Eisentraut, Verwaltungsrecht in der Klausur, 2020, § 2 Rn. 447 ff.

17 Zum Maßstab der Glaubhaftmachung s. Wichmann, in: Eisentraut, Verwaltungsrecht in der Klausur, 2020, § 10 Rn. 28 ff.

– einschlägig sind Art. 74 I Nr. 7, 72 II GG –, war mangels entsprechender Hinweise im Sachverhalt nicht einzugehen.[18]

2. Formelle Anspruchsvoraussetzungen

Zunächst müssten die formellen Anspruchsvoraussetzungen vorliegen. F hat mit der Antragstellung für K im September 2017 die Sechsmonatsfrist des § 4 S. 2 LKitaG eingehalten. Ferner erfolgte die Anmeldung bei dem zuständigen Träger der öffentlichen Jugendhilfe. Somit hat sie die formellen Voraussetzungen erfüllt.   20

3. Materielle Anspruchsvoraussetzungen

Fraglich ist, ob die materiellen Anspruchsvoraussetzungen vorliegen.   21

a) Tatbestand

Der Anspruch setzt lediglich voraus, dass es sich um ein Kind in der vorgegebenen Altersstufe handelt. Ein besonderer Bedarf ist hierfür weder darzulegen noch nachzuweisen. K hat seit dem 05. 04. 2018 das erste Lebensjahr vollendet, das dritte Lebensjahr aber noch nicht (erst am 04. 04. 2020). Folglich ist K anspruchsberechtigt.   22

b) Rechtsfolge

K hat daher einen Anspruch auf frühkindliche Förderung in einer Tageseinrichtung oder in Kindertagespflege, § 24 II 1 SGB VIII. Fraglich ist aber, ob dieser mit der vorgenommenen Zuweisung der K bereits erfüllt wurde (dazu aa)). Falls das nicht der Fall ist, ist klärungsbedürftig, ob und inwieweit ein Wunsch- und Wahlrecht bezüglich der Einrichtung besteht (dazu bb)) und ob der Anspruch – soweit dies nicht greift – unter dem Vorbehalt bereits vorhandener Kapazität steht (dazu cc)).   23

aa) Erfüllung (Zumutbarkeit des angebotenen Platzes)

Der Betreuungsplatz in der Kindertageseinrichtung „Naseweis" müsste mit Rücksicht auf die durch §§ 24 II, 22 II Nr. 3 SGB VIII beabsichtigte Verbesserung der Vereinbarkeit von Familie und Erwerbsleben für das Kind und seine Eltern in zumutbarer Zeit erreichbar sein. Teilweise werden hierfür Wegstreckenentfernungen von weniger als 5 km[19] oder zeitliche Grenzen von   24

---

18   Dazu näher Brade, VR 2017, 130 (132 f.).

19   VG Köln, Beschl. v. 18. 7. 2013, Az.: 19 L 877/13 – juris, Rn. 8 ff.

maximal 30 Minuten[20] je Wegstrecke aufgestellt. Andere nehmen eine individuelle statt einer abstrakt-generellen Betrachtungsweise vor.[21] Hier kommt mangels eigenem PKW nur die Inanspruchnahme öffentlicher Verkehrsmittel in Betracht. Hiermit benötigen F, M und K zwischen Wohnung und Kindertageseinrichtung mehr als 45 Minuten. Dies ist nach jeder Betrachtungsweise unzumutbar. Dabei ist auch zu berücksichtigen, dass F und M auswärts arbeiten. Daher erweist sich der K zugewiesene Betreuungsplatz in der Kindertageseinrichtung „Naseweis" als nicht anspruchserfüllend.

bb) Zugriff auf Einrichtungen verschiedener Träger, Wunsch- und Wahlrecht

25 Damit stellt sich die Frage, auf welche Einrichtungen stattdessen zurückgegriffen werden kann. Anspruchsgegner ist der zuständige Träger der öffentlichen Jugendhilfe, also die Großstadt S. Diese kann, da sie Trägerin von Kindertages- und Kindertagespflegeeinrichtungen ist, den Anspruch auch selbst erfüllen. In den Blick zu nehmen ist daher die Kindertagespflege „Die Strolche", die in der Rechtsform einer privaten GmbH betrieben wird, sich aber trotzdem in städtischer Hand befindet (sog. Organisationsprivatisierung). Denn insoweit besteht eine Einwirkungsbefugnis und -pflicht der Stadt S. Die Stadt kann sich zur Erfüllung zwar auch Privater wie der Kita „Räuberkiste" bedienen. Dies beruht allerdings auf Freiwilligkeit der nichtstaatlichen (freien) Träger (vgl. § 3 II 2 SGB VIII). Eine Einwirkungsmöglichkeit der Stadt in Gestalt eines Zuweisungsrechts besteht insoweit nicht, sodass K ihre Zulassung zu dieser Einrichtung nicht verlangen kann.[22]

Im Übrigen aber besteht das Wunsch- und Wahlrecht des Kindes, vertreten durch seine Eltern, § 5 SGB VIII. Dieses ist, anders als es der Wortlaut nahelegt, nach seinem Sinn und Zweck nicht auf Einrichtungen verschiedener Träger beschränkt.[23] K kann also grundsätzlich einen Anspruch auf einen Betreuungsplatz in der Kindertagespflege „Die Strolche" geltend machen. Dieses Recht steht allerdings neben der Grenze des § 5 II 1 SGB VIII unter dem Vorbehalt der Verfügbarkeit,[24] wie auch § 4 S. 1 LKitaG hervorhebt. Insofern

---

20 Jüngst SächsOVG, Beschl. v. 28. 3. 2018, Az.: 4 B 40/18 = LKV 2018, 282; 20 Minuten: OVG Saarland, Beschl. v. 16. 12. 1997, Az.: 8 W 6/97 = NVwZ-RR 1998, 435 (436).

21 Struck, in: Wiesner, SGB VIII, 5. Aufl. 2015, § 24 Rn. 39.

22 Vgl. Rixen, NJW 2012, 2839 (2841).

23 Wiesner, in: Wiesner, SGB VIII, 5. Aufl. 2015, § 5 Rn. 9.

24 Vgl. Winkler, in: Giesen/Kreikebohm/Rolfs/Udsching, Sozialrecht, Stand: 1. 6. 2019, § 5 SGB VIII Rn. 3 m.w.N.

ergibt sich aus § 24 II 1 SGB VIII, auch unter dem Vorzeichen eines möglichen Kapazitätserweiterungsanspruchs,[25] nichts anderes. Folglich scheidet auch diese Einrichtung aus.

Lösungshinweis: Darauf, ob ein Wahlrecht auch hinsichtlich der Betreuungsform (Tageseinrichtung oder -pflege) besteht,[26] kommt es hier nicht an.

cc) Einwand der Unmöglichkeit, Anspruch auf Kapazitätserweiterung

Ein anspruchserfüllender Betreuungsplatz steht gegenwärtig nicht zur Verfügung. Fraglich ist daher, ob § 24 II 1 SGB VIII auch einen Anspruch auf Kapazitätserweiterung gewährt.   26

Die wohl h.M. lehnt einen solchen Anspruch ab. Zur Begründung wird etwa darauf verwiesen, dass ein Fall der Unmöglichkeit vorliege, der die Verpflichtung aus § 24 II SGB VIII entfallen lasse.[27] Daher kämen nur noch Ersatzansprüche in Betracht.[28] Die Gegenansicht[29] bestreitet dies, zumal sich die örtlichen Träger der Jugendhilfe ansonsten gewissermaßen „freikaufen" könnten.[30]

Bei öffentlich-rechtlichen Schuldverhältnissen muss von Fall zu Fall festgestellt werden, ob nach dem Sinn und Zweck der entsprechenden Gesetze die Vorschrift des § 275 BGB anwendbar sein soll. Die vollständige Belegung der vorhandenen Plätze zur frühkindlichen Förderung ist angesichts dessen nicht mit einer zivilrechtlichen zur Unmöglichkeit und teilweisen Leistungsbefreiung führenden Fallkonstellation vergleichbar, bei der sich der Schuldner zur Leistung aus einem begrenzten Vorrat mehreren Gläubigern gegenüber verpflichtet hat und der Vorrat nicht für die Belieferung aller Gläubiger ausreicht.[31] Der Leistungsanspruch aus § 24 II SGB VIII unterliegt keinem Kapa-

---

25 So auch SächsOVG, Beschl. v. 16. 6. 2017, Az.: 5 L 47/17 = BeckRS 2017, 137405 Rn. 9.

26 Dagegen: BVerwG, Urt. v. 26. 10. 2017, Az.: 5 C 19/16 = NJW 2018, 1489 (1492 f.).

27 VG Frankfurt, Beschl. v. 29. 8. 2013, Az.: 7 L 2889/13.F = BeckRS 2013, 55865.

28 Pauly/Beutel, DÖV 2013, 445 (446 f.); VGH Kassel, Beschl. v. 4. 2. 2014, Az.: 10 B 1973/13 = NJW 2014, 1753. Jüngst VG Potsdam, Beschl. v. 21. 7. 2017, Az.: 7 L 417/17 – juris, Rn. 15 ff.; VG Mainz, Beschl. v. 27. 4. 2018, Az.: 1 L 279/18.MZ = BeckRS 2018, 12810 Rn. 6.

29 SächsOVG, Beschl. v. 16. 6. 2017, Az.: 5 L 47/17 = BeckRS 2017, 137405 Rn. 7 ff.; OVG Berlin-Brandenburg, Beschl. v. 22. 03. 2018, Az.: 6 S 2.18 – juris, Rn. 11 f.; ferner Mayer, VerwArch 2013, 344 (349 ff.); BayVGH, Urt. v. 22. 7. 2016, Az.: 12 BV 15.719 = BeckRS 2016, 49986 Rn. 27.

30 Vgl. Mayer, VerwArch 2013, 344 (348).

31 Vgl. Caspers, in: Staudinger, BGB, 2014, § 275 Rn. 22.

zitätsvorbehalt und schöpft daher nicht aus einem begrenzten Vorrat.[32] Der Rechtsanspruch auf frühkindliche Förderung führt vielmehr zu einer unbedingten Gewährleistungspflicht des zuständigen Trägers der Jugendhilfe (vgl. § 79 II SGB VIII).

Weiter zu beachten ist der Sinn der Regelung in § 24 II SGB VIII. So soll ein tatsächliches Betreuungsangebot für alle Kinder unter drei Jahren geschaffen werden, um die Rahmenbedingungen für das Aufwachsen von Kindern und die Vereinbarkeit von Familie und Erwerbsleben zu verbessern, was auch im Sinne von Art. 6 I GG ist[33]. Durch den Verweis auf Sekundäransprüche kann dem nicht in gleichem Maße Rechnung getragen werden. Ein echtes Druckmittel verschafft erst die Einklagbarkeit dieses Anspruchs mit nachfolgendem Vollstreckungsverfahren, in dem ein Zwangsgeld festgesetzt werden kann (§ 172 VwGO) oder eine Selbstvornahme i.S.d. § 173 VwGO i.V.m. § 887 ZPO in Betracht kommt.

Daher ist der Gegenansicht zu folgen.

Lösungshinweis: Eine andere Auffassung ist selbstverständlich – bei entsprechender Argumentation – gut vertretbar.

dd) Zwischenergebnis

27 Somit hat K gegen die Stadt S einen Anspruch auf Kapazitätserweiterung, d. h. auf Schaffung und Zurverfügungstellung eines Platzes in einer Kindertageseinrichtung oder Kindertagespflege, der sich – insbesondere – in zumutbarer Entfernung befindet, § 24 II 1 SGB VIII.

c) Zwischenergebnis

28 K hat damit einen Anordnungsanspruch glaubhaft gemacht.

III. Keine Vorwegnahme der Hauptsache

29 Bei § 123 VwGO gilt das Verbot der Vorwegnahme der Hauptsache. Es darf also nicht etwas zugesprochen werden, was als Vorgriff auf den im Hauptsache-

---

32 So zu Recht SächsOVG, Beschl. v. 16. 6. 2017, Az.: 5 L 47/17 = BeckRS 2017, 137405 Rn. 7.
33 Vgl. auch BVerfG, Beschl. v. 10. 11. 1998, Az.: 2 BvR 1057, 1226, 980/91 = BVerfGE 99, 216 (234). Das vom Schutzbereich der elterlichen Erziehungsverantwortung gem. Art. 6 II 1 GG erfasste Wahlrecht, ob die Eltern ihr Kind zu Hause betreuen oder in eine Kindertagesstätte geben, wird dadurch nicht berührt.

verfahren geltend zu machenden Anspruch anzusehen ist.[34] Wird K – bis zur Entscheidung in der Hauptsache – ein Anspruch auf die Schaffung/Einräumung eines Betreuungsplatzes eingeräumt, liegt darin eine teilweise Vorwegnahme der Hauptsache. Von dem Verbot der Vorwegnahme der Hauptsache sind aber aufgrund des Gebots des effektiven Rechtsschutzes nach Art. 19 IV 1 GG Ausnahmen anerkannt. Zu verhindern ist, dass zu Lasten des Antragstellers eine erhebliche, über Randbereiche hinausgehende Verletzung in seinen Rechten eintritt, die durch die Entscheidung in der Hauptsache nicht mehr beseitigt werden kann. Hier würde die Unterlassung der einstweiligen Anordnung dazu führen, dass für den gegenständlichen Zeitraum der Anspruch der K aus § 24 II SGB VIII irreversibel erledigt wäre. Dieser drohende irreparable Nachteil ist für K unzumutbar, zumal in der Hauptsache eine hohe Wahrscheinlichkeit besteht, dass sie obsiegt. Somit steht das Vorwegnahmeverbot der Regelungsanordnung nicht entgegen.[35]

D. Ergebnis

Der Antrag der K ist zulässig und begründet und hat daher Aussicht auf Erfolg. 30

---

34 S. Wichmann, in: Eisentraut, Verwaltungsrecht in der Klausur, 2020, § 10 Rn. 41.
35 Ähnlich SächsOVG, Beschl. v. 16. 6. 2017, Az.: 5 L 47/17 = BeckRS 2017, 137405 Rn. 18.

§ 10 Übungsfall zum Recht der öffentlichen Ersatzleistungen

FALL 16: STAATSHAFTUNG FÜR UNZUREICHENDE BADEAUFSICHT (JANA HIMSTEDT)

Der Übungsfall ist angelehnt an: BGH, Urt. v. 23.11.2017, Az.: III ZR 60/16 = 1
NJW 2018, 301

Schwerpunkte/Lernziele: Amtshaftungsanspruch (§ 839 BGB i. V. m. Art. 34 2
GG), Verwaltungsschuldverhältnis, Allgemeiner Aufopferungsanspruch

Sachverhalt

Die im Land L gelegene Gemeinde G betreibt einen künstlich angelegten, aber 3
naturnah gestalteten Badesee. Die Anlage ist gegen Zahlung einer „Nutzungsgebühr" öffentlich zugänglich. Die am Eingang gut sichtbar ausgehängte
satzungsförmige „Betriebs- und Badeordnung" bestimmt u. a.:

„§ 1 Anstaltszweck

*Das Freibad ist eine nichtrechtsfähige Anstalt des öffentlichen Rechts der Stadt G.
Diese unterhält das Freibad als öffentliche Einrichtung zur Förderung der
sportlichen Betätigung, der Gesundheit und der Erholung der Bevölkerung.*

§ 2 Zulassung

*Zur Benutzung des Bades und seiner Einrichtungen ist nach Entrichtung der
entsprechenden Gebühr grundsätzlich jedermann zugelassen. Kinder und Jugendliche unter 16 Jahren werden für den Badebetrieb nur in Begleitung einer
aufsichtführenden Person, die das 18. Lebensjahr vollendet hat, und mit Ein-
willigung der gesetzlichen Vertretung zugelassen. [...]*

§ 10 Betriebshaftung

Die Benutzung der Anlage erfolgt auf eigene Gefahr und Verantwortung. Für Unfälle haftet die Betreiberin nur, soweit dem Badepersonal vorsätzliches oder grob fahrlässiges Verschulden nachgewiesen werden kann."

Das Schwimmbad bietet einen etwa neun Meter breiten und zwölf Meter langen Badebereich, in welchem die Wassertiefe mehrere Meter beträgt. An dessen westlicher Seite befindet sich ein Sprungfelsen samt eines ihn umgebenden Sprungbereichs. Letzterer ist vom übrigen Schwimmareal mittels leuchtend orangefarbener Bojen abgegrenzt, deren Durchmesser etwa 30 cm beträgt und die in einem Abstand von 2,5 m jeweils einzeln mithilfe einer am Boden befindlichen Verankerung durch starke Seile befestigt sind.

Am 10. Juli 2018 besucht die 16-jährige K das Schwimmbad. Wegen wechselhafter Witterungsverhältnisse ist der Badebetrieb an diesem Tag insgesamt wenig rege. Aus Umständen, die im Nachhinein nicht mehr aufgeklärt werden können, verfängt sie sich beim Baden mit einem Arm im Befestigungsseil einer der Bojen, welche hierdurch mindestens teilweise unter die Wasseroberfläche gezogen wird. Der bei der G angestellte Schwimmmeister S befindet sich zu diesem Zeitpunkt auf einem Steg im Bereich des Sprungfelsens, von welchem er den gesamten Badebereich gut einsehen kann. Dennoch bemerkt er die Absenkung der Boje erst nach etwa fünf Minuten. Auf diese Auffälligkeit spricht er zunächst zwei in der Nähe befindliche Mädchen an. Denn in der Vergangenheit ist es wiederholt vorgekommen, dass Kinder und Jugendliche einzelne Bojen an den Befestigungsseilen unter Wasser gezogen oder miteinander verknotet haben. Als die Mädchen erklären, nicht an der Boje gespielt zu haben, bittet der S einen ihm bekannten Jugendlichen, nach der Boje zu schauen. Dieser unternimmt daraufhin einige kurze Tauchgänge und berichtet S sodann, hierbei „etwas Glitschiges" bemerkt zu haben. S, dem die Situation nun nach wie vor klärungsbedürftig erscheint, holt sich daraufhin eine Schwimmbrille aus dem Gerätehaus und begibt sich ins Wasser, um die Boje selbst zu überprüfen. Dabei findet er die mittlerweile leblose K vor, die er unmittelbar an Land verbringt und zu reanimieren beginnt. Die Reanimation verläuft erfolgreich; dennoch muss K im Anschluss über Monate hinweg stationär und ambulant behandelt werden. Vor allem aber bleiben infolge des langen Sauerstoffentzugs – insgesamt 11 Minuten – schwerwiegende und dauerhafte Hirnschäden bei ihr zurück, infolge welcher K lebenslange Pflege benötigen wird.

In der Folgezeit erheben die Eltern der K in deren Namen Klage und verlangen Erstattung der angefallenen wie fortlaufenden Behandlungs- und Pflegekosten wie auch Schmerzensgeld von der G. Im Prozess tragen sie vor, durch ein rechtzeitiges Einschreiten des S hätten die Gesundheitsschäden – jedenfalls im vorliegenden Schweregrad – verhindert werden können. Das Absinken der Boje und die Bewegungen unter der Wasserfläche hätten jenem viel früher, spätestens aber nach zwei Minuten, auffallen müssen. Eine sachgerechte Rettung hätte dann innerhalb einer Minute erfolgen können. Stattdessen sei S nicht nur unaufmerksam gewesen, sondern habe überdies zunächst völlig ungeeignete Maßnahmen ergriffen. Die G hingegen trägt vor, ihrer Haftung stehe schon der fehlende Nachweis der Kausalität zwischen einer etwaigen Pflichtverletzung des S und den eingetretenen Schäden entgegen.

Nach den im Prozess herangezogenen Sachverständigengutachten – deren Richtigkeit zu unterstellen ist – treten solche Hirnschäden, wie sie K erlitten hat, ab einer Verweildauer von zweieinhalb bis fünf Minuten unter Wasser ein. Wann exakt der Sauerstoffmangel allerdings bei K zu den bleibenden Schäden geführt hat, ist im Nachhinein nicht mehr feststellbar. Auch wird gutachterlich bestätigt, dass die von G gewählte Art der Bojenbefestigung keine gegenüber anderen Befestigungssystemen erhöhten Risiken berge; alle erhältlichen Befestigungsmittel würden jeweils spezifische Gefahren verursachen und an einschlägigen fachlichen Regelwerken für Badebetriebe fehle es insoweit. Die technische Umsetzung der Befestigungen sei ebenfalls sachgemäß erfolgt. Ein Unfall mit den Seilen ist bis dahin noch nie vorgekommen.

Frage 1: Auf welchem Rechtsweg und bei welchem Gericht wäre eine entsprechende Klage anhängig zu machen?

Frage 2: Stehen K die geltend gemachten Ansprüche gegen die G zu?

Bearbeitungshinweise:
1. Allgemeine Verkehrssicherungspflichten der G sind nicht zu prüfen.
2. Das VwVfG des Landes L (VwVfG-L) entspricht demjenigen des Bundes.
3. Es ist davon auszugehen, dass die „Betriebs- und Badeordnung" der G von deren kommunaler Satzungsbefugnis nach der Gemeindeordnung des Landes L gedeckt ist und dass Aufsichtspflichtverletzungen durch die Eltern der K nicht vorliegen.

Lösungsgliederung

Lösungsvorschlag

Frage 1

Fraglich ist zunächst der einschlägige Rechtsweg, wobei insbesondere die ordentliche (§ 13 GVG) wie auch die Verwaltungsgerichtsbarkeit (vgl. §§ 1, 40 VwGO) in Betracht kommen. Der Verwaltungsrechtsweg ist für öffentlich-rechtliche Streitigkeiten nichtverfassungsrechtlicher Art eröffnet, soweit keine abdrängende Sonderzuweisung eingreift (§ 40 I 1 VwGO). Eine Streitigkeit ist öffentlich-rechtlich, wenn die unmittelbar streitentscheidenden Normen dem öffentlichen Recht zuzuordnen sind. Daher müsste das Verhältnis zwischen K und G hinsichtlich der Schwimmbadnutzung zunächst öffentlich-rechtlich und nicht etwa privatrechtlich ausgestaltet sein. Ein Hoheitsträger hat grundsätzlich die Wahl, ob er Leistungs- und Benutzungsverhältnisse der Daseinsvorsorge öffentlich-rechtlich oder zivilrechtlich gestaltet (Regimewahlfreiheit)[1], sodass es diesbezüglich auf dessen Willen nach dem objektiven Empfängerhorizont ankommt. Indizien für eine öffentlich-rechtliche Ausgestaltung des Rechtsverhältnisses sind insbesondere die Erhebung von „Gebühren" anstelle eines Entgelts sowie eine satzungsmäßige Festlegung der Nutzungsbedingungen.[2] Der Eintritt zur Schwimmanlage erfolgte insoweit ausdrücklich gegen „Benutzungsgebühr" und durch hoheitlichen Zulassungsakt (vgl. § 2 der Badeordnung). Die Badeordnung liegt ebenfalls in Satzungsform und nicht etwa derjenigen allgemeiner Geschäftsbedingungen i. S. d. § 305 I BGB vor. Damit bestehen eindeutige Anhaltspunkte für eine öffentlich-rechtliche Ausgestaltung des Benutzungsverhältnisses. Jedenfalls insoweit waren die durch S möglicherweise verletzten Aufsichtspflichten also öffentlich-rechtlicher Natur. Dasselbe gilt, soweit K ihren Anspruch möglicherweise auf die Amtshaftung gem. § 839 BGB i. V. m. Art. 34 GG und einen allgemeinen öffentlich-rechtlichen Aufopferungsanspruch stützen kann, da diese Haftungsinstitute ausschließlich Träger hoheitlicher Gewalt als solche verpflichten (modifizierte Subjektstheorie). Das Vorliegen einer verfassungsrechtlichen Streitigkeit und der dazu erforderlichen „doppelten Verfassungsunmittelbarkeit" kommt nicht in Betracht.

Die Streitigkeit könnte indes im Wege der Spezialregelung des § 40 II 1 VwGO der ordentlichen Gerichtsbarkeit zugewiesen sein. Jene erfasst insbesondere „Schadensersatzansprüche aus der Verletzung öffentlich-rechtlicher Pflichten"

---

1 S. Himstedt, in: Eisentraut, Verwaltungsrecht in der Klausur, 2020, § 11 Rn. 44.
2 S. Himstedt, in: Eisentraut, Verwaltungsrecht in der Klausur, 2020, § 11 Rn. 55.

(Var. 3), wozu auch solche aus öffentlich-rechtlichen Benutzungsverhältnissen (Verwaltungsschuldverhältnisse) und der Amtshaftung gem. § 839 BGB i. V. m. Art. 34 GG zählen. Auch die Entscheidung über einen Aufopferungsanspruch läge gem. § 40 II 1 Var. 1 VwGO bei den ordentlichen Gerichten. Folglich ist gem. § 40 II 1 VwGO der ordentliche Rechtsweg eröffnet.

6 Zuständig sind gem. § 71 II Nr. 2 GVG die Zivilkammern der Landgerichte.

7 Hausarbeitswissen: Im vorliegenden Fall könnte man zudem das Bestehen allgemeiner Verkehrssicherungspflichten der G annehmen,[3] da diese mit der Anlegung des Sees als Badestelle und der Bojenbefestigung durch Seile eine Gefahrenquelle geschaffen und in ihrem Einflussbereich aufrechterhalten hat. Der BGH hat im vorliegenden Fall offengelassen, ob es sich um eine Haftung aus § 839 BGB oder allgemeinem Deliktsrecht infolge der Verletzung von Verkehrspflichten der Gemeinde handelt[4]; tatsächlich sind im Ergebnis keine Auswirkungen auf die gerichtliche Zuständigkeit oder die materielle Haftung der G ersichtlich.

Frage 2
Zu prüfen sind Ansprüche der K gegen die G auf Ersatz der Heilbehandlungs- und Pflegekosten wie auch Schmerzensgeld.

A. Schadensersatzanspruch aus öffentlich-rechtlichem Benutzungsverhältnis (§§ 280 I, 241 II BGB analog)
8 Ein entsprechender Schadensersatzanspruch könnte sich zunächst in analoger Anwendung der §§ 280 I, 241 II BGB aus einem öffentlich-rechtlichen Benutzungsverhältnis zwischen K und G ergeben.

I. Begründung des öffentlich-rechtlichen Benutzungsverhältnisses
9 Dazu müsste zwischen diesen zunächst ein verwaltungsrechtliches Schuldverhältnis zustande gekommen sein. Hierbei handelt es sich um eine öffentlich-rechtliche Sonderverbindung mit besonders intensiver Pflichtenstellung zwischen Verwaltung und Bürger, die derjenigen in einem privatrechtlichen

---

3   Vgl. Himstedt, in: Eisentraut, Verwaltungsrecht in der Klausur, 2020, § 11 Rn. 57.
4   BGH, Urt. v. 23. 11. 2017, Az.: III ZR 60/16 = NJW 2018, 301 (304).

Schuldverhältnis vergleichbar ist. In der Folge finden die wesentlichen Normen des Schuldrechts nach dem BGB auf solche entsprechende Anwendung.[5]

Dass das mögliche Rechtsverhältnis zwischen K und G öffentlich-rechtlich ausgestaltet ist (satzungsförmige Badeordnung, Nutzungsgebühr, Anstaltszweck) und inhaltlich die Nutzung einer öffentlichen Einrichtung betrifft (öffentlich-rechtliches Benutzungsverhältnis), wurde bereits festgestellt (Rn. 115).

Problem: Zustandekommen verwaltungsrechtlicher Schuldverhältnisse mit 10
Minderjährigen

In Frage steht jedoch zunächst, inwiefern derartige Benutzungsverhältnisse mit beschränkt Geschäftsfähigen wie der 16-jährigen K (vgl. § 106 BGB) begründet werden können. Die Zulassung zum Benutzungsverhältnis erfolgte hier durch Verwaltungsakt (vgl. § 2 der Badeordnung). Da dem folglich ein Verwaltungsverfahren i. S. d. § 9 VwVfG-L vorausgeht, müsste K insbesondere handlungsfähig (§ 12 VwVfG-L) gewesen sein. Die verwaltungsrechtliche Handlungsfähigkeit setzt jedoch grundsätzlich Geschäftsfähigkeit voraus (§ 12 I Nr. 1 VwVfG-L). Beschränkt Geschäftsfähige sind hingegen nur insoweit handlungsfähig, als ihre Geschäftsfähigkeit ausnahmsweise zivilrechtlich (vgl. §§ 112, 113 BGB) oder ihre Handlungsfähigkeit durch öffentlich-rechtliche Vorschriften anerkannt ist (§ 12 I Nr. 2 VwVfG-L). Dass ein Fall des § 112 oder § 113 BGB gegeben ist, ist nicht ersichtlich. Auch genügt die Grundrechtsmündigkeit eines Minderjährigen im betroffenen Lebensbereich per se nicht, um dessen verwaltungsrechtliche Handlungsfähigkeit zu begründen.[6]

„Vorschriften des öffentlichen Rechts" im Sinne des § 12 I Nr. 2 VwVfG können jedoch auch Satzungsregelungen bilden.[7] Hier lässt sich § 2 S. 2 der satzungsförmigen Betriebs- und Badeordnung im Umkehrschluss entnehmen, dass Jugendliche ab 16 Jahren das Schwimmbad grundsätzlich auch allein besuchen und den Zulassungsantrag ohne Zustimmung der gesetzlichen Vertreter stellen dürfen. Die 16-jährige K war insofern als handlungsfähig anzusehen. Auch wurde ihr wirksamer Antrag durch Einlass in das Schwimmbad bewilligt und hierdurch ein besonderes Näheverhältnis mit spezifischer Pflichtenstellung der Parteien zueinander begründet.

---

5   S. Himstedt, in: Eisentraut, Verwaltungsrecht in der Klausur, 2020, § 11 Rn. 43.

6   Schmitz in: Stelkens/Bonk/Sachs, VwVfG, 9. Aufl. 2018, § 12 Rn. 9.

7   De Wall, Die Anwendbarkeit privatrechtlicher Vorschriften im Verwaltungsrecht, 1999, S. 203; Meyer, Die Stellung des Minderjährigen im öffentlichen Recht, 1988, S. 76.

Ein öffentlich-rechtliches Benutzungsverhältnis ist somit gegeben.

II. Pflichtverletzung

11 Zweitens müsste eine der G zuzurechnende Pflichtverletzung vorliegen.

1. Schutzpflichten der G bei der Befestigung der Bojen

12 So begründen verwaltungsrechtliche Schuldverhältnisse nicht nur Leistungs-, sondern auch Schutz- und Fürsorgepflichten der Parteien zueinander[8] (§ 241 II BGB analog). Folglich haben sie das Schuldverhältnis unter gegenseitiger Rücksichtnahme auf die Integrität der Rechtsgüter des anderen – insbesondere Leben und Gesundheit – abzuwickeln und hierfür ggf. erforderliche Vorkehrungen zu treffen. Diese Schutzpflicht könnte G zunächst durch die Auswahl und technische Umsetzung der Bojenbefestigung verletzt haben, die es überhaupt erst ermöglichten, dass K sich darin verfing und unter Wasser festgehalten wurde. Laut Sachverständigengutachten bargen jedoch weder das Befestigungssystem als solches noch dessen Montage über das allgemeine Maß hinausgehende Gefahren für die Badegäste. Ein entsprechender Vorfall hat sich dementsprechend auch nie zuvor im Schwimmbad der G ereignet. Insofern ist davon auszugehen, dass letztere die verkehrsüblichen und -erforderlichen Sorgfaltsmaßstäbe beachtet und die notwendigen Vorkehrungen getroffen hat. An einer diesbezüglichen Pflichtverletzung fehlt es folglich.

2. Aufsichtspflichtverletzung des S

13 Das öffentlich-rechtliche Benutzungsverhältnis begründet jedoch besondere Fürsorgepflichten des Hoheitsträgers auch in Form von Aufsichtspflichten über die Badegäste.[9] Fraglich ist, ob S, dem am Tag des Unfalls die Badeaufsicht oblag, jene verletzt hat. Dies würde der beklagten G in analoger Anwendung des § 278 S. 1 BGB zugerechnet.

14 Dazu bedarf es zunächst einer Klärung des Umfangs der Aufsichtspflicht im Einzelnen. Denn es kann und muss im Schwimmbadbetrieb nicht jeder abstrakten Gefahr durch Sicherungsmaßnahmen vorgebeugt werden, da die Schaffung einer derart lückenlosen Sicherheit unmöglich ist.[10] Insbesondere trifft den Schwimmmeister somit keine Pflicht zur lückenlosen Beobachtung

---

8 Brinktrine in: Brinktrine/Kastner, Fallsammlung zum Verwaltungsrecht, 2. Aufl. 2005, S. 254.

9 LG Münster, Urt. v. 17. 5. 2006, Az.: 12 O 639/04 = NJW-RR 2007, 904 (905).

10 BGH, Urt. v. 21. 3. 2000, Az.: VI ZR 158/99 = NJW 2000, 1946.

eines jeden Schwimmers.[11] Der „Pflichtenkatalog" einer Badeaufsicht gebietet dem spezifischen Zweck des Amtes nach aber sehr wohl, das Geschehen im Wasser mit regelmäßigen Kontrollblicken daraufhin zu überwachen, ob Gefahrensituationen für einzelne Badegäste auftreten. Dabei ist der Beobachtungsort so zu wählen, dass der gesamte Schwimm- und Sprungbereich überwacht werden kann, was gegebenenfalls häufige Standortwechsel erfordert. Weiter zählt es zu den Aufgaben der Schwimmaufsicht, in Notfällen für rasche und wirksame Hilfeleistung zu sorgen.[12]

Fraglich ist, ob S nach diesen Maßstäben pflichtwidrig gehandelt hat. Der von ihm gewählte Beobachtungsort bot ihm einen guten Einblick in den gesamten Badebereich, sodass insoweit kein Pflichtverstoß anzunehmen ist. Dennoch bemerkte S die herabgezogene Boje erst nach fünf Minuten. Gerade angesichts der eher geringen Größe des Beckens und des mäßigen Badebetriebs an jenem Tag hätten allerdings regelmäßige Kontrollblicke auf das Wasser zu einer deutlich früheren Entdeckung der Auffälligkeiten an der Boje führen müssen. So kann dem Vortrag der K, dass dies spätestens nach zwei Minuten seit dem Unfall hätte geschehen müssen, durchaus gefolgt werden (a.A. vertretbar). Das Verstreichenlassen von fünf Minuten jedenfalls stellte eine pflichtwidrige Verzögerung der Rettung dar.

Zweifelhaft erscheint auch, ob S nach Entdeckung der abgesenkten Boje hinreichend schnell und effektiv zur Hilfeleistung geschritten ist. So zog er zunächst, anstatt sich sofort selbst zur Klärung des Sachverhalts und zur Rettung der Klägerin ins Becken zu begeben, nur die neben ihm stehenden Mädchen und den ihm bekannten Jugendlichen zur Befragung bzw. zur Kontrolle der Boje heran. Dabei hätte S bewusst sein müssen, dass die herabgezogene Boje auf eine in Lebensgefahr befindliche Person hindeuten konnte, was sofortiges Handeln seinerseits als ausgebildete Rettungskraft erforderte. Dass sich vergleichbare Situationen in der Vergangenheit des Öfteren als tatsächlich harmlos herausgestellt haben („Anscheinsgefahr") und so kurzzeitig zu unnötigem Aufwand für S führten, vermochte angesichts der Tatsache, dass massive Verletzungen höchst bedeutsamer Rechtsgüter (Leib, Leben, Gesundheit) zu befürchten standen[13], nicht zu rechtfertigen, zunächst

---

11   OLG Karlsruhe, Urt. v. 10. 8. 2007, Az.: 14 U 8/06 = NJW-RR 2008, 184 (185); Katzenmeier, JZ 2018, 415 (416).

12   Insgesamt BGH, Urt. v. 23. 11. 2017, Az.: III ZR 60/16 = NJW 2018, 301 (302).

13   Mit diesem Aspekt zieht das Gericht der Sache nach die aus dem Polizeirecht im Rahmen des Gefahrenbegriffs bekannte „Je-desto-Formel" zur Bestimmung der Amtspflicht heran:

auf eigene Erforschungs- und Rettungsmaßnahmen zu verzichten. Auch das Vorgehen, sich zunächst in das Gerätehaus zu begeben, um eine Schwimmbrille zu holen, entsprach nicht der gebotenen zügigen und effektiven Notfallrettung, denn wäre die Schwimmbrille für die Personenrettung erforderlich gewesen, hätte S sie ständig bei sich tragen müssen.[14] Auch insofern verletzte dieser also seine Aufsichtsflicht, was sich G analog § 278 S. 1 BGB zurechnen lassen muss.

III. Verschulden

15 Dass die Beklagte die genannten Pflichtverletzungen zu vertreten hat, gilt im verwaltungsrechtlichen Schuldverhältnis grundsätzlich als vermutet (§ 280 I 2 BGB analog).[15]

1. Problem: Wirksamkeit der satzungsförmigen Haftungsbeschränkung?
Aufbauhinweis: Die Prüfung der Haftungsbeschränkung kann ebenso unten bei den übrigen Ausschlusstatbeständen erfolgen.

16 Allerdings könnte die in § 10 der Badeordnung normierte Haftungsbeschränkung dazu führen, dass G ausschließlich für grobes Verschulden – also Vorsatz und grobe Fahrlässigkeit – ihrer Erfüllungsgehilfen haften muss, sodass es darauf ankommt, welche Verschuldensform bei S gegeben war. Es ist nicht davon auszugehen, dass diesem die Verletzung seiner Aufsichtspflichten bewusst im Sinne eines dahingehenden Vorsatzes war; die Verkennung seines Pflichtenprogramms beruhte vielmehr auf einer Außerachtlassung der im Verkehr erforderlichen Sorgfalt und damit Fahrlässigkeit (vgl. § 276 II BGB).

Fraglich ist indes, ob diese in Form der groben Fahrlässigkeit vorlag, S also die verkehrserforderliche Sorgfalt in besonders schwerem, außergewöhnlichem Maße vernachlässigt hat, indem er einfachste, sehr nahe liegende Überlegungen nicht anstellte oder das unbeachtet ließ, was in der Situation jedem einleuchten musste.[16] In der Tat lag es in der hier maßgeblichen Situation sehr

---

Je bedeutsamer das gefährdete Rechtsgut und je höher der zu erwartende Schaden ist, desto eher ist ein hoheitliches Einschreiten geboten (s. zu diesem Grundsatz im Polizei- und Ordnungsrecht durch Eisentraut, in: Eisentraut, Verwaltungsrecht in der Klausur, 2020, § 2 Rn. 1117).

14 BGH, Urt. v. 23. 11. 2017, Az.: III ZR 60/16 = NJW 2018, 301 (303).

15 Dazu Himstedt, in: Eisentraut, Verwaltungsrecht in der Klausur, 2020, § 11 Rn. 45.

16 Zur Definition der groben Fahrlässigkeit etwa Stadler in: Jauernig, BGB, 17. Aufl. 2018, § 276 Rn. 33.

nahe, dass die Boje deshalb unter die Wasseroberfläche gezogen war, weil sich eine Person in deren Befestigungsseilen verfangen hatte; auf dieser Grundlage hätte jedem einleuchten müssen, dass nur sofortiges, persönliches Handeln einer geschulten Aufsichts- und Rettungskraft größere Schäden für Leben oder Gesundheit verhindern kann. Da sich andererseits vergleichbare Situationen in der Vergangenheit stets als harmlos herausgestellt haben, ein vergleichbarer Unfall mit den Befestigungsseilen noch nie vorgefallen ist und damit aus Sicht des S eher „nur" ein Gefahrverdacht vorlag, kann im Hinblick auf seine Untätigkeit noch von einfacher Fahrlässigkeit ausgegangen werden[17] (a.A. vertretbar). § 10 der Betriebs- und Badeordnung könnte einer Haftung der G somit entgegenstehen.

Hierzu müsste die dort normierte Haftungsbeschränkung wirksam und somit rechtmäßig sein, da für satzungsförmige Regelungen das rechtstaatliche Nichtigkeitsdogma gilt.[18] Grundsätzlich werden satzungsförmige Haftungsausschlüsse der Verwaltung in öffentlich-rechtlichen Leistungs- oder Benutzungsverhältnissen mit bestimmten Einschränkungen für zulässig gehalten.[19] Der genaue Rechtmäßigkeitsmaßstab ist allerdings umstritten.[20]   17

2. Erste Ansicht (insbesondere Rechtsprechung)

Der BGH misst derartige Vorschriften am Verhältnismäßigkeitsgrundsatz.   18
Danach muss der Ausschluss insbesondere sachlich gerechtfertigt sein und darf eine Haftung der Verwaltung für Vorsatz und grobe Fahrlässigkeit nicht ausschließen.[21] Als sachlicher Grund für den Haftungsausschluss genügt bereits, dass dieser einer Niedrighaltung der Nutzungsgebühren dient, was letztlich allen Anstaltsnutzern zugutekommt.[22] Auch im vorliegenden Fall ist der Haftungsausschluss grundsätzlich geeignet, die Anstaltskosten (insbesondere: Versicherungsprämien der Kommune für die Haftung ihres Aufsichtspersonals[23]) und damit die Nutzungsgebühren insgesamt niedrig zu halten, sodass ein sachlicher Grund gegeben ist. Auch bezieht sich die vor-

---

17   So im Ergebnis die Berufungsinstanz, s. OLG Koblenz, Urt. v. 7. 1. 2016, Az.: 1 U 862/14 = MDR 2016, 157.

18   Eingehend zu diesem Zimmermann, JA 2018, 249.

19   Barczak, VerwArch 2018, 363 (392).

20   S. Himstedt, in: Eisentraut, Verwaltungsrecht in der Klausur, 2020, § 11 Rn. 59.

21   BGH, Urt. v. 21. 6. 2007, Az.: III ZR 177/06 = NVwZ 2008, 238 (239).

22   Baldus/Grzeszick/Wienhues, Staatshaftungsrecht, 5. Aufl. 2018 Rn. 254.

23   Vgl. Katzenmeier, JZ 2018, 415 (419).

liegende Regelung ausschließlich auf „einfache" Fahrlässigkeit und lässt eine Haftung für grobes Verschulden unberührt. Nach Ansicht der Rechtsprechung wäre die Regelung in § 10 der Badeordnung somit wirksam.

3. Zweite Ansicht (Teile der Lehre)

19 Das Schrifttum hingegen zieht als Entscheidungsmaßstab zunehmend das AGB-Recht heran, entweder analog[24] oder – in die öffentlich-rechtliche Verhältnismäßigkeitsprüfung integriert – als konkretisierenden Maßstab der Angemessenheitsprüfung[25]. Bei dieser Annahme kommt man insbesondere infolge der Vorschrift des § 309 Nr. 7 lit. a BGB (keine Haftungsreduktion für Körper-, Lebens- und Gesundheitsschäden) zu einer strengeren Haftung der Verwaltung.[26] So genügt auch die vorliegende Satzungsregelung wegen ihres Pauschalausschlusses den Anforderungen des § 309 Nr. 7 lit. a BGB nicht und wäre damit unwirksam.

4. Streitentscheid

20 Gegen eine Anwendung des AGB-Rechts mag hier zwar sprechen, dass das Verhältnismäßigkeitsprinzip des Grundgesetzes den sachnäheren, genuin öffentlich-rechtlichen Handlungsmaßstab der Verwaltung darstellt und insofern vorrangig heranzuziehen ist. Andererseits wird das übrige Schuldrecht des BGB im verwaltungsrechtlichen Schuldverhältnis gerade analog angewandt, um zu verhindern, dass sich die Exekutive infolge ihrer Wahlfreiheit, ob sie ein Rechtsverhältnis öffentlich- oder privatrechtlich ausgestaltet, den ggf. strengeren Haftungsmodalitäten eines der Rechtsregime entziehen kann. Genau das ist aber der Fall, wenn die öffentlich-rechtlichen Anforderungen an haftungsbeschränkende Klauseln hinter den zivilrechtlichen zurückbleiben und somit gleichsam eine „Flucht ins öffentliche Recht" ermöglichen.[27] Im vorliegenden Fall tritt hinzu, dass die Haftungsbeschränkung zulasten einer beschränkt Geschäftsfähigen wirken würde und die öffentlich-rechtliche Formenwahl der Verwaltung somit zusätzlich den zivilrechtlichen Minderjährigenschutz zu unterlaufen drohte.[28] Aus diesen teleologischen Gründen sind die Vorgaben der

---

24 Heintzen, NVwZ 1992, 857 (858).

25 Ehlers, Jura 2012, 691 (699); Ossenbühl/Cornils, Staatshaftungsrecht, 6. Aufl. 2013, S. 441.

26 Gurlit in: Ehlers/Pünder, Allgemeines Verwaltungsrecht, 15. Aufl. 2015, § 35 Rn. 38.

27 Im zugrundeliegenden Fall hat das Gericht sogar explizit klargestellt, dass eine entsprechende Regelung im zivilrechtlich ausgestalteten Nutzungsverhältnis unwirksam wäre: BGH, Urt. v. 23. 11. 2017, Az.: III ZR 60/16 = NJW 2018, 301 (304).

28 Vgl. Tiemann, VerwArch 65 (1974), 381 (403).

§§ 305 ff. BGB zumindest als konkretisierender Maßstab der Angemessenheitsprüfung im Rahmen des Verhältnismäßigkeitsprinzips heranzuziehen, was hier nach den Grundsätzen des § 309 Nr. 7 lit. a BGB zur Unwirksamkeit des § 10 der Satzung führt.

Das „nur" einfache Verschulden des S ist für die Haftung der G somit unschädlich.

IV. Kausaler Schaden

K hat infolge des Sauerstoffmangels unter Wasser schwerwiegende Gesund- 21 heitsschäden erlitten. Diese müssten auch kausal und zurechenbar auf die Pflichtverletzungen des S zurückgehen. Fraglich ist insofern, ob jene auch dann eingetreten wären, wenn S seine Aufsichts- und Rettungspflichten ordnungsgemäß erfüllt hätte, ob die Pflichtverletzung mithin *„conditio sine qua non"* des Schadenseintritts war. Die bloße Möglichkeit oder Wahrscheinlichkeit eines Schadens ist hierfür nicht ausreichend; vielmehr muss der hypothetische Geschehensverlauf durch den Schadensersatzgläubiger dargelegt und vollständig bewiesen werden.[29]

Eine ordnungsgemäße Rettung hätte vorliegend in Anbetracht der Beckengröße und des geringen Badebetriebs höchstens drei Minuten in Anspruch genommen (höchstens zwei Minuten zur Entdeckung der Boje, s. o., und höchstens eine Minute zum Erreichen der Boje und dem Verbringen der K aus dem Becken). Nach dem eingeholten medizinischen Sachverständigengutachten sind die Gesundheitsschäden der K im Zeitraum zwischen zweieinhalb und fünf Minuten nach dem Unfall eingetreten. In der Folge besteht zwar eine Wahrscheinlichkeit, dass die Schäden nach drei Minuten noch nicht vorhanden waren, jedoch keine für den klägerischen Beweis hinreichende Sicherheit. Grundsätzlich wäre damit von einem Fehlen des Kausalitätserfordernisses auszugehen.

1. Problem: Beweislast

Allerdings könnte zugunsten der K eine Beweislastumkehr oder zumindest 22 eine Beweiserleichterung eingreifen.

---

29 Katzenmeier, JZ 2018, 415 (416).

a) Beweislastumkehr wegen Verletzung besonderer Berufs- und Organisationspflichten?

23 Gelingt ein Nachweis der Kausalität nicht, so kann nach Ansicht der Rechtsprechung eine Beweislastumkehr zugunsten des Klägers eingreifen, wenn dem Beklagten eine grobe Verletzung solcher Berufs- oder Organisationspflichten anzulasten ist, die dem Schutz des Lebens und der Gesundheit anderer dienen. In diesem Falle muss also der Beklagte die Nichtursächlichkeit seiner Pflichtverletzung beweisen, sofern diese allgemein geeignet ist, einen Schaden nach Art des eingetretenen herbeizuführen.[30]

Zur Begründung dieser – dem Arzthaftungsrecht entlehnten – Rechtsprechung zieht der BGH vor allem Billigkeitserwägungen heran: Wegen des Gewichts des Fehlers sei das Spektrum der für die Schädigung in Betracht kommenden Ursachen besonders verbeitert oder verschoben und damit die nachträgliche Aufklärbarkeit des Geschehens in einer Weise erschwert, die den vollen Kausalitätsnachweis für den Geschädigten unzumutbar mache.[31]

Teile der Literatur lehnen diese richterrechtliche Verlagerung der Beweislast zum Nachteil des Anspruchsgegners hingegen ab; derartige Abweichungen von den allgemeinen Beweisgrundsätzen im Zivilprozess seien dogmatisch kaum begründbar.[32]

Da S vorliegend keinen groben, sondern „nur" einfachen Pflichtverstoß begangen hat, kann ein Streitentscheid dahinstehen;[33] nach beiden Ansichten wäre hier kein Fall der Beweislastumkehr gegeben.

b) Anscheinsbeweis zugunsten der K?

24 Weitgehend anerkannt ist hingegen die tatsächliche Vermutung (Anscheinsbeweis[34]) der Schadensursächlichkeit im Falle der Verletzung von Aufsichts- und Überwachungspflichten, wenn sich gerade diejenige Gefahr verwirklicht, der die Aufsichtspflicht vorbeugen sollte.[35] Dies gilt bereits bei einfach fahrlässiger Verletzung der entsprechenden Pflichten.[36]

---

30   BGH, Urt. v. 23. 11. 2017, Az.: III ZR 60/16 = NJW 2018, 301 (303).
31   BGH, Urt. v. 23. 11. 2017, Az.: III ZR 60/16 = NJW 2018, 301 (303).
32   Reinert in: Bamberger/Roth/Hau/Poseck, BGB, 50. Ed., Stand: 1. 5. 2019, § 839 Rn. 134.
33   Ein solcher findet sich aber zum Nachlesen etwa bei Katzenmeier, JZ 2018, 415 (417 f.).
34   Laumen, MDR 2018, 256 (257).
35   BGH, Urt. v. 23. 11. 2017, Az.: III ZR 60/16 = NJW 2018, 301 (304); Koch/Rupp, NJW 2018, 267 (269); Laumen, MDR 2018, 256 (257).

Die S obliegende Überwachungs- und die darauf aufbauende Rettungspflicht waren geeignet und – zumindest auch – dazu bestimmt, gesundheitliche Schäden zu verhindern, die dadurch eintreten, dass ein Badegast nicht mehr auftauchen kann und unter Wasser bleibt. Bei dem vorliegenden Badeunfall hat sich somit eben jene Gefahr verwirklicht, der durch die S obliegenden (Kern-)Pflichten entgegengewirkt werden sollte.

2. Zwischenergebnis

Wegen der damit eintretenden tatsächlichen Vermutung zugunsten der K ist von einer Schadensursächlichkeit der Pflichtverletzungen auszugehen.[37]   25

VI. Rechtsfolge

In der Folge hat K einen Anspruch auf Schadensersatz in entsprechender Anwendung der §§ 249 ff. BGB, was grundsätzlich Ersatz der Pflege- und Behandlungskosten in Geld (§ 251 I BGB analog) wie auch Schmerzensgeld infolge der Gesundheitsverletzungen (§ 253 II analog) umfasst. Ein Mitverschulden (§ 254 BGB analog) der Eltern der K, welches letzterer eventuell zugerechnet werden könnte, liegt laut Bearbeitungshinweis nicht vor.   26

B. Amtshaftungsanspruch (§ 839 BGB i. V. m. Art. 34 GG)

Zudem könnte K ein Schadensersatzanspruch aus Amtshaftung gem. § 839 BGB i. V. m. Art. 34 GG zustehen. Dieser steht gleichwertig neben dem Anspruch aus dem Verwaltungsschuldverhältnis.[38]   27

I. Handlung in Ausübung eines öffentlichen Amtes

Dazu müsste S bei der Badeaufsicht am 10. Juli 2018 als Beamter „im haftungsrechtlichen Sinne" in Ausübung eines öffentlichen Amtes, also hoheitlich tätig gewesen sein. Nicht erforderlich ist insoweit eine statusrechtliche Stellung als Beamter, sodass es hinreichend ist, dass S Angestellter der Gemeinde G war. Als solcher nahm er Aufgaben im Rahmen der kommunalen Daseinsvorsorge wahr (vgl. § 1 2 der Badeordnung) und wurde somit auch hoheitlich tätig. Das schädigende Unterlassen erfolgte zudem gerade im äußeren und inneren Zusammenhang mit der Erfüllung dieser Aufgabe und somit „in Ausübung" des öffentlichen Amtes, nicht lediglich bei dessen Gelegenheit.   28

---

36   Koch/Rupp, NJW 2018, 267 (269).
37   Vgl. BGH, Urt. v. 23. 11. 2017, Az.: III ZR 60/16 = NJW 2018, 301 (304).
38   Papier/Shirvani in: Münchener Kommentar BGB, 7. Aufl. 2017, § 839 Rn. 77 m.w.N.

II. Verletzung einer drittbezogenen Amtspflicht

29 Dabei muss eine Amtspflicht verletzt worden sein, die gerade auch den Schutz der Gesundheit der K bezweckt hat.

1. Schutzpflichten der G bei der Befestigung der Bojen

30 Selbst wenn man die Schutz- und Sorgfaltspflichten der G bei der Bojenbefestigung hier als Amts- und nicht etwa allgemeine Verkehrssicherungspflichten einordnete, fehlte es diesbezüglich an einer Pflichtverletzung der Beklagten (s. oben Rn. 121).

2. Aufsichtspflichten des S

31 In Betracht kommt jedoch auch hier eine Verletzung von Aufsichtspflichten des S über die Badegäste. Allgemein gesetzlich geregelt ist eine solche Pflicht nicht; indes können sich aus der spezifischen Funktion eines Amtes ungeschriebene Amtspflichten ergeben[39]. So ist die Aufsicht über die Badegäste gerade zentrale Aufgabe eines Schwimmmeisters und zählt als solche „Kernpflicht"[40] der spezifischen Aufgabe zu den Amtspflichten des S. Diese Pflicht dient auch gerade dem Schutz der Badenden vor (Ertrinkungs-)Schäden an Leib, Leben und Gesundheit. Eine drittbezogene Amtspflicht liegt damit vor. Diese wurde ihrem Umfang nach auch durch S verletzt (s. oben Rn. 14).

III. Verschulden

32 S als Amtsträger müsste die Amtspflichtverletzung überdies nach den Grundsätzen des § 276 BGB zu vertreten haben, wobei jedoch nicht auf dessen individuelle Kenntnisse und Fähigkeiten abzustellen ist, sondern auf diejenigen eines „pflichtgetreuen Durchschnittsbeamten"[41]. Ein solcher hätte bei Beachtung der im Verkehr erforderlichen Sorgfalt nicht nur die Auffälligkeiten an der betreffenden Boje schneller erkennen, sondern zudem wissen müssen, dass die Situation ein sofortiges Handeln gebietet (s. oben Rn. 14). Die Amtspflichtverletzung geht folglich auf („einfache") Fahrlässigkeit des S zurück.

---

39   Teichmann in: Jauernig, BGB, 17. Aufl. 2018, § 839 Rn. 11; auf diese Weise kommt die Rechtsprechung etwa zu einer Aufsichtspflicht von Lehrern über Schüler: BGH, Urt. v. 3. 11. 1958, Az.: III ZR 139/57 = BGHZ 28, 297.

40   BGH, Urt. v. 23. 11. 2017, Az.: III ZR 60/16 = NJW 2018, 301 (304).

41   S. Himstedt, in: Eisentraut, Verwaltungsrecht in der Klausur, 2020, § 11 Rn. 17.

Problem: Wirksamkeit der satzungsförmigen Haftungsbeschränkung im Deliktsrecht?

Aufbauhinweis: Auch im Rahmen der Amtshaftung kann die Prüfung der Haftungsbeschränkung ebenso unten bei den übrigen Ausschlusstatbeständen erfolgen.

Fraglich ist angesichts dieser leichten Verschuldensform, wie sich die in § 10 der satzungsförmigen Badeordnung normierte Haftungsbeschränkung auf Vorsatz und grobe Fahrlässigkeit auf die deliktische Haftung nach § 839 BGB i. V. m. Art. 34 GG auswirkt. Sofern man die vorliegende Klausel überhaupt für wirksam hielte, könnte dies jedoch nicht im Rahmen der Amtshaftung gelten, weil Satzungen bereits normhierarchisch nicht geeignet sind, eine formellgesetzlich begründete Haftung des Hoheitsträgers zu beschränken. Hierzu bedürfte es einer gesetzlichen Grundlage, an welcher es vorliegend fehlt.[42]

33

IV. Kausaler Schaden

Von einer Kausalität der Amtspflichtverletzung für den Gesundheitsschaden der K ist auszugehen, da G Gegenteiliges nicht bewiesen hat (s. oben Rn. 25).

34

V. Kein tatbestandlicher Ausschluss

Schließlich dürfte kein Ausschlussgrund der Amtshaftung gegeben sein. Ein schuldhaftes Rechtsmittelversäumnis der K i. S. d. § 839 III BGB kommt vorliegend nicht in Betracht, da eine Einlegung von Primärrechtsbehelfen vor und während des Schadenseintritts (also des Unfalls) offensichtlich unmöglich war. Auch das Spruchrichterprivileg des § 839 II 1 BGB muss mangels eines Judikativaktes ausscheiden.

35

Fraglich ist somit nur, ob S gem. § 839 I 2 BGB „auf andere Weise Ersatz zu erlangen vermag" (Subsidiaritätsklausel). Ein Direktanspruch gegen S scheidet allerdings aus, denn soweit Schäden durch die pflichtwidrige Ausübung eines öffentlichen Amtes verursacht werden, stellt § 839 BGB, der in Verbindung mit Art. 34 GG gerade eine Haftungsüberleitung auf den Hoheitsträger normiert, eine Spezialregelung dar, die einen Rückgriff auf eine allgemeine deliktische Haftung des Amtsträgers (insbesondere: § 823 BGB) grundsätzlich sperrt.[43] Ansprüche der gegen ihre Eltern scheitern bereits an der fehlenden Pflichtverletzung, s. den Bearbeitungshinweis.

---

42 BGH, Urt. v. 23. 11. 2017, Az.: III ZR 60/16 = NJW 2018, 301 (304).
43 Staudinger in: Schulze, BGB, 10. Aufl. 2019, § 839 Rn. 47.

Das Vorliegen eines Ausschlussgrundes ist somit nicht ersichtlich.

VI. Rechtsfolge

36 In der Folge kommt K auch ein Schadensersatzanspruch aus Amtshaftung zu.

C. Allgemeiner öffentlich-rechtlicher Aufopferungsanspruch

37 Schließlich kommt in Betracht, das K ein Anspruch aus allgemeiner öffentlich-rechtlicher Aufopferung zusteht. Solche Aufopferungsansprüche können grundsätzlich *neben* dem Amtshaftungsanspruch und Ansprüchen aus öffentlich-rechtlichen Schuldverhältnissen geltend gemacht werden, da letztere Tatbestände der Verschuldenshaftung darstellen.[44] Auch in der Rechtsfolge vermag der Aufopferungsanspruch dem Klagebegehren der K grundsätzlich zu entsprechen, da er Entschädigung nicht nur für Vermögensschäden, die aufgrund der Verletzung immaterieller Rechtsgüter eingetreten sind (Heilbehandlungs- und Pflegekosten) gewährt[45], sondern nach der neuen Rechtsprechung des BGH mittels dieses Anspruchs auch Schmerzensgeld geltend gemacht werden kann[46].

I. Hoheitlicher Eingriff in ein immaterielles Rechtsgut

38 Betroffen ist die Gesundheit der K als immaterielles, durch Art. 2 II GG geschütztes Rechtsgut. Bloßes Unterlassen erfüllt jedoch grundsätzlich nicht den Eingriffsbegriff der allgemeinen Aufopferung. Rechtsprechung und Literatur fordern hierfür vielmehr ein sog. „qualifiziertes" Unterlassen[47], also ein solches, das in seiner Wirkung mit positivem Tun der Verwaltung vergleichbar ist.[48] Dies ist hinsichtlich der Aufsichts- und Rettungspflichtverletzungen des S schon deshalb der Fall, weil es sich hierbei nicht um ein gänzliches Untätigbleiben handelt, sondern vielmehr um ein verzögertes, aber letztlich aktives Tun. Zudem kann auf einen Eingriff durch die (aktive) Bojenbefestigung mit Seilen abgestellt werden.

---

44 Baldus/Grzeszick/Wienhues, Staatshaftungsrecht, 5. Aufl. 2018 Rn. 570.

45 Kümper, ZJS 2013, 389 (396).

46 BGH, Urt. v. 7. 9. 2017, Az.: III ZR 71/17 = NVwZ 2018, 438.

47 Peine/Siegel, Allgemeines Verwaltungsrecht, 12. Aufl. 2018, § 28 Rn. 1047.

48 Die genauen Voraussetzungen und Anwendungsfälle „qualifizierten" Unterlassens sind in Rechtsprechung und Literatur umstritten bzw. ungeklärt, s. Detterbeck, Allgemeines Verwaltungsrecht, 17. Aufl. 2019, Rn. 1140. Hier ist folglich mit entsprechender Argumentation vieles vertretbar.

II. Gemeinwohlbezug

S und diejenigen Mitarbeiter der G, die die Bojen befestigt haben, waren 39
zudem im Rahmen der kommunalen Daseinsvorsorge und grundsätzlich zur
Sicherheit der Badegäste (Abgrenzung der Schwimmbereiche), also prinzipiell
zu Allgemeinwohlzwecken, tätig.

III. Unmittelbarkeit der Eingriffsfolgen

Von einer Kausalität der verzögerten Rettung für den Gesundheitsschaden der 40
K ist auszugehen (s. oben Rn. 25); auch hat sich gerade das spezifische (Er-
trinkungs-)Risiko verwirklicht, dem durch die Schwimmbadaufsicht vorgebeugt werden sollte. Für dazwischentretendes Dritt- oder Eigenverschulden
durch K bestehen keine Anhaltspunkte. Die Gesundheitsverletzung der K
beruht somit unmittelbar auf den Eingriffshandlungen.

IV. Sonderopfer

Fraglich ist zudem das Vorliegen eines Sonderopfers bei K. Diese müsste also 41
durch die Art der Bojenbefestigung oder die Verletzung von Rettungspflichten
durch S besonders schwerwiegend und im Verhältnis zu anderen Betroffenen
ungleich belastet worden sein. Jedenfalls hinsichtlich des Eingriffs durch S
kann das Sonderopfer als durch die Amtspflichtwidrigkeit indiziert gelten.

Die Voraussetzungen des allgemeinen Aufopferungsanspruchs sind somit
gegeben.

V. Rechtsfolge

In der Folge kommt K ein Anspruch auf Entschädigung zu, im Rahmen derer 42
sie ihre Behandlungs- und Pflegekosten wie grundsätzlich auch Schmerzensgeld geltend machen kann.

D. Ergebnis

K kann wegen ihrer Gesundheitsschäden Ansprüche aus dem zwischen ihr 43
und G entstandenen öffentlich-rechtlichen Benutzungsverhältnis sowie aus
Amtshaftung und allgemeiner Aufopferung geltend machen.

Weitere Neuerscheinungen aus unserem Verlagsprogramm in den Rechtswissenschaften:

Gabriel Bourquin
Steuergeldwäscherei in Bezug auf direkte Steuern

Andrea Egbuna-Joss
Der Schutz der öffentlichen Ordnung und Sicherheit im Rahmen der internationalen Schutzgewährung

Nikolas Eisentraut (Hrsg.)
Fälle zum Verwaltungsrecht

Tomas Poledna, Simon Schlauri, Samuel Schweizer
Rechtliche Voraussetzungen der Nutzung von Open Source Software in der öffentlichen Verwaltung, insbesondere des Kantons Bern

Samah Posse-Ousmane
Les conditions d'admission et de séjour des travailleurs hautement qualifiés dans l'UE

Sie erhalten unsere gedruckten Bücher über jede Buchhandlung in D, A und CH sowie die einschlägigen Versandbuchhandlungen und Großhändler.

www.carlgrossmann.com

Carl Grossmann
Verlag

⇛ sui generis

Herausgegeben von Daniel Hürlimann und Marc Thommen

In der Reihe *sui generis* werden ausgezeichnete Dissertationen einem breiten Publikum zugänglich gemacht. Die Bücher dieser Reihe erscheinen als gedruckte Werke und online. Die digitale Version in den Formaten PDF und ePUB ist weltweit für Leser und Bibliotheken *kostenlos* zugänglich (Open Access), wodurch eine maximale Verbreitung, Sichtbarkeit und Zitierung ermöglicht wird. Die Urheberrechte verbleiben bei den Autoren; die Werke werden unter einer Creative-Commons-Lizenz veröffentlicht.

Weitere Informationen: sui-generis.ch/buecher oder carlgrossmann.com
ISSN 2569-6629 Print, ISSN 2625-2910 Online

Bisher in der Reihe *sui generis* erschienen:

Band 1
Monika Simmler
Normstabilisierung und Schuldvorwurf

Band 2
Marc Thommen
Introduction to Swiss Law

Band 3
Silvio Hänsenberger
**Die zivilrechtliche Haftung für autonome Drohnen
unter Einbezug von Zulassungs- und Betriebsvorschriften**

Band 4
Mais A.M. Qandeel
Enforcing Human Rights of Palestinians in the Occupied Territory

Band 5
Moritz Oehen
Der Strafkläger im Strafbefehls- und im abgekürzten Verfahren

Band 6
Jens Lehne
Crisis at the WTO: Is the Blocking of Appointments to the WTO Appellate Body by the United States Legally Justified?

Band 7
Lorenz Garland
Waffengleichheit im Vorverfahren

Carl Grossmann
Verlag